Uni-Taschenbücher 1698



UTB
FÜR WISSEN
SCHAFT

Eine Arbeitsgemeinschaft der Verlage

Wilhelm Fink Verlag München
Gustav Fischer Verlag Jena und Stuttgart
Francke Verlag Tübingen und Basel
Paul Haupt Verlag Bern · Stuttgart · Wien
Hüthig Verlagsgemeinschaft
Decker & Müller GmbH Heidelberg
Leske Verlag + Budrich GmbH Opladen
J. C. B. Mohr (Paul Siebeck) Tübingen
Quelle & Meyer Heidelberg · Wiesbaden
Ernst Reinhardt Verlag München und Basel
F. K. Schattauer Verlag Stuttgart · New York
Ferdinand Schöningh Verlag Paderborn · München · Wien · Zürich
Eugen Ulmer Verlag Stuttgart
Vandenhoeck & Ruprecht in Göttingen und Zürich

Giuseppe Petronio

# Geschichte der italienischen Literatur

Band 1:
Von den Anfängen bis zur Renaissance

Francke Verlag Tübingen und Basel

Lizenzausgabe des Verlags G. B. Palumbo & C.
Editore S. p. A. Palermo (Italien)

Titel der Originalausgabe:
*L'attività letteraria in Italia*

Übersetzung des vom Autor für die deutsche Ausgabe gestrafften und aktualisierten Textes:

Ursula Wagner-Kuon

Die Deutsche Bibliothek - CIP-Einheitsaufnahme

**Petronio, Giuseppe:**
Geschichte der italienischen Literatur / Giuseppe Petronio. –
Vom Autor für die dt. Ausg. gestraffter und aktualisierter Text.
– Tübingen ; Basel : Francke.
Einheitssacht.: L' attività letteraria in Italia <dt.>

Vom Autor für die dt. Ausg. gestraffter und aktualisierter Text
Bd. 1. Von den Anfängen bis zur Renaissance / [Übers.: Ursula Wagner-Kuon]. – 1992
(UTB für Wissenschaft : Uni-Taschenbücher ; 1698)
ISBN 3-8252-1698-5 (UTB)
ISBN 3-7720-1683-9 (Francke)

NE: UTB für Wissenschaft / Uni-Taschenbücher


Dischingerweg 5 · D-7400 Tübingen
ISBN 3-7720-1683-9



Einbandgestaltung: Alfred Krugmann, Stuttgart
Satz: EVG Werbung & Publishing, Pfullingen
Druck und Bindung: Presse-Druck, Augsburg
Printed in Germany

ISBN 3-8252-1698-5 (UTB-Bestellnummer)

# Vorbemerkung

Die Übersetzung einer Literaturgeschichte von fast 1000 Seiten ist ein für Übersetzer wie Verlag gleichermaßen ambitioniertes Unternehmen, und manch einer mag nach dem Sinn eines solchen »Mammutprojektes« fragen. Interesse an einer umfassenden Darstellung der italienischen Literatur *in deutscher Sprache* bestand und besteht zwar zweifellos, aber wäre dem nicht auch auf andere Weise zu begegnen?

Uns erschien es lohnend, mit Giuseppe Petronio einen profunden Kenner der italienischen Literaturgeschichte nunmehr auch auf deutsch zu Wort kommen zu lassen, einen *Insider*, dessen »L'attività letteraria in Italia« in Italien rasch zum Standardwerk avancierte. Und das zu einer Zeit, als es nicht eben zeitgemäß war, eine Literaturgeschichte aus einem Guß schaffen zu wollen, Literatur und Gesellschaft in ihrer komplizierten Verzahnung über die Jahrhunderte hinweg umfassend darzustellen: Kennzeichnend für die sechziger und siebziger Jahre waren Zweifel an der Möglichkeit wie Berechtigung eines derart ehrgeizigen Vorhabens. »Die ›Krise der Vernunft‹, d.h. das Mißtrauen in ihre Erkenntnisfähigkeit, die Absage an die Geschichte als einheitliche Verbindung von Ereignissen (...) und an die Geschichtsschreibung als Kenntnis und einheitliche Darstellung dessen, was vorgefallen war ...«, hatten, wie Giuseppe Petronio in seinem Vorwort zum italienischen Original von 1987 erläutert, die Literaturgeschichtsschreibung behindert, ja gelähmt. Man wich auf handbuchartige Kompendien aus, die Einzeldarstellungen von Epochen und Autoren reihten, wenn man nicht gar die Lektüre als solche propagierte, also ganz und gar auf Literaturgeschichte verzichten wollte.

Schon 1964, im Vorwort zur ersten Ausgabe, formulierte Giuseppe Petronio eine klare Absage an diese Positionen. Was er schreiben wolle, sei »... eine Geschichte der intellektuellen Gruppen und ihrer von Jahrhundert zu Jahrhundert unterschiedlichen Ausdrucksweise; eine Geschichte des Publikums, an das die Autoren sich immer wieder aufs neue gewendet haben; eine Geschichte der literarischen Institutionen, in denen die Schriftsteller sich versammelten und von denen sie abhingen, zu deren Entwicklung sie auch beigetragen haben; eine Geschichte der Sprache – im weitesten

Sinne des Wortes – als Geschichte eines Ausdrucksmittels, das der Schriftsteller gefunden und sich angeeignet hat und zu dessen Veränderungen er beigetragen hat.«

Die Zeit sollte für den Verfasser arbeiten. Eine Fülle literaturwissenschaftlicher und literatursoziologischer Studien widmete sich in den folgenden Jahrzehnten den einzelnen Facetten seiner umgreifenden Fragestellung, so daß Mitte der achtziger Jahre eine Neubearbeitung des Werkes möglich war. Manches war zu korrigieren, einiges zu präzisieren, anderes neu einzuordnen. Bestehen blieb jedoch der fesselnde Gesamtzugriff auf die Geschichte der italienischen Literatur, der in Italien bereits zahllose Leser gleichermaßen unter Wissenschaftlern wie Literaturfreunden gefunden hatte. Dieser Übersetzung der Neuausgabe von 1987, die vom Verfasser vor der Übertragung ins Deutsche nochmals sorgfältig durchgesehen wurde, wünschen wir einen ähnlichen Erfolg.

Der Verlag

# Inhalt

# Teil I

# Das Zeitalter der Stadtrepublik

# Kapitel I
# Die Kultur der Stadtrepublik: Institutionen

## 1. Die Anfänge der italienischen Literatur

Die italienische Literatur entstand im Laufe des 13. Jahrhunderts (Duecento), als man in verschiedenen Regionen der Halbinsel begann, in literarischer Form oder Absicht in den jeweiligen Volkssprachen zu schreiben.

Wenn die Anfänge der italienischen Literatur ins 13. Jahrhundert verlegt werden, so bedeutet dies allerdings nicht, daß erst zu diesem Zeitpunkt von einem literarischen Schaffen in Italien gesprochen werden könnte. Schon seit mehreren Jahrhunderten – den letzten Jahrhunderten vor Christi Geburt und den ersten vier- bis fünfhundert Jahren danach – war auf der Halbinsel eine Literatur in lateinischer Sprache, die sogenannte ›lateinische‹ oder ›römische‹ Literatur, in voller Blüte gestanden; aus ihrer Auflösung, zeitgleich mit dem Untergang des Römischen Reiches, war eine neue, ›mittelalterliche‹ oder ›mittellateinische‹ Literatur entstanden, die in weiten Teilen Europas verbreitet war und zu der auch Italien einen wichtigen Beitrag geleistet hatte. Die Literatur freilich, die sich im 13. Jahrhundert herausbildete, war eine völlig andere und unterschied sich von den zwei vorangegangenen nicht nur durch ihre Sprache.

Die lateinische Literatur war Ausdruck einer ›römischen‹ Kultur gewesen, die sich von Latium aus allmählich über ganz Italien und anschließend über die eroberten Gebiete (»provinciae«), die Teil der Römischen Republik bzw. des Römischen Reiches waren, ausgebreitet hatte, so daß sie im Ergebnis nicht mehr allein römisch oder italienisch geprägt war, da ja in immer größerer Zahl Menschen aus allen Teilen des Imperiums ihr und der ihr entspringenden Literatur ihren Stempel aufdrückten. In gleicher Weise war auch die mittelalterliche Literatur Ausdruck einer übernationalen, abendländischen und katholischen Kultur, deren Mittelpunkt und Einheit im christlichen Glauben und der Römischen Kirche gründeten, und die Schriftsteller dieser Epoche wandten sich ohne

Unterschied an die gesamte christliche Welt oder zumindest an den Teil, der sie verstehen konnte. Der Gebrauch der Volkssprache in der Literatur des Duecento war hingegen nicht nur Symptom einer tiefgreifenden Veränderung in der sozialen Struktur Italiens, sondern manifestierte und bedingte ein neues Verhältnis zwischen Dichter und Leser, signalisierte und bewirkte die Herausbildung eines neuen Publikums. Wer in der Volkssprache schrieb, verzichtete auf die Leser jenseits der Alpen und wandte sich ausschließlich an die Italiener, die allein in der Lage waren, ihn zu verstehen, so daß der junge Dante in seinem jugendlichen Überschwang schreiben konnte, die ersten Verfasser volkssprachlicher Minnedichtung hätten dies getan, um bei den hohen Damen, die des Lateinischen nun nicht mehr mächtig waren, Gehör zu finden (*Vita nuova*, XXV). Wer also in der Volkssprache schrieb, verkleinerte einerseits den Kreis seiner Leser, erweiterte ihn andererseits jedoch dadurch, daß er nun von allen Bewohnern der Halbinsel verstanden werden konnte, auch von der wachsenden Zahl derer, die nur noch die Volkssprache beherrschten. Durch die Abkehr von einem übernationalen Publikum bekam die neue Literatur einen (in den Grenzen, auf die noch einzugehen sein wird) ›nationalen‹ Charakter und wurde zum Träger der spezifischen Bedürfnisse, Interessen und Gefühle der ›Italiener‹, so daß sie von nun an ›italienisch‹ genannt werden kann.

## 2. Vom Latein zur Volkssprache

### *a) Die Entstehung der romanischen Sprachen*

Die Entstehung der italienischen Literatur setzte voraus, daß es regionale italienische Volkssprachen gab, die vom Lateinischen deutlich unterschieden waren.

Schon zu Zeiten des Römischen Reiches wurde in den verschiedenen Provinzen nicht überall dasselbe Latein gesprochen; es klang, was Vokabular und Aussprache betraf, im Munde eines Süditalieners anders als in dem eines Norditalieners, eines Galliers, eines Iberers usw. Später, nachdem sich das Imperium infolge vor allem der Barbareneinfälle aufgelöst hatte, lebten alle diese ehemaligen Provinzen ihre eigene Geschichte. Daher entwickelte sich auch das

Lateinische in einer von Region zu Region unterschiedlichen Weise weiter, und einige Jahrhunderte nach dem Untergang des Imperiums hatten sich die verschiedenen regionalen Mundarten so weit voneinander entfernt, daß jede ihre unverwechselbaren eigenen Merkmale besaß.

Die Folgen liegen auf der Hand: Zwischen den einzelnen Herrschaftsgebieten des früheren Imperiums fand eine immer stärkere sprachliche Differenzierung statt, und innerhalb dieser Gebiete erfolgte eine weitere Differenzierung zwischen geschriebener und gesprochener Sprache. Wer schrieb, gebrauchte das Mittellatein, eine Sprache, die zwar tiefgreifende Änderungen und Neuerungen aufwies, aber doch die direkte Fortführung der alten lateinischen Schriftsprache darstellte. Wer sich hingegen auf die mündliche Sprache beschränkte – und zu einem bestimmten Zeitpunkt waren alle ›Laien‹, d.h. alle Nichtkleriker, einschließlich des Adels und selbst der weltlichen Herrscher, zu Analphabeten geworden –, verwendete regionale Mundarten (»volgari«), die sich immer weiter vom Lateinischen entfernten und voneinander abwichen. Gerade diese Sachlage nötigte aber ab einem gewissen Zeitpunkt zum schriftlichen Gebrauch der Volkssprache, da man sich nur so bei einem nichtgeistlichen Publikum verständlich machen konnte. Für das Französische und das Deutsche wird der Umschlagspunkt dieser Entwicklung üblicherweise auf den 14. Februar 842 datiert, den Tag, an dem Karl der Kahle und Ludwig der Deutsche vor ihren Heeren den Eid leisteten (die ›Straßburger Eide‹), und zwar in der Sprache des jeweils anderen, in Französisch (»lingua d'oïl«) und in Fränkisch.

### *b) Die ersten schriftsprachlichen Dokumente in der Volkssprache*

Für die Anfänge des Italienischen gibt es kein präzises Datum. Einige Dokumente bezeugen jedoch, daß zwischen dem 9. und dem 13. Jahrhundert die Volkssprache in immer größerem Maße gesprochen und immer häufiger geschrieben wurde, sei es zu rein praktischen Zwecken oder sei es, daß die praktischen Bedürfnisse von einem literarischen Gestaltungswillen begleitet waren. Das älteste uns bekannte Dokument ist das sogenannte »Veroneser Rätsel« (*Indovinello veronese*), vier kurze Verse aus dem ausgehenden 9. oder beginnenden 10. Jahrhundert, die 1924 in einem Kodex der Biblioteca Capitolare zu Verona entdeckt wurden. Es handelt sich um ein Rätsel, das bis heute im Volk und unter den Kindern weiterlebt und in dem der Akt des Schreibens mit der Tätigkeit des Bauern verglichen wird, der ein weißes Feld durchpflügt und schwarze Samen hinterläßt. Geschrieben ist es in einer Sprache, in der Latein und Volkssprache noch gleichsam im Kampf miteinander stehen: Während ersteres verblaßt; bildet letzteres seine Konturen aus. Deutlich lebendiger ist die Volkssprache in den vier *Placiti cassinesi*, eidesstattlichen Zeugenaussagen aus der Zeit zwischen 960 und 963 über die Zugehörigkeit von Ländereien zu den Benediktinerklöstern von Capua, Sessa und Teano. Es sind dies die ersten Dokumente einer Kanzleisprache, und daher in offiziellem und gelehrtem Ton gehalten. Im übrigen ist in all diesen Beispielen die geschriebene Volkssprache nicht gleichzusetzen mit der gesprochenen, vielmehr handelt es sich um eine Gelehrtensprache, die volkssprachliche Elemente enthält und vom Volk verstanden wird.

Mit den Jahren werden solche und ähnliche Dokumente immer zahlreicher: Gerichtsdokumente, private Schriftstücke, Rechnungsbücher, eine Inschrift an der Kirche von San Clemente in Rom, wo einigen Kirchenmännern Worte in der Volkssprache in den Mund gelegt sind, während der Heilige lateinisch spricht; drei vulgärsprachliche Verse in einem lateinischen Passionsspiel sowie einige Sätze in einer juristischen Urkunde aus Volterra (*Carta di Travale*, 1158). Dies alles sind nicht nur Indizien für eine allmähliche Ausbreitung und Entwicklung der Volkssprache, sondern auch für eine Verwendungsweise, deren Art und Zweck die Entstehung einer neuen Gesellschaft und eines neuen Publikums dokumentieren.

### 3. Latein und Volkssprache zur Zeit der literarischen Anfänge

Im 13. und 14. Jahrhundert, der Zeit, die man gemeinhin die ›Anfänge‹ zu nennen pflegt, waren dem Lateinischen noch weite und bedeutende Räume verblieben; zum Verständnis der Kultur und des kulturellen Schaffens im Italien dieser Zeit gehört also nicht nur die Untersuchung der volkssprachlichen, sondern auch der lateinisch geschriebenen Werke. In lateinischer Sprache schrieben die Theologen und Mystiker (Gioacchino da Fiore, Bonaventura da Bagnorea, Tommaso d'Aquino, Lotarius, der spätere Papst

Innozenz III.), üblicherweise auch die Juristen, viele Rhetoriker (wie Boncompagno da Signa), nahezu alle Gelehrten (Leonardo da Pisa) und viele Historiker (Fra Salimbene da Parma). Eine Darstellung, die diese Schriften und ihre Verfasser ausklammerte, könnte nicht nur keinen zutreffenden Eindruck von dem breitgefächerten intellektuellen Schaffen der Zeit, sondern auch keine genaue Vorstellung von der Volkssprache vermitteln, die nur vor dem Hintergrund dieser Kultur und dieser regen gedanklichen und schriftstellerischen Tätigkeit zu verstehen ist.

Wer sich den Prozeß, der vom Hochmittelalter bis ins 13. Jahrhundert zur Vulgärsprache führt, schematisch vergegenwärtigen will, muß sich zunächst eine Masse ungebildeter ›Laien‹ in den unterschiedlichsten sozialen Positionen vorstellen, die immer weiter vom Latein entfernte regionale Volkssprachen sprechen, so daß dieses für alle, die es nicht gelernt haben, unverständlich wird, und auf der anderen Seite eine Elite von unterschiedlich gebildeten, nahezu ausschließlich kirchlichen Kreisen zugehörigen ›Klerikern‹, die zwar die Volkssprache sprechen, jedoch imstande sind, lateinisch zu lesen und zu schreiben. In dem Maße aber, in dem das weltliche Publikum stärker wird, Autonomie und Macht erlangt, muß es zunächst mündlich, später, mit zunehmender Bildung, auch schriftlich, in seiner eigenen Sprache angesprochen werden. Ein aussagekräftiges Beispiel dafür liefert uns Dante, der sein *Convivio*, ein kulturell sehr anspruchsvolles Werk, und später die *Divina Commedia*, eine didaktische Dichtung mit – wie er selbst sagt – theologischer Thematik (»pan de li angeli« / Brot der Engel, *Par.* II, 11) in der Sprache der Volkes verfaßt und im *Convivio* (I ff.) ein feierliches und bewegtes Loblied auf die Volkssprache singt. Und dennoch legt er gleichzeitig in *De vulgari eloquentia* die rhetorischen Gesetze, denen die volkssprachliche Dichtung zu gehorchen habe, in lateinischer Sprache nieder. Auch die *Monarchia* ist lateinisch geschrieben, da er hier mit Blick auf ein nicht nur italienisches Publikum eine übernationale Fragestellung, die Beziehungen zwischen Papsttum und Kaisertum, abhandelt; und die *Briefe* an geistliche und weltliche Würdenträger sind ebenfalls in lateinischer Sprache geschrieben. All dies legt Zeugnis davon ab, wie der Dichter des Duecento je nach Gattung, Thematik und Publikum zwischen den beiden Sprachen wählen konnte. In gleicher Weise versah Petrarca einige seiner Verse mit lateinischen Anmerkungen, und in lateinischer Sprache kommentierte Francesco da Barberino seine

Volgare

Latein

*Documenti d'Amore* und Graziuolo dei Bambagliuoli seinen *Trattato sopra le virtú morali.* Demgegenüber übersetzte ein gewisser Cristoforo Guidini im 14. Jahrhundert das *Libro della divina dottrina* der Caterina da Siena ins Lateinische, weil, wie er sagte, »dieses Buch in der Volkssprache geschrieben war und ist, und wer der Grammatik (Latein) und der Wissenschaft kundig ist, vulgärsprachliche Werke mit geringerem Vergnügen als schriftsprachliche (d.h. auf lateinisch verfaßte) Werke liest«.

Mit aller Vorsicht und den angeführten Einschränkungen läßt sich jedoch feststellen, daß man von einem ›italienischen‹ Schrifttum im eigentlichen Sinn erst ab dem Zeitpunkt sprechen kann, da die Volkssprache in literarischer Weise und Absicht verwendet wurde. Die Entstehung der italienischen Literatur hängt also von sprachlichen Gegebenheiten ab, welche ihrerseits zahlreiche andere historische und kulturelle Faktoren zur Voraussetzung hatten, nämlich die Ausformung einer von der klerikal-feudal bestimmten Kultur, die über Jahrhunderte hinweg Italien und Europa beherrschte, grundlegend verschiedenen neuen Kultur, der Kultur der Stadtrepublik.

## 4. Die Einflußfaktoren

### *a) Die politische Zersplitterung*

Bevor wir die Grundzüge der Kultur der Stadtrepublik und ihren Einfluß auf die Literatur skizzieren, wollen wir zunächst die politischen und kulturellen Faktoren bestimmen, die diese Literatur von Beginn an prägten und ihr, im Zusammenspiel, ein unverwechselbares Aussehen verliehen.

Da ist an erster Stelle die seit gut sieben Jahrhunderten andauernde politische Zersplitterung Italiens zu nennen. Da es den Langobarden bei ihrem Einfall (568) nicht gelungen war, die ganze Halbinsel einzunehmen, war das Land schon damals in eine langobardische und eine byzantinische Hälfte geteilt worden. Später hatten die Eroberungszüge der Karolinger, die Entstehung des Kirchenstaates sowie die arabischen und normannischen Invasionen im Süden das Land weiter aufgespalten; es bestand im beginnenden 13. Jahrhundert aus dem Königreich Sizilien im Süden, das ganz Unteritalien bis zum Garigliano umfaßte; aus dem Königreich Italien im Norden, in dessen Grenzen die Stadtrepubliken (›Comuni‹) immer stärker nach Unabhängigkeit strebten; aus dem Kirchenstaat im Zentrum und den mächtigen Seerepubliken (Genua, Venedig) an der Küste. Diese politische und administrative Zersplitterung, die bis 1861 andauern sollte, hatte beträchtliche Auswirkungen auf das Werden und Wachsen der italienischen Literatur, da sie ganz unterschiedliche wirtschaftliche und soziale Entwicklungen in den einzelnen Landesteilen zur Folge hatte, was sich zwangsläufig in Kultur und Kunst widerspiegeln mußte. So verlief beispielsweise die Geschichte der Po-Ebene und der Zentralregionen der Toskana (wo die Krise der Feudalmacht zur mühevollen und umkämpften Entstehung autonomer Städte und Stadtrepubliken geführt hatte) völlig anders als die Unteritaliens oder Siziliens (wo sich, ganz abgesehen von den Einflüssen der arabischen Kultur, schnell ein Zentralstaat herausbildete, während das wichtige Phänomen der ›Kommune‹ fehlte).

*b) Das lateinische und mittellateinische Kultursubstrat*

Ein zweites Element von nicht zu unterschätzender Bedeutung war die Tatsache, daß die italienische Literatur in einem Land entstand, das schon die klassische lateinische und auch die mittellateinische Literatur hervorgebracht hatte, daß sie also auf einem außerordentlich reichen kulturellen und literarischen Substrat gründete. Wo auch immer und in welcher Gattung auch immer die Schriftsteller des Duecento die Sprache des Volkes verwendeten, – sie waren keineswegs unwissend oder ungebildet, sondern ausgezeichnete Kenner des Lateinischen und Mittellateinischen und hatten, wenn sie im ›Volgare‹ dichteten, ihre lateinischen Texte, ihre *artes poeticae*, ihre *artes dictandi* noch im Ohr. Daher waren sie bemüht, die rhetorischen Techniken, die aus dem klassischen Latein schon mit einigen Veränderungen ins Mittellatein übernommen worden waren, auf ihr neues sprachliches Instrument – die Volkssprache – zu übertragen, in gleicher Weise, wie sie die übernationalen und feudalistischen Themenbereiche jener Literatur ihrem neuen italienischen (und städtischen) Publikum zu vermitteln suchten.

### *c) Das provenzalische Kultursubstrat (lingua d'oc)*

Das literarische Substrat, das im Italien des beginnenden Duecento vorhanden war, war aber insofern noch weit vielfältiger und komplexer, als die ersten italienischen Schriftsteller neben der Beherrschung der beiden lateinischen Literaturen, der klassischen und der mittelalterlichen, eine direkte Kenntnis der älteren volkssprachlichen Literaturen der Nachbarländer, mit denen Italien in engem politischem, geschäftlichem und kulturellem Kontakt stand, vorzuweisen hatten. In Südfrankreich, in der Provence, hatte sich bereits eine Lyrik in »lingua d'oc« (dem Okzitanischen oder Provenzalischen) herausgebildet, die um die höfische Minne (»fin'amor« oder »amore cortese«) kreiste. Sie kennzeichnete sich durch die Unerreichbarkeit der Frau, die Hingabe des Mannes an den Minnedienst, Unterwerfung und Liebespein auf der einen und Hoffnung auf Erhörung auf der anderen Seite, – eine Liebe, die sich in der Welt der Phantasie und des Traumes abspielte und bisweilen gar (so in einem berühmten Gedicht von Jaufré Rudel) einer Dame galt, die der Dichter nie gesehen hatte und die er allein aufgrund der ihr zugeschriebenen außerordentlichen Schönheit und höfischen Vollkommenheit umwarb.

Die provenzalische Lyrik, aristokratisch in Geist, Thematik und Sprache, beschreibt der französische Literaturwissenschaftler Roger Dragonetti, als »ein komplexes Zusammenspiel sich vielfach überkreuzender, insofern die schöpferische Freiheit des Dichters stark einschränkender thematischer, lexikalischer, syntaktischer und rhythmischer Nuklei: einzelne Wörter, bevorzugte Wendungen und Verse, die durch eine dem Dichter äußerliche Konvention behauptet werden (...) Vorherrschaft bestimmter Anredeformen, Häufung bestimmter Wendungen in der Darstellung eines Motivs, Wiederholung einer Stilfigur oder eines rhythmischen Blocks (...) Bilder, die sich in einem Wort kristallisieren, Klischees, die an starre Funktionen und Positionen gebunden sind.«

Nach diesem Vorbild blühte in Ligurien, in Piemont, in der Lunigiana und in der Trevisaner Mark eine Dichtung in provenzalischer Sprache auf, die offenkundig nicht an das italienische Publikum, das die in den regionalen Volkssprachen schreibenden Dichter zu erreichen suchten, gerichtet war, sondern an einen engen Kreis von ›Klerikern‹, seien sie nun Provenzalen oder Italiener. So findet sich eine Gruppe von italienischen Troubadours, zu denen u.a. Lambertino (oder Rambertino) Buvalelli aus Bologna (gestorben 1221), Lanfranco Cigala und Perceval Doria aus Genua, Bartolomeo Zorzi aus Venedig zählen. Bekannter noch – nicht zuletzt, weil er zum Protagonisten einer berühmten Episode der *Divina Commedia* (*Purg.*, VI, 58 ff.) wurde – war Sordello da Goito, Autor einer *complainte* (Klage) auf den Tod eines Sir Blacatz, in der er die Adelsherren aus ganz Europa großmütig auffordert, das Herz des Verstorbenen zu verspeisen, um seiner großen inneren Werte teilhaftig zu werden.

### *d) Das französische Kultursubstrat (lingua d'oïl)*

Wesentlich abwechslungsreicher ist die Literatur im Norden Frankreichs, in der »lingua d'oïl«, wo es in der Blütezeit des *höfischen Romans* zugleich eine reiche epische, didaktische und satirisch-realistische Dichtung gab. Aus Frankreich nach Italien kamen auch die »matière de Bretagne«, ein Stoffkreis von Werken in Prosa und in Versen, die die legendären Abenteuer des Königs Artus und der Ritter der Tafelrunde besangen, und die »matière de France«, jene Heldenepen (»chansons de geste«), in denen die Franzosen in einer Zeit aufkommenden Nationalgefühls ihre Leidenschaften in die Vergangenheit projizierten und die Heldentaten Karls des Großen und seiner Kampfgefährten, der Paladine (»comites palatini«) besangen. Diese beiden Zyklen, der bretonische, ritterlich-höfische, und der karolingische, episch-religiöse, ersterer auf Liebe und ›aventiure‹, letzterer auf die Hingabe an den Glauben, an Frankreich, an den Kaiser gegründet, waren gerade aufgrund ihrer Themenvielfalt geeignet, die verschiedensten Leser zu unterhalten und zu bewegen. Die höfischen Romane des bretonischen Sagenkreises, die »Arturis regis ambages pulcerrime« (die wunderschönen Abenteuer des Königs Artus, wie Dante in *De vulg. eloq.*, I, x, 2 schreibt) fesselten eher ein aristokratisches Publikum (einen dieser Romane lesen Francesca und Paolo in der berühmten Dante-Episode). Die *chansons de geste* dagegen, mit ihrer elementaren epischen Erzählweise, ihrem märchenhaften Heldentum, den Helden mit ihrer unübertrefflichen Tapferkeit – und unter ihnen vor allem der Roland des *Chanson de Roland* mit seinem Heldenmut, der Treue gegenüber seinem Herrn und seinem hehren Tod – fesselten eher ein breiteres Publikum, um so mehr, als die Abenteuer bald nach Italien verlegt wurden, und lösten eine Blüte epischer Werke aus.

Ebenfalls aus Frankreich kamen die *lais* der Marie de France mit ihrer charakteristischen Liebes- und Märchenmotivik, die satirischen Verse um Rainart, den listigen Fuchs, die satirischen, bisweilen auch schlüpfrigen *fabliaux* (italienisch: »favolelli«), in denen traditionelle Themen des Mittelalters – die Frau, der Pfaffe, der Bauerntölpel (»villano«) – freien Ausdruck fanden. Und Frankreich bot schließlich auch das erste große Beispiel einer didaktischen Dichtung mit enzyklopädischem Anspruch: Der *Roman de la Rose*, dessen erster Teil von Guillaume de Lorris, der zweite, umfangreichere, von Jean de Meung geschrieben wurde, faßt das gesamte Wissen seiner Zeit zusammen und fügt es, allegorisch verkleidet, in eine Abenteuer und Liebe verknüpfende Handlung ein.

Reichtum und Vielfalt dieser Literatur sowie die engen politischen und geschäftlichen Verbindungen illustrieren den großen und tiefgreifenden Einfluß des französischen Nachbarlandes, der sogar so weit ging, daß er der lateinischen Literatur die kulturelle Vorherrschaft in Italien streitig machen konnte. Dies mag erklären, warum im Duecento so mancher italienische Dichter seine Werke in Französisch schrieb. Brunetto Latini beispielsweise verfaßte seinen *Tresor* in der »lingua d'oïl«, weil, wie er sagte, diese Sprache weit über Frankreich hinaus verbreitet war; Marco Polo, um ein anderes berühmtes Beispiel zu nennen, diktierte im Kerker seinen Reisebericht ebenfalls auf französisch. Und dies erklärt auch, daß später, im Laufe des 14. Jahrhunderts und schon zuvor, hier und da satirische Stimmen gegen die übertriebene Vorliebe für diese Sprache und Literatur laut wurden. Schon zu Beginn des Trecento verspottete Cecco Angiolieri einen gewissen Neri Piccolino, der nach seiner Rückkehr aus Frankreich seine Abhandlungen allzusehr mit Französismen schmückte, und gegen Ende des Jahrhunderts entrüstete sich Benvenuto da Imola, ein Kommentator Dantes, über jene vor allem adligen Italiener, die in der Überzeugung, es gäbe keine schönere Sprache, französisch sprächen.

### *e) Die Stadtrepublik und die neue Gesellschaftsstruktur*

Neben diesen literarischen oder, weiter gefaßt, kulturellen Faktoren, die für die Entstehung und Entwicklung der neuen volkssprachlichen Literatur bestimmend waren, gab es einen außerordentlich wichtigen politisch-sozialen Faktor, die Institution der Stadtrepublik (›Comune‹) nämlich, durch die die Städte sich der Feudalherrschaft entzogen und, auch wenn sie juristisch noch dem Kaiser unterstanden, durch die Pflege der Künste, die Entwicklung der Handelsgeschäfte und die Entfaltung industrieller Aktivitäten zu körperschaftlichen Organisationsformen fanden. Auf diese Weise verschob sich die Hauptachse des politischen und sozialen Lebens von den ländlichen Gebieten in die Städte, wo sich immer dichter besiedelte Industrie- und Handelszentren ausbildeten; in der Folge entstand zwischen Feudaladel und Bauernstand ein – städtischer und in gewissem Sinn ›bürgerlicher‹ – ›dritter Stand‹. Diese Veränderungen blieben nicht ohne Auswirkung auf die Kultur. Die Städte, deren Zahl und Größe wuchs, entwickelten sich und rivalisierten miteinander; die Gruppen aus Handel, Gewerbe und Bankwesen, die nun die Macht übernahmen, strebten mit Elan und Ungestüm danach, sich selbst, ihren Stand und ihre Stadt zur Geltung zu bringen. Überall wurden prächtige Rathäuser, prunkvolle Kathedralen und stattliche, der Kunst gewidmete Gebäude errichtet, die nicht nur von einem blühenden Wirtschaftsleben zeugten, sondern auch vom Stolz der herrschenden Gesellschaftsschichten auf die eigene Stadt. Der Wunsch nach Bildung nahm zu; private und öffentliche ›weltliche‹ Schulen entstanden, man achtete auf die Verfeinerung der Sitten. Es bildete sich eine Schicht von Intellektuellen heraus, die nun nicht mehr aus ›Klerikern‹, d.h. aus Männern der Kirche bestand, sondern aus ›Laien‹: Rechtsgelehrte, Notare, Lehrer, kurz, ein städtisches Beamtentum, das den Bedürfnissen der ›Kommune‹ Ausdruck verlieh und eine ›weltliche‹ und ›bürgerliche‹ Literatur hervorbrachte.

Die Institution der Stadtrepublik bewirkte also im Laufe des 13. Jahrhunderts eine völlige Umwälzung der wirtschaftlichen und sozialen Rangordnung: Die früher herrschenden Klassen wurden von den neuen Schichten der Kaufleute, Gewerbetreibenden und Bankiers ersetzt, mit dem Ergebnis, daß der alte Feudaladel immer weiter verarmte, während das Bürgertum mit zunehmendem Wohlstand nicht nur die Steuerung der öffentlichen Angelegenheiten in die Hand nahm, sondern auch bemüht war, die Verhaltensweisen und Ideale der zuvor bestimmenden Gesellschaftsschichten zu übernehmen. So kam es, daß immer mehr Bankiers und Großkaufleute in die Kreise der Adligen und Ritter aufgenommen wurden und umgekehrt zahlreiche Adlige bürgerliche Berufe ergriffen, daß später reiche Bürger ihr Vermögen in Grundbesitz auf dem Land investierten, und daß sich schließlich aus diesem Zerfalls- und

Verschmelzungsprozeß der Gesellschaftsschichten allmählich eine neue ›bürgerliche Aristokratie‹ herausbildete. Voll Verachtung blickte sie auf die niedrigeren Schichten herab, die ›gente nuova‹, die Neuen, die vom Lande gekommen waren, auf die ›villani‹, die Bauern, auf die ›meccanici‹, die die handwerklichen Berufe ausübten, auf die Handwerker, die ihr Brot mit den ›niederen Künsten‹ verdienten, – sie alle blieben stets von städtischen Ämtern ausgeschlossen, so daß es mitunter zu Aufständen kam wie dem berühmten Aufstand der Wollweber (›Ciompi‹) im Jahre 1378.

Dies alles spiegelte sich in der Literatur, wie an den zahlreichen Anspielungen ablesbar ist, die in den zeitgenössischen Texten die gesellschaftlichen Veränderungen thematisieren und auf die Herkunft eines Großteils der neuen Intellektuellen aus den Kreisen der bürgerlichen Oberschicht schließen lassen. Der bürgerliche Charakter der ›kommunalen‹ Gesellschaft erklärt auch die verbreitete Klage über die Verrohung der Sitten und die nicht weniger häufige Erinnerung an die gute alte Zeit. Es handelt sich hier nicht um eine abstrakt moralisierende, sondern um eine konkret gesellschaftlich bedingte Einstellung, insofern als die durch Herkunft oder Bildung mit den unterlegenen Schichten verbundenen Schriftsteller in der neuen Ordnung eine soziale wie auch moralische Unordnung erblickten. Auf der anderen Seite erklärt gerade dieser in der Stadtrepublik ablaufende Verschmelzungsprozeß von alten und neuen Gesellschaftsschichten, von alten und neuen Idealen, warum im 13. und 14. Jahrhundert so viele Spuren aristokratischen Denkens in der Literatur fortbestehen konnten; auch nach dem Verfall bzw. der Schwächung der feudalen Strukturen war der mentale Überbau der Feudalgesellschaft also intakt geblieben und für Kultur und Kunst weiterhin prägend.

Gerade aus der Komplexität dieser beiden Jahrhunderte, aus den unterschiedlichen Formen, die der gemeinsame historische Prozeß hervorbrachte, und aus der Vielzahl der Lösungen lassen sich aber die mannigfaltigen geistigen Einstellungen und Literaturformen ableiten und die verschiedenartigen Bezeichnungen erklären, die für diese Epoche später gefunden wurden: Den einen erschien sie als ›Herbst‹ oder ›Untergang‹ oder ›Verfall des Mittelalters‹, den anderen als Anbruch einer neuen Zeit, dritten schließlich als ›Zeitalter des Übergangs‹ usw. Die Vielfalt der Bezeichnungen zeigt nicht nur subjektiv die unterschiedlichen Positionen der Literaturwissenschaftler an, sondern auch objektiv die schwierige Verflechtung von

Altem und Neuem, die Überlagerung der feudalen und religiösen Weltanschauung durch eine neue bürgerliche, laizistische, diesseitige Lebenspraxis, die die alte angriff und ihre Fundamente untergrub, aber aus Unfähigkeit, ihre theoretischen Prämissen zu diskutieren und zu widerlegen, nicht die Kraft besaß, sie völlig zu zerstören.

## 5. Die Autoren

### *a) ›Kleriker‹ und ›Laien‹*

Eine neue Kultur setzt eine neue Schicht von Intellektuellen voraus (mehrfach schon wurde auf den Unterschied zwischen der von ›Laien‹ geschriebenen Literatur der Anfänge und der von ›Klerikern‹ verfaßten mittellateinischen Literatur hingewiesen), – ein Phänomen, das einer genaueren Untersuchung bedarf.

Die Gründung der Universitäten in Neapel (durch Friedrich II.), in Bologna und Padua und ihr Aufschwung, der sie schon bald in Konkurrenz zur Pariser Sorbonne treten ließ, dokumentiert das große Gewicht, das im Italien des 13. Jahrhunderts dem Studium beigemessen wurde. Die Universität hatte – wie die Schule im allgemeinen – durch die Stadtrepubliken oder, in Neapel, die Staufer, eine sehr viel weltlichere Ausrichtung erhalten als anderswo. In Italien war im Zeitalter der ›Kommune‹ der Kirche allmählich ihre bis dahin innegehabte Monopolstellung im kulturellen und schulischen Bereich entglitten; es entstand eine ›weltliche‹ Schule, die bald von freien Privatlehrern geführt, bald von der ›Kommune‹ gegründet und unterhalten wurde. Der feudale Adelsherr, der von seinen Renteneinkünften lebte, brauchte keine Bildung und war nicht selten Analphabet; der Kaufmann der ›kommunalen‹ Ära, der Handel treibt und sich mit immer komplexeren Finanztransaktionen auseinandersetzen muß, kommt hingegen nicht ohne Bildung und Kultur aus. Das Unterrichtswesen entwickelt und spezialisiert sich daher; die Zahl der Schulen wächst; auch Handwerker, Kleinbürger und Frauen beginnen sich weiterzubilden. Giovanni Villani macht in seiner *Cronaca* präzise statistische Angaben über die verschiedenen Schultypen, die es um die Mitte des 14. Jahrhunderts in Florenz gab, und über die recht hohe Zahl von Schülern, die sie besuchten. Auf der anderen Seite bezeugt eine umfangreiche Reihe von Rechnungsbüchern, Geschäftsbüchern und Erinnerungen, wie das Lesen und Schreiben in weiten Kreisen der Bevölkerung zur Gewohnheit geworden war.

Natürlich suchte die Kirche oder zumindest ein Teil der kirchlichen Welt dem Aufschwung dieser weltlichen Kultur entgegenzuwirken, die, ganz diesseitsorientiert, sich ihrer Kontrolle entzog. Der Terminus »chiericía«, der sowohl ›geistlicher Stand‹ als auch ›Gelehrsamkeit‹ meinte, bekam daher im 13. und 14. Jahrhundert zwei entgegengesetzte Bedeutungen; von den Laien wurde er im Sinne von ›Gelehrsamkeit‹ gebraucht, von den der Mystik zugewandten Ordensgeistlichen im Sinne von ›Glauben‹, auch wenn dieser mit völliger Unkenntnis weltlichen Wissens einherging. Schon Francesco d'Assisi hatte in einer seiner *Regeln* vorgeschrieben, daß derjenige, der als Analphabet in den Orden eingetreten sei, das Lesen und Schreiben auch dort nicht erlernen sollte; Iacopone da Todi stellte später wiederholt das an den Universitäten (Bologna, Paris) gelehrte irdische Wissen in Opposition zu dem ›wahren‹ Wissen der Offenbarung.

### *b) Der neue Intellektuelle*

Die anti-kulturellen Strömungen sind bei aller Häufigkeit und Heftigkeit aber keinesfalls typisch für das Jahrhundert; sie zeigen vielmehr den gewaltigen Impuls an, der von der Kultur der Stadtrepublik ausging und auf das Ideal eines neuen Menschen vorausdeutete. Das vorangegangene Jahrhundert hatte zwei Idealtypen ausgebildet, den ›Heiligen‹ und den ›Ritter‹; diese hatten im neuen Zeitalter weiter Bestand, ihnen zur Seite trat aber die neue Gestalt des ›Intellektuellen‹ (»loico«), eine Gestalt, die uns aus unzähligen Seiten entgegentritt. Man nehme zum Beispiel Brunetto Latini, an dessen »liebes, gutes, väterliches Antlitz« Dante im *Inferno* erinnert, wo er schreibt, dieser habe ihn gelehrt, »wie man sich verewigen könne« (*Inf.*, XV, 83); oder den Danteschen Vergil, »jener edle Weise, alles wissend«; oder die »Weisen« des Limbo, die ungeachtet ihrer Verdammnis vornehm gesetzte Würde bewahren; oder das idealisierte Dante-Bild in Boccaccios *Trattatello*, und schließlich das Idealbild, das Petrarca in seinem gesamten Werk und Wirken von sich zeichnete.

Der neue Intellektuelle unterschied sich deutlich von dem früherer Generationen. Der Hinweis mag genügen, daß unter den Dichtern des Duecento alle sozialen Schichten vertreten sind mit Ausnahme – und hier unterscheidet sich Italien von Frankreich und der Provence – des Adels. Wir finden unter ihnen Angehörige des Patriziats: Uberti, Cavalcanti, Donati, Del Viva; des Großbürgertums: Compagni, Alighieri; reicher Kaufmannsfamilien: Gianni Alfani, Sennuccio Del Bene, Franceschino degli Albizzi, Dino Frescobaldi, Chiaro Davanzati; ja der Handwerkerschaft, wie den Goldschmied Orlanduccio, und Guido Orlandi, einen Mann aus dem Volk. Diese Vielfalt sozialer Schichtung spiegelt die Vielfalt und Komplexität der italienischen Gesellschaft dieser Zeit in ihrer Gänze wider und erklärt die Mannigfaltigkeit der geistigen und moralischen Einstellungen, die in der zeitgenössischen Literatur zum Ausdruck kommen.

Wer aber das Porträt des Intellektuellen im Zeitalter der ›Kommune‹ zeichnen möchte, muß vor allem den großen Anteil der Juristen und Notare hervorheben, regelrechte ›Beamte‹ der Stadtrepubliken, die aufgrund ihrer bürgerlichen Herkunft, ihrer auf dem römischen Recht basierenden Ausbildung und ihrer Verbindung zur herrschenden Kaufmannsschicht besser als alle anderen der Mentalität und den Idealen der ›kommunalen‹ Gesellschaft Ausdruck verleihen konnten. Und daher ist es andererseits sicher kein Zufall, daß von Beginn des Jahrhunderts an juristische und rhetorische Studien eng miteinander verbunden waren. So hatte 1246 die Vereinigung der Notare in Bologna eine Vorschrift erlassen, wonach der Bewerber auf ein Notariat den Nachweis erbringen müsse, der Kunst des »dettare« mächtig, d.h. in der Lage zu sein, mit rhetorischem Ornat in Latein und in der Volkssprache zu schreiben, – und diese Vorschrift dürfte nicht ohne Einfluß auf die Entwicklung der italienischen Kunstprosa geblieben sein.

## 6. Das Publikum

Nicht weniger wichtig ist die Untersuchung des Publikums, an das sich die neue Literatur richtete. Es hatte im 13. und 14. Jahrhundert eine beträchtliche Ausweitung erfahren, die aber wohlgemerkt, und zwar aus verschiedenen Gründen, nur bis zu einem bestimmten Punkt erfolgte. ›Schriftliche Literatur‹ setzt nämlich Lesefähigkeit voraus, und diese war nur sehr begrenzt vorhanden. In dieser Hinsicht aufschlußreich ist ein Satz von Tommasino dei Cerchiari aus Friaul, dem Verfasser eines deutsch geschriebenen didaktischen Traktats (*Der wälsche Gast*): »Der Kleriker möge die Schrift betrachten, der Laie die Abbildung«, – ein Satz, der nichts anderes besagt, als daß für die Angehörigen ›niedrigerer Gesellschaftsschichten‹ Bilder und Skulpturen an die Stelle der Bücher traten und damit eine dem modernen Kino und Fernsehen vergleichbare kulturelle Funktion erhalten konnten: Wohin die Schrift nicht gelangt, dorthin gelangt das Bild. Ein recht großer Teil der Bevölkerung kam mit der Literatur also nur durch die Spielleute in Berührung, die sie für den öffentlichen Konsum vereinfachten, – eine Tätigkeit, die zumeist von der gelehrten Literatur ausging und nicht selten sie ihrerseits wieder befruchtete.

Dem Publikum der Spielleute und fahrenden Sänger ganz ähnlich war das Publikum, an das sich die Verfasser – Autoren oder Übersetzer – religiöser Literatur wandten. Die Entwicklung der Städte und der städtischen Lebensgewohnheiten, das Aufkommen verschiedener ›Häresien‹, das immer ausgeprägtere Interesse für intellektuelle Fragestellungen und folglich auch für die Religion, die selbst mehr und mehr als Problem empfunden wurde, führten zur Entstehung zahlreicher Bruderschaften oder »compagnie«, aus deren Mitte eine volkstümlich-religiöse Literatur erwuchs: die *laude*, später die dramatisierten Lauden, dann die *Mysterienspiele*. Es waren dies Kunstformen, die ebenfalls entweder auf Hören und Sehen (dramatische Werke) oder nur auf das Hören (Lauden) ausgerichtet waren und deshalb ein breites Publikum ansprechen konnten.

An ein anderes Publikum, nicht mehr das ›Volk‹, sondern eine zwischen Aristokratie und Bürgertum angesiedelte Schicht, wandten sich die Verfasser der ›schönen‹ oder ›unterhaltenden‹ Literatur: Prosa- oder Versbearbeitungen von Ritter- oder Liebesgeschichten aus dem Umkreis der bretonischen (oder Artus-) Sagen oder der zahlreichen anderen, weit zurückliegenden Geschichten aus den klassischen Sagen um Troja, um Alexander den Großen oder Cäsar, die im ›modernen‹, ritterlich-höfischen Geist nachempfunden und nacherzählt wurden. An dasselbe Publikum wandten sich auch die religiösen Schriftsteller, die Bearbeiter von Novellen verschiedenster Provenienz, die Chronisten, die den auf die eigene Stadt und ihre glorreiche Gegenwart stolzen Zeitgenossen die Geschichte ihres sagenumwobenen oder römischen Ursprungs erzählten und ihre glorreiche Vergangenheit wiederbelebten; und schließlich auch die Schriftsteller, die in Prosa oder Versen lehrten, was bis dahin nur in lateinischer Sprache gelehrt worden war: Regeln vom manierlichen Benehmen bei Tisch (»cortesia da desco«), Anleitungen für das geziemende und sittsame Verhalten der Frauen (»reggimento e costume di donna«) oder andere Vorschriften auf den Gebieten der Religion, der Wissenschaft, der Moral und der Lebensweisheit. Es ist kein Zufall, daß die meisten volkssprachlichen Schriftsteller im 13. und 14. Jahrhundert ihre ausdrückliche Absicht kundtun, für diejenigen zu schreiben, die des Lateinischen nicht mächtig seien: Sie umreißen damit genau ihren Adressatenkreis und die praktische Ausrichtung ihres literarischen Schaffens.

Weiter oben auf der sozialen Stufenleiter war das ›höfische‹ oder ›gelehrte‹ Publikum, mit seinen gepflegteren Sitten und einer höheren kulturellen Bildung, angesiedelt. Beispielhaft hierfür ist eine Äußerung Dantes im *Convivio*, wo er zunächst darlegt, daß er in der Volkssprache schreibe, weil sie gleichermaßen »Gelehrten und Ungelehrten geläufig ist« (I, vii, 12), und dann weiter ausführt, daß er sich nicht an diejenigen wende, die sich der Kultur bedienen, um damit »Geld oder Würden« zu erwerben, sondern an diejenigen, die sie uneigennützig um ihrer selbst willen aufnehmen und genießen: »e questi nobili sono principi, baroni, cavalieri, e molt'altra nobile gente, non solamente maschi ma femmine, che sono molti e molte in questa lingua, volgari e non litterati« (solche Edlen aber finden sich noch unter Fürsten, Baronen und Rittern; auch viele andere vom Adel gibt es, nicht bloß Männer, sondern auch Frauen, von denen viele die Gelehrtensprache nicht verstehen, sondern nur die Volkssprache kennen; *Convivio*, I, ix, 5). Es gibt auch zahlreiche Belege dafür, daß Schriftsteller ihr Publikum auf diesen auserwählten Kreis einschränken und die Handwerker (»meccanici«), die Laien (»laici«), die Ungebildeten und das gemeine Volk ausschließen. An der Spitze dieser Pyramide stand eine traumhaft verfeinerte Lyrik, von »edlen Herzen« für »edle Damen« verfaßt und ausdrücklich den wenigen seelenverwandten Freunden zugedacht oder allenfalls Frauen, die ebenfalls »Wissen um die Liebe« (intelletto d'amore) besaßen, – eine Dichtung, wenn man so will, für Eingeweihte.

## 7. Die Verbreitung der Werke

Die ausgeführte Stratifikation von Autor und Publikum war in Wirklichkeit weniger scharf, zumindest gab es zwischen den einzelnen Ebenen einen intensiven Austausch von Ideen, Motiven, poetischen Mustern und sprachlichen Ausdrucksformen. Die Spielleute und fahrenden Sänger waren beispielsweise alle von einer bestimmten Kultur geformt, die sie, wenn auch in volkstümlicher Form und Manier, ihren Hörern weitergaben; sie stellten somit eine Art Bindeglied zwischen ›niederer‹ und ›hoher‹ Kultur dar und verbreiteten unter den niedrigeren und ungebildeteren Schichten Begriffe, Fakten und Wörter wie heute in vergleichbarer Weise Kino und Fernsehen. Auf der anderen Seite schöpften auch die anspruchsvollsten und kunstfertigsten Schriftsteller häufig Anregungen aus volkstümlichen Quellen, vor allem aus den ›komischen‹ Gattungen (d.h. der ›comedía‹), die eine expressive, grobe und bisweilen sogar vulgäre Sprache erforderten.

Daher war es möglich, daß die literarischen Werke des Duecento und Trecento in einem nicht selten heterogenen Milieu zirkulieren konnten, das vom Zielpublikum stark differierte. Zwei Novellen von Franco Sacchetti bezeugen – neben den zahlreichen anderen Anekdoten, die über Dante verbreitet wurden –, daß die *Divina Commedia* zumindest in einigen ihrer Teile auch Grobschmieden und Eseltreibern in die Hände geriet. Dasselbe gilt für das *Decameròn*, ein weiteres, in Erfindung, Struktur und Stil entschieden literarisches Werk, das jedoch, wie neuere Untersuchungen gezeigt haben, vor allem in Kaufmannskreisen verbreitet war. Im übrigen gibt es eine Aussage von Boccaccio selbst, der in seinen letzten Jahren in einem Brief an Mainardo Cavalcanti erklärte, er bereue, dieses Werk verfaßt zu haben, das ihm mittlerweile schamlos erscheine, und denke mit Grauen daran, daß es in die Hände der Damen des Hauses Cavalcanti fallen könnte und diese ihn für einen alten Schmutzfink (»spurcissimus senex«) halten würden.

Lassen wir andere Zeugnisse unberücksichtigt und erwähnen nur die kleine Hausbibliothek, die Francesco Datini, ein berühmter Handelsherr des 14. Jahrhunderts, in einer »Truhe mit zwei Schlössern« verwahrte: Sie enthielt die *Cronaca* von Villani, ein Boethius-Exemplar, verschiedene Bücher religiösen Inhalts (Heiligenviten, Evangeliare, Episteln des Hl. Jakobus, Briefe des Giovanni delle Celle), eine Gedichtsammlung von Iacopone da Todi, eine *Divina*

*Commedia*, die *Fioretti*. Man sieht, es handelt sich um eine kleine, nicht besonders umfassende (die Bücher wurden damals noch von Hand kopiert und waren sehr teuer), aber doch abwechslungsreiche Bibliothek, die die mannigfaltigen Interessen eines Zeitgenossen bezeugt, der als Kaufmann mit Handelsgeschäften und nicht mit gelehrten Studien befaßt war.

Zwischen hoher und niederer Kultur gab es also einen intensiven Austausch, der dazu beitrug, die verschiedenen Ebenen der Literatur einander anzunähern und die Herausbildung einer gemeinsamen ›Kultursprache‹ in die Wege zu leiten. Bedeutung und Umfang dieses Phänomens werden richtig klar erst im Vergleich mit der Situation gegen Ende des vorangegangenen Jahrhunderts, als der Gebrauch des Lateinischen als Schriftsprache den größten Teil des Publikums von der Kultur ausschloß, und zwar nicht nur die unteren Schichten, sondern auch jene Adligen, von denen Dante im *Convivio* spricht, und darüber hinaus alle Kaufleute und Bürger, die des Lateinischen nicht mächtig waren, d.h. im Grunde alle außer einem kleinen Kreis von ›Klerikern‹. Im 13. Jahrhundert ergibt sich eine ganz andere Situation: Nur kleine Gruppen von Spezialisten verwendeten übernationale Sprachen (Theologen, Juristen und Gelehrte das Lateinische, einige Dichter das Provenzalische), während ansonsten die Texte der hohen Kultur mehr und mehr in die Volkssprache übersetzt oder, später, direkt in ihr verfaßt wurden und in gewissen Grenzen Formen anspruchsvoller Literatur im ›Volk‹ kursierten und auf Bildung und Sprache breiter Schichten Einfluß nahmen.

## 8. Alt und neu im Zeitalter der Stadtrepublik

### *a) Geschichte und Legende*

Die Formel ›alt und neu‹ gilt nicht nur für die äußere Form der Literatur der Anfänge, sondern auch für ihre Inhalte. Der Schriftsteller beschränkte sich, auch dort wo er vulgarisierte und zusammenfaßte, keineswegs auf eine mechanische Übertragung von der einen in die andere Sprache; daher dringt die Lebenswirklichkeit der Stadtrepublik auch in Schriften vor, die bloße volkssprachliche Kompendien zuvor schon in lateinischer Sprache verbreiteter Werke zu sein scheinen, und geht bisweilen recht eigenartige Synthesen oder Verbindungen mit Thesen ein, die einer längst überwundenen Mentalität und historisch-sozialen Situation entsprungen sind.

Einige Beispiele aus dem Bereich der Geschichte mögen genügen: Die vorherigen Jahrhunderte hatten die Vergangenheit nivelliert, indem sie sie von der Gegenwart aus in ein immergleiches Licht tauchten und ihr, gleich wie nah oder fern sie war, die mittelalterliche Mentalität überstülpten, so daß die Grenzen zwischen Geschichte und Legende, zwischen historischem Bericht und literarischer Novelle verlorengingen und Realität und Phantasie in charakteristischer Weise miteinander vermischt und verflochten wurden. Diese Geisteshaltung überdauerte die ersten beiden Jahrhunderte der neuen Literatur, – erst der Humanismus führte die Unterscheidung zwischen Geschichte und Legende ein. Man muß aber nur einmal die *Chronik* von Villani aufschlagen um zu sehen, wie die Mentalität des Mittelalters und die des ›kommunalen‹ Zeitalters ineinanderverschlungen und übereinandergelagert sind. Villani erzählt noch all die gängigen Sagen über die Gründung der Stadt Florenz und ihre ersten Anfänge, er glaubt noch, daß die menschlichen Geschicke von der göttlichen Vorsehung bestimmt seien. Mit welch scharfem Kaufmannsblick erforscht er aber die erst kurz zurückliegenden Ereignisse in seiner Stadt! Wie genau ist das Bild, das er von ihr zeichnet, mit einer Fülle von statistischen Angaben, voller Informationen über die vorhandenen Schulen und ihre Schüler, über die diversen Läden und Betriebe, den Umfang der Geschäfte, kurz, über alles, was das Leben einer Stadt und eines Staates ausmacht! Man denke auch daran, wie häufig die rhetorische Kultur des Duecento – jene *artes dictandi*, welche die rhetorischen Normen des Lateinischen auf die Volkssprache zu übertragen suchten – auf Beispiele zurückgriff, die der lebendigen Wirklichkeit der Stadtrepublik entnommen sind und wiederum ordnend auf das ›kommunale‹ Leben einwirken sollten. Wenn Guido Faba, Brunetto Latini, Guittone d'Arezzo Modelle für die Abfassung von Briefen und Ansprachen vorlegen, verfassen sie sie dergestalt, daß sie zum Gebrauch in den Versammlungen und Ratssitzungen der Stadtrepublik taugen, und wie im übrigen auch Francesco da Barberino und viele andere waren sie ständig darauf bedacht, Rhetoriker, Richter, Notare und sonstige Beamte im Dienste der Stadt praktisch anzuleiten. Als zu Ende des Jahrhunderts Dino Compagni in seiner Kanzone *Del pregio* die »pregi« auflistete, d.h. die spezifischen

Tugenden, die einer jeden sozialen Klasse zu eigen sein sollten, begann er natürlich, wie es der Tradition entsprach, beim Kaiser, ging aber dann Stufe um Stufe bis zu den Intellektuellen und Handwerkern hinunter, die damals den Kern des florentinischen Lebens ausmachten. Und Francesco da Barberino, der die Frauen die guten Sitten lehrte, tat es ihm gleich, wenn er in jedem Abschnitt von des Kaisers Tochter ausging, um dann über die Adelshierarchie zu den Kaufmannskreisen und zum niederen Volk hinabzusteigen.

### *b) ›Höfische Vollkommenheit‹ – ›Freigebigkeit‹ – ›Sparsamkeit‹*

In gleicher Weise nahmen gewisse Thesen, Ideen oder Ideale, die unverändert weiterzubestehen schienen, neue Schattierungen an, um sich schließlich im Kontakt mit einer Wirklichkeit, die ganz anders war als die, die sie hervorgebracht hatte, völlig aufzulösen. Man nehme zum Beispiel die zahlreichen Schriftsteller des 13. und 14. Jahrhunderts, die eine für immer versunkene Welt zu verherrlichen und gleichzeitig zu betrauern scheinen. Dante klagt um »die Damen und die Ritter, Freud und Leid« vergangener Zeiten, er weint den Idealen der »höfischen Vollkommenheit« (cortesia) und der »ritterlichen Tapferkeit« (valore) nach, die vor der Niederlage Friedrichs II. im Tal des Po herrschten, und er rühmt die wenigen Familien, deren Ehre noch in Freigebigkeit und Tapferkeit, »dem Preis der Börse und des Schwertes«, gründet. Folgòre da San Gimignano ruft in einem Sonett wiederholt die ›cortesia‹ an und klagt, nirgendwo antworte sie ihm mehr. Die Literatur der Anfänge scheint vielfach ein Versuch zu sein, jene nunmehr untergegangene Welt, die höfischen Sitten, den Edelmut und die Großherzigkeit wenigstens in der literarischen Fiktion wiederzubeleben. Und dabei gehören die Schriftsteller, die diese höfisch-feudale Zivilisation beweinen und besingen, ihr selbst nicht mehr an, sondern sind bis ins Mark von der Kultur der Stadtrepublik durchdrungen. Folgòre, der Luxus, Reichtum und beschauliche Muße wiedererstehen läßt, richtet seine Verse an eine ›Schar‹ junger städtischer Adliger und entwirft eine Welt, die vom Feudalismus weit entfernt ist. Und Dante wird nur innerhalb der freien Stadt Florenz, ja des »secondo popolo«, wie man damals die zweite bürgerliche Phase der Stadtrepubliken nannte, richtig verständlich.

Auch das durch und durch feudale und ritterliche Ideal der »großzügigen Freigebigkeit« (liberalità) schwächte sich unter dem

Druck der neuen Bedürfnisse einer Kaufmannskultur nach und nach ab und geriet in Konflikt mit dem aufkommenden Begriff der ›Sparsamkeit‹ (masserizia). Denn noch ist der Geiz das schlimmste aller Laster und klarer Gegenpol zur ›cortesia‹; zwischen Geiz und ungezügelte Freigebigkeit schiebt sich aber nun die neue Tugend der ›masserizia‹, die eineinhalb Jahrhunderte später in der dann eindeutig bürgerlichen Darstellung eines Leon Battista Alberti als die höchste aller Tugenden gepriesen wird.

### *c) Die höfische Liebe*

Nicht weniger spiegelt sich in der Geschichte der Liebeslyrik die Übertragung des höfischen Liebeskonzepts in eine neue soziale Wirklichkeit wider. Die sizilianischen Dichter, Hofdichter, die sie waren, konnten noch eine durch und durch konventionelle, durch die provenzalische Lyrik vorgeprägte Liebe besingen. Die Toskaner jedoch, die in einer Gesellschaft lebten, wo diese Werte ihren Sinn verloren hatten, mußten, wie Guittone, die irdische Liebe als sündhaft zurückweisen oder aber, wie die Stilnovisten, in eine Sphäre übermenschlicher Geistigkeit erhöhen und zu einem Gefühl adeln, das von der ›gewöhnlichen‹ Liebe der ›meccanici‹ und ›villani‹, aber auch von der alten feudalen und höfischen Liebeskonvention klar unterschieden war. Von welcher Seite auch immer man sie betrachtet, – die Literatur der Anfänge erscheint zwangsläufig als Spiegel oder Ausdruck der Zivilisation der Stadtrepublik, auch wenn sie sich erst etwas später zu entwickeln begann, als die neuen politischen, gesellschaftlichen und wirtschaftlichen Strukturen schon nach und nach ins Bewußtsein der Menschen eingedrungen waren. Wie in jeder Epoche und um so mehr in einer Zeit, in der das Neue sich seine Ausdrucksmittel, allen voran die Sprache, erst schaffen mußte, traf auch hier der Widerschein des Neuen auf den Abglanz der Vergangenheit.

## 9. Das Zeitalter der Stadtrepublik

Duecento und Trecento, zeitlich zwischen den ersten Jahrzehnten des 13. und den 70er Jahren des 14. Jahrhunderts gelegen, stellen also einen zusammenhängenden Abschnitt der italienischen Kultur-

und Literaturgeschichte dar, weswegen hier auch immer vom *Zeitalter* (von der *Kultur*, von der *Literatur*) *der Anfänge* (età delle origini) bzw. vom *Zeitalter der Stadtrepublik* (età comunale) und weniger vom Duecento oder Trecento (welchem der beiden Jahrhunderte wäre im übrigen Dante zuzurechnen?) die Rede war. Dies bedeutet freilich nicht, daß die beiden Jahrhunderte ein homogenes Ganzes, ohne innere Geschichte oder Entwicklung, bildeten, als ob die Situation der italienischen Literatur am Ende des 14. Jahrhunderts mit der Situation 150 oder 170 Jahre zuvor gleichzusetzen wäre. Vielmehr findet in diesem Zeitalter, das eine ›Epoche‹ der Geschichte der italienischen Literatur darstellt, wie in allen anderen Zeitaltern oder Epochen, eine kontinuierlich fortschreitende Entwicklung statt.

# Kapitel II
# Volks- und Spielmannsliteratur

## 1. Die Volksliteratur und ihre Merkmale

### *a) Volkstümliche und gelehrte Literatur*

Das literarische Schaffen eines Volkes können wir uns als Überlagerung mehrerer Schichten vorstellen: Auf der – von der kulturellen Vielfalt und stilistischen Raffinesse her gesehen – untersten Ebene befindet sich die volkstümliche Literatur, d.h. die Werke, die sich, ungeachtet ihres Verfassers, in besonderer Weise an die gesellschaftlich niedrigsten und kulturell am wenigsten entwickelten Schichten der Bevölkerung wenden und von diesen auf- und angenommen werden, insofern sie in ihnen die eigene Lebensauffassung wiederfinden.

Die Untersuchung dieser Schicht des literarischen Schaffens in Italien ist ziemlich schwierig, weil derartige Werke meist mündlich verbreitet werden und die Wege ihrer Verbreitung am Rande der offiziellen Kultur, weitab von den öffentlichen Bibliotheken und großen Privatsammlungen, verlaufen. Daher geht ein großer Teil der volkstümlichen Literatur verloren. Was die ersten beiden Jahrhunderte der italienischen Literatur angeht, so verfügen wir nur über einige wenige Hinweise auf volkstümliche Werke, über Zitate einiger Verse oder Versanfänge (íncipit), die von gelehrten Schriftstellern erinnert werden.

Wenn es aber schon schwierig ist, die volkstümliche Dichtung der Anfänge zusammenzutragen, um wieviel schwieriger ist es, die Persönlichkeit ihrer Autoren zu fassen und sie, in ähnlicher Weise wie die Vertreter der Hochliteratur, zu porträtieren. In den meisten Fällen sind die uns vorliegenden Texte anonym; aber auch dann, wenn der Name des Verfassers bekannt ist, bleibt eine gewisse Anonymität bestehen, insofern der Schriftsteller voll und ganz im sozialen und kulturellen Milieu aufgeht, dem er angehört und dessen Weltsicht er zum Ausdruck bringt.

Hieraus folgt, daß die Volksliteratur Aufschluß über eine soziale Gruppe, nicht – wie die Hochliteratur – über ein Individuum, gibt, daß ihre Werke somit in anderer Weise gelesen und beurteilt werden müssen, denn richtig verstehen wird sie nur der, welcher die ihnen angemessenen Urteilskriterien auf sie anwendet. Wer hingegen bei seiner Lektüre vor allem die Stellen hervorhöbe, an denen der Volksschriftsteller sich einem literarischeren Geschmack oder Tonfall, d.h. einer ihm fremden Kultur angenähert hat, überginge gerade die charakteristischen Merkmale dieser Werke und verkürzte die ›Geschichte der Literatur‹ um alles, was aus dem Rahmen der kulturellen Muster der sozialen Oberschicht fällt. Die ›Geschichte der italienischen Literatur‹ muß aber das gesamte literarische Schaffen auf allen Ebenen umfassen, folglich auch die literarischen Äußerungen des ganzen italienischen Volkes, das aus historischen und sozialen Gründen niemals ein homogenes Ganzes war, sondern in weit ausdifferenzierte soziale Schichten und Klassen mit unterschiedlichsten Bildungsgraden und Ausdrucksmitteln aufgespalten blieb.

### *b) Technik und Stil*

In der Volksdichtung suchen wir folglich keine scharf umrissenen Persönlichkeiten oder literarische Techniken, wie sie für die gelehrte Literatur typisch waren. Der volkstümliche Schriftsteller verfügt über eine eigene, zum Teil durch die Schule geprägte Kultur und stützt sich auf eine eigene sprachliche, stilistische und metrische Tradition. Er arbeitet also nicht anders als ein Dichter im Bereich der Hochliteratur, benutzt traditionelle Versmaße, verwendet konventionalisierte, zur Charakteristik einer ›Gattung‹ und einer ›poetischen Sprache‹ gehörende Ausdrücke und Stilfiguren; seine Fähigkeit, sie individuell auszuarbeiten, ist aber geringer. Aus diesem Grund ist die Volksdichtung häufig ›formelhaft‹, voller Formeln also, die sich ständig wiederholen, sei es, daß der Autor Vers und Reim durch Füllwörter in Übereinstimmung bringen muß, sei es, daß er zu originellem Ausdruck unfähig ist oder dem Zwang gehorcht, Ereignisse und Personen durch festgelegte Epitheta zu charakterisieren.

Auch wenn der volkstümliche Dichter seine eigene Technik und einen eigenen Stil besitzt, so gründet seine Kunst doch hauptsächlich auf der ›inventio‹, der Fähigkeit, Geschichten voller Verwicklungen und ›suspense‹ (wie man heute sagen würde) zu ersinnen, um ein Publikum zu fesseln, das zumeist nicht liest, sondern anderen zuhört, die vorlesen oder erzählen, und das, wenn es denn liest, sein Augenmerk auf das Geschehen und die Person und weniger auf die Art und Weise, wie ersteres entwickelt und letztere psychologisch bestimmt wird, richtet. Es ist deshalb nicht so wichtig, ob die Erzählung in all ihren Teilen kohärent ist: Es reicht, wenn sie den Zuhörer oder Leser von Mal zu Mal zu fesseln vermag. Und es ist auch nicht so wichtig, ob eine Person von Anfang bis Ende über die psychologische Kohärenz verfügt, die sie erst zu einem geschlossenen Charakter macht: Es genügt, wenn sie von Mal zu Mal eine der jeweiligen Episode angemessene Geschlossenheit besitzt, wenn sie, mit anderen Worten, so ist, wie es der jeweilige Moment erfordert.

Aus dem Gesagten geht klar hervor, daß diese Merkmale Werke kennzeichnen, die keinesfalls ›minderwertig‹, sondern einfach ›andersartig‹ sind, so daß sie auf einen anderen Typ, eine andere Art von Literatur hinweisen, die anderen Bedürfnissen des Autors oder seines Publikums Genüge leistet. Diese Bedürfnisse mögen charakteristisch für Autoren bescheideneren Ranges sein, sie sind aber auch einem Boiardo, einem Ariost oder (um ein Beispiel aus einer anderen Epoche und Literatur zu geben) einem Victor Hugo nicht fremd. Sie mögen charakterisch für ein ungebildetes Publikum sein, das gewohnt ist, Literatur zu hören (und es ist natürlich nicht gleichgültig, ob eine Geschichte gehört oder gelesen wird), sie finden sich aber auch bei anspruchsvollen Lesern in Augenblicken geringerer geistiger Anspannung. (Selbst für den verwöhntesten Literaturkritiker dürfte es Momente geben, in denen er wieder Kind oder ›gewöhnlicher‹ Leser wird und sich an einem Mantel-und-Degen- oder Kriminalroman oder, im Kino, an einem Western ergötzt.)

## 2. Die Volksdichtung der Anfänge

Die aus dem Duecento und Trecento erhaltenen Werke volkstümlicher Literatur sind nicht eben zahlreich. Eine Fülle von Anhaltspunkten stützt jedoch die Vermutung, daß schon vor dem 13. Jahrhundert eine volkstümliche Dichtung in Italien verbreitet war, die später parallel zur gelehrten Literatur fortbestand.

Es handelte sich dabei um Werke mit den unterschiedlichsten Bezeichnungen: *cantilene*, *cantiones* (Lieder), *ballate*, *canzoni a ballo*, *frottole* (Tanzlieder), *bischizi, mattane* (Schwankgedichte), *ritmi* (Reime), *cantàri* (Heldenepen), *testamenti* (Testamente), *rispetti* (Liebeslieder), *strambotti* (satirische bzw. erotische Gedichte), *cacce* (Jagdgedichte). Sie wurden vom Verfasser oder von ›fahrenden Sängern‹ (canterini, cantimpanca) auf den Plätzen vorgetragen oder (Musik und Text sind in dieser Literatur nahezu immer miteinander verbunden) bei öffentlichen Tänzen im Chor gesungen, wobei Tanzschritte und Liedverse gruppenweise aufgeteilt wurden.

Der Vielfalt der metrischen Formen: *sesta rima* (Sestine), *ottava narrativa* (epische Oktave), *strofa di ballata* (›ballata‹-Strophe), *ottava siciliana tetrastica* (vierzeilige sizilianische Oktave, die lockere Aneinanderreihung verschiedener Verse usw.) entsprach die Vielfalt der Themen: die *serenata* (Abendlied), die *alba* (Tagelied), d.h. der Abschied der Liebenden im Morgengrauen, die *malmaritata*, d.h. die Klage der unzufriedenen Ehefrau, das Zwiegespräch zwischen dem Mädchen, das heiraten möchte, und seiner Mutter (bisweilen auch dem Vater) usw. In anderen Fällen waren die Volkslieder politischen Inhalts und entsprangen den politischen und religiösen Leidenschaften, die in den Kämpfen dieser Jahre zwischen Guelfen und Ghibellinen, zwischen der einen und anderen städtischen Partei, zwischen dem einen oder anderen Mönchsorden (man denke nur an die Polemik gegen die Bettelorden, den Streit zwischen Franziskanern und Dominikanern oder den Konflikt zwischen ›spirituali‹ oder ›fraticelli‹ und ›conventuali‹, den Franziskanern also, die die Ordensregel treu befolgten, und denen, die sie lockern wollten) heftig aufloderten. Andere *ballate* wiederum besangen Ereignisse, die die Menschen stark beeindruckt hatten (so zum Beispiel das Lied über Lisabetta von Messina, deren Geschichte Boccaccio in einer Novelle – *Dec.* IV, 5 – erzählt und dabei die ersten Verse des Volksliedes anklingen läßt). Schließlich gab es Lieder für die Maifeiern, für die ländlichen Feste usw.

Häufig hatten diese Dichtungen eine ausgesprochen praktische Zielsetzung: Sie erfüllten Aufgaben wie später die Flugblätter und die Massenkommunikationsmittel unserer Zeit, die zur schnellen Verbreitung von Nachrichten dienen und des Volkes Meinung in die eine oder andere Richtung lenken. So auch die in Terzinen, Oktaven oder der Form des Sirventes verfaßten *lamenti* (Klagelieder), die die Öffentlichkeit anläßlich des Todes einer hochgestellten politischen Persönlichkeit, einer Niederlage oder eines Krieges erschüttern sollten. Bisweilen wurden diese Texte nicht vor Publikum vorgetragen, sondern von der Obrigkeit öffentlich angeschlagen. In einigen anderen Fällen wurden sie bei Volksdichtern im Dienste der Stadtrepublik oder des Herrschers direkt in Auftrag gegeben (in Florenz z. B. wurde 1350 das Amt des öffentlichen Sängers geschaffen), wodurch der Dichter eine Art offizielles Sprachrohr oder politisches Propaganda-Instrument wurde.

Wer die Aufzählung nicht der Werke, sondern der Textgruppen oder Gattungen vervollständigen wollte, müßte auch die *laude* (Lobgesänge), die aus religiösen Volksbewegungen hervorgingen (vgl. Teil I, Kap. 3), und die *Mysterienspiele*, die bereits im ausgehenden 12. und später im 13. und 14. Jahrhundert im Umkreis der in Ober- und Mittelitalien um sich greifenden religiösen Laienbruderschaften (›confraternitate‹ oder ›compagnie‹) entstanden, erwähnen.

Aus dem Gesagten läßt sich schließen, daß parallel zur Kunst- oder Gelehrtenliteratur eine volkstümliche Literatur entstanden und gewachsen ist, deren Autoren meist unbekannt und deren Werke nicht selten im Strom der Zeit untergegangen sind, die aber damals Teil des Lebens der unteren sozialen Schichten war, ihre Freuden und Leiden begleitete, ihre politischen Leidenschaften und religiösen Gefühle widerspiegelte oder beeinflußte und ihre gesamte Lebensauffassung zum Ausdruck brachte.

### 3. Die Spielleute

Hinter dem größten Teil dieser Literatur standen die Spielleute (›giullari‹ vom Lat. ›joculares‹: Gaukler), die, durchaus nicht ungebildet, zur Unterhaltung der Leute umherzogen, bald als Gaukler und Possenreißer ihre Kunst auf den Plätzen zur Schau stellten, bald Dichtungen vorsangen, d.h. mit Musikbegleitung vortrugen, oder vorspielten, wobei die gebildetsten unter ihnen sogar zu herrschaftlichen Familien und später zu den Höfen Zugang hatten.

Da sie untereinander, was Bildung, Verhalten und Moral betrifft, höchst verschieden waren, nimmt es nicht wunder, daß sie ganz unterschiedlich aufgenommen wurden. Verbote, Schmähungen und Exkommunizierungen der ›giullari‹, ›cantatores‹ oder ›cantimpanca‹ standen im 13. Jahrhundert in einer langen Tradition, – hatte die Kirche doch schon das gesamte Mittelalter hindurch die ›cantica‹

mehrfach für »schändlich und obszön« (turpia, turpia et luxuriosa, obscaena et turpia) erklärt und auf Synodal- und Kapitelversammlungen offiziell verdammt. Auf der anderen Seite wurden die Spielleute mitunter von Amts wegen zur Verbreitung von Nachrichten angestellt. Im ausgehenden 13. und im 14. Jahrhundert finden wir sie schließlich an den Höfen, im Kreis der Höflinge (uomini di corte), d.h. all derer, die bei Hofe lebten oder sich zu festlichen Gelegenheiten dort einfanden. Der Spielmann konnte also eine niedrigere oder höhere Stellung einnehmen, er konnte aus einer Stadt wegen, wie wir heute sagen würden, Störung der öffentlichen Ordnung verjagt werden oder als Unterhalter nicht nur des auf den Plätzen versammelten Volkes, sondern auch der Reichen und vornehmen ›Herren‹ willkommen sein.

Die Spielleute versuchten sich in vielen verschiedenen literarischen Gattungen, von denen einige besondere Bedeutung besaßen: Die *ritmi*, die *cantàri* (eine Form, über die noch zu sprechen sein wird, vgl. Teil I, Kap. 11), die *monologhi*, die von einem Spielmann mimisch dargestellt wurden, die *contrasti* (Streitgedichte), die von mehreren, wahrscheinlich für den männlichen wie den weiblichen Part verkleideten Spielleuten dialogisch aufgeführt wurden, und die *ballate* mit ihrem von den Tänzern aufgenommenen Kehrreim. Der *contrasto* war im übrigen auch eine in der hohen Dichtung gepflegte Gattung, die in Frankreich und in der Provence in Form der Pastourelle, des Zwiesprächs zwischen einem Ritter, der müßig über die Felder zieht, und einer Schäferin, um deren Gunst er wirbt, weit verbreitet war und in dieser Variante um so reizvoller ist, als die hintergründige feudale Sinnlichkeit von stilistischer Eleganz überdeckt wird.

## 4. Cielo d'Alcamo, Ruggeri Apuliese, »Memoriali bolognesi«

Der *contrasto*, der, wie gesagt, auch in der hohen Literatur vorkommt, gehörte wegen seiner mimischen Möglichkeiten und seiner Anziehungskraft auf das breite Publikum zu den in der Spielmannsliteratur verbreitetsten Gattungen. So ist nicht zufällig das berühmteste und meistdiskutierte Werk der volkstümlichen Dichtung in Italien eben ein solches Streitgedicht, der sogenannte *Contrasto di Cielo d'Alcamo*, der einem Cielo (d.h. Michele) D'Alcamo (in

Sizilien) oder Dal Camo zugeschrieben wird. Es handelt sich nach dem gängigen Muster um ein Zwiegespräch zwischen einem werbenden Mann und einer Frau, die ihn zunächst abweist, dann allmählich nachgibt und einwilligt, ihn zu heiraten, und schließlich sich völlig hingibt und mit einem Eheversprechen abfinden läßt.

So problematisch wie der Autor – wir kennen nur seinen Namen, und auch da bleiben Zweifel – ist die sprachliche Herkunft des Werkes; gesicherter ist die Datierung, denn eine Anspielung auf den noch lebenden Friedrich II. legt seine Entstehung auf die Zeit vor 1250, dem Todesjahr des Kaisers, und eine andere, auf die Konstitutionen von Melfi, auf die Zeit nach 1231 fest, – es entstand also zwischen 1231 und 1250 vermutlich im Königreich Sizilien, auf das sich die Autorität Friedrichs II. und seiner Gesetze erstreckte. Eine wichtige Rolle in diesem *contrasto* spielt der Tonfall, der von Vers zu Vers von entschieden literarischen Ausdrücken zu typisch volkstümlichen Wendungen wechselt, wobei auch die Stimmungslage zwischen dem Bemühen um vornehmes Verhalten und einer tiefsitzenden Grobheit in Gefühl und Ausdruck schwankt. Gerade in dieser gespielten Vornehmheit, in diesem Versuch, sich anders zu geben als man wirklich ist, um schließlich seine wahre Natur zu offenbaren, besteht der Reiz dieses Werks und die Kunst seines Verfassers, eines intelligenten Spielmanns, der sein Handwerk beherrschte, der auch die Sprache der Kunstdichtung kannte und imstande war, sie nachzuahmen.

Ein anderer Spielmann ist jener Ruggeri Apuliese aus Pisa, von dem uns eine größere Zahl von Werken erhalten ist, darunter ein äußerst lebhaft gehaltener *vanto* (Prahlgedicht), eine Art Litanei, in der sich der Autor rühmt, alle nur denkbaren Wissenschaften und Künste zu beherrschen und dazu noch die verschiedensten Berufe, und sich anheischig macht, über alles reden zu können.

Am wichtigsten aber ist die Sammlung (wenn man sie denn so nennen kann) von volkstümlichen Gedichten in den *Memoriali bolognesi*, den Bologneser Notariatsakten. Im Jahre 1266 hatten die Bürgermeister von Bologna das Dekret erlassen, daß alle Verträge und Testamente von öffentlichen Notaren in offizielle Aktenregister übertragen werden sollten, die sogenannten *Libri memorialium* oder *Memorialia Communis*, die uns für die Zeit zwischen 1265 bis 1436 im Original oder in Abschriften erhalten sind. In diesen Registern wurden die zwischen den Urkunden befindlichen weißen Zwischenräume von den Notaren mit Querzeilen, lateinischen Sentenzen,

Gebeten und ähnlichem ausgefüllt, um Zusätze zu den Urkunden zu verhindern. Nicht wenige von ihnen trugen hier zwischen 1279 und 1325 volkssprachliche Gedichte ein, teils von Dichtern wie Guinizelli, Cavalcanti, Dante, Cino da Pistoia u.a.m., die der hohen Literatur zuzurechnen sind, teils von anoymen Verfassern, die einen volkstümlicheren Ton anschlagen. So stellen die *Memoriali bolognesi* das reichhaltigste Verzeichnis volkstümlicher Lyrik aus der Zeit der Anfänge dar, und enthält einige ihrer berühmtesten Beispiele, – man denke nur an das Tagelied "Pàrtite, amore, a deo", an die bekannte "ballata del fantino" (vielleicht ein Tanzlied), die Klage eines Knaben um die entflogene Nachtigall, an das Streitgedicht zwischen zwei Gevatterinnen, die sich derb beschimpfen, und viele andere mehr.

# Kapitel III
# Die religiöse Literatur

## 1. Die Bedeutung der religiösen Literaturströmung

Das Zeitalter der Stadtrepublik wird von einer breiten Strömung religiöser Literatur durchzogen, ja man könnte aus verschiedenen Gründen so weit gehen, der Literatur der Anfänge insgesamt eine religiöse Grundstimmung zuzuschreiben.

Zum einen deshalb, weil, wie oben angedeutet, die Stadtrepublik und der sie begleitende oder von ihr ausgelöste politische, wirtschaftliche und soziale Wandel die Struktur, die Mentalität, die Gefühlswelt und die Ethik der italienischen Gesellschaft wohl veränderte, doch nicht in dem Maße, daß eine kohärente neue Lebenseinstellung entstanden wäre. Die Autoren waren nun ›Laien‹, ›Beamte‹ der Stadtrepublik, das Publikum hatte sich im Vergleich zu früher stark ausgeweitet, ein Großteil der einstigen Lebensideale und der alten Weltanschauung war mittlerweile bis auf die Wurzeln zerstört, – doch die neuen Intellektuellen besaßen noch nicht die Kraft, eine von den jahrhundertelang bestimmenden Prinzipien völlig losgelöste Kultur hervorzubringen, die die neue politische und soziale Ordnung voll und ganz widergespiegelt hätte. Die Stadtrepubliken kämpften gegen den Kaiser und besiegten ihn mitunter wie in Legnano (1176), waren aber noch nicht imstande, außerhalb des Kaisertums, dessen politische Autorität und universellen Charakter sie nach wie vor anerkannten, zu einer eigenen Identität zu finden. Sie kämpften gegen die Kirche, stellten jedoch weder ihren sakralen Charakter noch ihre geistliche Autorität und Führungsrolle in allen Bereichen des bürgerlichen und moralischen Lebens in Frage. Die Menschen des 13. und 14. Jahrhunderts konnten kein Problem außerhalb der Schemata der christlichen Offenbarung und ihrer späteren Auslegung durch Patristik und Scholastik denken. Daher zeigten sich auch die gesellschaftlichen Umwälzungen im Gewand religiöser Unruhe; und daher brachen sich in den religiösen Bewegungen dieser Zeit nicht nur religiöse Gefühle im eigentlichen Sinn Bahn, sondern auch das Bedürfnis nach neuen politischen Institutionen und der Impuls zur Erneuerung der gesellschaftlichen Strukturen und moralischen Wertvorstellungen. Zum anderen deshalb, weil die Kultur, trotz aller Neuerungen, die Tradition der vorangegangenen Jahrhunderte fortführte, weil die pädagogische und moralische Auffassung von Kunst weiterwirkte und die – zumindest theoretische – Möglichkeit einer Literatur als Selbstzweck, einer von religiösen Gefühlen und moralischen Absichten befreiten Literatur noch in weiter Ferne lag.

Der Begriff ›religiöse Literatur‹ soll daher, im engeren Sinn, nur auf die Literatur angewandt werden, die vorrangig und hauptsächlich religiösen Charakter besitzt. Im übrigen wird das Augenmerk vor allem den volkssprachlichen oder schnell in die Volkssprache übersetzten bzw. für ein laizistisches Publikum geschriebenen Werken gelten. Hingegen wird die Masse der Schriften, die weiterhin in lateinischer Sprache, einem scholastischen Latein mittelalterlicher Prägung, verfaßt wurden und daher Teil der Scholastik waren, im folgenden vernachlässigt, auch wenn die Kenntnis zumindest einiger von ihnen zum Verständnis der italienischen Kultur des 13. Jahrhunderts in all ihren Aspekten unerläßlich ist. Als Hinweis auf ihre Verbreitung und Bedeutung mögen einige Namen genügen: Bonaventura da Bagnorea (1221–1274), Tommaso d'Aquino (um 1225–1274), Gioacchino da Fiore (1130–1210) und Lotarius, der spätere Papst Innozenz III. (1160–1216). Ihre Werke hatten großen Einfluß auf die volkssprachliche Literatur und, allgemein, auf die Kultur der Zeit; sie dienten dem gesamten 13. und einem Teil des 14. Jahrhunderts als unentbehrliches kulturelles Gerüst.

## 2. Francesco d'Assisi und die Literatur der Franziskaner

### *a) Francesco d'Assisi*

Die religiöse Literatur in der Volkssprache war eng mit den religiösen Unruhen des 13. und 14. Jahrhunderts verknüpft, vor allem mit der kirchlichen Reform- und Erneuerungsbewegung, die schon im 12. Jahrhundert von den Kluniazensern und Gregor VII. (Papst von 1073–1085) ausgegangen war. Diese Strömung, die innerhalb der Kirche entstanden war, wandte sich bisweilen geradezu gegen sie, so daß es in Westeuropa bald nur so wimmelte von Bewegungen mit tausenderlei verschiedenen Namen (Katharer, Patharener, Beginen, Albigenser, später ›fraticelli‹ und Spiritualen), Bewegungen, in denen sich religiöse, politische und soziale Motive in verschiedenartigster Weise mischten. Im 13. Jahrhundert traten sie bald offen gegen die Kirche auf, bald kehrten sie in ihren Schoß zurück und ließen sich wieder disziplinieren und lenken. Im einen wie im anderen Fall trugen die Gründungen neuer Mönchsorden (Dominikaner, Franziskaner), die Konflikte zwischen den ›Häretikern‹ und der römischen Kurie (meist unterstützt von den handeltreibenden Stadtrepubliken, denen gewisse häretische Volksbewegungen sozial gefährlich zu sein schienen), die mystischen Strömungen, die auf einmal weite Bereiche Italiens aufwühlten (man denke an die Bewegung der Geißler oder ›Flagellanten‹), bei der breiten Masse des Volkes zur Entstehung eines lebhaften Interesses an religiösen Dingen und zur Entwicklung einer reichhaltigen und mannigfaltigen Literatur bei.

Im Zentrum dieser Bewegung wie des spirituellen Lebens im italienischen Trecento überhaupt stand der Orden der Franziskaner, dessen Gründer sogar das erste datierte Schriftstück mit spezifisch literarischen Zügen zu verdanken ist.

Francesco d'Assisi wurde 1182 in Assisi als Sohn des reichen Kaufmanns Pietro Bernardone geboren und führte das sorglose Leben eines jungen Kavaliers. Als er nach einem Krieg zwischen Assisi und Perugia ein Jahr als Gefangener im Kerker verbrachte (1204), erlebte er dort eine erste religiöse Krise. Nach seiner Freilassung kehrte er nur kurz in sein früheres Leben zurück, um dann die Einsamkeit zu suchen und sein Geld großzügig Armen und Kranken zu spenden, so daß ihn sein Vater vor den bischöflichen Gerichtshof zitierte. Dort verzichtete der junge Mann auf das väterliche Erbe, entsagte öffentlich jeglichem weltlichen Besitz bis hin zur Kleidung und begann ein leidenschaftliches Apostolat (1209). Schon 1210 bekam er die erste Genehmigung von Innozenz III. zur Gründung des neuen Ordens der ›minori‹ (Minoriten). Er reiste bis ins Heilige Land und nach Ägypten, um dort das Evangelium zu lehren. Nach seiner Rückkehr nach Italien erhielt er 1223 von Honorius III. die Anerkennung der endgültigen Ordensregel und zog sich nach La Verna im Apennin zurück. Er starb 1226 in Assisi.

Leben und Werk von San Francesco sind nicht nur für die italienische Religionsgeschichte, sondern auch für die gesellschaftliche und literarische Entwicklung Italiens von Bedeutung, weil sein

Orden, der vor allem in den niederen Schichten viele Anhänger fand, den Prozeß der Laisierung der Kultur förderte und durch die Verkündigung des Evangeliums in der Volkssprache die Sprache der Predigt und des religiösen Lebens allgemein veränderte.

Francesco d'Assisi verfaßte neben verschiedenen lateinischen Werken den *Canticus creaturarum* oder *Cantico delle creature* (entstanden 1224–1225, kurz vor seinem Tod), eines der ältesten Zeugnisse der italienischen Literatur, in umbrischer Volkssprache. Er fordert in diesem Lobgesang, der biblische Modelle, insbesondere die Psalmen Davids, anklingen läßt, in einer rhythmisierten Prosa voller Assonanzen und Reime alle Geschöpfe des Universums dazu auf, Gott zu danken und zu preisen: die Gestirne, die vier Elemente, die Menschen, ja sogar den Tod. Mit seinem warmen lyrischen Ton, seiner bildkräftigen Sprache und dem Geist der brüderlichen Verbundenheit zwischen den Menschen und den übrigen Geschöpfen, den er atmet, spiegelt der *Cantico* die starke Persönlichkeit des Heiligen und die von ihm angestrengte Wiederbelebung der überlieferten christlichen Werte wider. Auffällig ist vor allem, wie freudig der Heilige dem Leben gegenübersteht, wie er die beglückende und beseligende Gegenwart Gottes in der ganzen Schöpfung wiederfindet, wie er Wasser oder Feuer oder Wind als Geschöpfe Gottes betrachtet, heiter und nützlich und schön wie er selbst.

### *b) Die Literatur der Franziskaner*

Leben und Werk von San Francesco sowie die Streitigkeiten, die schon bald den Orden entzweiten, brachten eine Fülle von Werken hervor, die zumeist lateinisch geschrieben, dann aber zum Zwecke ihrer größeren Verbreitung in die Volkssprache übertragen wurden. Wenn man die rein biographischen oder mystischen oder in der Auseinandersetzung zwischen Spiritualen und Konventualen Partei ergreifenden Schriften vernachlässigt, dann ragen vor allem zwei Werke hervor, die ein breites Echo im kulturellen Leben Italiens fanden: die *Fioretti di san Francesco* (Die Blümlein des Hl. Franziskus) und *Le mistiche nozze di san Francesco con madonna Povertà* (Die mystische Hochzeit des Hl. Franziskus mit Frau Armut). Letztere, vielleicht schon ein Jahr nach dem Tod des Heiligen anonym und in lateinischer Sprache verfaßte Darstellung des *Sacrum commercium sancti Francisci cum domina Paupertate* hatte großen Einfluß auf die gesamte spätere franziskanische Literatur, inspirierte Giotto und war, wie eine seiner berühmtesten Passagen bezeugt (*Par.*, XI, 58 ff.), auch Dante vertraut. Bereits hier finden sich einige der Merkmale, die in der Folge für eine große Zahl ähnlich gearteter Werke charakteristisch werden sollten: die Darstellung des Heiligen als eines Menschen mit einfachem und reinem Gemüt, der mit allen Teilen des Universums in heiterer Gemeinschaft lebt; eine naive, fast märchenhafte Sicht der Welt und der menschlichen Beziehungen; ein Stil, der die rhetorische Tradition wohl kennt, aber die Satzmuster der gesprochenen Sprache vorzieht und die Ausdrucksweise der volkssprachlichen Predigt, nicht die der im Entstehen begriffenen Kunstprosa übernimmt.

Diesselben Merkmale finden sich in den *Fioretti di san Francesco*, einer volkssprachlichen Sammlung von Taten und Aussprüchen des Heiligen und seiner frühesten Gefährten. San Francesco ersteht in den *Fioretti* als neue Christusfigur, und so folgt die Geschichte seines Lebens, seines Wirkens, seiner Wunder den Überlieferungsmustern des Evangeliums, wobei, mitten im 14. Jahrhundert, dieselbe einfache Weltsicht, dieselbe naive Inbrunst, dieselbe Transparenz im Ausdruck vorwalten, die schon die Literatur der Franziskaner kennzeichneten. Einige Seiten des Buches – die Predigt an die Vögel, die Rede über die Seligkeit, das Wunder des Wolfes von Gubbio – sind verdientermaßen berühmt. Den *Fioretti* werden gewöhnlich andere literarische Texte franziskanischer Prägung zur Seite gestellt, darunter vor allem die *Vita di fra Ginepro* (Das Leben von Bruder Ginepro), eines der Gefährten des Heiligen, der das Leben seines Lehrmeisters mit wenig Verstand, dafür aber mit soviel Glaubenseifer nachzuleben versucht, daß der Erzähler ihm seine respektvolle Bewunderung nicht versagt und ihn gerade wegen seines übersteigerten Glaubens zum exemplarischen Vorbild erhebt.

## 3. Die Laudendichtung und Iacopone da Todi

### *a) Die Laudendichter und die religiösen Bruderschaften*

Im Jahre 1256 begründete ein gewisser Ranieri Fasani die mystisch-religiöse Bewegung der Geißelbrüder (battuti, flagellati, flagellanti, disciplinati, scovatori), die schnell auf ganz Umbrien und die angrenzenden Regionen übergriff. Massen von Gläubigen, von mystischem Glaubenseifer getrieben und des bevorstehenden Weltendes gewiß, durchquerten Städte und Dörfer und riefen unter Geißelhieben zur Buße auf.

Die Lauden, d.h. religiöse Gesänge, die die lateinischsprachige Lyrik zum Lob Gottes, der Hl. Maria und aller Heiligen oder zum Ausdruck eigener religiöser Gefühle in der Volkssprache aufnahmen, sind in diesem Zusammenhang zu sehen. Zu ihrer Entstehung und Verbreitung haben vor allem die ›confraternite‹ oder ›compagnie‹ beigetragen, Laienbruderschaften unter der geistlichen Führung eines Priesters, die sich zusammenfanden, um gemeinsam zu beten, armen und kranken Mitbrüdern, Fremden gegenüber mildtätig zu sein und für die Angehörigen der Bruderschaft nach deren Tod Fürbitten zu sprechen.

Diese Bruderschaften, deren Statuten (interessant auch als sprachgeschichtliche Dokumente) größtenteils erhalten sind, waren für das politische, gesellschaftliche, wirtschaftliche und religiöse Leben und, nicht zuletzt, für die Entwicklung des literarischen Schaffens in Italien von großer Bedeutung. Sie gaben mystische Traktate und Lauden für den eigenen Gebrauch in Auftrag, förderten die Übersetzung lateinischer Lauden in die Volkssprache und pflegten Andachtsformen, die zur Entstehung eines religiösen Theaters im eigentlichen Sinne führten: die dramatische Laude (*lauda drammatica*) und schließlich das Mysterienspiel (*sacra rappresentazione*, vgl. Teil II, Kap. III). Vielfach wurden für die Mitglieder Laudensammlungen (*laudari*) zusammengestellt, deren Verfasser uns zumeist unbekannt geblieben sind, da die Niederschrift solcher Werke vom Gläubigen als Dienst an Gott betrachtet wurde, den man in gebührender Demut nicht mit dem eigenen Namen verbinden wollte.

### b) *Iacopone da Todi*

Der bedeutendste unter den Laudendichtern war ein gewisser Iacopo dei Benedetti, genannt Bruder Iacopone da Todi. Er wurde in Todi um 1230 geboren, studierte wahrscheinlich in Bologna und war vielleicht Notar. Was wir über sein Leben wissen, ist uns in einer Mischung von Geschichte und Legende überliefert. Sicher ist nur, daß er sich nicht allein dem kontemplativen Leben hingab, daß er im Streit zwischen Spiritualen und Konventualen Partei für die Kardinäle Pietro und Iacopo Colonna Partei ergriff und im

Anschluß an deren Erhebung gegen Papst Bonifaz VIII. 1298 gefangengenommen, eingekerkert und exkommuniziert wurde. Iacopo oder Iacopone, wie er sich selbst geringschätzig nannte, starb im Jahre 1306, drei Jahre nach seiner Begnadigung durch Papst Benedikt XI.

Iacopone wird eine der berühmtesten lateinischen Hymnen, das *Stabat mater*, zugeschrieben. Mit Sicherheit aber ist er der Verfasser zahlreicher Lauden und Satiren, in denen er bald seinen religiösen Gefühlen, bald seinen ungestümen Ausfällen gegen den Papst Ausdruck verleiht. Sie sind in umbrischer Mundart geschrieben, in einem gehobenen Umbrisch freilich, das er von lokalen Elementen gereinigt und stilistisch gekonnt ausgearbeitet hat. Seine glühende Leidenschaft, seine von der Mystik, der Polemik gegen Bonifaz VIII. und seiner Kerkerhaft geprägten Motive überträgt Iacopone geschickt von den überkommenen Mustern der lateinischen Tradition auf den heimischen Dialekt. Auch das Metrum der Lauden ist sorgfältig auf Thema und vorherrschendes Gefühlsregister der einzelnen Texte abgestimmt. Das literarische Gewand seiner Hymnen erklärt, warum Iacopone in keiner der zeitgenössischen Laudensammlungen vertreten war, was seiner starken Persönlichkeit freilich keinen Abbruch tut, vielmehr ihre Überlegenheit unterstreicht. Besondere Berühmtheit besaß damals und später die dramatische Laude *Donna del Paradiso*, in der Christi Kreuzigung und Tod im Dialog zwischen der Jungfrau und dem Sohn, dem Boten und der Menge sowie in Gefühlsausbrüchen der Jungfrau Maria mit einer dramatischen Kraft dargestellt werden, die das religiöse Mysterium menschlich begreifbar und dem Volk verständlich werden läßt.

## 4. Die religiöse Literatur des 14. Jahrhunderts und Caterina da Siena

Für die Ausbreitung der Kultur im 13. und 14. Jahrhundert zeugt unter anderem die große Zahl volkssprachlicher Übertragungen und Nachdichtungen religiöser Werke. Unter vielen anderen verdienen einige Autoren besondere Beachtung, teils aufgrund ihrer kulturellen Bedeutung, teils aufgrund ihres literarischen Kunstverstands: Sie waren zwar in erster Linie auf religiöse Erbauung bedacht, wußten aber aus den Kirchenvätern, daß sich der Gläubige leichter überzeugen ließ, wenn man die in der Antike ausgearbeiteten und im Mittelalter weiterentwickelten rhetorischen Mittel in Anschlag brachte.

Einer von ihnen ist der Dominikaner Iacopo Passavanti, der zu Beginn des 14. Jahrhunderts vermutlich in Florenz geboren wurde, in Pisa Philosophie, in Siena und in Rom Theologie lehrte, verschiedene öffentliche Ämter bekleidete und 1357 in Florenz starb. Er hinterließ zahlreiche, auch lateinische Schriften, ist unter literarischen Gesichtspunkten jedoch vor allem als Verfasser des Traktats *Specchio della vera penitenza* (Spiegel der wahren Buße) bekannt, einer scholastischen Abhandlung der Frage, was Buße sei und wie man den Weg zu ihr finde. Die literarisch interessanten Seiten des Buchs stellen die eingeschobenen Exempla dar, die durch die Erzählung einiger Fälle sündhaften Verhaltens die zuvor lehrhaft aufgestellten und ausgeführten Thesen bekräftigen sollen. Hier nämlich läßt der Mystiker Passavanti in seinem leidenschaftlichen Kampf gegen die menschlichen Schwächen und Leiden seiner Gabe, eine Geschichte effektvoll und dramatisch darzustellen, freien Lauf, hier zeigt sich seine Meisterschaft in der lebendigen Schilderung der Macht der Versuchung, der Kraft des Bösen und der Strenge der göttlichen Bestrafung.

Auf einem ganz anderen Register spielt Domenico Cavalca, auch er ein Dominikanermönch, geboren um 1270 in Vico Pisano, gestorben 1342. Er verfaßte religiöse Gedichte von eher geringem Wert, Übertragungen lateinischer Kirchentexte und volkssprachliche Prosawerke. Die *Vite dei santi Padri*, eine volkssprachliche Bearbeitung eines lateinischen Kompendiums aus den ersten Jahrhunderten nach Christus über das Leben der Kirchenväter (*Vitae patrum*), trägt den deutlichen Stempel einer herzlichen und heiteren Persönlichkeit und einer frischen und lebendigen Erzählweise.

Beachtung verdient schließlich auch ein kleines anonymes Werk, in dem ein unbekannter Autor gegen Ende des 14. Jahrhunderts Prozeß und Martyrium des Minoritenbruders Michele Berti da Calci beschreibt, der als Angehöriger eines jener Bettelorden, die seit dem Ende des 13. Jahrhunderts völlige Armut predigten und lebten und als ›Häretiker‹ und ›Aufrührer‹ verfolgt wurden, 1389 in Florenz hingerichtet wurde.

Die bemerkenswerteste und interessanteste Persönlichkeit der religiösen Literatur, wie auch des religiösen Lebens und der religiösen Erfahrung im 14. Jahrhundert war Caterina Benincasa, besser bekannt als Caterina da Siena, die in ihrem kurzen, aber intensiven Leben (1347–1380) die verschiedenartigsten Aktivitäten entfaltete. Sie beteiligte sich am politischen Leben ihrer Stadt und stand in Verbindung mit Politikern und Päpsten, um das wichtigste und brennendste Problem der damaligen Zeit zu lösen, die Schaffung eines dauerhaften Friedens unter den Parteien, Städten und Staaten als Voraussetzung für die Rückkehr der Päpste nach Rom und für die Erneuerung der gesamten Kirche. Diesen Zielen widmete sie ihren *Dialogo della divina Provvidenza* (Dialog über die göttliche Vorhersehung) und ihre zahllosen Briefe, in denen sich die junge Nonne unbefangen und im Gefühl ihrer Gleichberechtigung an Städte, Herrscher und Päpste wandte. Praktische Ermahnungen wechseln sich mit mystischen Aufschwüngen ab, Lehrsätze, Anspielungen auf die Bibel und ein von der Hl. Schrift geprägter Stil mischen sich mit Ausbrüchen der Leidenschaft in einer Sprache voller dialektaler Elemente, die in ihrer Ausdrucksfülle der Mündlichkeit näher steht als der überlegt und kunstvoll gestalteten Schriftlichkeit.

# Kapitel IV
# Die didaktische Literatur

## 1. Didaktik und Allegorik

So wie die Literatur der Anfänge insgesamt im Zeichen der Religion stand, so war sie in ähnlicher Weise insgesamt didaktisch, auf Erziehung und Belehrung hin, ausgerichtet.

Die Kultur der Stadtrepublik war nach wie vor in einer Kunstauffassung befangen, die Literatur und Kunst gegenüber Wissenschaft und Glauben nur eine Hilfsfunktion einräumte. Ein Buch war daher stets auf mehreren Ebenen zu deuten, und die Lektüre eines literarischen Werks mußte – wie Dante ausführte (*Conv.*, II, i, 2 ff.) – von vier verschiedenen Blickwinkeln aus erfolgen: dem *sensus litteralis*, wenn man allein auf den wörtlichen Sinn des Textes, auf die ›Geschichte‹, achtete (z.B. Dantes Reise ins Jenseits); dem *sensus allegoricus*, wenn man auf den hinter der ›Geschichte‹ liegenden Wahrheitsgehalt zielte (Dantes Reise als Allegorie der ›conditio humana‹; Vergil als Allegorie der menschlichen Weisheit usw.); dem *sensus moralis*, wenn die hinter dem Wort verborgene Wahrheit einen besonderen Bezug zum moralischen Leben hatte; dem *sensus anagogicus*, wenn der Text Hinweise auf Leben und Werk Christi oder allgemein auf die Heilsgeschichte enthielt. Hinzu kommt noch ein fünfter Textsinn, den Dante nicht anführt, auf dem jedoch die neuere Literaturwissenschaft beharrt, der *sensus figuralis*, d.h. eine Form von Allegorie, die sich auf der wörtlichen Ebene auf historische oder als historisch betrachtete Ereignisse oder Personen bezieht, diese aber als Vorausdeutungen auf historisch spätere Ereignisse oder Personen versteht: Die Flucht der Israeliten aus Ägypten beispielsweise ist ein historisches Geschehen und zugleich ›figura‹ der ewigen Befreiung des Menschen aus den Fesseln des Bösen.

Didaktik und Allegorik blieben im 13. und 14. Jahrhundert weiterhin bestehen, wurden aber im Rahmen der neuen Kultur der Stadtrepublik in charakteristischer Weise umgeformt. Die neuen städtischen Schichten und das neue Laienpublikum empfanden das lebhafte Bedürfnis, sich das in lateinischer und mittellateinischer

Sprache überlieferte kulturelle Erbe anzueignen, und so begannen Notare, Juristen, Kirchenleute und städtische Beamte lateinische und französische Enzyklopädien zu übersetzen, zu bearbeiten, zu kompilieren. Einem großen kulturellen Bedarf entsprach ein ebenso großes kulturelles Angebot: der ›Bürger‹, der Kaufmann verlangt nach Wissen; er möchte nicht nur seine Kenntnisse im beruflichen Umfeld erweitern, sondern bemüht sich um Allgemeinbildung; er möchte über Geschichte, Philosophie und Naturwissenschaft informiert werden; er möchte Unterhaltungsliteratur lesen, obgleich er auch dort fast immer nach einer mehr oder weniger versteckten Belehrung sucht; und er möchte einen Zugang zur fernen Welt der klassischen Antike finden, von der er bruchstückhaft schon so viel gehört hat. Vor diesem Hintergrund entwickelt sich eine reiche literarische Produktion eigenständiger Werke sowie volkssprachlicher Bearbeitungen und Kompendien, bald ganz und gar im Lehrhaften befangen und unberührt von literarischen Ansprüchen, bald offen für die Erfordernisse kunstgerechter Darstellung und bereit, Unterhaltung und Belehrung zu verbinden, die Wahrheit mit dem Schleier erzählerischer Phantasie und rhetorischer Verlockung zu umhüllen.

## 2. Die didaktische Literatur in Oberitalien

Die Gattung der didaktischen Literatur blühte, in verschiedener Ausformung, vor allem in der Toskana und der ›Lombardei‹ (worunter mehr oder weniger das gesamte ehemals langobardische Oberitalien und insbesondere die Po-Ebene zu verstehen war). Hier war die Entwicklung einer ›städtischen‹ Lebensform am weitesten fortgeschritten, hier waren die sozialen und religiösen Erneuerungsbewegungen, die die Entstehung und Entfaltung der Stadtrepublik begleitet hatten, am lebendigsten und hier gab es auch ein umfangreiches didaktisch-religiöses und didaktisch-moralisches Schrifttum, das in Versform in den verschiedenen regionalen Dialekten – rhetorisch ausgearbeiteten Dialekten freilich – abgefaßt war. Die Verfasser waren Notare oder Kleriker, ihre Werke kurze Gedichte in unterschiedlichem Versmaß, die, unter Verzicht auf Allegorik, der religiösen Erbauung, der moralischen Belehrung oder der gesellschaftlichen Unterweisung dienen sollten. Die literarische Ausarbeitung ist gewöhnlich eher dürftig, so daß sie wohl für die Sitten- und Kulturgeschichte Italiens, nicht aber für die weitere Entwicklung der italienischen Literatur von Bedeutung sind.

Ein bemerkenswerter Vertreter dieser Literatur ist Gerardo Patecchio, ein Notar aus Cremona, der vermutlich älteste namentlich bekannte und dokumentarisch belegte Schriftsteller aus der Lombardei (er wohnte 1228 dem Abschluß eines Vertrages zwischen Cremona und Parma bei). Erhalten ist sein *Splanamento dei proverbi di Salamone*, eine Auslegung von König Salomon zugeschriebenen moralischen Sprüchen (d.h. Maximen) in 606 Paarreimen für das leseunkundige gemeine Volk, und ein *enoio* in Form einer *frottola*, eine Auflistung aller unangenehmen Dinge des Lebens in 86 Versen. Die Gattung der *noia* war in der Provence entstanden und hatte sich von dort über ganz Frankreich ausgebreitet: Patecchio und andere Lombarden wie Ugo di Persego, der in Erwiderung auf ersteren zwei weitere *enoi* verfaßte, führten sie in Italien ein.

Eine weitere literarhistorisch interessante Gestalt ist Uguccione da Lodi, über den wir keine genauen Kenntnisse besitzen, von dem uns aber ein langes Gedicht mit dem Titel *Il libro* erhalten ist. Ihm wurde früher auch ein anderes, aus 172 acht- oder neunsilbigen Paarreimen bestehendes Gedicht, *La contemplazione della morte*, zugeschrieben, eine Meditation über den Tod und die durch ihn bewirkte Zersetzung des menschlichen Körpers.

Im übrigen ist noch Giacomino da Verona zu erwähnen, ein Minoritenmönch, über den ebenfalls keine gesicherten Lebensdaten vorliegen. Er ist der Autor zweier in gleichgereimten Alexandrinerquartetten verfaßter Gedichte, deren erstes (um 1265) unter dem Titel *De Jerusalem celesti* die Freuden des Paradieses schildert und deren zweites die Qualen der Hölle darstellt. Giacomino schöpft dabei aus der *Apokalypse*, aus der franziskanischen Literatur, aus den zeitgenössischen Predigttexten und entwickelt seine Themen mit einer derben, bildkräftigen und sprachmächtigen Energie.

Die facettenreichste Gestalt der didaktischen Literatur in der Lombardei ist Bonvesin da la Riva aus Mailand, der dort auch lange Zeit lebte und zwischen 1313 und 1315 starb. Er war Laienbruder des Tertiarierordens der Humiliaten und als »doctor in gramatica« Eigentümer und Lehrer einer Privatschule. Unter seinen zahlreichen Werken verdient vor allem das *Libro delle tre scritture* Beachtung: die schwarze und die goldene Schrift handeln von Hölle und Paradies, die rote von der Passion Christi. Damit gehört es ebenso wie die des Giacomino da Verona zur großen Masse von Werken über das Jenseits, die die *Divina Commedia* vorwegzunehmen scheinen. Er schrieb auch zahlreiche *disputationes* oder *contrasti* – zwischen der Rose und dem Veilchen, der Mücke und der Ameise usw. – mit didaktisch-moralisierender Absicht sowie *Laudes de Virgine Maria* zu Ehren der Hl. Jungfrau. In seiner bekanntesten und in gewisser Weise auch charakteristischsten Schrift *De quinquaginta curialitatibus ad mensam* stellt er fünfzig ›cortesie‹, d.h. Regeln über das gute Benehmen bei Tisch zusammen. Das Büchlein ist in Italien das erste in einer langen Reihe von Werken (auf wichtigere Beispiele wird noch zurückzukommen sein), die das Verlangen der aufgestiegenen Kaufmannsschichten bezeugen, sich die Verhaltens- und Anstandsnormen der ehemals herrschenden Gesellschaftsklassen anzueignen.

## 3. Die didaktisch-allegorische Literatur in der Toskana

### a) *Brunetto Latini*

Einen völlig anderen Charakter hatte die didaktische Literatur in der Toskana. Hier machte sich schon früh der Einfluß der französischen Literatur bemerkbar, vor allem des *Roman de la Rose*, in welchem ein Korpus abstrakter Begriffe in eine zusammenhängende Erzählung höfisch-allegorischen Inhalts eingebettet war.

Am Anfang steht Brunetto Latini, eine der bedeutendsten Gestalten der italienischen Kultur des 13. Jahrhunderts. Dante, der sich sein Schüler nannte, ehrte ihn nach seinem Tode durch eine pathetische und gefühlvolle Huldigung, und Giovanni Villani, der ihn den »cominciatore e maestro in digrossare i Fiorentini« nannte, den ersten also, der die Veredelung der Florentiner betrieben habe, erwies ihm ebenfalls seinen Respekt. Brunetto Latini, um 1220 in Florenz geboren, 1295 gestorben, nahm als Notar aktiv am wechselvollen politischen Leben des damaligen Florenz teil, bis er nach der Niederlage der Guelfen in Montaperti (1260) ins französische Exil gehen mußte. In Frankreich schuf er ein unvollendetes, im traditionellen Versmaß der französischen und provenzalischen Lehrdichtung, dem siebensilbigen Paarreim, abgefaßtes Gedicht, das er selbst *Tresor*, die Nachwelt aber *Tesoretto* nannte, zur

Unterscheidung von einem anderen in altfranzösischer Sprache verfaßten Werk Latinis, *Li livres dou Tresor*, das sehr früh ins Toskanische übertragen und unter dem Namen *Tesoro* bekannt wurde.

Der *Tesoro* und der *Tesoretto* kommen beide über eine sorgfältige Zusammenstellung unkritisch gesammelter Daten und Fakten nicht hinaus. Der Gelehrte des 13. und teilweise des 14. Jahrhunderts sah noch nicht, daß Wissenschaft persönliche Forschung sein konnte oder sollte, vielmehr verstand er seine Arbeit als Neudarstellung der Erkenntnisse religiöser oder weltlicher ›Autoritäten‹. Deshalb sind die Werke Latinis wie auch die der anderen didaktischen Schriftsteller nicht wissenschaftlich im modernen Sinne des Wortes, sondern, wenn überhaupt, schulische Handbücher, in denen die Entdeckungen oder Behauptungen anderer vorgestellt werden. Dennoch hatten sie eine außerordentliche geschichtliche Bedeutung, weil sie einerseits in der Volkssprache verfaßt waren, so daß sie von ›Laien‹ und ›Bürgern‹ gelesen werden konnten, und weil sie andererseits, so vor allem der *Tesoretto*, das deutliche Bemühen zeigten, in die kulturelle Tradition der Feudalgesellschaft die veränderte Kultur der Stadtrepublik, der der Autor angehörte, einfließen zu lassen. Was Brunetto Latini im *Tesoretto* über die ›cortesia‹ und die Konzeption der Liebe schreibt, die Bedeutung, die er im *Tesoro* der Unterweisung des Stadtoberhaupts zumißt, ist charakteristisch für die Synthese zwischen alt und neu, die die Kultur des 13. Jahrhunderts in Italien kennzeichnet. In künstlerischer Hinsicht unbedeutend, ist Brunetto Latini, historisch gesehen, eine Persönlichkeit von höchstem Rang, die geradezu emblematisch für die Figur des Intellektuellen im Duecento stehen mag.

### b) »Il Fiore«

Aus dem ausgehenden 13. Jahrhundert sind uns noch zwei kurze anonyme Gedichte überliefert, über deren Verfasser lange Zeit diskutiert wurde: *Il Fiore* und *L'Intelligenza. Il Fiore* ist eine Zusammenfassung des *Roman de la Rose* in 232 Sonetten, einer Gedichtform, die damals häufig zu ›Kränzen‹ lehrhaften Charakters zusammengestellt wurde; der unbekannte Autor verzichtet geschickt auf alle belehrenden Abschweifungen der mehr als 21000 Verse des französischen Originals und reduziert es auf die tragende Handlung und drei Digressionen. Einige Anspielungen auf das zeitgenössische Umfeld in Italien zeugen von einer aufmerksamen Teilhabe des Verfassers am politischen Leben und der religiösen und dogmatischen Polemik seiner Zeit.

Mit nicht geringerem Geschick verstärkt der Autor das komisch-realistische Element seiner Vorlage, so daß wir, auch ohne seinen Namen zu kennen, doch die psychologischen und kulturellen Züge eines gebildeten Mannes wahrnehmen, der Sprache und Vers meisterhaft beherrscht, von den Emotionen dieser unruhigen Zeit aufgewühlt ist, dem korrupten Klerus und den Bettlerorden feindselig begegnet und mit den Gaben seines glänzenden literarischen Talents in ›komisch-realistischer‹ Manier (vgl. Teil I, Kap. 6) Hohn und Spott fließen läßt, der, mit einem Wort, zu den eindrucksvollsten Gestalten der literarischen Kultur des ausgehenden 13. Jahrhunderts zählt. Es ist daher nicht verwunderlich, daß zahlreiche Wissenschaftler in Vergangenheit und Gegenwart nach eingehender Beschäftigung mit *Il Fiore* Dante als seinen möglichen Autor nennen.

### c) »L'Intelligenza«

Auch die Züge des ›Meisters‹ der *Intelligenza*, einer Dichtung in *nona rima* (Strophen aus neun gereimten Versen, – einer metrischen Form, von der kein anderes Beispiel aus früher Zeit erhalten ist), sind nur aus seiner – ganz andersartigen – Schreibweise zu erschließen. Der Autor stellt sich vor, er besuche unter der Führung von »Madonna«, deren Schönheit, Kleidung und edelsteinbesetzte Krone er rühmt, einen Palast und trete in einen großen Saal voller Schnitzereien und Gemälde ein. Erst dann enthüllt er die verborgene allegorische Bedeutung: Der Palast steht für den menschlichen Körper, die Gemälde und Schnitzereien für das Wissen, das unser Gedächtnis füllt, »Madonna« für die Erkenntnis, die, Herrin über unseren Körper, mit der universellen Erkenntnis eins wird.

Das Gedicht besteht aus mehreren Episoden, die eher ungeschickt miteinander verbunden sind und auch stilistisch voneinander abweichen: Die Beschreibung des Frühlings und des Sichverliebens zu Beginn ist in höfischer Manier gehalten, die Beschreibung der Gemmenkrone stellt geradezu ein *lapidarium* (eine mineralogisch-magische Abhandlung über die den Edelsteinen zugeschriebenen Kräfte) dar, die Taten Alexanders des Großen und Cäsars, die im Zentrum des Werkes stehen, werden in Anlehnung an die französischen Kompilationen erzählt. Die Sprache ist eine Mischung aus vielen, bisweilen recht groben Französismen, eigenartigen Anklängen an Kunstlyrik und Provenzalismen; die letzten Strophen, in denen die Allegorie aufgelöst wird, erinnern deutlich an die Dichtung des *dolce stil nuovo*, insbesondere an Guinizelli. Die Syntax ist häufig verworren, die Zahl der unreinen Reime ungewöhnlich hoch, doch gibt es auch helle liedhafte Passagen, in denen eine verzückte Naturbetrachtung, wie sie für den Stilnovismo charakteristisch ist, zum Tragen kommt.

### *d) Francesco da Barberino*

Der Verfasser zweier weiterer, kürzerer Dichtungen des frühen 14. Jahrhunderts, *I Documenti d'Amore* und *Il Reggimento e costume di donna*, ist uns namentlich bekannt. Francesco da Barberino, ein 1264 geborener Florentiner Notar wurde 1304 aus politischen Gründen verbannt, hielt sich zuerst in Venetien, dann in Frankreich auf, wo er während seines vierjährigen Aufenthalts intensive Bekanntschaft mit der französischen und provenzalischen Kultur schloß. Nach seiner Rückkehr in die Heimat starb er in Florenz während der großen Pestepidemie im Jahr 1348.

*I Documenti d'Amore* (oder ›Minnelehren‹) bestehen aus einer volkssprachlichen Abhandlung unterschiedlicher Reimstruktur, ihrer wörtlichen Übersetzung ins Lateinische und einem umfangreichen lateinischen Kommentar. *Il Reggimento e costume di donna*, eines der für das Trecento typischen ›Verhaltens- und Anstandsbücher für Frauen‹, ist in rhythmisierter Prosa gehalten, die bisweilen in Verse übergeht. Das Buch handelt von den Normen für das Verhalten der Frau in der Gesellschaft, und zwar der Frauen aller Altersstufen und Gesellschaftsschichten, von der Tochter des Kaisers bis zur einfachen Frau aus dem Volk. Das Bestreben des Autors, seinen Landsleuten die in Frankreich erlernten Regeln ›höfischen‹ Anstands nahezubringen, geht Hand in Hand mit seinem Talent als kluger Moralist, der sich für alle Aspekte des Lebens interessiert und geistvoll und elegant zu erzählen weiß.

## 4. Die didaktische Literatur nach Dante

In den Umkreis der lehrhaften Dichtung des beginnenden 14. Jahrhunderts gehört auch die *Divina Commedia*, die sich mit ihrer kraftvollen Originalität schon bald als Vorbild durchsetzte. So kam es, daß während des gesamten Trecento und darüber hinaus in der didaktisch-allegorischen Dichtung das Dantesche Modell von der Reise in ferne Länder unter der Führung mehr oder weniger genau definierter Persönlichkeiten kopiert und auch die Strophenform der Terzine verwendet wurde. Es entstand eine richtige ›Gattung‹ mit präzisen Regeln, an die sich auch Schriftsteller hielten, die in anderen Werken durchaus originell zu schreiben verstanden: Boccaccio in seiner *Amorosa visione* und Petrarca in den *Trionfi* (vgl. Teil I, Kap. 9 u. 10). Allerdings hatten weniger selbständige Schriftsteller noch eine weit engere Bindung an das Gattungsmodell. Eine Ausnahme stellt ein Sohn Dantes, Iacopo (gest. 1348), dar, der neben lateinischen Anmerkungen zu seines Vaters *Inferno* und *Purgatorio* als Verfasser des *Dottrinale* hervortrat, einer aus sechzig Kapiteln paargereimter Siebensilbler bestehenden Enzyklopädie, deren geistige Einstellung und Tonfall – wie schon das zu dieser Zeit überholte Metrum zeigt – ins Mittelalter zurückweist. Das Werk behandelt physikalisch-geographisch-meteorologische Probleme, wie die Form der Erde oder atmosphärische Erscheinungen, aber auch die Beziehung zwischen Kaisertum und Papsttum oder die Verteidigung der *Divina Commedia* gegen den Vorwurf mangelnder Glaubenstreue. Kaum größer ist die Bedeutung von Fazio degli Uberti (geboren im ersten Jahrzehnt des 14. Jahrhunderts, gestorben 1367), der sich als Höfling an verschiedenen oberitalienischen Fürstenhöfen aufhielt. Aufmerksamkeit verdient er als Lyriker (vgl. Teil I, Kap. 11) und als Verfasser eines mittelmäßigen Lehrgedichts mit dem Titel *Il Dittamondo*, das ein reiches historisch-geographisches Detailwissen mit endlosen Verweisen auf das Dantesche Vorbild in eine phantastische Rahmenhandlung einbettet. Eine Verbindung der Danteschen Lehrdichtung mit Anklängen an neuere lehrhafte Werke von Petrarca und Boccaccio schuf Federico Frezzi; er wurde um die Mitte des 14. Jahrhunderts in Foligno geboren, war Dominikanermönch und Bischof seiner Heimatstadt, starb 1416 in Konstanz und ist der Verfasser des *Quadriregio*, eines Gedichtes in Terzinen, in dem er, allerdings ohne besondere künstlerische oder gedankliche Tiefe, eine Reise durch das Reich Satans, das Reich der Laster und das der Tugenden beschreibt.

Teilweise außerhalb dieser Tradition steht der bedeutende Francesco Stabili, der nach der Stadt, in der er wahrscheinlich kurz vor Ende des 13. Jahrhunderts geboren wurde, gewöhnlich Cecco d'Ascoli genannt wird. Er lehrte Medizin an der Universität von Bologna, wurde aber als Verfasser eines Kommentars vor Gericht gestellt und als Häretiker verurteilt. 1325 nahm er seine Lehrtätigkeit wieder auf und ging im folgenden Jahr nach Florenz. Dort wurde er erneut der Ketzerei bezichtigt und 1327 auf dem Scheiterhaufen verbrannt. Cecco d'Ascoli schrieb zahlreiche astrologische und naturwissenschaftliche Werke in lateinischer Sprache; dazu hinterließ er ein seltsames unvollendetes Werk in der Volkssprache – vier Bücher und das Fragment eines fünften sind erhalten – in dem er in zu Sextinen angeordneten Elfsilblern den Einfluß der Gestirne, die magischen Eigenschaften der Edelsteine sowie verschiedene Fragen der Naturkunde und der Psychologie behandelt. *L'Acerba* (ein Titel, der uns in seiner genauen Bedeutung rätselhaft bleibt) verstand sich in erster Linie als Lehrbuch, Cecco faßte zwar seinen Stoff in Verse, nahm aber keine Rücksicht auf die künstlerische Gestaltung und polemisierte gegen Dante, er habe allzu oft fabuliert und gesungen »wie ein Frosch« (a modo delle rane).

Zur lehrhaften Dichtung des späten Trecento zählen endlich all die vielen moralischen Traktate, die zur Unterweisung der Nachkommen geschrieben wurden. Ihre Verfasser waren meist Kaufleute, denen weniger Stilfragen als vielmehr Inhalte am Herzen lagen; sie kannten die im Mittelalter verbreiteten Sammlungen, vor allem aber das menschliche Herz, die Welt und die Geschäfte und waren darauf bedacht, die Früchte ihrer Erfahrungen an Kinder und Kindeskinder weiterzugeben. Als Beispiel mag das *Libro di buoni costumi* des vermutlich zu Beginn des 14. Jahrhunderts geborenen Paolo da Certaldo genügen, das einen wertvollen Einblick in die Mentalität eines Florentiner Kaufmanns dieser Zeit gibt, mit seiner auf die Tugenden des praktischen und gesellschaftlichen Lebens gegründeten Moral, seiner Verherrlichung des ›Maßhaltens‹, seinem Konformismus, seinem zuweilen etwas engstirnigen gesunden Menschenverstand und seiner Neigung, die privaten über die öffentlichen Interessen zu stellen.

# Kapitel V

# Die Kunstprosa

## 1. Geschichtsschreibung, Chroniken, Legenden

Der lehrhaften Dichtung eng verbunden ist eine Fülle von Prosaschriften, als da seien volkssprachliche Übertragungen aus dem Französischen und Lateinischen, enzyklopädische Zusammenstellungen und Bearbeitungen, Novellensammlungen, Chroniken, Reiseberichte. Die Untersuchung dieser Texte erscheint vor allem unter zwei Aspekten interessant: einerseits vermitteln sie einen Einblick in Mentalität und Kultur der literarischen Anfänge in Italien, andererseits leisten sie einen Beitrag zur Herausbildung der Volkssprache und einer volkssprachlichen Kunstprosa.

Unter dem ersten Gesichtspunkt sind sie geradezu ein Spiegelbild der Grundzüge der zeitgenössischen Kultur: die Symbiose alter Überlieferungen und neuer Herausforderungen, das Zusammenspiel einer modernen Mentalität mit dem überkommenen kulturellen Erbe und den altvertrauten Darstellungsformen, das Verlangen, ja geradezu der Hunger nach Kultur in sozialen Schichten, die, durch jahrhundertelanges Analphabetentum geprägt, allein die mündlich überlieferte Kultur kannten, zugleich die immer machtvollere Ausarbeitung ›moderner‹ Ansichten und neuer Ausdrucksmittel.

Das Mittelalter hatte ›Geschichte‹ nicht als geordnete Erzählung kritisch überprüfter und in der Verkettung von Ursache und Wirkung untersuchter Fakten verstanden. Es führte die irdischen Begebenheiten auf die göttliche Vorsehung zurück und nicht auf die Verflechtung menschlicher Interessen und Handlungen. Da man kein geeignetes Instrumentarium besaß, um die Vergangenheit wissenschaftlich ergründen zu können, stellte man sie sich als Spiegelbild der Gegenwart und die Menschen aller Zeiten und Länder als Abbilder seiner selbst vor. Im übrigen wurde der intellektuelle Horizont durch die Begrenztheit der Kommunikationsmöglichkeiten und des kulturellen Austauschs noch weiter eingeschränkt. Man schrieb deshalb keine *Geschichten*, sondern *Legenden* oder *Chroni-*

*ken*, d.h. phantasievolle Ausarbeitungen vergangener Zeiten, oder aber chronologische Darstellungen von Ereignissen, die in einem begrenzten räumlichen Umfeld vorgefallen waren und einen Bezug zur eigenen unmittelbaren Erfahrung aufwiesen. So erhielt die antike Welt oder, besser, das, was von der antiken Welt noch in Gedächtnis und Vorstellung lebendig war, eine durchgehend legendenhafte Färbung: Trojaner, Griechen und Römer schienen alle Menschen des Mittelalters mit denselben Interessen, denselben Neigungen, denselben Sitten und Gebräuchen zu sein, außerhalb jeglicher historischen Perspektive. Auf diese Weise entstanden eine Reihe von legendenhaften oder pseudo-historischen Sagenkreisen, die sich teils um antike, teils um mittelalterliche Helden ranken. Zu den ersteren zählt der *trojanische Kreis*, der den Krieg um Troja zum Inhalt hat, der *Alexander-Zyklus*, der vor allem die Abenteuer und weniger die historischen Taten des mazedonischen Herrschers erzählt, der *römische Kreis*, der vor allem die wiederum als (magisch eingefärbte) Abenteuer behandelten Unternehmungen Julius Caesars zur Grundlage hat. Die zumeist traditionellen Worte und Werke anderer Staatsmänner, Krieger oder Philosophen wurden ohne Rücksicht auf deren wirkliche historische Persönlichkeit in *fiori*, *specchio*, *detti* usw. genannten Sammlungen zusammengestellt. Neben den pseudo-klassischen gab es auch rein mittelalterliche Stoffkreise: den *karolingischen* um Karl den Großen und seine Paladine und den *bretonischen* um die Abenteuer des Königs Artus und seiner Ritter von der ›Tafelrunde‹. Schon im 13. Jahrhundert wurden alle diese Geschichten und Sagen in die Volkssprache übertragen, zu einer Zeit also, in der der Aufschwung der städtischen Gesellschaft die volkssprachliche Aneignung eines kulturellen Erbes nach sich zog, das gleichzeitig historische Kenntnisse (als solche wurden sie damals empfunden) vermitteln, instruktive Lektüren bieten, beispielhafte Lebensmuster und erhabene Worte zum täglichen Gebrauch bereithalten und Phantasie und Gefühl bewegen sollte.

Gleichzeitig hatte die Entwicklung von Gewerbe, Verkehr und Handel dazu geführt, daß die ›Chronik‹ mehr und mehr der ›Geschichte‹ angenähert wurde. Die zahlreichen lateinischen und volkssprachlichen Chroniken, die im Zeitalter der Stadtrepublik entstanden, folgen zwar nach wie vor dem überlieferten Modell und stellen die göttliche Vorsehung als alleinige Triebkraft des Geschehens dar, sie achten aber in neuer und moderner Weise auf die menschlichen

Leidenschaften und lassen eine ganz neue Fähigkeit, Fakten untereinander zu verknüpfen, erkennen. Auf dieselben Gründe ist, gegen Ende des 13. Jahrhunderts, die Blüte der Reiseliteratur zurückzuführen, die ein plötzlich erwachtes Interesse an den in Alltagsleben, Handel und Gewerbe in Erscheinung tretenden Sitten ferner und fremder Völker dokumentieren.

## 2. Die Kunstprosa

### *a) Die ›artes dictandi‹*

Die Kunstprosa, die im 13. Jahrhundert entstand, war, wie schon die griechische, lateinische und mittellateinische, eine rhetorisch bestimmte Prosa, in der Auffindung des Gegenstands, Anordnung des Stoffes, Wortwahl und Satzbau durch genaue Regeln festgelegt waren. Wer eine künstlerische Prosa schreiben wollte, unterwarf sich den Regeln des »dittare«, die die wohldurchdachte Übereinstimmung von Inhalt und Form einer Aussage zum Ziel hatten. Die Anfänge der rhetorischen Durcharbeitung der italienischen Prosa gehen auf die *artes dictandi* zurück, d.h. auf die Abhandlungen und Sammlungen rhetorischer Normen, die für die Verfasser (dictatores) von Briefen und Depeschen an kirchliche und weltliche Behörden zusammengestellt wurden, die aber auch Notare genau zu kennen hatten. Die weitere Entwicklung dieser Prosa wurde durch den Wunsch der Stadtrepubliken begünstigt, ihren offiziellen Schriftverkehr zwar in der Volkssprache, gleichzeitig aber mit der Würde und Eleganz der aus der kaiserlichen Kanzlei und der Kurie stammenden Texte zu führen. So hatten praktische und sentimentale Gründe, der Stolz der Stadtrepublik, die Tradition der Schule, der Wunsch, die Volkssprache zu adeln, zur Folge, daß die im Entstehen begriffene italienische Prosa schon bald die rhetorisch durchgearbeitete Form bekam, die bis dahin der Versdichtung vorbehalten war.

### *b) Übertragungen in die Volkssprache*

Einen wichtigen Beitrag zur Herausbildung der Kunstprosa leisteten auch die Übersetzungen aus dem Lateinischen. Der Übersetzer war angesichts eines sprachlich und stilistisch oft komplizierten Textes gezwungen, die Grenzen seiner noch mangelhaft ausgebildeten Mundart zu erweitern und sie lexikalisch durch Latinismen, syntaktisch durch ausgefeilte Konstruktionen und stilistisch durch rhetorische Figuren zu bereichern, die dem lebendigen Sprachgebrauch fremd waren, so daß neben den gesprochenen schriftliche, literarische Volksprachen mit eigenen Regeln und Merkmalen entstanden.

### 3. Die Prosa der Legenden und Erzählungen

Eine Auflistung der Prosaschriften der Frühzeit erübrigt sich, da es sich in der Mehrzahl um volkssprachliche Bearbeitungen und Zusammenstellungen handelt, in denen keinerlei individuelle Züge sichtbar werden, um eine handwerkliche Arbeit also, deren Bedeutung weit mehr von der Gesamtheit ihrer Merkmale und Ergebnisse als von einem einzelnen herausragenden Autor oder Werk abhängt. So mag der Hinweis genügen, daß die Veredelung der Prosasprache schon recht früh mit den beiden volkssprachlichen Bearbeitungen des Moralisten Albertano da Brescia durch Andrea da Grosseto (1268) und Soffredi del Grazia aus Pistoia (1275) begann, während Brunetto Latinis *Rettorica* um 1260 und ungefähr gleichzeitig die Neubearbeitung der *Faits des Romains* unter dem italienischen Titel *Fatti di Cesare* entstanden. Unter den bedeutendsten Übertragungen muß der anonym verfaßte *Tristano Riccardiano* aus dem 13. Jahrhundert genannt werden, der zusammen mit der *Tavola rotonda* die vielleicht umfassendste italienische Sammlung der um König Artus – hier vor allem um die berühmte Geschichte von Tristan und Isolde – kreisenden Sagen darstellt.

#### *a) »Il libro dei sette savi«*

In anderen Werken besitzt das erzählerische Moment, ungeachtet der stets mitschwingenden didaktisch-exempelhaften Zielsetzung, eine größere Eigenständigkeit und scheint in einer ausgeprägte Lust am Fabulieren zu wurzeln. Eines von ihnen ist *Il libro dei sette savi di Roma* (Das Buch der sieben Weisen Roms), die Übersetzung einer verbreiteten Sage orientalischen Ursprungs aus dem französischen Original ins Toskanische: Ein junger Prinz, der sich den Nachstellungen seiner Stiefmutter verweigert hat, ist von dieser der Notzucht beschuldigt und vom Vater zum Tode verurteilt worden; sieben Weise erstellen sein Horoskop und gebieten ihm ein zweiwöchiges Schweigen; um den Zeitpunkt seines Todes hinauszuzögern, erzählen sie dem König jeden Tag eine Novelle über die Niedertracht der Frauen; die Königin hingegen erzählt ihm Tag für Tag eine Novelle, die ihn zur Vollstreckung des Schuldspruchs veranlassen soll; nach Ablauf der beiden Wochen darf sich der junge Mann offenbaren, und alles klärt sich auf, – am Ende wird der Sohn in Gnaden wieder aufgenommen, die Stiefmutter verurteilt. Das hier verwendete Erzählschema, wonach die verschiedenen Erzählungen durch einen erzählerischen ›Rahmen‹ zusammengehalten werden, stammte ursprünglich aus dem Orient (man denke an *Tausendundeine Nacht*) und sollte später von Boccaccio in seinen weniger bedeutenden Werken, aber auch im *Decameron* übernommen werden.

### b) *»Il Novellino«*

Noch größere erzählerische Begabung besaß der unbekannte Autor einer *Novellino* (Novellenbüchlein) oder *Cento novelle antiche* (Die hundert alten Novellen) oder *Libro di novelle e di bel parlar gentile* (Buch der Novellen und der schönen höfischen Rede) genannten Sammlung. Sie umfaßt hundert Novellen (je nach Handschrift mehr oder weniger), die in ihrem ursprünglichen Kern wahrscheinlich auf die Zeit zwischen 1280 und 1300 zurückgehen. In der ersten Novelle erläutert der Verfasser, er beabsichtige, für alle »edel und vornehm gesinnten Herzen« zu schreiben, für ein höfisches Publikum also, das diese »fiori di parlare, di belle cortesie e di belli risposi e di belle valentie, di belli donari e di belli amori« (Beispiele für schöne Reden, höfisches Benehmen und geziemende Antworten, für ruhmreiche Taten und vortreffliche Geschenke, für Liebesglück und -leid) lesen solle, um sich an solchen Beispielen auszurichten und seinerseits davon zu erzählen, »a prode e a piacere di coloro che non sanno e disiderano di sapere« (zum Nutzen und zur Freude derer, die unwissend sind und gerne belehrt werden wollen).

Die Vorrede zeigt einen Autor, der die Worte und Taten großer Persönlichkeiten aus Antike und zeitgenössischer Gegenwart (der Priester Johannes, Salomon, der Sultan, Ezzelino da Romano,

Marco Lombardo usw.) sammelt, das Hauptgewicht aber auf die Person Friedrichs II. legt und so seine ghibellinische Tendenz aufdeckt und seine Verbundenheit mit jenem Ideal höfischer Großherzigkeit, für das der Herrscher Modell gestanden zu haben scheint. Die Erzählungen sind gewöhnlich recht kurz und stehen häufig in der typisch literarischen Tradition des *Exemplums* (der beispielhaften Geschichte) und des *Mottos* (des geistreichen Spruches).

## 4. Die Chroniken

Die Anteilnahme der Menschen an der städtischen und, allgemeiner, der italienischen Gesellschaft ihrer Zeit erklärt, warum im 13. und 14. Jahrhundert neben den traditionell lateinisch geschriebenen Chroniken andere in der Volkssprache entstanden. Ihre Autoren, meist Notare oder Richter, hatten einen weiteren Horizont: Sie versuchten, die Geschehnisse besser zu dokumentieren und untereinander zu verknüpfen und strengten sich an, die Menschen, von denen sie berichteten, zu porträtieren, d.h. als Protagonisten und Gestalter von Geschichte zu behandeln; sie achteten auf Sitten und Gebräuche, auf wirtschaftliche und psychologische Sachverhalte, die die von der Vorsehung bestimmte Sicht auf Geschichte bis dahin vernachlässigt hatte; sie strebten eine kontrolliert literarische Schreibweise an.

Salimbene da Parma, eigentlich Salimbene Adami, ist der Verfasser einer Chronik, die in ihrem überlieferten Teil die Ereignisse von 1167 bis 1287 umfaßt. Der Minoritenmönch, leidenschaftlicher Parteigänger der Guelfen und entschiedener Gegner der Ghibellinen, beschrieb das bewegte Leben dieser Jahre, an dem er aktiv teilhatte, in einem groben, von klassischen und volkssprachlichen Elementen durchmischten Latein. Mit einer faszinierenden Unmittelbarkeit berichtet er gleichzeitig historische Ereignisse und Anekdoten, skizziert mit wenigen Strichen gelungene Porträts, schiebt Sprichwörter, Gedichte und Sentenzen ein und zeichnet so ein lebendiges, wenn auch pittoresk-chaotisches Bild vom italienischen Duecento.

Während Salimbene noch in lateinischer Sprache schreibt, verfassen andere – und unter ihnen vor allem Dino Compagni und Giovanni Villani – ihre Chroniken schon in der Volkssprache.

### *a) Dino Compagni*

Dino Compagni, geboren 1260 in Florenz, war persönlich in die politischen Machtkämpfe in seiner Heimatstadt verwickelt. Als Karl von Valois an die Macht kam und die Schwarzen den Sieg errangen, war er gerade Vorsteher der Seidenweberzunft; die Verbannung blieb ihm erspart, er mußte sich aber aus dem öffentlichen Leben zurückziehen, das er gleichwohl bis zu seinem Tod im Jahre 1324 mit lebhaftem Interesse verfolgte. Ihm wurde eine Zeitlang, völlig grundlos wie es scheint, die *Intelligenza* zugeschrieben. Hingegen verfaßte er eine lange Kanzone mit dem Titel *Del pregio* (Über das Ansehen), worin er die Talente nennt, die für bestimmte Berufe oder Gewerbe erforderlich waren, vor allem aber die *Cronica delle cose occorrenti ai tempi suoi* (Chronik der Ereignisse seiner Zeit), die im Anschluß an die Niederlage der ›Bianchi‹ konzipiert und nach 1310, dem Jahr des Italienfeldzuges von Heinrich VII., niedergeschrieben wurde. Das Werk schildert, nach einem kurzen Verweis auf die vorangegangenen Geschehnisse, die politische Entwicklung in Florenz zwischen 1280 und 1312 mit einer leidenschaftlichen Anteilnahme am politischen Leben, einem ausgeprägten religiösen Empfinden und einem stark moralisierenden Ton, der ihn – wie zur selben Zeit auch Dante – im Unglück seiner Heimatstadt die Strafe Gottes für die Freveltaten seiner Mitbürger erkennen läßt. Und gerade die engagierte Anteilnahme des Autors, die Leidenschaft, mit der er das Geschehen, das – wie er meint – zum Untergang von Florenz führte, nacherlebt, die Heftigkeit, mit der er gegen alle, auch die eigenen Parteigänger, loszieht, die durch den bewußten, nicht selten innovatorischen Gebrauch rhetorischer Mittel ihre Pflicht verletzt hatten, machen Compagnis Chronik zu einem nicht nur kulturhistorisch, sondern auch literarisch wertvollen Dokument einer bewegten Epoche.

### *b) Giovanni Villani*

Ganz anders ist der Tonfall der *Cronaca* von Giovanni Villani, der, kurz vor Ende des 13. Jahrhunderts in Florenz geboren und 1348 der dortigen Pestepidemie erlegen, zur ›schwarzen‹ Fraktion der

Guelfen gehörte und verschiedene öffentliche Ämter innehatte. Im ›Prolog‹ berichtet er, wie er im Jahr 1300, anläßlich der Feiern zur Jahrhundertwende, eine Reise nach Rom unternahm und von der Majestät der Stadt so beeindruckt war, daß er den Entschluß faßte, eine Chronik der Stadt Florenz, der »Lieblingstochter Roms« zu verfassen. Um 1308 nimmt er die Arbeit auf und setzt sie bis zu seinem Tod fort. Die *Chronik* beginnt, wie es dem mittelalterlichen Gattungsschema entspricht, beim Turmbau zu Babel und kommt über verschiedene biblische und klassische Mythen auf immer konkretere Begebenheiten, je mehr sich der Autor seiner eigenen Zeit nähert. Villani hat keinerlei künstlerische Interessen und Neigungen, seine Schilderung der Lebensverhältnisse in Florenz im ausgehenden 13. und beginnenden 14. Jahrhundert ist deshalb aber nicht weniger aufschlußreich, ja die Fülle statistischer Daten läßt ein besonders umfassendes Bild vom Leben in einer großen Stadtrepublik dieser Zeit entstehen. Das Interesse am zeitgenössischen Leben und wirtschaftlichen Treiben macht Villanis *Cronaca* zu einem typischen Beispiel für das Nebeneinander von Altem und Neuem, von heilsgeschichtlicher Weltsicht und moderner Dynamik der städtischen Gesellschaft.

## 5. Die Reiseberichte

Unter den Entdeckungsreisenden, die Reiseberichte zu verfassen begannen, ragt der 1254 in Venedig geborene Marco Polo hervor, der, zunächst mit Vater Niccolò und Onkel Matteo, später allein, lange Reisen in den Orient unternahm und bis nach China und Japan gelangte. Nach vierundzwanzigjähriger Abwesenheit wieder zurückgekehrt, nahm er an der Seeschlacht von Curzola teil, wurde gefangengenommen und 1298 in Genua eingekerkert. Dort diktierte er seine Erinnerungen in altfranzösischer Sprache dem Grammatiker Rustichello da Pisa in die Feder. Nach seiner Freilassung kehrte er nach Venedig zurück, wo er 1325 starb. Sein Buch, das den Titel *Il libro di Marco Polo detto Milion* (Das Buch von Marco Polo, genannt Milion – so der Übername der Familie) trägt, wurde unter der Abkürzung *Milion* oder *Milione* schnell bekannt und ins Lateinische und auch mehrfach ins Toskanische übersetzt.

Der *Milione* ist ein faszinierendes Werk: Marco Polo durchstreifte die fernen Länder mit großer Offenheit für alles Wunderbare und Märchenhafte, gleichzeitig aber mit einem unstillbaren Wissensdrang für alle Aspekte des menschlichen und vor allem des wirtschaftlichen Lebens. Er ist deshalb stets bereit, mit überlieferten Meinungen aufzuräumen, Vorurteile zu beseitigen und sachlich darzustellen, was er mit seinen eigenen Augen gesehen und wie er es gesehen hat. So entstand ein Buch, das nicht nur spannend zu lesen ist, sondern auch zu den eindrucksvollsten Zeugnissen der italienischen Kultur des 13. Jahrhunderts gehört.

Schließlich ist noch die von einem Anonymus des 14. Jahrhunderts in römischer Mundart verfaßte *Vita de Cola de Rienzo* (Das Leben Cola de Rienzos) zu erwähnen, die zu den wirkungsvollsten Dokumenten der zeitgenössischen Geschichtsschreibung gehört und eindringlich, in manchen Teilen auch künstlerisch überzeugend, Leben und Tod des großen Volkstribunen schildert.

# Kapitel VI

# Die komisch-realistische Lyrik

## 1. Die komisch-realistische Lyrik

Im ausgehenden Duecento und in der ersten Hälfte des Trecento blühte vor allem in der Toskana eine Dichtung, die von den Literarhistorikern ›realistisch‹, ›schwankhaft‹, ›burlesk‹, ›bürgerlich‹, ›komisch-realistisch‹ genannt wurde. In der Unterschiedlichkeit dieser Bezeichnungen zeigt sich die Schwierigkeit, Dichter oder, besser, ›Verseschmiede‹ (rimatori) auf einen Nenner zu bringen, die offenkundig nur den einen negativen Punkt gemeinsam haben, daß sie nicht dem Vorbild der Kunstlyrik folgen. Die solchermaßen zusammengefaßten ›rimatori‹ – etwa zwanzig an der Zahl – erscheinen unter stofflichen wie psychologischen Kriterien so unterschiedlich, daß keine dieser Bezeichnungen auf sie alle zutreffen will. Immerhin verbindet sie ein gemeinsamer Ton oder Stil, insofern sie alle bewußt (und bisweilen geradezu satirisch überspitzt) Tonfall und Ausdrucksweise der ›hohen‹, ›vornehmen‹ oder ›tragischen‹ Lyrik verleugnen und stattdessen niedere Themenbereiche des alltäglichen Lebens bearbeiten, wobei sie sich, dem mittelalterlichen Prinzip der Übereinstimmung von Thema und Stil zufolge, in Lexikon und Syntax den Strukturen der gesprochenen Sprache annähern und sich allen Themen, Wörtern und Stilregistern, selbst jenen, die in der ›tragischen‹ Poesie vermieden werden mußten, öffnen. ›Komische‹ Dichtung (im mittelalterlichen Sinn des Wortes) ist daher vielleicht die treffendste Bezeichnung für eine Lyrik, in der die Alltäglichkeit der Themen und die Durchschnittlichkeit der Ausdrucksmittel – eine Sprache, wie Dante sagte, »in qua et muliercule comunicant« (in der sich auch die Weiber unterhalten, *Epist.*, XIII, 10), ein, wie es Boccaccio umschrieb, »istilo umilissimo e rimesso« (möglichst bescheidener und schlichter Stil, *Dec.*, IV, Proemio) – Hand in Hand gehen.

Auch diese Lyrik ist das Werk bewußter und geschulter ›Künstler‹ in den Spuren einer jahrhundertealten Tradition, die sowohl in der mittellateinischen Literatur als auch in den anderen romanischen Sprachen reiche Früchte getragen hatte: Spottverse auf Freunde und Feinde, Darstellungen sexueller Liebe und vulgärer Weiber, Schmähungen und Beschimpfungen, ›niedere‹ Gefühle und Begierden, realistische Skizzen des Alltagslebens. Sie ist, von einem historisch-dokumentarischen Standpunkt aus betrachtet, zu der ›hohen‹ Dichtung mit ihrer Idealisierung der Frau, der Liebe, der Freundschaft und des höfischen Verhaltens (›cortesia‹) komplementär und vervollständigt so das Bild der Gefühls- und Ausdruckswelt einer Epoche.

Der Hinweis auf die Literarizität der ›komisch-realistischen‹ Lyrik darf jedoch nicht zum gegenteiligen Irrtum führen: Wenn es falsch ist, diese Dichter rein autobiographisch zu verstehen und sich ein ›romantisches‹ Bild von ihnen zu machen, so ist es doch nicht weniger falsch, den literarischen, traditionellen, ›topischen‹ Charakter ihrer Werke überzubetonen und sie zu trägen Imitatoren überkommener Themen zu machen, zu Handwerkern, deren Tätigkeit sich auf Assimilation und Umarbeitung beschränkt und nichts über ihre eigene Person oder die Wesenszüge ihrer Epoche aussagt. Gewiß, die beiden ›Gattungen‹ konnten leicht gewechselt werden: Guido Guinizelli und Guido Cavalcanti, die Hauptvertreter des Stilnovismo, schrieben auch ›komisch-realistische‹ Sonette; Dante war Autor der Tenzone mit Forese Donati; Rustico di Filippo war ein keineswegs zu verachtender Autor von Sonetten in ›hohem‹ Stil. Guido Guinizelli und Guido Cavalcanti waren aber insofern wirkliche Dichter, als sie ihr Wesen nur im *dolce stil nuovo* verwirklichten, während Rustico di Filippo nur durch seine komisch-realistische Schreibweise zum schulbildenden Erneuerer wurde. Insgesamt gesehen muß die Wahl des einen oder anderen poetischen Registers doch der Wesensart eines jeden Dichters entsprochen haben, seinem inneren Selbstverständnis, seiner Schichtenzugehörigkeit, seinem gesellschaftlichen Umfeld, seinem Publikum.

Die ›komisch-realistische‹ Dichtung stellt sich uns somit als das Werk von Menschen dar, die zum Ausdruck ihrer Persönlichkeit und ihrer Lebenswirklichkeit die Schreibweisen einer jahrhundertealten lateinischen Dichtungstradition in die Volkssprache übernahmen, sie den eigenen Bedürfnissen anpaßten und weiterentwickelten. In der Übereinstimmung von Stil und Person ist diese Lyrik, wenigstens in ihren bedeutendsten Beispielen, trotz aller Verzahnungen mit der Tradition, ein ganz typisches Produkt des ausgehenden 13. und beginnenden 14. Jahrhunderts, – zeugt doch die

Kraft ihrer Karikatur, ihrer Satire, ihrer Sprache von den Leidenschaften des städtischen Lebens und der Energie, die das freie und wechselvolle Spiel der Politik in jener Zeit wie in kaum einer anderen der italienischen Geschichte freigesetzt hat.

## 2. Die Autoren

### *a) Rustico di Filippo*

Unter den etwa zwanzig ›rimatori‹, die der ›komisch-realistischen‹ Strömung zugerechnet werden, gibt es nur wenige, die ihrem Werk einen persönlichen Stempel aufzudrücken vermochten. Der erste und älteste unter ihnen – in gewisser Hinsicht der Begründer der ›komisch-realistischen‹ Schreibweise – war Rustico di Filippo, genannt ›il Barbuto‹, als Sohn aus dem Volke um 1230 in Florenz geboren und dort kurz vor 1300 gestorben. Seine Begabung wurde schon früh von anderen Dichtern anerkannt: Iacopo di Léona richtete ein Sonett an ihn, Brunetto Latini eignete ihm eines seiner gereimten Werke, *Il Favolello*, zu, und Francesco da Barberino führt ihn unter den Verleumdern der Frauen auf. Von seinen achtundfünfzig erhaltenen Sonetten sind neunundzwanzig im ›komischen‹ Stil gehalten, und ihre derbe, kraftvolle Art macht ihn zu einem der Hauptvertreter der Strömung. Heftige, verletzende, bittere Karikaturen, eine weitgefächerte Sprache, die dialektale Ausdrücke nicht fürchtet, aber auch Begriffe aus der aulischen Lyrik parodistisch einfließen läßt, und ein schlaues Augenzwinkern, das seine Hintergedanken offenlegt, sind die Qualitäten, die einige seiner besten Sonette auszeichnen.

### *b) Cecco Angiolieri*

Einen noch stärkeren Eindruck hinterläßt die Persönlichkeit von Cecco Angiolieri, der als Sproß einer guelfisch gesinnten Adelsfamilie um 1260 in Siena geboren wurde. Die wenigen sicheren Angaben über sein Leben zeichnen uns das Bild eines undisziplinierten Tunichtguts. Bei der Belagerung des Castello di Turri in der Maremma (1282) wurde er mehrere Male wegen unerlaubter Entfernung aus dem Lager bestraft; 1282 und 1291 wurde er verurteilt, weil er nach dem Zapfenstreich auf der Straße erwischt worden war; 1291 war er in einen Prozeß wegen Körperverletzung verwickelt. Sein Vermögen verwaltete er mit wenig Geschick, so daß seine Söhne, als er kurz vor dem Jahre 1312 starb, aufgrund der zahlreichen Schulden auf die Erbschaft verzichteten. Wahrscheinlich war er vor 1300 aus politischen Gründen aus Siena verbannt worden und hatte nach 1303 noch einmal dasselbe Schicksal erlitten. Durch sein ungebundenes Leben blieb er den Zeitgenossen und der Nachwelt als fröhlicher Vagabund im Gedächtnis, und eine dreißig oder vierzig Jahre nach seinem Tod entstandene Novelle von Boccaccio (*Dec.*, IX, 4) zeigt, daß schon damals die Legendenbildung um seine Person eingesetzt hatte.

Das Bild, das Cecco Angiolieri in seinen Gedichten von sich zeichnete, dürfte zumindest in groben Zügen mit seinem Charakter und seinem wirklichen Leben übereinstimmen: der Haß gegen seine Eltern und ihren Geiz, der Hang zur Ausschweifung (Wirtshaus, Weiber, Würfel), die sinnliche Liebe zu einer Frau, Becchina, die nur auf sein Geld aus ist, der Ärger über seine zänkische Ehefrau, – Themen, die im Anschluß an ihn und sicherlich auch durch seinen Einfluß geradezu schulmäßig geübt und zu Gemeinplätzen der Spottdichtung wurden, bei Cecco aber noch eine mitunter ausgeprägte Originalität besitzen. Natürlich erscheinen die Züge dieses Selbstporträts verzerrt und die Themen, wie es dem Gesetz dieser Schreibweise entspricht, auf die Spitze getrieben: So widmet er seiner Liebe zu den »fiorini«, der einzigen Freude auf der Welt, ein ganzes Sonett (»I buon parenti, dica chi dir vuole« / Die besten Verwandten, man sage, was man wolle), worin er, nach allerlei Folgerungen, zum epigrammatischen Schluß kommt, wer kein Geld habe, könne mit vollem Recht behaupten: »Io nacqui come fungo a' tuoni e venti« (Ich wuchs heran wie ein Pilz, Donner und Wind ausgesetzt). In gleicher Weise erweitert er das gattungsspezifische Thema des Elternhasses zu einem zynisch-zornigen *plazer* (eine Gedichtform, die im Gegensatz zu *enueg* oder *noia*, die angenehmen Dinge des Lebens auflistet), das in einem wahnwitzigen Crescendo finstere Vernichtungsphantasien aneinanderreiht: Er denkt sich als Feuer, Wind, Wasser, Gott, Kaiser, Tod und Leben, um die ganze Welt zu peinigen und Vater und Mutter loszuwerden. Die Sturzflut verbotener Träume endet mit einem bitteren Lachen, wenn er, in völligem Gegensatz zur gerade entfachten Zerstörungswut, erklärt, er wolle sich mit »jungen und hübschen« Frauen benügen und die alten und häßlichen anderen überlassen. Die geschickte Konstruktion hat dieses Sonett zu einem der bekanntesten der italienischen Literatur werden lassen.

Der Gleichklang von persönlicher Neigung und erwählter Poetik (eine bewußte Wahl, wie die Sonette bezeugen, in denen er sich über die Lyrik des Stilnovismo mokiert), die Geschicklichkeit, mit der es Cecco gerade wegen dieses Gleichklangs gelingt, sich in seinen Gedichten als fröhlicher, launenhafter Zyniker darzustellen, die Kraft seines verbalen Realismus, die klug dosierte Derbheit seiner Sprache machen ihn zu einer der markantesten Gestalten im Italien des beginnenden 14. Jahrhunderts.

### *c) Folgòre da San Gimignano*

Eines ganz anderen poetischen Registers bediente sich der um die Wende des 13. zum 14. Jahrhundert lebende Folgòre da San Gimignano. Seine Verfasserschaft ist für zweiunddreißig Sonette bezeugt, die zwischen 1309 und 1317 entstanden sein dürften, darunter ein ›Kranz‹ (corona) von vierzehn Sonetten, die einer »edlen und höfischen Schar« vorführen wollen, wie die zwölf Monate des Jahres auf angenehme Weise zu verbringen sind, ein ›Kranz‹ von acht Sonetten, der um die sieben Wochentage kreist, und weitere Gedichte, die die ritterlichen Tugenden feiern oder das Interesse des Autors an politischen Zwistigkeiten durchscheinen lassen. Ingesamt handelt es sich um eine höfisch-didaktische Lyrik nach provenzalischem Vorbild.

Wie viele andere Schriftsteller seiner Zeit – darunter Dante als den größten von ihnen allen – bewegte Folgòre die nostalgische Sehnsucht nach den höfischen Idealen, die die neue, kaufmännisch geprägte Epoche in solchem Maße verdrängt habe, daß die großherzige Kunst des Gebens und Schenkens nahezu vergessen sei. In der Tat hatte sich diese Kunst mit dem Untergang der Feudalgesellschaft überlebt und wurde nun von all denen, über die die neue politische und soziale Wirklichkeit hinweggegangen war, beweint und zusammen mit einer verschwundenen Welt beschworen. Dies ist der Grund, weshalb Folgòre in seinen Sonetten zu den Wochentagen und Monaten aufzeigte, wie diese fröhlich und ›freigebig‹, d.h. vornehm über jede Form von Geiz erhaben, zu verbringen seien, und dabei das Leben dieser ›brigate‹, die, wie wir von Boccaccio (*Dec.*, VI, 9) und Villani wissen, die Sprößlinge wohlhabender Familien zu geselligen Unternehmungen und prunkvollen Festen, die der gesamten Stadt ein Schauspiel boten, zusammenführten, in einem Spiel lebhafter und erlesener Farben idealisierte. Was hier besungen wird, ist eine bürgerliche Aristokratie und ein verbürgerlichtes, den Lebensbedingungen der städtischen Gesellschaft angepaßtes, zu Prunk und Pomp entartetes ›cortesia‹-Ideal. Auf die Monatssonette antwortete der fahrende Sänger Cenne d'Arezzo, genannt ›da la Chitarra‹ vermutlich nach seinem Begleitinstrument, der in dreizehn Sonetten die *plazer* von Folgòre in genauer, aber wenig origineller Umkehrung in *noie*, d.h. in eine Aufzählung unangenehmer Dinge, verwandelt.

### *d) Die Epigonen*

Die komisch-realistische Lyrik wurde schon bald zur Manier, so daß sich Thematik und Stilgestus ihrer bedeutenderen Vertreter weitgehend unverändert bei zahlreichen Nachahmern wiederfinden lassen. Unter letzteren sind Pietro dei Faitinelli und Bindo Bonichi hervorzuheben. Der zwischen 1280 und 1290 in Lucca geborene, 1324 exilierte, 1331 zurückgekehrte und 1349 gestorbene Pietro dei Faitinelli hat achtzehn Sonette hinterlassen, von denen einige in der Art Rustico di Filippos oder Cecco Angiolieris die Frauen aufs Korn nehmen, andere den Verlust des höfischen Ideals und die Erschütterung der Gesellschaftsordnung thematisieren, wieder andere politisch motivierte Klagen über das eigene Geschick und das seiner Heimatstadt Lucca, Schmähungen seiner persönlichen Feinde oder entschiedene moralische Bekenntnisse darstellen. Die gleichen Themen finden sich in den zwanzig Kanzonen und zahlreichen Sonetten des 1338 gestorbenen Bindo Bonichi: Klagen über den Lauf der Welt, verständnislose Bestürzung angesichts sozialer Neuerungen (»Des Schusters Sohn wird zum Barbier, / des Barbiers Sohn zum Schuster, / der Kaufmann macht den Sohn Notar, / Tuchhändler macht ihn dieser«), kleinliches Moralisieren und immer wieder der Versuch, allzu große moralische Themen (›gentilezza‹, Freundschaft, Geiz, Religion usw.) anzupacken.

# Kapitel VII
# Die Kunstlyrik

## 1. Die sizilianische Dichterschule

### *a) Die Dichterschule*

Neben der ›komisch-realistischen‹ gab es in den ersten beiden Jahrhunderten eine Lyrik, die in Übereinstimmung mit der mittelalterlichen Stilarten-Lehre ›tragisch‹ genannt werden könnte. Der aristokratischen Erhabenheit der Thematik entsprach hier ein auf die höchste Ebene gehobenes Stil- und Sprachempfinden, das jede realistische Geste, jedes vulgäre Wort und jede Abweichung vom konventionellen, strengen und feierlichen Ideal ausschloß.

Das erste Glied jener Kette von ›Dichterschulen‹, die im 13. Jahrhundert aufeinanderfolgten, stellt die Lyrik dar, die am Hof Friedrichs II. entstanden ist und, mit einem von Dante entlehnten Begriff, gewöhnlich ›scuola siciliana‹ genannt wird. Laut Dante kam die sizilianische Volkssprache als erste vor allen anderen zu Ruhm und Ansehen, »weil viele der dortigen Poeten auf feierliche Weise zu dichten verstanden (...), so daß alles, was zu dieser Zeit von den besten Dichtern Italiens geschaffen wurde, zuerst an diesem Herrscherhofe hervortrat, und da der Hof sich in Sizilien befand, wurde alles, was vor unserer Zeit an Dichtung verfaßt wurde, sizilianisch genannt, – eine Bezeichnung, die wir beibehalten und die auch unsere Nachkommen nicht werden ändern können.« (*De vulg. eloq.*, I, xi, 2–3)

Im folgenden soll der Begriff ›sizilianisch‹ in einem engeren Sinn für die Lyrik verwandt werden, die von einer Gruppe von Dichtern (›rimatori‹) aus den verschiedensten Gegenden Italiens am Hofe Friedrichs II. und in den Jahren nach seinem Tode (1250) unter seinem Sohn und Erben Manfred verfaßt wurde. Diese Gruppe besteht zum einen aus den Herrschern selbst – dem Kaiser, seinen Söhnen Manfred, König Enzo, Friedrich von Antiochien – und Abkömmlingen adliger Familien, zum anderen aus Juristen, Notaren und Beamten des Hofes.

Das rege dichterische Schaffen war nur ein Aspekt der von Friedrich II. entfalteten oder geförderten kulturellen Aktivitäten. Er gehörte in der Tat zu den herausragendsten und ›modernsten‹ Gestalten des Jahrhunderts, richtete den ersten weltlichen, von Juristen gelenkten Staat des Mittelalters ein, übte auf eine damals völlig neue Art Toleranz in religiösen Dingen, öffnete sich allen kulturellen Erfahrungen, umgab sich mit abendländischen und arabischen Gelehrten, interessierte sich voll Wißbegier für alle Künste und Wissenschaften bis hin zur Astrologie, Physiologie und Magie und verfaßte selbst nicht nur Gedichte, sondern auch eine Abhandlung über die Falknerei, die, im Gegensatz zur ›naturwissenschaftlichen‹ Literatur seiner Zeit, aus unmittelbarer Erfahrung schöpfte.

### *b) Wesensmerkmale und Sprachform*

Die Tatsache, daß die sizilianische Dichterschule in einer höfischen, nicht städtischen Gesellschaft beheimatet war, hatte einen entscheidenden Einfluß auf ihre Wesensmerkmale. Es handelt sich um eine aristokratische Lyrik, geschrieben von Fürsten und Hofbeamten, denen das Verfassen von Gedichten als eleganter Zeitvertreib galt, als Ergänzung ihrer gesellschaftlichen Aktivitäten, als Möglichkeit, sich des geschlossenen Kreises würdig zu erweisen, dem sie durch Geburt oder Amt angehörten.

Deshalb entlehnten die Sizilianer Thematik und Ausdrucksweise ihres Dichtens der provenzalischen Lyrik, d.h. einer rein feudalistischen Dichtung, deren Gegenstand der Preis der hohen Minne (»fin'amor« oder »amore cortese«) gewesen war: eine Art Liebesdienst (»servizio d'amore«), den der Mann, der Getreue oder Vasall, der Herrin (»Madonna«) in einem raffinierten und komplizierten Ritual ableistete. Sie übertrugen die provenzalischen Formen aber in eine Welt, die das feudale Gesellschaftssystem nur in abgemilderter Form kennengelernt hatte, beraubten die Inhalte ihrer inneren Spannungen und verwandelten sie in eine literarische Übung, die den Ausführenden Prestige und die Aufnahme in einen Kreis geistig und sozial Gleichgesinnter verschaffte.

Die Texte der Sizilianer sind uns nur in späteren, toskanischen Handschriften überliefert, deren Sprache die Kopisten so stark toskanisierten, daß sogar die Reime verfälscht wurden. Indes ist unter dem späteren Gewand die ursprüngliche Sprachform noch deutlich zu erkennen, ein Sizilianisch, das, gereinigt von regionalen Zügen und Elementen und vermischt mit Latinismen und Provenzalismen, zu einer ›lingua illustre‹, einer literarischen Hochsprache wird, die großen Einfluß auf die spätere toskanische Dichtung und, durch sie, auf die gesamte italienische Kunstlyrik ausüben sollte. Im übrigen stellten die Sizilianer auch metrische Schemata bereit, insbesondere das Sonett, eine Gedichtform, die mit den ersten Anfängen der sizilianischen Dichtung auftritt und Giacomo da Lentini zugeschrieben wird.

### *c) Die Dichter*

Es ist nicht einfach, sich ein genaueres Bild von der Persönlichkeit dieser Dichter zu machen. In ihrer Mehrzahl gehen sie in der ›Schule‹ auf und erscheinen uns als intelligente und geschickte Handwerker, die darauf bedacht sind, die der Schule eigentümlichen Muster kunstfertig zu variieren, nicht aber, den eigenen Versen einen individuellen Stempel aufzudrücken. Der bedeutendste unter ihnen allen dürfte Giacomo da Lentini gewesen sein, ein Notar am sizilianischen Hof, von dem wir Dokumente aus der Zeit zwischen 1233 und 1240 besitzen. Die chronologischen Daten, die Tenzonen, die er mit anderen sizilianischen Dichtern austauschte, die Anerkennung, die ihm von allen Seiten zuteil wurde und, nicht zuletzt, einige Dante-Verse (*Purg.*, XXIV, 55–60) lassen darauf schließen, daß er als Haupt einer Schule galt, als der vielleicht erste Dichter, der die Ausdrucksformen der provenzalischen Lyrik in eine italienische Volkssprache übertrug. Weitere Dichter, an die erinnert werden muß, sind, neben Friedrich II. und seinen Söhnen, Guido delle Colonne, dem ein ›Kranz‹ von fünf Gedichten zugeschrieben wird und den Dante für die »suprema constructio«, d.h. die gehobene Rhetorik seiner Kanzonen rühmte (*De vulg. eloq.*, I, xi, 2), sowie ein nicht näher identifizierbarer Giacomino Pugliese, unter dessen Namen acht Texte bekannt sind, und Pier della Vigna, Kanzler am Stauferhof und berühmter Rhetoriker (»dictator«), dem Dante eine bewegende Episode (*Inf.*, XII, 25 ff.) widmete.

Der sizilianischen Schule werden gemeinhin auch einige Gedichte zugeordnet, die vom gewohnten provenzalisierenden Ton abweichen und eher eine künstlerische Verarbeitung volkstümlicher oder spielmännischer Motive zu sein scheinen. Die bekanntesten unter ihnen sind die Klage bei Antritt des Kreuzzuges (»Giamai non mi conforto«) von Rinaldo D'Aquino und die Klage einer eifersüchtigen Verliebten (»Oi lassa, 'namorata«) von Odo delle Colonne. Hier ist das Gefühl nicht mehr ›aulisch‹, die Liebe nicht mehr ›höfisch‹, hier ist der Ausdruck bewegter und lebhafter, viel näher am gelebten Alltag und der gesprochenen Sprache.

## 2. Die toskanische Lyrik und Guittone d'Arezzo

### *a) Die Dichterschule und ihre Sprache*

Gerade weil die sizilianische Schule dem staufischen Hofe so eng verbunden war, zerfiel sie mit dem Untergang der Staufer. In den Jahren aber, in denen Sizilien unter die Herrschaft des Hauses Anjou geriet, entwickelte sich im Zentrum Italiens, vor allem in der Toskana, eine Kunstlyrik, die sich eng an die Praxis der Sizilianer und, über sie vermittelt, der Provenzalen anlehnte. Unter den Dichtern verschiedenster Herkunft, aus Lucca, Arezzo, Pistoia, Pisa, Siena, Florenz, Bologna usw., die sie pflegten, ragt als Hauptvertreter Guittone d'Arezzo heraus. Sie werden daher häufig insgesamt (und irreführend) ›guittonianische‹ Dichter genannt.

Die Mehrzahl der Dichter, die dieser Richtung (eher eine ›Bewegung‹ oder ›Strömung‹ als eine ›Schule‹) angehörten, übernahmen den Stil der Provenzalen und Sizilianer, trieben seine Formelhaftigkeit und Manieriertheit aber nicht selten auf die Spitze. Da sie ihren Vorbildern und dem Geist, der sie hervorgebracht hatte, immer ferner standen, in einer Kultur lebten, die von ganz anderen Inhalten bestimmt war, übertrieben sie bisweilen den Aspekt der Technik. Die Dichtung wurde ihnen zur bloßen rhetorischen Übung.

Hierin spiegelt sich zwangsläufig die Welt, in der sie lebten. Inmitten der Kaufmannskultur der Stadtrepubliken die bis ins letzte verfeinerte höfische Sensualität der provenzalischen Lyrik wiederaufleben zu lassen, war nicht einfach, und so orientierten sich die Dichter häufig an den Provenzalen der letzten Generation und tendierten zu einer ›spirituelleren‹ Liebeskonzeption, in der der für die höfische Literatur typische Widerspruch zwischen Ehe und ›Liebesdienst‹ weniger deutlich zutage trat. Der Umschlagspunkt der provenzalischen und sizilianischen Liebeskonzeption ist bei Guittone d'Arezzo erreicht, der in seiner zweiten Schaffensphase die höfische Minne geradezu als Sünde bezeichnete, die Verherrlichung einer irdischen durch die der himmlischen Herrin ersetzte und nur noch die Jungfrau Maria besang. Im übrigen findet sich bei diesen Dichtern häufig ein lebhaftes Interesse an der Politik, an ihrer Stadt, an den Zwistigkeiten, an denen sie teilhatten, so daß die geschlossene Formelhaftigkeit ihrer Gedichte durch Einzelheiten über Sitten und Gebräuche, Anspielungen auf Zeitgenossen und Erfahrungen des täglichen Lebens aufgebrochen wird.

Sprachlich gesehen arbeiten diese Dichter, wie schon die Sizilianer vor ihnen, an der Verfeinerung ihrer Volkssprache. Bei aller Verschiedenheit der Erfahrungen und Ergebnisse bereiteten sie doch die spätere Lyrik vor, verfeinerten die toskanischen Mundarten und verliehen auf einem bisweilen recht hohen Niveau bestimmten menschlichen und künstlerischen Idealen Ausdruck, von denen die neue Kaste der ›weltlichen Kleriker‹, die sich in den italienischen Stadtrepubliken herausbildete, beseelt war.

*b) Die Dichter*

Der bedeutendste Dichter dieser Strömung, Guittone di Viva oder Guittone d'Arezzo, wurde um 1230–35 geboren und um 1256 aus politischen Gründen in die Verbannung geschickt. Er hatte Frau und Kinder, trat mit ungefähr 35 Jahren dem Orden der Ritter der Jungfrau Maria (»Ordine dei Cavalieri di Santa Maria«), den man gemeinhin Orden der fröhlichen Brüder (»frati godenti«) nannte, bei, hielt sich in Pisa und Bologna auf und starb mit ziemlicher Sicherheit im Jahr 1293 oder 1294.

Von ihm sind sechsunddreißig Prosabriefe und eine Sammlung von ungefähr dreihundert Gedichten, meist Sonetten und Kanzonen, erhalten, die meist in zwei Gruppen, Minnesang und religiöse oder lehrhafte Dichtung, unterteilt werden. Seine an den Bologneser ›dictatores‹ geschulten Briefe stellen Modelle volkssprachlicher Epistolographie für die verschiedensten Bedürfnisse des bürgerlichen Lebens dar; seine Lyrik ist das glänzende Beispiel einer gebildeten, reflektierten, technisch hochstehenden Lehrdichtung. Er hatte Verbindung zu den wichtigsten Vertretern der zeitgenössischen Kultur und erschien damals und auch später noch als Haupt einer Schule, so daß Dante vor allem ihn ins Visier nahm, als er den Unterschied zwischen seiner Poetik und der seiner stilnovistischen Freunde und der ihr unmittelbar vorangegangenen Poetik aufzeigen wollte. Auch Petrarca wird später (*Trionfo d'Amore*, IV, 32 ff.) das Bild eines erniedrigten und erzürnten Guittone inmitten der anderen Dichter zeichnen: »Guitton d'Arezzo / che di non esser primo par ch'ira aggia« (Guitton d'Arezzo / voll Zorn, daß er nicht erster ist).

Diese Polemik bezeugt jedoch, daß vor der Zeit des *dolce stil nuovo* kein anderer als Guittone der bekannteste und geachtetste Dichter war, und zweifellos hat er den nachfolgenden Generationen ein reiches Erbe hinterlassen. Beispielsweise ist ihm die Form der politisch-didaktischen Kanzone in getragen-feierlichem Stil und hochherzig-polemischem Ton zu verdanken, die Dante und viele andere Dichter im 14. Jahrhundert wiederaufnahmen und von der auch Petrarca mehrere berühmte Beispiele hinterließ. Guittone war schließlich der erste Dichter, der fest im Leben der Stadtrepublik verankert war: Als Guelfe, den die politisch motivierte Verbannung an den idealen Werten des verfolgten städtischen Guelfentums nicht irre werden ließ, trat er in mehreren seiner Gedichte für die Belange seiner Vaterstadt mit einer leidenschaftlichen Anteilnahme, einer moralischen Stärke ein, die in der Literatur des 13. und 14. Jahrhunderts, sieht man von einigen Kanzonen Dantes ab, ihresgleichen nicht hat.

Erwähnenswert unter den anderen Dichtern dieser, wie gesagt, nur sehr grob als ›guittonianisch‹ zu bezeichnenden Stilrichtung sind der durch Dantes *Purgatorio* (XXIV, 34 ff.) bekannte Bonagiunta Orbicciani aus Lucca, der wohl als erster den Stil der Sizilianer in der Toskana einführte und unter anderem ein Sonett verfaßte, in dem er Guinizelli seine dunkle und scholastische Sprache vorwarf, und Chiaro Davanzati aus Florenz, über den wir keine genaueren Kenntnisse besitzen, der aber nahezu zweihundert Gedichte, Sonette und Kanzonen, verfaßte, von denen einige schon den *dolce stil nuovo* anzukündigen scheinen.

## 3. Der ›dolce stil nuovo‹

### *a) Die Schule*

Die dritte und bekannteste Dichterschule des 13. Jahrhunderts war die des *dolce stil nuovo* (heute auch: ›dolce stilnovismo‹, ›stilnovismo‹, ›stilnuovo‹). Ihr Name ist der berühmten Stelle entnommen, wo Dante unter den Schlemmern im *Purgatorio* (XXIV, 34 ff.) Bonagiunta Orbicciani begegnet, ihm auf seine Bitte hin die eigene Poetik darlegt – »Io mi son un, che quando / Amor mi spira, noto, ed a quel modo/ ch'ei ditta dentro vo significando« (Ich bin ein Mensch, der immer, / Wenn Liebe ihn behaucht, es wohl bemerket, / und wie sie in mir spricht, so muß ich's sagen) –, worauf dieser antwortet, er verstehe nun, wodurch sich die Dichtung der Sizilianer und der Guittonianer von jenem »dolce stil nuovo«, von dem Dante spreche, unterscheide.

Der Ausdruck ist bei Dante zweifellos stilistisch gemeint: ›dolce‹ ist ›terminus technicus‹ für eine Lyrik, in der sich eine völlig verinnerlichte und vergeistigte Liebe in jenem klaren, musikalischen Stil ausdrückt, den Dante später in *De vulgari eloquentia* beschreibt und vom »rauhen und scharfsinnigen« Stil der lehrhaften Dichtung abhebt (II, v, 7). Die Stilnovisten unterscheiden sich demzufolge von den vorangegangenen Dichtern nicht nur durch ihre Liebeskonzeption, sondern auch durch ihre Ausdrucksweise und bemühen sich, unter Umgehung der sizilianischen und guittonianischen Schule, dem Vorbild der ältesten und besten unter den provenzalischen Dichtern zu folgen.

### *b) Motive und Formen*

Einziges Thema des Stilnovismo war die Liebe. Die neuen Dichter strebten nach einer höchstmöglichen Vergeistigung und Verinnerlichung des Liebesgefühls; sie verherrlichten die ›edle Frau‹, die dem Mann zur Seligkeit verhelfe, und legten ihr ganzes Glück in ihren Anblick und den Gruß, den sie von ihr empfingen; sie blendeten alle äußeren Vorgänge aus und versenkten sich ganz und gar in ihr Inneres, in den Läuterungsprozeß, den die von allen Nebensächlichkeiten befreite Liebe im ›edlen‹ Herzen des Liebenden auslöst.

Zwischen dem einen und dem anderen Stilnovisten gibt es natürlich (bisweilen deutliche) Unterschiede: Guinizelli gab die Thematik der Schule vor, Cavalcanti entwickelte sie meisterhaft weiter und spielte alle Erscheinungsformen der Liebe durch, Dante spitzte den Prozeß der Verinnerlichung zu und führte das Thema der Vollkommenheit der Frau und ihres übermenschlichen Einflusses zu seiner letzten Konsequenz. Die weniger bedeutenden Stilnovisten nahmen die Motive der großen wieder auf und ließen sie fast schon zur Manier werden. Cino da Pistoia schließlich, der die Frau auf menschlichere Dimensionen zurückführt, scheint geradezu Petrarca vorwegzunehmen.

Es muß nicht eigens hervorgehoben werden, daß der Stilnovismo eine überaus ›aristokratische‹ Erscheinungsform von Literatur war. Die Dichter, die ihm anhingen, waren kultivierte und anspruchsvolle Intellektuelle, die sich zu einer Art Künstlerkreis zusammengefunden hatten, deutlich Abstand zum ›gemeinen Volk‹ hielten und sich im Elfenbeinturm ihrer Kultur, ihrer Spiritualität und ihres preziösen Kunstideals von der Welt abschlossen. Indes offenbarten sie gerade dann, wenn sie ihre aristokratische Distanz behaupteten, die eigene Zugehörigkeit zur städtischen Kultur. In der berühmten Kanzone »Al cor gentil«, die gleichsam das Programm oder Manifest der Schule darzustellen scheint, stellte Guinizelli ausdrücklich fest, daß Edelmut (»gentilezza«) oder Adel (»nobilità«), die mit Liebe (»Amore«) eins sind, nicht von Titeln oder ererbten Reichtümern abhängt, sondern von einer tiefinneren Spiritualität, die mit der Herkunft nichts zu tun hat, – ein Thema, das Dante im *Convivio* (IV, x ff.) ausbauen wird. Nachdem die Vorrechte der Geburt in der Welt der Stadtrepublik überwunden waren, ließ sich eine soziale Rangordnung nur auf innere Vollkommenheit als Ergebnis von Kultur, von Bildung und von beständiger, mühevoller Läuterung gründen. Die Stilnovisten gingen so weit, die Bedeutung der Wörter »gentile« (edel) und »gentilezza« (Edelmut), die vor ihrer Zeit den ›Geburtsadel‹ bezeichneten, zu verändern. Die neue prägnante, aber schwer zu übersetzende Bedeutung umfaßte die Gesamtheit der hohen Tugenden, die die ideale Frau ausmachten und den Mann auszeichneten, der fähig war, sie zu verstehen, zu lieben und zu ›lobpreisen‹.

Der Einfluß des *dolce stil nuovo* war außerordentlich: Er erstreckte sich auf Petrarca, dessen *Rime* wenigstens bis 1336 stilnovistischen Modellen folgten und auch später das Vorbild nie verhehlten, auf Boccaccio, dessen *Rime* die emotionale und stilistische Spannung des Stilnovisten vermissen ließen, auf viele andere weniger bedeutende oder unbedeutende Dichter des 14. Jahrhunderts und, nicht zuletzt, auf Lorenzo dei Medici, der sich ausdrücklich auf den Stilnovismo berief.

### c) *Guido Guinizelli*

Im Kreis des *dolce stil nuovo* treffen wir zum ersten Mal in der Geschichte der italienischen Lyrik nicht nur auf ›Handwerker‹, die sich vom gemeinsamen Hintergrund der Schule kaum abheben, sondern auf Künstler mit einer Persönlichkeit, die so ausgeprägt ist, daß sich von ihr ein anschauliches Bild zeichnen läßt.

Chronologisch der erste in der Reihe war Guido Guinizelli, ein im Jahr 1266 erstmals erwähnter Bologneser Richter, der 1274 aus politischen Gründen verbannt wurde und schon 1276 starb. Mit der ihm zugeschriebenen Sammlung von kaum mehr als zwanzig Gedichten gilt er, nicht zuletzt durch das Urteil Dantes, als Vater des *dolce stil nuovo*.

Guinizellis Originalität besteht vor allem in einem entschiedeneren Intellektualismus, in einer verfeinerteren Liebespsychologie und in einer lyrischeren Sprachmelodie. Indem er die Wertung der ›nobiltà‹ oder ›gentilezza‹ als innerer Anlage mit dem traditionellen Thema des Frauenlobs verschmolz, wurde er zum Wegbereiter der vergeistigten Frauen- und Liebeskonzeption, die in einigen seiner Sonette bereits gelungenen Ausdruck findet. Aus seiner philosophisch-scholastischen Bildung erklärt sich der Einzug der scholastischen Logik in seine Gedichte, die üppige Verwendung naturalistischer Vergleiche, seine Neigung, von der Analyse der eigenen Liebeserfahrung zur universellen Erforschung der Liebe überzugehen und die Gefühle in ein Drama, eine Art liebespsychologisches ›Mysterienspiel‹, zu entäußern.

### *d) Guido Cavalcanti*

Noch deutlichere Züge besitzt die künstlerische Persönlichkeit Guido Cavalcantis, der als Sproß einer vornehmen, guelfisch gesinnten Adelsfamilie um 1255 vermutlich in Florenz geboren wurde. 1267 wurde er Bice aus der Familie der Farinata degli Uberti anverlobt. Er bekleidete öffentliche Ämter und nahm lebhaften Anteil an den inneren Streitigkeiten der Stadt: Man weiß zumal von seiner Rivalität mit Corso Donati, den Guido einmal sogar zu töten versuchte, und von seiner Verbannung im Juni 1300. Er starb im August desselben Jahres, kurz nachdem die Verbannung aus Gesundheitsgründen aufgehoben worden war.

Von ihm sind nur wenig mehr als fünfzig Gedichte erhalten, die ihn aber zum bedeutendsten Vertreter des Stilnovismo machen: Seine Kanzone »Donna mi prega« gilt neben Guinizellis berühmter Kanzone »Al cor gentil« als programmatischer Text der ganzen Dichterschule und war bis ins 16. Jahrhundert Gegenstand philosophischer Kommentare. Seine Sonette und *ballate*, die dem Preis einer »Giovanna« oder »Madonna Primavera« gewidmet sind, nehmen Guinizellis Motivik wieder auf und entwickeln sie auf zwei verschiedenen Registern weiter: zum einen, um die Liebe als leidenschaftliche, feindliche Macht zu feiern, die den Mann überfällt, überwältigt, aufwühlt, zum anderen, um das Lob der »donna gentile« zu singen. Die Leuchtkraft der Bilder, die Energie und Eleganz des Ausdrucks, die Geschmeidigkeit des Rhythmus verleihen in einigen seiner Gedichte auch den schultypischen Motiven eine ganz persönliche Färbung. Wie breit gefächert seine Interessen waren, zeigt sich im übrigen in einer anmutig-manierierten Pastourelle, einigen ›komisch-realistischen‹ Sonetten, einigen an die Freunde gerichteten Gelegenheitsgedichten, darunter ein berühmtes Schmähgedicht auf Dante, und mehreren *ballate*, von denen die in der Furcht vor dem nahenden Tode verfaßte *ballata* »Perch'io non spero« lange Zeit als sein gelungenstes Werk angesehen wurde.

### *e) Andere Dichter*

Daneben gab es Epigonen, die den Stilnovismo auf eine elegante Manier verkürzten und den Liebesbegriff und die Ausdrucksformen jener spirituellen Spannung und tiefempfundenen Innerlichkeit beraubten, die die drei ›großen‹ Vertreter der Schule ausgezeichnet hatten. Lapo Gianni zeichnet sich in den besten seiner sechzehn Werke höchstens durch eine gewisse galante Anmut aus; Gianni Alfani folgte in seinen sieben Gedichten vor allem dem Beispiel Guido Cavalcantis; Dino Frescobaldi aus Florenz, vor 1316 gestorbener Verfasser von zweiundzwanzig erhaltenen Gedichten, war in seiner beharrlichen Wiederholung der stilnovistischen Thematik nichts weiter als ein Epigone.

Eine Sonderstellung kommt Cino da Pistoia zu, der mit richtigem Namen Guittoncino dei Sighibuldi hieß und zwischen 1265 und 1270 in Pistoia geboren wurde. Um 1303 wurde er aus politischen Gründen verbannt, studierte in Bologna, kam nach 1306 in seine Vaterstadt zurück und unterrichtete später als namhafter Rechtsgelehrter an den Universitäten von Siena, Florenz und Perugia. Sein Ruhm wirkte über seinen Tod (um 1336 oder 1337) hinaus: Schon Dante hatte ihn den besten italienischen Minnedichter genannt (*De vulg. eloq.*, II, ii, 9); Petrarca beklagte seinen Tod in dem Sonett »Piangete, donne, e con voi pianga Amore«.

Er hinterließ mehr als einhundertfünfzig Gedichte, hauptsächlich Liebeslyrik auf eine Dame, die er mit einem der üblichen ›Versecknamen‹ »Selvaggia« nannte, aber auch politische und moralische Gedichte sowie Gelegenheitsgedichte (»rime di corrispondenza«). Motivik und Sprachgestalt des *dolce stil nuovo* weisen nicht mehr die starke Spannung auf, die die ›Großen‹ der Schule auszeichnete, sondern erscheinen, wie es weithin für das 14. Jahrhundert insgesamt gilt, konventionell und manieriert. Cino schenkte aber den Gefühlsregungen und den pychologischen Motivationen eine weit stärkere Beachtung, so daß wir in seiner Dichtung die Vermenschlichung des Liebesgefühls, wie sie später vor allem in Petrarcas *Canzoniere* zum Ausdruck kommen wird, schon angekündigt finden.

# Kapitel VIII
# Dante Alighieri

## 1. Leben

Dante wurde zwischen dem 15. Mai und dem 15. Juni 1265 in Florenz als Sohn des guelfisch gesinnten Alighiero di Bellincione und seiner Frau Bella geboren. Die Familie war adliger Herkunft (was der Dichter in *Inf.*, XV, 73 ff. und *Par.*, XV, XVI, XVII voll Genugtuung hervorhebt), lebte aber in bescheidenen Verhältnissen.

1277 verlobte ihn der Vater mit Gemma, einer Tochter der mächtigen Familie Donati. Das Datum der Hochzeit ist unbekannt, sie pflegte der Unterzeichnung des Vertrages jedoch in kurzem Abstand zu folgen. Aus der Ehe mit Gemma gingen mehrere Kinder hervor. Dante genoß sicherlich eine sorgfältige Erziehung, auch wenn wir über Einzelheiten nichts wissen. Früh schon, zu einer Zeit, als er noch an der Schlacht von Campaldino und der Einnahme der Burg Caprona teilnahm, begann seine dichterische Laufbahn. Er knüpfte Bekanntschaft mit Gelehrten und Dichtern seiner Zeit: größeren Einfluß auf ihn hatten Brunetto Latini, dem er später im *Inferno* als seinem Lehrmeister huldigen wird, und Guido Cavalcanti. Und natürlich besang er, wie es üblich war, mehrere Frauen, auch wenn er in der Folgezeit die Bedeutung, die sie in seinem Leben und seinem Jugendwerk gehabt haben mochten, zurücknahm.

Mittlerweile war Dante ins öffentliche Leben getreten, und als es im Jahre 1295 jedem auch nur formell eingeschriebenen Mitglied einer Zunft erlaubt wurde, öffentliche Ämter zu bekleiden, ließ er sich – vermutlich wegen der engen Verbindung, die damals zwischen Philosophie und Medizin bestand – in die Zunft der Ärzte und Apotheker aufnehmen. Er übernahm verschiedene Ämter und war mehrere Male Mitglied in den Räten der Stadt. Als sich im Jahr 1300 die Florentiner Guelfen in zwei Parteien aufspalteten (die ›Neri‹ scharten sich um Corso Donati, die ›Bianchi‹ vor allem um die Familie der Cerchi), stand Dante den ›Bianchi‹ nahe, die die kommunale Verfassung aufrechterhalten wollten und deshalb sowohl der Einmischung Papst Bonifaz' VIII. in die Angelegenheiten der Stadt und der Toskana als auch der Umwandlung von Florenz in eine mehr oder weniger verdeckte Signorie entschieden entgegentraten. In den Unruhen, die Florenz zwischen Mai 1300 und November 1301 erschütterten, spielte Dante eine bedeutende Rolle: Er trat in den städtischen Ratsversammlungen den Forderungen des Papstes mehrmals entgegen und sprach sich gegen die Unterstützung von Karl von Anjou aus. Zwischen dem 15. Juni und dem 15. August 1300 war Dante einer der sechs Prioren, die die Stadt regierten; im Oktober 1301 ging er als Mitglied einer Gesandtschaft nach Rom, zu Bonifaz VIII.

Während seiner Abwesenheit fiel Florenz durch einen Staatsstreich, den der Papst unterstützt hatte, in die Hände der ›Neri‹. Dante befand sich auf der Rückreise, als er im Januar 1302 in Siena erfuhr, daß er für zwei Jahre aus Florenz verbannt, von allen öffentlichen Ämtern ausgeschlossen und zu einer Geldbuße verurteilt worden war: Die Anklage war nicht nur politisch motiviert, sondern lautete auf Betrug, um den besiegten Gegner zu diffamieren. Da er sich dem Urteil nicht stellte, wurde er zum Tode verurteilt. So begann ein langes Exil, das erst mit seinem Tode enden sollte. Zunächst verbündete sich Dante mit den mit ihm verbannten ›Bianchi‹, die sich untereinander zusammengeschlossen hatten, um mit Waffengewalt nach Florenz zurückzukehren. Nach der Niederlage an der Lastra (1305) jedoch trennte er sich von den Gefährten seines Exils. So begann ein für die damalige Zeit nicht ungewöhnliches Wanderleben. Dante suchte Zuflucht in fremden Städten und bei ›hohen Herren‹, bald als bloßer ›Höfling‹ auf eine Stufe mit tausend anderen Schmarotzern gestellt, bald aufgrund seiner Bildung hochangesehen und mit ehrenvollen Aufgaben betraut. Sein Ansehen wuchs mit den Jahren in dem Maße, wie sich mit seinen Werken sein Ruf als bedeutender ›Intellektueller‹ (loico) und eigenständiger Dichter verbreitete. Er weilte zunächst in Verona als Gast von Bartolomeo della Scala; 1306 finden wir ihn in der Lunigiana bei den Malaspina; zwischen 1307 und 1309 verwischen sich seine Spuren; er war im Casentino bei den Grafen Guidi, dann vielleicht in Lucca; Giovanni Villani zufolge soll er sogar in Paris gewesen sein.

Von besonderer Bedeutung waren die Jahre des Italienfeldzugs von Heinrich VII. Von der Entschlossenheit des 1308 zum Kaiser gewählten Luxemburgers, die lange unterbrochene kaiserliche Autorität in Italien wieder durchzusetzen, erhoffte sich Dante für sich selbst die Heimkehr in die Vaterstadt und für Florenz und die Welt die Wiederkehr einer Epoche des Friedens und der Gerechtigkeit. Wahrscheinlich wohnte er der Krönung des Herrschers am 10. Juni in Mailand bei und hielt sich anschließend möglicherweise im kaiserlichen Lager auf. In verschiedenen leidenschaftlichen Briefen suchte er Heinrichs Sache zu unterstützen, so daß man annehmen darf, daß mit dessen unvermutetem Tod im August 1313 in Buonconvento bei Siena auch viele Hoffnungen des Dichters zu Grabe getragen wurden. Einige Zeit später, 1315, wies er die angebotene Amnestie zurück, da er ihre Bedingungen für wenig ehrenvoll hielt; im selben Jahr bestätigte die Stadt das gegen ihn und seine Söhne verhängte Todesurteil.

Die folgenden Stationen seines Exils, das Dante nun wiederaufnehmen mußte, sind nicht immer zweifelsfrei belegt. Sicherlich verbrachte er lange Zeit in Verona bei Can Grande della Scala und später, vielleicht ab 1318, in Ravenna als Gast des Guido Novello da Polenta. Es waren dies seine besten Jahre nach dem Weggang aus Florenz: Seine Werke, vor allem die ersten beiden Teile der *Divina Commedia*, hatten ihm bereits öffentliche Bekanntheit, Ansehen und Achtung eingetragen. Von Giovanni del Virgilio, einem Bologneser Grammatiker, erhielt er eine Einladung nach Bologna, um dort zum Dichter gekrönt zu werden; doch Dante lehnte ab. 1320 muß er wohl einige Zeit in Verona verbracht haben, wo er zur Entscheidung einer naturwissenschaftlichen Streitfrage eine Abhandlung unter dem Titel *Questio de aqua et terra* vorlegte. 1321 wurde er als Mitglied einer Gesandtschaft von Guido Novello nach Venedig geschickt; dort erkrankte er an einem Fieber, dem er nach seiner Rückkehr, in der Nacht vom 14. auf den 15. September, erlag. Er wurde mit großen Ehren in der Kirche San Pier Maggiore zu Ravenna bestattet.

## 2. »Vita nuova«

Im Zentrum von Dantes Leben und dichterischem Schaffen steht die *Divina Commedia.* Vor und während der Entstehung seines Meisterwerks schrieb er jedoch eine Reihe von Werken, die man, im Vergleich, als ›zweitrangig‹ zu bezeichnen pflegt, die aber nicht nur im Hinblick auf erstere untersucht werden sollen, sondern in Ansehung der besonderen Stellung, die jedem von ihnen innerhalb der literarischen Kultur des 13. und beginnenden 14. Jahrhunderts zukommt.

Das erste von ihnen ist die *Vita nuova*, eine aus zweiundvierzig kurzen Prosakapiteln und einunddreißig Gedichten bestehende Erzählung, die Dante nach 1291 und vor 1296, aller Wahrscheinlichkeit nach zwischen 1292 und 1293, zusammenstellte. Das Muster lieferten ihm vielgelesene lateinische Werke seiner Zeit, wie vor allem Boethius' *De consolatione philosophiae*. Die Sonette und Kanzonen, die er, jeweils gefolgt von einer wiederum in Prosa gehaltenen Erklärung, in die Prosa-Erzählung einschob, wählte er unter jenen aus, die er ab 1283 zunächst für verschiedene Frauen, später dann für Beatrice geschrieben hatte.

Das Buch erzählt die Geschichte von Dantes Liebe zu Beatrice. Im Alter von neun Jahren begegnet er Beatrice, mit achtzehn, im Jahre 1283, sieht er sie wieder und verfaßt ein erstes Gedicht auf sie, das er an verschiedene zeitgenössische Dichter sendet. Aus Sorge, die geliebte Frau könnte erkannt werden, gibt er eine Zeitlang vor, einer anderen, dann einer weiteren Dame, die er »Schirm der Wahrheit« (schermo della veritade) nennt, den Hof zu machen. Als Beatrice, durch sein Verhalten verletzt, ihm den Gruß verweigert, beschließt er, sein Werk allein ihrer Verherrlichung zu widmen. Nach Beatrices Tod (1290) und einer Zeit der Klage bewegen ihn Gefühle der Zuneigung und Dankbarkeit für eine »donna pietosa«, bei der er Mitleid gegenüber seinem Schmerz zu erkennen glaubt. Dieser Abschweifung folgt aber rasch die Rückwendung zum Kult Beatrices, vor allem nach einer Traumvision, in der sie ihm frohlockend in der himmlischen Herrlichkeit erschienen ist. Er nimmt sich vor, sie erst dann wieder zu besingen, wenn er zu ihrer Verherrlichung sagen könne, »was von keiner je zuvor gesagt worden«.

Die *Vita nuova* ist die Geschichte der fortschreitenden Verinnerlichung von Dantes Liebe zu einer Frau, die er Beatrice nennt (der Name hat, so sagt er selbst, sowohl reale als auch symbolische Bedeutung: sie heißt tatsächlich so und ist zugleich im übertragenen Sinne ›die Seligkeit Bringende‹) und die die frühen Kommentatoren mit einer gewissen Bice, Tochter des Folco Portinari und Frau des Simone dei Bardi, identifiziert haben. Gleichzeitig zeichnet die *Vita nuova* die allmähliche Herausbildung der Danteschen Dichtkunst nach, von einer toskanischen Phase, die vor allem in den ersten Gedichten zum Ausdruck kommt, bis zur Übernahme des *dolce stil nuovo*, den sich Dante allerdings in ganz besonderer Art aneignete: Er hob nachdrücklicher die Motive Guinizellis als die Cavalcantis hervor, erweiterte das Frauenlob, unterstrich den ›Seelenadel‹ (gentilezza) Beatrices, umgab sie mit einer Atmosphäre vollkommenster Reinheit und Losgelöstheit von jeder Realität, legte den Schwerpunkt auf die Darstellung seiner inneren Läuterung und schuf so einige der bedeutendsten Beispiele stilnovistischen Dichtens.

## 3. Die Lyrik

Von der *Vita nuova* ausgeschlossen blieben einige Jugendgedichte, die in dem ganz auf Beatrice ausgerichteten Werk keinen Platz gefunden hatten. An den zahlreichen anderen Gedichten, die Dante im Verlauf seines späteren Lebens verfaßte und die von seinem Experimentieren in ganz unterschiedlichen Stilrichtungen Zeugnis ablegen, läßt sich die Entwicklung seiner Dichtkunst ablesen.

Die erste Gruppe bilden seine Jugendgedichte, die teils im toskanischen Stil, teils im *dolce stil nuovo* verfaßt sind; eine zweite die Streitgedichte mit Forese Donati, dem Freund, dem er im Purgatorium wiederbegegnen wird (*Purg.*, XXIII, 37 ff.). Es handelt sich um sechs Sonette, drei von Dante und drei von Forese, in denen die beiden Dichter, vermutlich ohne jeden tatsächlichen Groll und rein zur literarischen Übung, Beleidigungen und Beschimpfungen austauschen. Ihre Technik ist die der *tenzone* (ein Sonett antwortet auf ein anderes, wobei die Reimstruktur beibehalten und die Schmähung durch eine Gegenschmähung abgewiesen wird), ihr Stil entspricht der ›komisch-realistischen‹ Dichtung, ihre Angriffslust, ihr Biß, ihre Darstellungskraft verleihen ihnen eine nicht unbedeutende Stellung im Rahmen der persönlichen Entwicklung Dantes wie auch der Dichtung seiner Zeit.

Eine dritte Gruppe bilden die um 1296 verfaßten »Steingedichte« (rime pietrose): zwei Kanzonen und zwei Sestinen auf eine Dame, die er aufgrund ihrer Unempfänglichkeit und Unnachgiebigkeit gegenüber seinem Liebeswerben mit einem »Stein« (pietra) vergleicht. Das Gefühlsregister ist hier ganz anders als im *dolce stil nuovo*. Die sinnliche, heftige Leidenschaft, die fast in Haß umschlägt, erfordert einen neuen sprachlich-stilistischen Ton: ein »rauhes« Vokabular, mit »struppigen« Wörtern (wie er in *De vulgari eloquentia* sagen wird), rührende Reime (rime ricche) – »rauh und hart« (*Inf.*, XXXII, 1) –, technisch schwierige und kompliziert gebaute Gedichte (Sestinen, ja sogar eine Doppelsestine), erstarrte Landschaften und eine unbewegte, feindliche Natur.

In einer weiteren Gruppe ›scharfsinnig‹ gereimter Lehrkanzonen philosophischen und ethischen Inhalts handelt Dante mit intellektuellem und moralischem Feuer, das dem Rhythmus seine besondere Kraft verleiht, von der Philosophie, vom Adel, von der Schönheit. Hierzu zählen auch die Gedichte, in denen sich der »unschuldig Verbannte«, wie er sich einmal nennt, im Bewußtsein seiner moralischen Integrität selbst aufrichtet und den siegreichen Gegnern im »schützenden Panzer eines reinen Gewissens« gegenübertritt. Das schönste Beispiel, eines der hervorragendsten von Dantes Dichtkunst überhaupt, ist die Kanzone »Tre donne intorno al cor mi son venute«: Im Gespräch mit drei Damen, die die göttliche Gerechtigkeit, die irdische Gerechtigkeit und das Gesetz repräsentieren und gleich ihm ihrer moralischen Integrität wegen verbannt sind, schwingt sich der Dichter, in Gleichsetzung seines persönlichen Schicksals mit dem der gesamten Menschheit, zu einem Ton der Großmut auf, der allein in einigen der besten Seiten der *Divina Commedia* wiederkehrt.

## 4. »Il Convivio«

Zwischen 1304 und 1307 schrieb Dante im Exil zwei unvollendet gebliebene Werke lehrhaften Charakters, das *Convivio* und *De vulgari eloquentia*. Das *Convivio* (Gastmahl), eine Schrift zur sittlichen Belehrung, sollte ursprünglich 15 Teile (oder ›Traktate‹) umfassen, vollendet wurden nur vier: das Einleitungskapitel und die drei ersten, der Erläuterung der Kanzonen »Voi che intendendo il terzo ciel movete«, »Amor che nella mente mi ragiona«, »Le dolci rime d'amor ch'i' solia« gewidmeten Traktate. Der Kommentar gab ihm die Möglichkeit zur Erörterung der verschiedensten Probleme: von besonderem Interesse ist die Abhandlung über den vierfachen Schriftsinn im zweiten Traktat, die Verherrlichung der Weisheit im dritten, die Widerlegung der Vorstellung, wahrer Adel sei notwendig mit edler Abkunft verbunden, im vierten.

Das *Convivio* entsprang verschiedenen Beweggründen: dem Anliegen des Exilierten, seine Gelehrsamkeit und innere Größe vorzuweisen, dem Bestreben, sein Denken im Sinne des mittelalterlichen Enzyklopädismus zu einem einheitlichen Ganzen zu fügen, der philosophischen Begeisterung, die, wie er im *Convivio* selbst erzählt, auf die nach dem Tod Beatrices aufgenommenen Studien zurückgeht, schließlich dem Wunsch, seine innere Entwicklung auf neue Weise zu ordnen und der in der *Vita nuova* dargestellten Liebe zur »donna pietosa« neue, veränderte Bedeutung zu verleihen, der nämlich einer leidenschaftlichen Hinwendung zur Philosophie. Damit verbunden war die Absicht, ein hochstehendes Werk in der Volkssprache zu verfassen, die in ihr liegenden Möglichkeiten aufzuzeigen und zur Belehrung eines neuen Publikums von adligen Damen und Herren beizutragen, denen durch ihre mangelnden Lateinkenntnisse der Zugang zu den bedeutendsten Quellen der Kultur verwehrt war.

Von diesen ganz unterschiedlichen Interessen und Absichten her spiegelt das *Convivio*, in den durch die Gattung und den streng scholastischen Argumentationsgang gesetzten Grenzen, Dantes gefühlsmäßige und moralische Antriebe in weit stärkerem Maße als zu erwarten wäre, und zwar nicht nur, was die Lösung der erörterten Probleme betrifft, sondern auch in Bezug auf die intellektuelle Spannung, die das ganze Buch durchzieht.

Größte Bedeutung kommt der Tatsache zu, daß das Werk in der Volkssprache verfaßt wurde. Zwar war es nicht die erste gelehrte Abhandlung in ›volgare‹ – schon um 1282 hatte ein Ristoro d'Arezzo ein umfangreiches Werk mit dem Titel *Della composizione del mondo* verfaßt –, zum ersten Male aber wurde die sprachliche Wahl mit einer solchen Fülle logischer, kultureller, soziologischer und emotionaler Gründe gerechtfertigt. Und zum ersten Mal wurde in der theoretischen Einleitung und in der schriftstellerischen Praxis die Behauptung aufgestellt, die Volkssprache sei geeignet, als neue Kultursprache, die zum Ausdruck aller nur denkbaren Themen und Stile tauge, das Lateinische voll und ganz zu ersetzen. Im übrigen weist Dante in einem Passus des Werkes (I, x, 12–13) gleichzeitig klar und deutlich darauf hin, daß das Fehlen des Schmuckes (Rhythmus und Reim), der der Verssprache eigen ist, die Schönheit dieser Prosa nicht schmälert, sondern noch verstärkt, wie auch die

Anmut einer Frau allein ihrer »natürlichen Schönheit, ohne nebensächlichen Schmuck« entspringen könne.

## 5. »De vulgari eloquentia«

Zur gleichen Zeit dürfte Dante an *De vulgari eloquentia* bzw. an dem Fragment, das uns davon erhalten ist, gearbeitet haben. Das Werk ist eng mit dem *Convivio* verknüpft, aus dessen erstem Traktat es die Thematik von Rang und Wesen der Volkssprache übernimmt. Der Standpunkt Dantes ist aber, wie schon der Gebrauch des Lateinischen anzeigt, ein anderer: Während das *Convivio* bei allem hohen Anspruch ein ›populärwissenschaftliches‹ Werk war, das sich, wie wir gesehen haben, an ein ausgewähltes, aber nicht gelehrtes Publikum richtete, so war *De vulgari eloquentia* eine scholastische oder akademische Schrift, die für ein Publikum von (wie wir heute sagen würden) italienischen und nicht-italienischen ›Spezialisten‹ bestimmt war und daher auf Latein, nach wie vor Sprache der offiziellen und übernationalen Kultur, und gemäß den damals üblichen Formen ›wissenschaftlicher‹ Beschreibung und Darstellung abgefaßt werden mußte.

Dante ging in deduktiver Weise vor: von allgemein anerkannten Prämissen kam er über Ketten von Syllogismen zu möglichen Schlüssen und Implikationen, wobei er aus sämtlichen Quellen der Kultur seiner Zeit schöpfte. Er begann seine Abhandlung in scholastischer Manier mit dem Verlust der ursprünglichen Einheit der menschlichen Sprache infolge des Hochmuts derer, die durch den Turmbau zu Babel den Zorn Gottes herausgefordert hatten. Von da aus langte er Schritt für Schritt bei den romanischen Sprachen an – er unterscheidet die Sprache des *oïl (Französisch), die des oc* (Provenzalisch) und die des *sì* (Italienisch), alle drei veränderlich in Zeit und Raum, und stellt ihnen die ›grammatica‹, das in einem strengen grammatikalischen System kodifizierte Latein gegenüber – und ging dann zur Untersuchung der italienischen Volkssprache (lingua del sì) über, von der er vierzehn verschiedene Varietäten oder Dialekte nördlich und südlich des Apennin aufzählte. Sein eigentliches Anliegen war es, eine Literatursprache ausfindig zu machen, die geeignet wäre, das Ideal hoher Dichtung zum Ausdruck zu bringen, das allen Dichtern des 13. Jahrhunderts vorschwebte.

Dieser Aufgabe konnte seiner Meinung nach keiner der vierzehn italienischen Dialekte gerecht werden. Andererseits ließen es die politische Zersplitterung Italiens und das Fehlen eines nationalen Hofes (aula) nicht zu, daß die hervorragendsten Gelehrten des ganzen Landes an einem Ort hätten zusammenkommen und eine Sprache erarbeiten können, die nicht nur regional begrenzt und auf den alltäglichen Gebrauch beschränkt, sondern auf dem allen italienischen Volkssprachen gemeinsamen lateinischen Grundstock aufgebaut und in Wortwahl und Wortbildung geadelt wäre. Diese Sprache, die Sprache der hohen Literatur, konnte nur das Ergebnis einer Umgestaltung der Volkssprache durch Schriftsteller aus allen Teilen Italiens sein, die ihr, als ob sie an einem idealen Hof versammelt wären, in gemeinsamer Anstrengung jene grammatikalische Regelhaftigkeit und künstlerische Ausarbeitung verleihen würden, die bisher allein dem Lateinischen zu eigen gewesen waren.

Im zweiten Buch, das aber Fragment blieb, ging Dante zur genaueren Untersuchung dieser idealen Volkssprache (volgare illustre) über. Er kam aber nur bis zur Charakterisierung der Sprache der Tragödie (tragedía), der höchsten Dichtung also, die die »salus«, den Heldenmut, die »venus«, die Liebesleidenschaft, und die »virtus«, die Rechtschaffenheit, zum Thema hat. Der Höhe dieser Themen mußten eine ausgesuchte und ausgearbeitete dichterische Sprache und bestimmte Gedichtformen, vor allem die der Kanzone (und an dieser Stelle bricht das Werk ab), entsprechen.

Auch aus diesem summarischen Überblick geht die Bedeutung des Werkes nicht nur für Dantes Poetik, sondern auch im Hinblick auf die ästhetischen und poetologischen Tendenzen und Vorlieben des ganzen Jahrhunderts klar hervor. Hinzu kommt, daß die eingestreuten Äußerungen zu Dichterschulen und Reimkünstlern Aufschluß über Dantes Haltung zur zeitgenössischen und zur vorangegangenen Dichtung sowie über seine eigenen Bemühungen um die Ausarbeitung einer neuen Kunstdichtung geben.

In Dantes Traktat spiegeln sich die eigene Erfahrung und die eigene Ästhetik. Die Behauptung, daß das *volgare illustre* auch der Prosa angemessen sei, ist sicher Widerhall der Bemühungen im *Convivio* um eine gehobene Kunstprosa; die Vielfalt der dichterischen Thematik – Waffentaten, Liebe, Edelmut – setzt die Kenntnis der okzitanischen Lyrik wie auch die mit seiner philosophischen Dichtung gesammelte Erfahrung voraus. In der Tat sind unter den angeführten Vorbildern nicht nur Italiener zu finden (Cino für die

Liebe; Dante selbst für die Rechtschaffenheit), sondern auch Provenzalen (Bertran de Born für die Waffentaten; Arnaut Daniel für die Liebe; Giraut de Bornelh für die Rechtschaffenheit). Im übrigen zeugen einige Invektiven gegen Guittone und seine Anhänger, die wie die Enten dicht am Boden flögen und außerstande seien, sich von ihrem dialektalen Sprachgebrauch zu lösen, vom kämpferischen Charakter eines Traktats, der sich voll und ganz in den Dienst eines klaren Dichtungsideals stellt.

Von zentraler Bedeutung ist Dantes Traktat schließlich durch die Jahrhunderte hindurch für die lange Diskussion um die Nationalsprache, die *questione della lingua*, gewesen. Nachdem ihn Gian Giorgio Trissino im 16. Jahrhundert übersetzt und kommentiert hatte (1529), konnte er all jenen als Stütze dienen, die Bembos Parteinahme für das Florentinische im Namen einer aus allen Dialekten gebildeten ›italienischen‹ Sprache bekämpften. Von da an bezogen sich alle, die in der einen oder anderen Form an der Debatte teilhatten, auf *De vulgari eloquentia*, ob sie nun Dantes Thesen annahmen oder zurückwiesen.

## 6. »De monarchia«

Ein weiteres von Dantes Werken, bekannt unter dem Titel *Monarchia*, ist in seiner Datierung umstritten. Es gibt bislang drei Vorschläge: die ersten Jahre des Exils, als der juristische Streit zwischen Bonifaz VIII. und König Philipp dem Schönen von Frankreich tobte, die Zeit der Italienfahrt Heinrichs VII., die Jahre nach dem Tod des Kaisers, als Dante die Hoffnung auf die baldige Wiederherstellung von Frieden und Gerechtigkeit verloren hatte.

Die Tatsache, daß das in drei Bücher klar gegliederte Werk in lateinischer Sprache verfaßt wurde, läßt sich mit seiner Thematik erklären: Es handelt von einem universellen Problem und will ein nicht nur italienisches Publikum ansprechen. Aus demselben Grund ist die Vorgehensweise erneut scholastisch; wie im *Convivio* werden auch hier die Strenge der Argumentation und die Wissenschaftlichkeit der Analyse durch die Leidenschaft Dantes lebendig, der sein Anliegen moralisch und emotional zu engagiert vertritt, als daß er es bei einer wissenschaftlich-objektiven Darlegung belassen könnte.

In den drei Büchern untersucht er, was die Monarchie ihrem Wesen nach sei, ob sie für den Weltfrieden notwendig sei, ob das römische Volk sie rechtmäßig ausgeübt habe, ob die Autorität des Monarchen oder Kaisers unmittelbar von Gott oder von seinem Stellvertreter auf Erden, dem Papst, komme. Er gelangt zu folgenden Schlüssen: Das Kaisertum bzw. die Monarchie ist zur Herstellung von Frieden, Gerechtigkeit und Freiheit in der Welt notwendig; die Ausübung der Universalmonarchie durch das römische Imperium war das Ergebnis nicht so sehr von Waffengewalt als vielmehr von Gottes Wille; der Kaiser untersteht nicht dem Papst, sondern hängt unmittelbar von Gott ab, auch wenn die beiden Führer der Menschheit Seite an Seite einträchtig vorgehen sollen, um den Menschen auf Erden Frieden und im Himmel Seligkeit zu verschaffen, und auch wenn der Kaiser dem Papst »die Ehrfurcht erweisen (soll), die der erstgeborene Sohn dem Vater schuldet« (*Mon.*, III, xv, 18).

Diese Thesen, die dem Werk den Vorwurf der Häresie eintrugen (1329 wurde es auf Befehl des Kardinals Bertrando del Poggetto öffentlich verbrannt), gehen von einigen Grundannahmen aus. Dante legt allen Nachdruck auf die Feststellung, daß Gott dem Menschen zwei Ziele zugewiesen habe, »nämlich die Glückseligkeit dieses Lebens, die in der Verwirklichung der eigenen Fähigkeit besteht und durch das irdische Paradies versinnbildlicht wird; und die Glückseligkeit des ewigen Lebens, die im Genuß des göttlichen Anblickes besteht und zu der die eigene Fähigkeit nicht aufzusteigen vermag, wenn sie nicht vom göttlichen Licht unterstützt wird, und sie wird durch das himmlische Paradies versinnbildlicht« (*Mon.*, III, xv, 7). Indem Dante aber die beiden Aufgaben trennt, kommt er fast soweit, die Autonomie irdischen Tuns und irdischen Glückes zu postulieren. Von dieser ersten These leitet sich die der völligen Autonomie des Kaisertums ab, dem Gott eine besondere Aufgabe zugewiesen habe, die von der der Kirche anvertrauten unabhängig, wenn auch mit ihr verbunden sei. Dante übernahm weder die gegen den Kaiser gerichtete ›regalistische‹ Argumentation des Königs von Frankreich, Philipps des Schönen, noch den theokratischen Kurialismus Bonifaz' VIII., der die absolute Vorherrschaft der Kirche über die Staaten und über das Reich verkündete. Auf der einen Seite konnte er die faktische Zersplitterung der Einheit des Reiches durch die mächtige Entwicklung der Stadtrepubliken nicht gutheißen, auf der anderen lehnte er die Eingriffe des Papstes in das städtische Leben entschieden ab. So konnte er nur träumen von einer Zeit, die es in Wirklichkeit niemals gegeben hatte, in der die einzelnen Staaten, in voller Autonomie, die Oberherrschaft des Kaisertums anerkennen würden, in der die Kirche nur für den Geist Sorge trage und der Kaiser die Welt regiere, Frieden und Gerechtigkeit erhalte und so einem jeden Menschen ermögliche, seine Fähigkeiten frei zu entfalten. Eine utopische und irreale Vision, die in die Vergangenheit oder in die Zukunft projiziert wird, eine Vision aber, in der die typisch mittelalterliche Vorstellung der ›reductio ad unum‹, der Unterwerfung der ganzen Welt unter eine Macht – in einer pyramidenartigen Gesellschaftsordnung – nur ein abstraktes Schema ist, das eine geistige Unruhe umschließt, wie sie sich in der ersten Hälfte des 14. Jahrhunderts aus den gesellschaftlichen Bedingungen in Italien und im Abendland überhaupt ergab.

## 7. Briefe, Eklogen und »Questio«

Im übrigen hinterließ Dante dreizehn Briefe und zwei Eklogen in lateinischer Sprache. Die zu verschiedenen Zeiten verfaßten Briefe sind an hochstehende Persönlichkeiten gerichtet, gleichzeitig aber zur weiteren Verbreitung bestimmt. Aus ihrem Charakter als Sendschreiben erklären sich die Verwendung der lateinischen Sprache, die zahlreichen Zitate aus der Heiligen Schrift und den Klassikern, der elegante und erhabene Stil, der häufige Einsatz aller rhetorischen Mittel und der Klausel (cursus).

Bemerkenswert sind vor allem die Briefe, die Dante aus Anlaß der Italienfahrt Heinrichs VII. zur Unterstützung der kaiserlichen Unternehmung schrieb. Von besonderer Bedeutung ist auch der an Can Grande gerichtete Brief, über dessen Authentizität viel diskutiert wurde, in dem Dante dem Fürsten sein *Paradiso* zueignet und zugleich Sinn und Zweck seines Werkes erklärt, den Titel rechtfertigt und mit aller Klarheit, wenn auch etwas anders als im *Convivio*, das Wesen der Allegorie bestimmt. Nicht ganz so rhetorisch sind die beiden Briefe an einen Freund in Florenz und an die italienischen Kardinäle. Der erste wurde im Jahr 1316 geschrieben, als die Stadt Florenz die Rückkehr der Exilierten unter der Bedingung zuließ, daß sie ein Bußgeld bezahlen, eine Nacht im Gefängnis verbringen und feierlich dem Schutzpatron der Stadt, dem

Hl. Johannes, anempfohlen würden. Dante antwortet einem Freund, zweifellos einem Mönch, der ihm die öffentliche Bekanntmachung mitgeteilt hatte, und weist die Rückkehr unter den genannten Bedingungen voller Entrüstung in einer Ausdrucksweise zurück, die von seinem tiefempfundenen Stolz Zeugnis ablegt und in seinem Werk ihresgleichen sucht. Der zweite Brief wurde im Jahr 1314 aus Anlaß des Todes von Papst Clemens V. geschrieben und fordert die im Konklave versammelten Kardinäle auf, eine verantwortungsvolle Wahl zu treffen. Hier scheinen einige der großen Themen der *Divina Commedia* durch: das Bewußtsein, der einzige Sehende in einer Welt von Blinden zu sein, die schmerzvolle Verachtung der innerkirchlichen Korruption, das Gefühl für die im Zusammengehen von Kurie und französischem Herrscherhaus beschlossenen Gefahren, die Aufforderung, mannhaft für die Kirche, für Italien, für die Gemeinschaft aller Menschen zu kämpfen.

Im Jahr 1319, als Dante in Ravenna weilte, erhielt er von Giovanni Del Virgilio, einem in Bologna lehrenden Grammatiker, eine lateinische Epistel, die ihn aufforderte, das Dichten in der Volkssprache zu lassen und ein zeitgenössisches Ereignis in lateinischer Sprache als Epos zu gestalten. Dante antwortet mit einer allegorischen Ekloge nach dem Vorbild Vergils, in der er die Hoffnung äußert, den Dichterlorbeer für seine volkssprachliche Dichtung zu erlangen. Del Virgilio wiederholte seine Aufforderung, und Dante lehnte in einer zweiten Ekloge erneut ab. Dieser Austausch von Versepisteln ist kulturgeschichtlich nicht uninteressant. Zum einen bezeugt er den Ruhm, den Dante schon zu Lebzeiten genoß, zum anderen die Vorbehalte, die in gewissen Kreisen gegen sein Werk bestanden. »Clerus vulgaria temnit«, schreibt Del Virgilio, die Gebildeten, die ›Kleriker‹, verachten den Pöbel, und daher habe keiner der großen lateinischen Dichter für das gemeine Volk geschrieben. Zum anderen bestätigen die beiden Eklogen im nachhinein, mit welch großer Bewußtheit Dante im *Convivio* und in *De vulgari eloquentia* die Volkssprache verteidigt und zur Sprache seiner Dichtung erwählt hat.

Schließlich verfaßte Dante noch ein weiteres lateinisches Werk wissenschaftlichen Charakters, die *Questio de aqua et terra*, sein Beitrag zu einem in Mantua geführten wissenschaftlichen Disput über die Frage, ob das Wasser an irgendeiner Stelle höher liege als das Festland. Dante, der dem Disput beigewohnt hatte, ›definierte‹, wie er mit dem ›terminus tecnicus‹ sagt, d.h. löste das Problem im Januar 1320 in der Sankt Helena-Kirche zu Verona, in dem er die gegnerischen Argumente widerlegte und nachwies, daß das Wasser immer niedriger liegt als das Festland. Der kleine Traktat, an dessen Zuschreibung gezweifelt wurde, hat natürlich keinen ernsthaft wissenschaftlichen Wert, ist aber ein Beweis für Dantes breite und vielfältige Bildung und seine Begabung zu energischer Argumentation im Rahmen der scholastischen Methode.

## 8. »La Divina Commedia«: Struktur und Handlung

### *a) Entstehung*

Den Höhepunkt eines vielgestaltigen denkerischen und dichterischen Schaffens stellt die *Divina Commedia* (Göttliche Komödie) dar oder, besser, die *Comedía*, wie Dante selbst sie nannte: Das Adjektiv ›divina‹ wurde von späteren Generationen hinzugefügt, um die überirdische Thematik und die künstlerische Vollkommenheit zu bezeichnen, und erst in einem Druck aus dem Jahr 1555 mit dem Substantiv im Titel zusammengebracht.

Ungewiß ist sowohl der Zeitpunkt der Beginns als auch der des Abschlusses des Werks. Boccaccio erzählt, daß der Dichter die Arbeit vor seinem Exil begonnen und erst Jahre später wieder aufgenommen habe, als die in Florenz zurückgebliebenen Familienangehörigen unter seinen Papieren die ersten sieben Gesänge des *Inferno* gefunden, Dino Frescobaldi zur Durchsicht übergeben und ihm dann zugesandt hätten. Diese Behauptung ist nicht ohne Befürworter geblieben, üblicherweise wird der Beginn der Arbeit aber auf die Jahre um 1307 datiert, als Dante die Abfassung des *Convivio* und des *De vulgari eloquentia*-Traktats unterbrach. Ebenfalls Boccaccio berichtet, daß nach dem Tod des Dichters das Werk einige Zeit als unvollendet gegolten habe, so daß einer der Söhne, Iacopo, schon daran dachte, es selbst um die fehlenden dreizehn Gesänge des *Paradiso* zu ergänzen; zum Glück sei ihm der Vater im Traum erschienen und habe ihm gezeigt, wo sich die Gesänge verbargen; sie seien dann, wie es Dante zu halten pflegte, an Can Grande della Scala gesandt worden. Sieht man von der frühen Legendenbildung, die hier zum Ausdruck kommt, ab, so darf man festhalten, daß das Werk Dante von spätestens 1307 bis an sein Lebensende beschäftigte.

*b) Struktur*

Die Handlung ist, bei aller Komplexität im Detail, höchst einfach und atmet den Geist enzyklopädischer Ordnung, der der mittelalterlichen Kultur eigen ist und im 13. Jahrhundert in den großen theologischen ›Summen‹ ihren Ausdruck fand.

Dante übernahm aus der Kultur seiner Zeit das geozentrische Weltbild, das das Universum aus zehn konzentrischen Himmeln aufgebaut sah, wobei der äußerste, das Empyreum, das alles umschließt, unbewegt ist und die übrigen neun, die Himmel der Planeten Mond, Merkur, Venus, Sonne, Mars, Jupiter, Saturn, der Fixsternhimmel und das ›primum mobile‹, das den anderen die Bewegung mitteilt, mit verschiedener Geschwindigkeit ineinander kreisen. Die Sphären werden von neun hierarchisch angeordneten Scharen von Engeln bewegt, die den Impuls von Gott empfangen und an die Sphären weitergeben. Im Mittelpunkt dieses Systems befindet sich, unbeweglich, der Sitz des Menschen, die Erde, auf die von oben die himmlischen Einflüsse wirken, während von unten, vom Erdmittelpunkt her, der Einfluß Satans aufsteigt. Dieser, vormals Luzifer, ein Engel, ist wegen seines Hochmuts aus den Himmeln vertrieben und so heftig gegen die Erde geschleudert worden, daß eine Art Trichter entstand und er, als Sinnbild des Bösen und Gegenspieler Gottes, im Mittelpunkt der Erde und folglich des Universums steckenblieb, während das Erdreich, das vor ihm geflohen war, auf dem Jerusalem entgegengesetzten Punkt der südlichen Halbkugel den Läuterungsberg bildete.

Man sieht auf den ersten Blick, wie Dante alle Elemente der biblischen Sicht auf die Menschheitsgeschichte in eine einheitliche Struktur einbindet: Gott, das höchste Gut, und Satan, das größte Übel, sind antithetisch aufeinander bezogen; der Fall Luzifers reißt den Höllentrichter auf, in dem bestraft wird, wer die Verführung durch das Böse nicht abzuwehren vermag, doch zugleich läßt er den Läuterungsberg gen Himmel wachsen, der zum Mittel der Reinigung und Erlösung wird. So werden die Jenseitsreiche eng mit der Geschichte des Menschen und der Geschichte der Schöpfung wie des späteren Aufstands der Engel verbunden.

Bemerkenswert ist im übrigen der entschiedene Anthropozentrismus in Einklang mit der dem Mittelalter eigenen Lebensanschauung: Der Mensch steht im Mittelpunkt der Schöpfung und der Geschichte; Gott hat ihn zusammen mit der Welt geschaffen und zur ewigen Glückseligkeit bestimmt; durch Adams Fall auf die Erde verbannt, ist er der Austragungsort des unablässigen Kampfes zwischen Gut und Böse; um ihn und die Erde, die er bewohnt, kreisen die himmlischen Sphären; seinetwegen ist Gott Mensch geworden und hat das Kreuz auf sich genommen. Dieser Anthropozentrismus hebt die Würde des Menschen hervor, der für seine in Freiheit getroffene Wahl zwischen Gut und Böse selbst verantwortlich ist, bevor er in die drei Jenseitsreiche unter und über ihm eintritt, in denen er seiner Strafe, seiner Läuterung, seiner Seligkeit zugeführt wird.

### c) *Handlung*

Dante durchläuft diese drei Jenseitsreiche auf einer siebentägigen Wanderung im Frühjahr des Jubiläumsjahres 1300. Er verirrt sich in einem dunklen Wald und begegnet Vergil, den ihm Beatrice zu Hilfe gesandt hat. Dieser macht ihn darauf aufmerksam, daß er die Untiere, die sich ihm entgegenstellen, Panther, Löwe und Wölfin, nicht überwinden könne, vielmehr die Reise durch die drei Jenseitsreiche antreten müsse. Unter der Führung Vergils steigt Dante in die Hölle hinab, einen Trichter, der bis zum Erdmittelpunkt, dem Aufenthaltsort Luzifers, reicht. Der Höllentrichter nimmt in zehn konzentrischen Kreisen oder Stufen die Verdammten auf, wobei zwei Kriterien von Bedeutung sind: zum einen sitzen die Sünder desto tiefer, je größer ihre Schuld gewesen ist, zum anderen stehen Strafe und Schuld in einem symbolischen Verhältnis des Gegensatzes oder der Ähnlichkeit (*contrappasso*).

Auf der südlichen Halbkugel, antipodisch zu Jerusalem, dort, wo Dante und Vergil hinaustreten, »a riveder le stelle« (die Sterne wiederzusehn), befindet sich eine Insel, auf der sich kegelförmig ein Berg erhebt. Hier kommen auf einem Nachen mit einem Engel als Fährmann die Seelen an, die für würdig befunden wurden, nach einer gewissen Zeit der Buße im Purgatorium zum Himmel aufzusteigen. Zusammen mit Vergil erklimmt Dante den Läuterungsberg. Auf den Hängen, in einem Vorpurgatorium, halten sich die Seelen der Säumigen auf, die erst kurz vor dem Tode ihre Sünden bereuten und dafür im Jenseits um so länger auf den Beginn ihrer Läuterung warten müssen. Über einem steilen Bergsturz, den Dante im Schlaf mit göttlicher Hilfe überwindet, beginnt dann das eigentliche Purgatorium mit seinen terrassenartigen Simsen. Diese entsprechen den sieben Todsünden, wobei die in der Hölle befolgte Ordnung umgekehrt wird: tiefer, d.h. der Erde näher und Gott ferner, befinden sich die Sünder mit schwererer Schuld, so daß man von Sims zu Sims zu immer leichteren Sünden gelangt. Auf jedem Sims wird den Sündern in verschiedener Weise ihre Schuld in Erinnerung gerufen und zugleich das Beispiel berühmter Männer und Frauen vor Augen gehalten, die sich durch die der jeweiligen Sünde entgegengesetzte Tugend ausgezeichnet haben. Im Unterschied zur Hölle, wo der Sünder für alle Ewigkeit einem bestimmten Kreis zugeordnet ist, muß er hier den ganzen Läuterungsberg erklimmen und auf allen Stufen, auf denen eine von ihm begangene Hauptsünde abgebüßt wird, verweilen. Erst wenn er für all seine Schuld Buße geleistet hat, gelangt er auf den Gipfel, ins Irdische Paradies, das Gott dem Menschen zugewiesen und dieser durch Adams Schuld verloren hat.

Mit dem Erreichen des Gipfels verabschiedet sich Vergil von Dante. Dieser hat nämlich im Verlauf der Besteigung des Läuterungsberges die Willensfreiheit wiedererlangt, die dem durch die Sünde versklavten Mensch verloren ging, und jener, ›weise‹, aber nicht rechtgläubig und daher in die Vorhölle, den Limbo, verbannt, muß vor dem Paradies umkehren. Vergil verschwindet in dem Augenblick, als dem Dichter Beatrice als überirdische Erscheinung vor Augen tritt; allegorisch gesprochen wird Vergil, Sinnbild irdischen Wissens, durch Beatrice, Sinnbild des göttlichen Wissens, der Theologie oder der Offenbarung, aufgehoben, ja aufgesogen.

An der Seite Beatrices wird Dante im Irdischen Paradies eine symbolische Vision zuteil, die die Schlüsselmomente der Menschheitsgeschichte zu inhaltsschweren Bildern verdichtet. Danach wird er zuerst in das Wasser des Lethe getaucht, des Flusses, der die begangene Schuld vergessen läßt, dann in das des Eunoe, des Flusses, der die Erinnerung an die guten Taten auffrischt. Schließlich ist er, im Vollbesitz seiner Willensfreiheit, »puro e disposto a salire a le stelle« (rein und bereit zum Aufstieg zu den Sternen) und steigt mit Beatrice ins Paradies auf.

Das Paradies, das Dante besucht, ohne selbst zu wissen, ob er seinen Körper behalten oder durch Gottes Eingriff abgelegt hat, ist, wie es die ptolemäische Kosmologie lehrte, ein Ineinander konzentrischer Himmel. Die Seelen sind hier nicht auf verschiedene Stufen verteilt, weil der Begriff der Abstufung, d.h. der Beschränkung, dem der grenzenlosen Glückseligkeit widerspricht, vielmehr befinden sie sich alle im zehnten Himmel, dem Empyreum, wo sie um die Jungfrau Maria in Form einer »weißen Rose« (candida rosa) angeordnet sind. Damit der Gleichklang mit den anderen beiden Jenseitsreichen gewahrt bleibt und damit Dante sie besser sehen kann, treten sie ihm in den einzelnen Himmeln entgegen. Von den Seelen des ersten Himmels, die, wie alle übrigen, glückselig, also vollkommen und unbefleckt, sind, aber zu Lebzeiten, durch die Schuld anderer, ein Gelübde nicht erfüllen konnten, geht er zu den ehrgeizigen, den liebenden, den weisen, den kriegerischen, den beschaulichen Seelen über, wobei sich deren wachsende Vollkommenheit in der Vollkommenheit, Glückseligkeit in der Glückseligkeit, in immer größerer Leuchtkraft ausdrückt.

Im achten Himmel, dem der Fixsterne, wird Dante von Petrus, Jakob und Johannes über die drei Kardinaltugenden geprüft. Nachdem er gezeigt hat, daß er in vollem Umfang über Glauben, Hoffnung und Barmherzigkeit verfügt, darf er über den Kristallhimmel, das ›primum mobile‹, ins Empyreum aufsteigen und mit dem Beistand nicht mehr Beatrices sondern des Hl. Bernhard die mystische Rose der Seligen schauen. Der Hl. Bernhard betet zur Jungfrau Maria, damit sie durch ihre Fürbitte Dante von jedweder Spur seiner Sterblichkeit befreie, und so kann der Dichter allmählich in den göttlichen »Wunderstrudel« (nel miro gurge) eintauchen, die höchsten Geheimnisse des Glaubens erahnen, bis er in einem Augenblick plötzlicher Ekstase, völliger Verzückung in Gott aufgeht, in der Harmonie des Weltalls mitklingt, eins wird mit der »Liebe, die beweget Sonn' und Sterne« (l'amor che move il sole e l'altre stelle).

### *d) Vielschichtigkeit und Geschlossenheit*

Die kurze Zusammenfassung läßt erkennen, wie vielschichtig und zugleich wie einfach Dante seine Dichtung angelegt und ausgeführt hat. Schon in der *Vita nuova* hatte er die Begebenheiten zu Lebzeiten Beatrices und nach ihrem Tod durch ständigen Rückgriff auf die Zahl neun, Symbol der Vollkommenheit, periodisiert und geordnet. Nun legt er der Struktur seines Werks eine komplexere Zahlensymbolik zugrunde: drei in Terzinen, d.h. Strophen zu drei Versen, verfaßte Hauptteile (cantiche), von denen jeder dreiunddreißig Gesänge (canti) zählt (das *Inferno* vierunddreißig, so daß die *Divina Commedia* aus insgesamt hundert Gesängen besteht, wenn man den ersten als Prolog auffaßt); drei Jenseitsreiche, von denen jedes in zehn Teile gegliedert ist (das *Inferno* in neun Kreise und eine Vorhölle, das *Purgatorio* in sieben Stufen, den Strand, das Vorpurgatorium und das Irdische Paradies, das *Paradiso* in neun Himmelssphären und das Empyreum). Die einheitsstiftende Symbolik bleibt der Dichtung aber nicht äußerlich, – vielmehr geht die Strukturauffassung in Dantes Weltanschauung oder, besser, Weltgefühl auf. Die vielschichtige und geschlossene Architektur ist nur Mittel zur literarischen Darstellung der faszinierenden Vision eines gänzlich von Gott geschaffenen, geordneten und bewegten Kosmos.

So entsteht eine machtvolle Geschlossenheit, wie sie kein späteres Werk mehr aufweist, weil kein Schriftsteller mehr in einer so ausgeprägt einheitlichen Kultur leben sollte. Die Geschlossenheit, die die Dantesche Dichtung auszeichnet, erlaubt dem Autor, die vielen Episoden, die er erzählt, eng miteinander zu verknüpfen und mit gleicher Anteilnahme die höchsten wie die niedrigsten Dinge, die edelsten wie die gemeinsten Momente in den Blick zu nehmen. Dabei handelt es sich aber nicht um ›Realismus‹ im modernen Sinne des Wortes, sondern um einen Modus, Gott in all seinen Geschöpfen, ein jedes an seinem Platz, zu erkennen und in der Mannigfaltigkeit der Schöpfung die Macht und Gerechtigkeit des Schöpfers zu preisen.

## 9. Lehrdichtung, Vision, Prophetie

### *a) Gattung*

Die literarische Form für seine Weltanschauung fand Dante in der lehrhaft-allegorischen Dichtung, die von seinem ›maestro‹ Brunetto Latini in die Toskana eingeführt worden war und in den folgenden Jahrzehnten verschiedene metrische und formale Ausprägungen erfahren hatte. Zugleich bediente er sich einer anderen Gattung, der der *Vision*, d.h. der literarischen Fiktion einer Jenseitsreise und eines Berichts über die dort geschauten Dinge und die dort angetroffenen Personen. Diese Gattung, die auf klassische Beispiele, insbesondere das sechste Buch der *Aeneis* und, zuvor, das elfte der *Odyssee*, zurückging, hatte sich im Mittelalter vor allem in der volkssprachlichen Literatur Italiens kräftig entwickelt. Schließlich bot die Überlieferung noch ein weiteres literarisches Muster an, das der *Prophetie*, deren hervorragendstes Beispiel, die *Apokalypse*, in der Kultur und im Bewußtsein der Zeitgenossen Dantes natürlich allgegenwärtig war. Man könnte daher sagen, daß die *Divina Commedia*, was ihre Gattungszugehörigkeit betrifft, eine ›lehrhaft-allegorische Dichtung in Form einer Vision und mit prophetischer Zielsetzung‹ ist. Im übrigen sind die konkreten Verweise auf die Vorgänger mühelos und zahlreich nachweisbar: Der Einfall, mit dem die Dichtung beginnt, Dantes Verirrung im Wald, nimmt die im *Tesoretto* geschilderte Verirrung Brunetto Latinis wieder auf, und schon Brunetto Latini und der unbekannte Autor der *Intelligenza* ließen sich auf ihrer Reise von einem menschlichen oder allegorischen Wesen, das sie führte und alles erklärte, von Ptolemäus bzw. der ›Erkenntnis‹ begleiten.

### *b) Didaktik*

Dante bediente sich der vorgegebenen Muster mit einer Freiheit und zugleich einem kulturellen Wissen, die Zeichen seiner genialen Überlegenheit über alle seine Vorgänger sind. Belehrung ist bei ihm nicht auf die bloße Wissensanhäufung, sondern auf das Wesen der Dinge gerichtet. Es geht ihm nicht darum, eine bestimmte Anzahl von Sachen oder Begriffen zu lehren, wie es noch Brunetto und der Autor der *Intelligenza* getan hatten, sondern darum, in seiner Dichtung philosophisches, theologisches und poetisches Wissen zu vereinen, und so ist sein Werk, vor allem im *Paradiso*, durchzogen von theoretischen Erörterungen, von Diskussionen über philosophische, theologische, moralische, dichterische, ja physikalische Probleme. Das Augenmerk gilt aber nicht einzelnen Begriffen, – was Dante lehren will, ist weit vielschichtiger und zugleich einfacher: »Removere viventes in hac vita de statu miserie et perducere ad statum felicitatis« (die Lebenden im diesseitigen Leben aus ihrem elenden Zustand heraus- und auf einen glücklichen Zustand hinführen), so umreißt er, im Brief an Can Grande, seine Zielsetzung. Die Einsicht in das Wesen des menschlichen Lebens und des Universums (die Welt als Kosmos), in die ursprüngliche Bestimmung des Menschen zum ewigen Glück, von dem er sich durch

Adams Schuld selbst ausgeschlossen hat, die Erlösungstat Christi, den providentiellen Lauf der Menschheitsgeschichte, die Wahlfreiheit zwischen gut und böse, die uns auch im Zustand der Erbsünde geblieben ist, die Allgegenwart himmlischer Mächte, die uns in unserer Schwäche stützen und zum Guten führen sollen, die Usurpation kaiserlicher Befugnisse und Aufgaben durch die Kirche, das Chaos, das dadurch in die Welt gekommen ist, die Notwendigkeit, das Kaisertum in seine angestammten Rechte wiedereinzusetzen, das Elend, das für alle Ewigkeit den erwartet, der den Verlockungen des Bösen nicht widersteht, die ewige Seligkeit, die den erwartet, der die himmlische Botschaft in sich aufnimmt, – dies sind die Lehren, die der Leser, über alles begriffliche Wissen hinaus, einer Dichtung entnehmen soll, die nicht irgendein Buch ist, das theoretische Begriffe in schöne Bilder kleidet, sondern *das* große Buch, aus dem die im Bösen verirrte Menschheit die Umkehr zum Guten, zur Gnade lernen kann.

### *c) Allegorik*

Mit der gleichen genialen Freiheit bediente sich Dante der Möglichkeiten, die ihm die Allegorie bot. Schon im *Convivio* hatte er darauf hingewiesen, daß es nicht immer und überall erlaubt sei, den wörtlichen Text nach dem mehrfachen Schriftsinn zu interpretieren, womit nichts anderes gesagt ist, als daß die allegorische Dichtung keine kontinuierliche Entsprechung übergeordneter allegorischer Sinnebenen erfordert. Die Allegorie ist, mit anderen Worten, nicht aus den Einzelheiten, sondern aus dem Ganzen des Werkes, aus seiner globalen Bedeutung zu erschließen, wodurch der Dichter die Freiheit erhält, Ereignisse, Personen, Episoden, die allein den Gesetzen seiner Einbildungskraft und den Notwendigkeiten seiner künstlerischen Idee gehorchen, zu erfinden, ohne sie in das Nessusgewand einer allegorischen, lehrhaften oder moralischen Bedeutung stecken zu müssen. Wie schon die Didaktik, so hat auch die Allegorie bei Dante einen universelleren Atem und stellt dem Dichter frei, ungeachtet der Zwänge einer kleinlichen und aufdringlichen Allegorik, allein den Erfordernissen seiner Phantasie und seines Wunsches, den Zustand der Seelen nach dem Tod zu schildern, nachzugeben. Im übrigen scheint er im Brief an Can Grande die Allegorie in einem noch weiteren Sinn zu verstehen, insofern als er darlegt, daß die ›wörtliche‹ Bedeutung der Dichtung schon in der Beschreibung des Zustands der Seelen nach dem Tod liege, die ›allegorische‹ aber in der Erörterung des Weges, auf dem der Mensch durch sein Verdienst oder Vergehen der Belohnung oder der Strafe entgegengeht (*Epist.*, XIII, 8).

Hieraus ergibt sich als Konsequenz, daß auch die allegorischen Personen, eben weil sie in der Entsprechung zwischen ihrem konkreten Handeln und einer abstrakten allegorischen Bedeutung nicht erstarren, sich mit der Ungezwungenheit und Selbstbestimmtheit wirklicher, lebendiger Personen bewegen. Daneben gibt es freilich auch Überbleibsel punktueller Allegorik, wenn Sinnbild und Versinnbildlichtes nicht völlig zur Deckung kommen oder wenn die Suche nach der genauen Entsprechung zwischen der wörtlichen und der übertragenen Bedeutung den Leser daran hindert, sich der Lektüre frei hinzugeben, und ihm weder den vollen Genuß des Wortlautes läßt, noch die intellektuelle Befriedigung, den Hintersinn ganz verstanden zu haben.

### *d) Symbolik*

Der symbolische Hauch, der das ganze Werk durchzieht, bewirkt einen ständigen Wechsel zwischen dem Vergänglichen und dem Ewigen, zwischen dem Irdischen und dem Himmlischen, dem Menschlichen und dem Göttlichen, dem Physischen und dem Metaphysischen. Was irdisch ist, erscheint als Sinnbild von etwas, das seinen wahren Sinn und seine eigentliche Bestimmung außerhalb dieser Welt hat. Dante ist sich dieser wechselseitigen Durchdringung von Realität und Idealität voll bewußt: »Es stehen allesamt die Dinge in einer Ordnung unter sich« (le cose tutte quante hanno ordine tra loro), und so gehorchen das Aufsteigen des Feuers gen Himmel und das Fallen des Steins gen Erde dem gleichen Gesetz, demzufolge der Mensch, mit Sünde beladen, zur Hölle fährt und, von ihr befreit, zum Himmel emporschwebt. Die Schöpfung verwandelt sich in den Augen des Gläubigen in einen geordneten Kosmos bedeutungsvoller Erscheinungen, in denen die »Spur der ewigen Kraft« (l'orma dell'eterno valore) gelesen werden kann (*Par.*, I, 103 ff.).

Wie Irdisches und Himmlisches, Physisches und Metaphysisches eine Einheit bilden, so fallen auch Politik und Religion zusammen. Dem irdischen Wirken des Menschen kommt nur in dem Maße Bedeutung zu, in dem es sich auf die Gesetze, die das Universum regieren, gründet. Und so sind es immer ewige Werte und Interessen, auf die sich Dante beruft, wenn er die Notwendigkeit des Kaisertums erklärt, die Übergriffe der Kirche verurteilt, die pflichtvergessenen Päpste und Kaiser brandmarkt, die opportunistische Politik der Stadt Florenz anklagt und sein eigenes Wirken rechtfertigt. Von daher rührt seine Gewißheit, daß das, was sein muß, auch sein wird, daß keine menschliche Macht die ›Rache Gottes‹ aufhalten kann und daß die zerstörte Ordnung wiederhergestellt wird, wenn nicht heute, dann später. Vor diesem Hintergrund erklärt sich die prophetische Einfärbung der didaktisch-allegorischen Dichtung: Dante macht sich zum Verkünder der göttlichen Gesetze, die die Welt vergessen hat, die aber ihm im Himmel mit der ausdrücklichen Auflage offenbart worden sind, sie auf Erden zu wiederholen. Nicht zuletzt durch den prophetischen Ton, der sie trägt, erlangt Dantes ›heilige Dichtung‹, sein ›poema sacro‹, den weiten Atem und die hieratische Feierlichkeit, die sie so hoch über die vorangegangenen Kompilationen hinaushebt.

## 10. Die ›Dantiade‹

### *a) Dante als Erzählfigur*

Im Mittelpunkt dieses komplexen Systems steht Dante, – ein Dante, der sich von Fall zu Fall auf verschiedenen Ebenen bewegt, aber doch die Dichtung so ausfüllt, daß es gerechtfertigt scheint, ihre Einheit in der Person des Autors zu sehen und mit Salvatore Gozzi von einer ›Dantiade‹ zu sprechen. Seine Pilgerfahrt stellt den roten Faden dar, der die verschiedenen Episoden, Menschen und Welten untereinander verbindet. Das Paradies, die Verdammten und die Seligen, die ganze Welt vom »tiefsten Schlund« (infima lacuna), dem Aufenthaltsort Luzifers, zum äußersten Kreis, dem Sitz Gottes, können nur deshalb in ein und demselben Werk zur Einheit finden, weil Dante auf seiner Wanderung ein Reich nach dem anderen durchläuft und dabei einen Geist nach dem anderen trifft. Zugleich ist Dante aber eine ›Erzählfigur‹, die der ›Autor‹ Dante schafft, wie er unzählige andere ›Figuren‹ geschaffen hat, und der er durch seine Einbildungskraft Reaktionen, Emotionen und Reflexe zuschreibt, die sie, von Fall zu Fall, in Begegnungen, die von den irdischen so verschieden sind, in Welten, die von Ungeheuern und von Seligen bevölkert sind, in Situationen, in denen sich kein anderer Mensch je befunden hat, aufweisen soll. Dante, der die lauen Seelen so schroff verachtet, der vor Paolo und Francesca in Tränen ausbricht, der vor Furcht bebt, der sich beim Anblick der ›Weisen‹ des Limbo begeistert, der bei der Begegnung mit Beatrice voll jugendlicher Erregung ist und sich im Verlauf der Handlung vielfältig wandelt, ist sicherlich der ›Mensch‹ Dante als historische und konkrete Person, – als solcher wird er aber in einen phantasievollen ›Roman‹ projiziert, mit tausend Begebenheiten und Geschöpfen konfrontiert, zu einer ›Erzählfigur‹ gemacht, und diese ›Figur‹ Dante fällt nicht immer und völlig mit dem ›Autor‹ Dante zusammen, wenn sie auch niemals in offenem Gegensatz zu ihm steht.

### *b) Dante und die Gesellschaft seiner Zeit*

Eine ›Dantiade‹ ist die *Divina Commedia* auch insofern, als sie der vollständige Ausdruck der Persönlichkeit des Autors, mit all seinen Lebens- und Bildungserfahrungen, seiner Ideologie, seinen auf die nahe oder fernere Zukunft gerichteten Hoffnungen ist. Diese seine ganz persönliche Weltsicht ist freilich fest verwurzelt in einem präzisen historischen und sozialen Umfeld. Der Übergang von der Feudal- zur Stadtgesellschaft und die Entwicklung der Stadtrepubliken waren, wie weiter oben dargelegt, weder leicht noch schmerzlos vonstatten gegangen. Einzelne Menschen und ganze soziale Schichten waren an den Rand gedrängt, ein komplettes Wertesystem war auf den Kopf gestellt worden. Daher kann es nicht wunder nehmen, daß zahlreiche Intellektuelle, vor allem dann, wenn sie auf seiten der gesellschaftlichen Verlierer standen, die guten alten Zeiten priesen und mythisierten. Auch Dante lehnte, aus eigener leidvoller Erfahrung, die neue städtische Gesellschaft, ihre wirtschaftlichen Strukturen und die sie tragenden Werte ab und schwärmte von dem Florenz, wie es vor hundert Jahren war, bevor die Stadtrepubliken gegen den Kaiser aufbegehrten. Er verurteilte die »neuen Leute und das schnell verdiente Geld« (*Inf.*, XVI, 73), d.h. die Kaufmannschaft, pries die feudalen Tugenden »der Börse und des Schwertes« (*Purg.*, VIII, 129), der ›Freigebigkeit‹ und der ›Tapferkeit‹ und weinte einer Zeit nach, die es in Wirklichkeit niemals gab, wo Kaisertum und Kirche, wenn auch unter der geistigen Führung des Papstes, einträchtig bemüht waren, den göttlichen Gesetzen auf Erden Geltung zu verschaffen.

Eine utopische Vision! Wenn aber die *Divina Commedia* eine in der Vergangenheit verortete und auf die Zukunft vorausgeworfene Utopie ist, dann freilich eine solche, die aus der Beobachtung und Ablehnung der Gegenwart hervorgegangen ist und die intensive Analyse der Welt, in der der Dichter lebt, voraussetzt. Insofern ist das Werk, das auch als ›Schwanengesang‹ der Feudalgesellschaft bezeichnet wurde, zugleich die umfassendste und geschlossenste Darstellung der neuen städtischen Gesellschaft in einem besonderen Moment ihrer historischen Entwicklung.

## 11. Sprache und Stil

### *a) ›Comedía‹*

Der Titel *Comedía* legt dar, daß das Werk, insofern es von einem traurigen Beginn zu einem glücklichen Ende strebt, zur ›komischen‹ Stilart (genus) gehört und folglich ihren Gesetzen gehorchen mußte.

Die ›komische‹ Stilart eröffnete dem Dichter eine außerordentlich breite Ausdrucksfreiheit, da sie ihn von den strengen Regeln des ›tragischen‹ Genus entband, ohne aber die Rhetorik selbst zu negieren, – wurde doch auch der ›komischen‹ als einer der drei kanonischen Stilarten zugestanden, die Sprache mitunter bis hin zur *tragedía* erhöhen zu können (*Epist.*, XIII, 30).

Es ist daher nicht ohne tiefere Bedeutung, daß Dante, als er Vergil zum erstenmal begegnet, diesem feierlich erklärt, ihm verdanke er »den schönen Stil«, der ihm viel Ehre eingebracht habe, und daß er später, im Limbo, schildert, wie er mit Vergil in die Schar der großen Dichter des Altertums aufgenommen wird, »als Sechster unter soviel Geist«, – ein Hinweis darauf, daß die neue Dichtung in der Volkssprache und er als ihr Vertreter, ohne den Vergleich scheuen zu müssen, auf einer Stufe mit der klassischen Dichtung stehen.

### *b) Klassische und mittellateinische Rhetorik*

Dante knüpfte also bewußt an die antike Dichtung an, und dies findet seinen Ausdruck vor allem im Bild Vergils, der die Vernunft und die Bildung allegorisch verkörpern soll und zugleich mit liebevoller Zuneigung als »edler Weiser«, als melancholisch-überlegener

Geist dargestellt wird. Dante berief sich aber auf die Klassiker, ohne die mittellateinische Bildung zu verachten, die die Grundlage für die neue literarische Kultur im italienischen Duecento abgegeben hatte. Wenn er erklärte, von Vergil den »bello stile« erlernt zu haben, so stellte er diesem doch Lucanus und Statius zur Seite und setzte auf diese Weise die silberne der klassischen Latinität gleich. Und wenn er die Unterscheidung der drei Stilarten und des Schmuckes (ornatus) beachtete, die auf Cicero und die klassische *Rhetorica ad Herennium* zurückging, so waren ihm die Auslegungen dieser Theorien durch die mittellateinischen Rhetoren doch ständig gegenwärtig. So hat es den Anschein, als ob die Impulse, die er von Vergil und Cicero empfing, durch diejenigen aus der nachklassischen und mittelalterlichen Latinität immer ausgeglichen würden, ja als ob er noch zum ›barbarischen‹ oder ›gotischen‹ Geschmack der unmittelbar vorangegangenen Jahrhunderte neigen würde, obwohl die Klassiker ihn vieles gelehrt hatten, insbesondere das, was er selbst »den Zaum der Kunst« (lo fren dell'arte) nannte: das Gefühl für das Gleichgewicht, für das rechte Maß, für eine in ihrer ›barbarischen‹ Komplexität wohlproportionierte Architektur. Und so greift er, wie er sich auch der typisch mittelalterlichen Allegorie bedient, immer dann, wenn er seinen Stil erhöhen will, auf die übertriebene Rhetorik zurück, die der ›barbarischen‹ Kunst zu eigen gewesen war und in seinen toskanischen Vorläufern ihre Fortsetzung gefunden hatte. In Dantes literarischem Geschmack spiegeln sich die Widersprüche einer Zeit, in der Guittone gerade zu schreiben aufgehört hatte, in der in Padua aber bereits die ersten vorhumanistischen Zirkel entstanden (siehe Teil I, Kap. IX) und die kulturellen und ästhetischen Vorstellungen aufkamen, an denen sich Petrarca ausrichten sollte.

### *c) Die Sprache der ›Comedia‹*

Die Wahl der ›komischen‹ Stilart erlaubte es Dante, anders als im tragischen Genus, den ganzen Reichtum der sprachlichen Register auszunutzen. Er konnte, wie es die Vielschichtigkeit seiner Dichtung erforderte, von Fall zu Fall alle erdenklichen lexikalischen Abtönungen einsetzen, das ›süße‹ Lexikon der *Vita nuova* mit dem ›scharfsinnigen‹ der philosophischen und ethischen Lehrkanzonen oder dem ›rauhen und kräftigen‹ der Steingedichte und der Tenzone mit Donati verschmelzen.

Der lexikalische Grundbestand ist florentinisch: So verwendet Dante beispielsweise in einem Gesang der Hölle (XX, 130) das Wort »introcque« (indessen), das er in *De vulgari eloquentia* (I, viii, 2) als Merkmal der in Florenz gesprochenen Volkssprache ausdrücklich abgelehnt hatte. In seiner ›komischen‹ Dichtung behält er sich also das Recht vor, aus jeder Sprache und aus jedem Dialekt zu schöpfen und jener zeittypischen Tendenz zur Sprachmischung zu folgen, von der schon Francesco da Barberino im *Reggimento* geschrieben hatte: »Du wirst nur Toskanisch sprechen / Und aus den Gegenden, die du am besten kennst, / Kannst du alle Volkssprachen hineinmischen, / Die mit ihm zusammenklingen, / Und die schönsten aufgreifen, die weniger schönen vernachlässigen«.

Der Wortschatz Dantes hat keine anderen als die von Fall zu Fall durch das Gesetz der Entsprechung von Thema und sprachlichem Ausdruck gesetzten Grenzen. Für den Begriff ›alt‹ verwendet er in den drei ›cantiche‹ drei verschiedene Wörter, das Wort ›vecchio‹, das er für den Höllenfährmann Charon einsetzt (*Inf.*, III, 83), das Wort ›veglio‹, das er für den »Greis auf Kreta« oder für Cato, also für Personen verwendet, deren monumentale Größe oder deren Strenge verdeutlicht werden soll, und das Wort ›sene‹, einen rohen und sonst nicht nachgewiesenen Latinismus, den er für den Hl. Bernhard erfindet. In gleicher Weise bedient er sich zahlreicher Französismen und Provenzalismen, neuester Latinismen und gewagter Neuprägungen, und mischt die Fachausdrücke der Philosophie mit den Wörtern der gesprochenen Sprache, wobei er auch vor ›komisch-realistischen‹ Wirkungen nicht zurückschreckt, wie etwa »e lascia pur grattar dov' è la rogna« (und laß nur, wo die Räude beißt, sie kratzen, *Par.*, XVII, 129) und unzählige andere, nicht weniger grobe Ausdrücke zeigen, die selbst im Paradies im Mund der Heiligen und Seligen ertönen.

### *d) Dantes Kunst*

Die Breite der Ausdrucksmittel, die ihm der ›komische‹ Stil zubilligt, ist für Dante kein totes rhetorisches Material, vielmehr ist die lexikalische und stilistische Vielfalt notwendiger Bestandteil eines künstlerischen Schaffens, das in einer Dichtung, an die »Himmel und Erde« Hand angelegt hatten (*Par.* XXV, 2), die Lehren aus allen vorangegangenen Erfahrungen ziehen und ausnahmslos alle Elemente seiner Bildung und seiner Persönlichkeit zur Einheit bringen will. Die Technik ist in der *Divina Commedia* eins mit den inneren Anlagen Dantes, und diese Übereinstimmung läßt ihn zu seinen überragenden künstlerischen Ergebnissen kommen.

Dantes Phantasie ist beweglich und zugleich plastisch, sie neigt dazu, Sachverhalte zu verdichten und zusammenzufassen und Personen weniger zu zeichnen, als mit entschlossenen Hieben herauszumeißeln. Der erzählerische Fluß, die Ausarbeitung eines Menschen oder einer Landschaft sind seinem energischen, unruhigen, ungeduldigen, immer leidenschaftlich aufgewühlten Temperament nicht kongenial. Und eben daher muß er den ganzen Wortschatz ausschöpfen und alle möglichen Stile mischen, um die Fülle der Reaktionen wiedergeben zu können, die er seiner ›Figur‹ in der beständigen Abfolge unterschiedlichster Gefühle, Eindrücke, Emotionen, seelischer Regungen zuschreibt.

Das einzige Gesetz, dem die Vielfalt der Einstellungen gehorcht, ist das der völligen Übereinstimmung mit dem göttlichen Willen, durch den alle Dinge und Seelen in Bewegung gesetzt werden und mit dem alles, was gerecht ist, zusammenklingt. Die Reaktionen Dantes während seiner Wanderung und der Begegnungen mit den Geistern sind daher immer die eines Menschen und eines Intellektuellen seiner Zeit, der von der unfehlbaren Gerechtigkeit Gottes überzeugt ist. Und dies ist möglicherweise die größte Schwierigkeit der Deutung der *Divina Commedia*, – fällt es dem heutigen Menschen doch schwer, die völlige Übereinstimmung von Vernunft- und von Glaubensgründen, von Regungen des Herzens und Erfordernissen der Gerechtigkeit, kurz: die gleichermaßen rationale wie emotionale Unterordnung unter den Willen Gottes nachzuvollziehen. Moderne Kritiker, die diese Einheit nicht verstanden, sahen einen Widerspruch zwischen dem gläubigen Dante, der sein Werk nach einem strengen begrifflichen Schema aufbaut, und dem fühlenden Menschen, der sich unbewußt diesem Schema widersetzt und dem lyrischen Erguß, der Poesie, öffnet. Wer Dante aber so liest, hat die höchsten Momente seiner Dichtung nicht verstanden, hat nicht verstanden, wie die Gefühle und Reaktionen, die der unbedingten, emotionalen und moralischen Unterwerfung unter die göttliche Gerechtigkeit entspringen, zutiefst menschlich sind und daher den höchsten Gesang auf die Tragödie des Menschen darstellen.

## 12. Ruhm und Nachruhm

Die herausragende Eigenschaft der *Divina Commedia* ist ihre Vielschichtigkeit, die die gesamte zeitgenössische Kultur zur Synthese bringt und zugleich in einem kollektiv ererbten Korpus von Sagen, Glaubensvorstellungen und geschichtlichen Tatsachen wurzelt. Der Intellektuelle des 14. Jahrhunderts bewunderte an Dante vor allem die Breite seines Wissens, das sichere Ausschreiten von der Physik zur Metaphysik, von der Wissenschaft zur Theologie; der Bürger aber, der Handwerker, der Mann aus dem Volk fand in dem Werk eine plastische, körperliche Schilderung jener Hölle und jenes Purgatoriums, an die sie fest glaubten, einen Widerhall der Sagen und Heiligenlegenden, die Teil ihrer Kultur waren, und lebendige Schilderungen von Menschen, die in ihrer Phantasie und mitunter in ihrem Leben einen festen Platz hatten.

Daher konnte die *Divina Commedia* schon bald zum meistgelesenen Buch in Italien werden, zum Gegenstand gelehrter Auslegung und volkstümlicher Aneignung. In der italienischen Literatur gibt es kein anderes Werk, das wie dieses sofort kommentiert, ja in Kirchen erklärt und zugleich von den Handwerkern bei der Arbeit vorgetragen wurde, das in einzelnen Teilen auswendig gelernt wurde und in einigen Episoden im Gedächtnis des Volkes lebendig blieb. Im 14. Jahrhundert ist Dante allgegenwärtig, in den Verurteilungen durch die Kurie, die bis zur öffentlichen Verbrennung der *Monarchia* gehen, in den Nachahmungen durch die Autoren lehrhafter Dichtungen, im Widerhall, den er im Werk zahlreicher Schriftsteller findet, in den Kommentaren, die die Söhne Pietro und Iacopo und dann Männer wie Boccaccio, Benvenuto da Imola und Francesco da Buti verfaßten, in den literarischen Polemiken, deren herausragendes Dokument ein Briefwechsel zwischen Boccaccio und Petrarca ist, in der Legende, die sich bald um ihn rankte und ihn im traditionellen Gewand des ›Weisen‹ voller Hochmut und Verachtung darstellte.

Diese Verbreitung fand aber ihre Grenze im Wandel des ästhetischen Geschmacks, der sich unmittelbar nach dem Tod Dantes vollzog. Wenn auch niemand aus der folgenden Generation den Mut hatte, die Größe Dantes anzuzweifeln, so war der Respekt, der ihm gezollt wurde, doch nicht ganz ungezwungen, sei es aus politischen Vorbehalten wie im Urteil Villanis, des schwarzen Guelfen gegenüber dem weißen, der mit solcher Heftigkeit gegen

Florenz gewettert hatte, sei es aus literarischen Vorbehalten wie im Falle von Petrarca, der zu Dantes Ästhetik eine weit größere Distanz hatte, als er offen zeigen wollte. In Italien vollzog sich freilich in jenen Jahren ein rascher Wechsel, die Generationen des 14. Jahrhunderts atmeten eine neue Luft, und dies bedingt und erklärt das ganz andersartige Werk Petrarcas.

Daher verstanden schon die Kommentatoren der zweiten Hälfte des 14. Jahrhunderts einige zentrale Aspekte der *Divina Commedia* nicht mehr in ihrer Gänze, und mit dem Beginn des Humanismus, der neuen klassizistischen, humanistischen, an die politische Erfahrung der Signorie gebundenen Kultur, muß ein klarer Bruch angesetzt werden. Von da an fällt die Geschichte der Wirkung Dantes mit der Geschichte der italienischen Literatur und Kultur zusammen, – seine Person und sein Werk haben, wie im folgenden gezeigt werden soll, von Epoche zu Epoche immer neue Bedeutungen angenommen und sind nicht selten zu emblematischen Bildern nationalen Stolzes oder nationalen Strebens geworden.

# Kapitel IX
# Francesco Petrarca

## 1. Historische Standortbestimmung

Francesco Petrarca wurde im Jahre 1304, nur zwei Generationen nach Dante, geboren, doch scheint ein viel größerer Zeitraum die beiden Männer zu trennen, nicht nur weil sie sich offenkundig in Temperament und Erziehung unterscheiden, sondern auch weil das Werk des einen durch ganz andere geschichtliche und kulturelle Fakten geprägt wurde als das des anderen.

Die materielle Grundlage von Dantes Werk ist voll und ganz dem 13. Jahrhundert bzw. dem Mittelalter zuzurechnen. Hinter Dante steht die Stadtrepublik, selbst wenn in vielen Gegenden Italiens »Tyrannei und Freiheit«, wie er sagte (*Inf.*, XXVII, 54), bereits miteinander im Kampf lagen. Hinter Petrarca aber steht ein Italien, in dem mittlerweile die Herrschaftsform der ›Signorie‹ dominierte, selbst wenn in vielen Städten die ›Kommune‹ noch fortbestand. Dante gießt seine Unzufriedenheit mit der zeitgenössischen Gegenwart in eine aus mittelalterlichen Elementen geschmiedeten Utopie; Petrarca zieht sich in sich selbst zurück oder träumt sich in die römische Antike zurück. Das Begriffsraster, das die *Divina Commedia* stützt, ist das der ›Scholastik‹, eine ›summa‹ untereinander verbundener und rational begründeter Vorstellungen; die Leitgedanken Petrarcas empfangen ihren Anstoß vom Überdruß an der Scholastik, von der Abneigung gegen die Wissenschaften, das Recht, die Dialektik, und vom Bemühen um eine neue, von Platon über Cicero zum Hl. Augustinus reichende Traditionslinie. Insofern gehört Petrarca in die letzte Schlußphase des ›kommunalen‹ Zeitalters, als politisch der Übergang zur Signorie und kulturell der Übergang zum Humanismus vollzogen wurde. Wer den historischen Standort der beiden Schriftsteller bildlich ausdrücken wollte, müßte Dante mit rückwärtsgewandtem Gesicht, mit Blick auf das untergehende Zeitalter, und Petrarca mit doppelgesichtiger Büste, den Blick zurück ins mittelalterliche 13. Jahrhundert und nach vorn ins humanistische 15. Jahrhundert gerichtet, darstellen.

Solch eine zwiespältige Haltung ist nicht nur für Petrarca charakteristisch, sondern auch für die Intellektuellen (Grammatiker, Historiker und, weniger häufig, Künstler) der, wie wir heute sagen, ›prähumanistischen‹ Zirkel in Padua, Vicenza und Verona, – den Richter Lovato Lovati (1241–1309), Giovanni Del Virgilio (gest. nach 1327), Guglielmo da Pastrengo, den Notar und Chronisten Ferreto dei Ferreti (gest. 1337) und nicht zuletzt Albertino Mussato (1261–1309), den Verfasser mehrerer Geschichtswerke (*Historia Augusta* und *De gestis Italorum post Henricum VII Caesarem*), der damals vor allem als Autor der lateinischen Tragödie *Ecerinis* über Ezzelino II. da Romano bekannt war. Das Aufkommen dieser Zirkel in Italien, auch wenn sie sich, mit Ausnahme Mussatos, aus eher unbedeutenden Persönlichkeiten zusammensetzten, ist doch ein Hinweis darauf, daß auch Petrarca in einer Kultur und einer Zeit verwurzelt ist, deren innerste Bedürfnisse gerade er, der weniger eine vergangene Epoche abschloß als eine neue einläutete, ans Licht holte.

## 2. Leben

Petrarcas Leben war von ständiger Unruhe gekennzeichnet, wenn es auch von einschneidenden Ereignissen, die plötzliche und tiefgreifende Veränderungen bewirkt hätten, verschont blieb.

Petrarca wurde 1304 in Arezzo als Sohn der Eletta Canigiani und des 1302 aus Florenz verbannten Notars Ser Petracco geboren. Nach einigen auf dem elterlichen Gut Incisa und in Pisa verbrachten Jahren ging er 1312 mit den Eltern nach Avignon, wo seit 1305 die Päpste residierten, welche die Stadt zu einem bedeutenden kosmopolitischen Zentrum gemacht hatten. Der Vater hatte eine Anstellung an der Kurie, der Sohn lebte mit der Mutter in Carpentras. Später studierte er in Montpellier die Rechte und ging 1320 mit seinem Bruder Gherardo nach Bologna, wo er sechs Jahre blieb, ehe er 1326, nach dem Tode des Vaters, nach Avignon zurückkehrte.

Während seiner Studienjahre führte er, wie er sich in einem Brief an den Bruder erinnert, in der Bologneser Gesellschaft ein durchaus mondänes und galantes Leben, das er später in Avignon fortsetzte, wo er sich die Freundschaft der mächtigen römischen Familie der Colonna erwarb. Er stand zunächst bei Bischof Giacomo, später bei seinem Bruder, Kardinal Giovanni Colonna, in Diensten; mittlerweile hatte er die niederen Weihen empfangen, die ihm den Zugang zu kirchlichen Ämtern und Pfründen öffneten. Bis 1343 kreiste sein Leben um Avignon und das nahegelegene Dorf Vaucluse, auch wenn der Aufenthalt dort von zahlreichen Reisen innerhalb Frankreichs, nach Deutschland und nach Rom unterbrochen wurde. Die Studien und das literarische Schaffen nahmen immer mehr Raum ein: Er fing zahlreiche lateinische Werke an, schrieb Gedichte in der Volkssprache und suchte erfolgreich nach Handschriften der antiken Klassiker. Die Jahre in Avignon und Vaucluse waren von drei einschneidenden Ereignissen geprägt: der Liebe zu Laura, der er 1327 zum ersten Mal in einer Kirche zu Avignon begegnete; dem Beginn einer inneren Krise, die er mit der Besteigung des Mont Ventoux, im Jahre 1336, zusammenfallen läßt; der Dichterkrönung, für die er gleichzeitig eine Einladung aus Paris und aus Rom erhalten hatte. Letztere wurde – er hatte sich für Rom entschieden – zu Ostern 1341 ebendort gefeiert, nachdem er sich zuvor in Neapel einer öffentlichen Prüfung unter Vorsitz von König Robert von Anjou unterzogen hatte.

In den zehn Jahren zwischen 1343 und 1353 schien er in seinem Haus in Parma bei seinem Freund Azzo da Correggio zur Ruhe zu kommen. Doch dann überraschte ihn der Eintritt seines Bruders Gherardo ins Kloster (1343) und verstärkte seine schon Jahre zuvor ausgebrochene religiöse Krise. Eine andere wichtige Entwicklung war seine Annäherung an Cola di Rienzo, dessen Ideal einer Wiederherstellung der römischen Republik er zu teilen schien, bevor er von den Umtrieben des Volkstribunen wieder abrückte. 1348 erreichte ihn in Parma die Nachricht vom Tod Lauras, die in Avignon der in ganz Europa grassierenden Pestepidemie zum Opfer gefallen war.

Im Jahre 1353 kam er endgültig nach Italien zurück. Er ließ sich in Mailand am Hofe des Kardinals Giovanni Visconti nieder, was bei seinen republikanischen Freunden in Florenz, darunter auch Boccaccio, den er 1351 kennengelernt hatte, entsetztes Erstaunen auslöste. Schon bald nahm er jedoch das unstete Wanderleben, das seinem Wesen am ehesten entsprach, wieder auf: Er ging nach Prag (1356), als Botschafter der Visconti bei Karl IV. von Böhmen, nach Padua zu Francesco da Carrara, nach Venedig (ab 1362), wo ihm der Senat unter der Bedingung, der Republik später seine Bibliothek zu hinterlassen, ein Haus zur Verfügung gestellt hatte. Im Jahre

1368 übersiedelte er wieder nach Padua, von wo er sich schließlich in die Euganeischen Hügel nach Arquà zurückzog. Dort starb er am 18. Juli 1374.

### 3. Arbeitsweise

Das auffälligste Merkmal von Petrarcas Leben ist, wie man sieht, seine ruhelose Unbeständigkeit, in der jedoch eigenartigerweise immer wieder dieselben Themen zum Vorschein kommen, als ob er seine inneren Krisen nie zu einer Lösung zu bringen vermöchte. Daher hat die Literaturkritik wiederholt von seinem Wankelmut, seiner Unschlüssigkeit und – so paradox es klingen mag – seiner wesenhaften Unbeweglichkeit gesprochen und ihn zu einem Dichter ohne persönliche Geschichte, ohne innere Entwicklung erklärt.

Dieser Eindruck ist bei einer näheren Untersuchung seiner Verhaltensweisen nur allzu verständlich. Aus dem Jahre 1336 datiert ein Brief, in dem er von einer Besteigung des Mont Ventoux als auslösendem Moment einer starken seelischen Erschütterung berichtet. Einige Jahre später, als diese Krise ihren Höhepunkt erreicht zu haben schien, verfaßte er 1342 und 1343, tief betroffen durch den Eintritt seines Bruders ins Klosterleben, das *Secretum*, in dem er in Form eines Zwiegesprächs mit dem Hl. Augustinus, der ihm seine Schwächen und Verfehlungen vorwirft, den Versuch einer strengen und unvoreingenommenen Gewissenserforschung unternimmt. Und dennoch ergab sich, wenigstens nach außen hin, keinerlei Veränderung, – noch im letzten Gedicht des *Canzoniere* bittet er die Jungfrau Maria mit der Eindringlichkeit eines Menschen, dessen Wünsche und Hoffnungen unerfüllt geblieben sind, um Erlösung von seinen Leidenschaften und von seinen Sünden.

Dieser Eindruck wird durch zwei weitere Beobachtungen an seinen Werken bestätigt. Zum ersten die Tatsache, daß viele seiner Texte unvollendet blieben, und zwar deshalb, weil er, von wenigen Ausnahmen abgesehen, sein ganzes Leben über denselben Texten verbrachte, große Pläne schmiedete, eine Weile an ihrer Ausführung saß, die Arbeit dann unterbrach und später wieder darauf zurückkam. Zum zweiten die Tatsache, daß auch die Werke, die er vollendete, zumindest die größten unter ihnen, das Ergebnis einer lebenslangen Überarbeitung sind. Die Sammlungen seiner Briefe, vor allem die *Familiares*, sind nicht zufällig, in der Reihenfolge, in der die Briefe geschrieben und verschickt wurden, sondern überlegt zusammengestellte Werke, in die er nach einem immer wieder veränderten und erweiterten Plan Briefe einfügte, die er zwar tatsächlich geschrieben und in Abschriften aufbewahrt, aber sowohl formal als auch inhaltlich im Hinblick auf die angestrebte Geschlossenheit der Werke überarbeitet hatte. So wurden mehrere Briefe zu einem einzigen verschmolzen, ein einziger in mehrere aufgeteilt, neue hinzuerfunden, um die idealisierte Darstellung seines äußeren und inneren Lebens zu vervollständigen.

Auf ähnliche Art arbeitete er am *Canzoniere*, dessen Entstehung wir im *Codex Vaticanus Latinus 3196* mitverfolgen können, einem Heft, in dem mehrere Blätter mit verschiedenen Fassungen von Gedichten Petrarcas, zuweilen mit lateinischen Anmerkungen versehen, zusammengebunden sind. Hier wird deutlich, wie er auch nach Jahren seine Gedichte wiederaufnahm, wie ihn manchmal seine Korrekturen unbefriedigt ließen, wie er von 1336 ab mehrmals immer umfangreichere Sammlungen zusammenstellte, wie er in diesem Prozeß der Erweiterung und Bereicherung des *Canzoniere* einzelne Gedichte nicht nur überarbeitete, sondern auch umstellte, ganze Strophen von einem auf ein anderes Gedicht übertrug und im Abstand von mehreren Jahren zu dem auslösenden Ereignis neue Gedichte verfaßte, sei es um einen noch unvollständigen Zyklus zu ergänzen, sei es um gewisse psychologische Übergänge zu erhellen.

## 4. Petrarcas psychologische und literarische Entwicklung

Aus dieser Arbeitsweise ergibt sich eine starke psychologische und stilistische Nivellierung, so daß der *Canzoniere* und die *Familiares* als einheitliche und geschlossene Werke erscheinen und den Eindruck einer immer gleichen psychologischen, kulturellen und dichterischen Grundhaltung vermitteln.

### *a) Die psychologische Entwicklung*

Dieser Eindruck täuscht jedoch insofern, als man die Geschichte von Petrarcas innerer Entwicklung nachvollziehen kann, ja muß.

Petrarca konnte sich zwar nie zu einem glatten Bruch mit der Welt entschließen, wie ihn sein Bruder Gherardo vollzog, aber er entfernte sich doch immer mehr von irdischen Gefühlen, vertiefte den Ausdruck seines inneren Zwiespalts und fand schließlich zu einer schwermütigen, abgehobenen Weisheit. Nach seinen mondänen Jungendjahren markierte schon der Aufstieg auf den Mont Ventoux den Beginn einer Krise, – auf dem Gipfel des Berges liest er bei Augustinus, daß man Gott in sich selbst, in der eigenen Seele suchen müsse, und diese Entdeckung der Innerlichkeit sollte für sein Leben und Werk entscheidend werden. Das später verfaßte *Secretum* bedeutet zwar nicht die totale Abkehr von irdischen Gefühlen, wohl aber eine strenge Gewissenserforschung, die ihre Spuren hinterlassen wird. Petrarca verschreibt sich der Keuschheit und beginnt (im engeren Sinne) religiöse Texte zu verfassen: *De vita solitaria* und *De ocio religiosorum*; er geht auf Distanz zur Kurie in Avignon und zieht sich immer stärker in sich selbst zurück.

### *b) Die kulturelle Entwicklung*

Eine ähnliche Entwicklung wird in seiner Einstellung zur klassischen Kultur sichtbar, die er zunächst rein ›rezeptiv‹ aufnahm, später aber, in nahezu völliger Umkehrung seiner Position, zwar vertiefter Studien und Forschungen für würdig erachtete, jedoch nur als nützliche Grundlage für ein im modernen Sinne christliches Leben. In ähnlicher Weise gewann er nach einer anfänglich bloß passiven Rezeption der lateinischen Literatur später größere Distanz und gelangte zu einer kritischen Aneignung, die zur Entstehung seiner These von der ›mutatio‹ führte, derzufolge alles, was wir den alten Texten entnehmen, in uns verändert und angepaßt wird, so wie die Biene den Blütenstaub der Blumen sammelt, um ihn in ihren eigenen Honig zu verwandeln.

### *c) Die politische Entwicklung*

Eine Entwicklung läßt sich schließlich auch an seiner Einstellung gegenüber politischen Ereignissen aufzeigen. In seiner Jugend war er in die Dienste der Colonna getreten und stand somit auch der Kurie nahe. Schon bald erarbeitete er sich aber eine eigenständige Position: Wie andere große Geister seiner Zeit – Caterina da Siena beispielsweise – forderte er die Rückkehr des Papstes nach Italien;

später stellte er sich auf die Seite Cola de Rienzos und brach in der darauffolgenden politischen Krise mit der Kurie und den Colonna; zwischenzeitlich war er Gast am Hofe des Guelfen Robert von Anjou, trat dann in den Dienst des Ghibellinen Visconti und stand einige Jahre in reger Korrespondenz mit Kaiser Karl IV. von Böhmen, den er zum Zug nach Italien aufforderte. Er scheint auch hier in seiner Einstellung ständig geschwankt zu haben, womit er sich die Vorwürfe Boccaccios und anderer Florentiner Freunde zuzog und nach seinem Tod den Ruf eines Mannes von geringem und überdies recht wankelmütigem politischem Gespür erlangte. Und doch war er in seinem Verhalten so konsequent, wie es eben im Italien dieser Zeit möglich war, er entfaltete politische Aktivitäten auf höchster Ebene und behielt eine klare Linie bei. Indessen war er nicht mehr von der Stadtrepublik geprägt, und das wichtigste Problem in Italien war auch nicht mehr der Kampf zwischen Kaiserreich und Kirche, sondern das Bemühen um einen Frieden, der allen ein ruhiges und geordnetes Leben ermöglichen sollte, jene ›gute Regierung‹, die Ambrogio Lorenzetti im großen Saal des Rathauses von Siena darstellte.

Diesem Frieden, den er in seiner großen Kanzone *Italia mia* so leidenschaftlich besang, suchte er sein ganzes Leben lang, unbelastet von den Problemen und Idealen der vorangegangenen Generation näherzukommen, bald mit dem Guelfen Robert von Anjou, bald mit dem Ghibellinen Visconti, bald mit der Kurie, bald mit dem Kaiser, ja mit Cola de Rienzo, den er begeistert unterstützte, solange seine Umtriebe Rom und Italien von Nutzen schienen. Mit den Jahren jedoch strebte er, jenseits aller politischen Wechselfälle, immer stärker nach innerem Frieden und innerer Unabhängigkeit, die ihm ermöglichen sollten, auf seine Weise zu denken, zu schreiben und zu fühlen, – eine Einstellung, die sich mit der Festigung seiner Religiosität verstärkte, so daß seine Entwicklung als Schriftsteller und als Mensch einen durchaus konsequenten Verlauf zu nehmen scheint.

### *d) Die literarische Entwicklung*

Dieser Eindruck bestätigt sich, wenn man sein Werk näher betrachtet. Die Distanz zur scholastisch-aristotelischen Kultur war schon in seinen Jugendschriften im Keim angelegt und wurde mit den Jahren immer deutlicher, trat aber erst in einigen seiner Altersschriften voll in Erscheinung, der *Invectivarum contra medicum quemdam libri IV* (1351–1355) und des *De sui ipsius et multorum ignorantia* (1367), die für das Verständnis einer letztlich nicht nur privaten, sondern allgemeinen, den Humanismus begründenden Krise von größter Bedeutung sind.

Eine kontinuierliche Entwicklung läßt sich auch an den Gedichten ablesen. Petrarca ging von einer stilnovistischen Kunstauffassung und Technik aus, durchlief dann, in den Jahren vor 1336, eine klassizistische Phase, die sich aus seiner intensiven Beschäftigung mit der Antike erklärt, und bewegte sich schließlich auf die völlig verinnerlichte Lyrik zu, die seinem Genius am meisten zu entsprechen scheint.

Die Untersuchung der vielfältigen Aspekte von Petrarcas Leben und Werk läßt also eine Entwicklung deutlich werden, in deren Verlauf er die ihm kongenialen Elemente aufnahm, die eigenen Themen vertiefte und auf einem mühevollen Weg von der mondänen Zerstreuung zur inneren Sammlung fand und seine verschiedenen Interessen auf einige wenige Kernbereiche ausrichtete. Dieser ganz persönliche Werdegang ist zugleich Ausdruck seiner Zeit, insofern er dem Geschichtsprozeß folgt, der im Italien des 14. Jahrhunderts von der Welt des Mittelalters und der Erfahrung der Stadtrepublik bis zum Triumph der Signorie, zur Herausbildung einer bürgerlichen Aristokratie und einer neuen Literatenschicht und zur Krise des scholastischen Denkens führt.

## 5. Der lateinische Petrarca

### *a) Latein und Volkssprache*

Ein weiteres Hindernis, das sich dem Verständnis Petrarcas entgegenstellt, ist die Kluft, die zwischen seinem lateinischen und seinem volkssprachlichen Werk zu bestehen scheint. Auch Dante schrieb ja, wie wir gesehen haben, je nach Thema und Publikum in der einen oder der anderen Sprache. Bei Petrarca liegen die Dinge aber anders, denn für ihn hatten die beiden Sprachen ein ganz unterschiedliches Gewicht, insofern sie sich nicht gegenseitig ergänzten, sondern geradezu antithetisch aufeinander bezogen. Gewöhnlich schrieb Petrarca sogar die Anmerkungen zu seinen Büchern auf

Latein, – das Lateinische war die Sprache der Werke, von denen er sich Ruhm und Ehre erhoffte, und, nicht zuletzt, die Sprache seiner Innerlichkeit und seiner Gewissenserforschung. Hingegen tat er seine volkssprachlichen Gedichte als »nugae« oder »nugellae« (Spielereien, Belanglosigkeiten) ab, als »rime sparse« (verstreute Verse) oder »rerum vulgarium fragmenta« (Bruchstücke in der Volkssprache).

Man könnte daher sagen – und dies ist eine Feststellung von großer Bedeutung für die italienische Kulturgeschichte –, daß das Lateinische, das im 13. Jahrhundert zur Kultursprache eines Kreises von Spezialisten geworden war und die Aufgabe, die eine Kultursprache innerhalb der städtischen Gesellschaft zu erfüllen hatte, der Volkssprache überlassen mußte, mit Petrarca von neuem zur Sprache der nicht-akademischen und nicht-spezialisierten Hochkultur zu werden begann. Das bedeutet auf der einen Seite, daß sich das lateinkundige Publikum ausgeweitet hatte, auf der anderen, daß sich eine neue Schicht von hochgebildeten Intellektuellen formierte, die sich auch durch das Instrument der Sprache vom Volk, dem die volkssprachliche Literatur zu genügen hatte, zu unterscheiden suchten.

Eine weitere Schwierigkeit erwächst aus der besonderen Beziehung zwischen Petrarcas lateinischem und seinem volkssprachlichen Werk. Lange Zeit wurde der lateinische Petrarca vernachlässigt und unterschätzt. Inzwischen hat man aber verstanden, daß die beiden Aspekte sich gegenseitig ergänzen: Petrarca ist nicht ganz und allein im *Canzoniere* enthalten, und wenn diesem eine herausragende geschichtliche Rolle zukommt, so haben die lateinischen Werke doch keine geringere Bedeutung für die europäische Kulturgeschichte, – im übrigen sind die psychologischen und künstlerischen Übereinstimmungen zwischen dem *Canzoniere* und den lateinischen Schriften nicht zu übersehen. Hieraus folgt, daß beide Aspekte des Werks sich von Mal zu Mal als die zwei Gesichter einer einzigen unteilbaren Künstlerpersönlichkeit zusammenfügen.

### *b) »Africa«*

Das bedeutendste unter den lateinischen Werken ist *Africa*, ein in Hexametern abgefaßtes, zwischen 1338 und 1340 in Vaucluse begonnenes Epos, mit dem Petrarca unter Rückgriff auf Livius' Schilderung des Zweiten Punischen Krieges die Nachfolge Vergils antreten wollte. Das Werk, das er mehrmals überarbeitete und schließlich im neunten Buch unvollendet ließ, ist eher ein Zeugnis für sein handwerkliches Geschick als für seine innere Anteilnahme am Thema. Petrarca fehlt es an epischem Gespür und erzählerischem Talent, so daß die Literaturkritik aus der Dichtung meist nur die Stellen herausgegriffen hat, die der Petrarca kongenialen lyrischen Thematik angenähert werden können. Etwas später, zwischen 1346 und 1348, entstanden das *Bucolicum carmen*, zwölf Eklogen nach Art der lateinischen Pastoraldichtung, und die *Epistolae metricae*, sechzig in Hexametern verfaßte Briefe mit lyrischen Stellen von großer Schönheit und Eleganz (der Gruß an Italien, die Liebe zur Einsamkeit, persönliche Bekenntnisse), die die Nähe zum *Canzoniere* bezeugen.

### *c) Die lateinischen Prosaschriften*

Größere Bedeutung kommt den lateinischen Prosawerken Petrarcas zu. An erster Stelle steht eine Gruppe von sieben asketischen Schriften, darunter vor allem das *Secretum*, ein zwischen 1342 und 1343 entstandener Dialog zwischen dem Dichter und Augustinus in (stummer) Gegenwart der ›Wahrheit‹. Der Heilige wirft Petrarca seine Verfehlungen vor, die dieser zunächst nicht als solche anerkennen will; doch nach und nach pflichtet er der Beweisführung seines Gesprächspartners bei, der ihm aufzeigt, wie viele faule Kompromisse sein bisheriges Leben bestimmt haben. Die Wahl des Augustinus läßt sich mit dem Hinweis auf die *Confessiones* und der Tatsache erklären, daß gerade er den Weg zu einer in Introspektion aufgehenden Kunst und Kultur gewiesen hat. Der Mut, mit dem Petrarca sein Innerstes erforscht und die Eindringlichkeit mancher Seiten machen den Dialog zu einem seiner bedeutendsten Werke, das wie kein anderes Aufschluß über sein komplexes, qual- und widerspruchsvolles Seelenleben gibt. Zu den asketischen Werken zählen auch zwei kürzere Abhandlungen – *De ocio religiosorum* (1347) und *De vita solitaria* (begonnen 1346) –, die uns eine Vorstellung von Petrarcas Askese, des Entwurfes und Genusses eines kontemplativen, im Verzicht auf irdische Güter und dem Streben nach innerer Vollendung aufgehenden Lebens, vermitteln.

Eine weitere zusammenhängende Gruppe bilden die polemischen Schriften der letzten Jahre, die *Invectivae contra medicum*, eine 1355 fertiggestellte Sammlung von Briefen und Invektiven, die er in den

Jahren 1352 und 1353 im Anschluß an die Polemik um einen Brief verfaßte, in welchem er Papst Clemens VI. geraten hatte, sich seiner zahlreichen Ärzte zu entledigen, und das *De sui ipsius et multorum ignorantia*, das er 1367 in Venedig gegen einige junge Averroisten schrieb, die ihm seine Geringschätzung des aristotelischen Denkens vorgeworfen hatten. Beide Schriften sind von grundsätzlicher Bedeutung für das Verständnis der kulturellen Haltung des Dichters und enthalten eine Reihe von rhetorisch gelungenen und bewegenden Seiten.

### *d) Die Briefsammlungen*

Unter den Briefsammlungen stehen an erster Stelle die *Familiares*, eine Sammlung in vierundzwanzig Büchern, die Petrarca wohl schon in den Jahren nach 1345 ins Auge gefaßt haben dürfte und bis 1366 immer neu anordnete und überarbeitete. Es folgen die *Seniles* in siebzehn Büchern, die den Zeitraum von 1361 bis 1374 abdecken, die *Variae*, etwa fünfzig Briefe, und die *Sine nomine*, neunzehn heftig gegen die römische Kurie polemisierende Briefe. Viele dieser Briefe – die *Familiares* allein umfassen dreihundertfünfzig – waren an einen tatsächlich existierenden Adressaten geschrieben, andere an große Männer der Antike (Cicero, Sokrates, Seneca, u.a.m.), alle aber, die erfundenen wie die wirklichen, wurden gründlich überarbeitet, zu kleinen ›Essays‹ ausgebaut und, entlang psychologischer und kultureller Entwicklungslinien, zu größeren Einheiten gruppiert. So sind sie auch als biographische Zeugnisse von höchstem Interesse, nicht nur, weil sie einen unverstellten Blick auf Petrarcas Lebensumstände freigeben, sondern auch, weil der Dichter hier sein Innerstes offenbart, seine Gefühle, Empfindungen, seine Geistesregungen preisgibt und ein ideales Bild seiner selbst zeichnet, das, wenn es nicht voll und ganz mit seiner wahren Persönlichkeit übereinstimmt, doch zum Ausdruck bringt, was er zu sein glaubte oder wünschte und was er in den Augen seiner Zeitgenossen zu sein schien.

Schließlich müssen noch seine gelehrten Schriften erwähnt werden: *De viris illustribus*, eine Sammlung von Biographien berühmter Männer, die er 1338/39 begonnen und von 1351 bis 1353 wiederaufgenommen und um Personen des Alten Testamentes erweitert hatte; *Rerum memorandarum libri*, eine Sammlung von Exempla, von der vier zwischen 1343 und 1345 entstandene Bücher erhalten sind; *De remediis utriusque fortunae*, ein zwischen 1354 und 1360 verfaßter Leitfaden für Trost und Hilfe in glücklichen wie in unglücklichen Lebenslagen.

## 6. Der humanistische Petrarca

Der bisher vorgestellte Werkkomplex wurde zur Grundlage einer kulturellen Bewegung von unüberschätzbarer Tragweite, des Humanismus. Die lateinischen Schriften Petrarcas setzten die zeitgenössische und die antike Welt neu ins Verhältnis, und zwar so, daß letztere weder als Widerspruch zur christlichen Botschaft gesehen noch als ihre Vorläuferin und Wegbereiterin von der christlichen Kultur einfach aufgesogen wurde. Für Petrarca ist die Antike eine von Kultur und Weisheit erfüllte Epoche, in die er mit einer in der Geschichte beispiellos gebliebenen inneren Zuneigung eintaucht. Man hat den Eindruck, daß er, wie energisch er auch seinen christlichen Glauben bekennt, bei den großen ›Heiden‹ eine menschliche Kraft spürt, die sie, käme der Glaube hinzu, zu Vorbildern einer vollkommenen Lebensführung machen würde. Petrarcas Idealvorstellung scheint eine Art ›weltlicher Heiliger‹ zu sein, dessen Vorbild er in der Antike findet. Daher empfindet er auch höchste Verachtung für die zeitgenössische, auf Dialektik und die Beobachtung der natürlichen Welt gegründete Kultur und bemüht sich um eine neue Kultur, die die von den Alten erlernte psychologische Durchdringung und rhetorische Fertigkeit in den Dienst eines im christlichen Sinne auf das Gute gerichteten Strebens stellt. Und weil ihn nicht so sehr das philosophische System, von dem man ausgeht oder zu dem man gelangt, interessiert als der Geist, in dem man ein beliebiges System lebt, zieht er dem Aristoteles Platon, Cicero und Augustinus vor. Letztere waren »suasores virtutis«, Männer, die von der Tugend überzeugen, und wenn sie auch Heiden waren, so kann sich doch der Christ an ihnen ausrichten, um zu lernen, wie man zur inneren Einkehr finden, den Verlockungen der Wollust, der Eitelkeit und der Trägheit widerstehen, sich selbst und andere von Tugend und Weisheit überzeugen und hierfür die Kunst der Rede einsetzen kann.

## 7. Die volkssprachlichen Werke: »Canzoniere«

### *a) Struktur*

Während Petrarca mit der Organisation seines umfangreichen lateinischen Werkes beschäftigt war, arbeitete er kontinuierlich an zwei volkssprachlichen Werken, insbesondere am *Canzoniere*.

Der *Canzoniere*, auch *Rime sparse* oder *Rerum vulgarium fragmenta* genannt, ist in in seiner letzten Fassung eine Sammlung von dreihundertsechsundsechzig Gedichten (vor allem Sonetten, aber auch Kanzonen, *ballate*, Madrigalen und Sestinen), die uns in dem von Petrarca selbst durchgesehenen *Codex Vaticanus Latinus 3195* überliefert sind. Eine erste Gruppe von Gedichten stellte er wohl 1336 und 1337 zusammen: fünfundzwanzig Gedichte, darunter zwei ihm selbst gewidmete Gedichte. Dieser ursprüngliche Kernbestand wurde in verschiedenen, immer aufs neue korrigierten, überarbeiteten und bereicherten Fassungen mehrfach erweitert. Eine gewisse Anzahl von Gedichten blieb vom *Canzoniere* ausgeschlossen und bildet eine eigene, kleinere Sammlung mit dem Titel *Extravagantes*.

Die Anordnung der Gedichte im *Canzoniere* ist nicht rein chronologisch, sondern folgt einem abstrakten Plan. Gewöhnlich wird das Werk in zwei große Teile gegliedert: *In vita* und *In morte di madonna Laura*. Es setzt mit einem vermutlich nach 1348 entstandenen Einleitungssonett ein, dann folgt eine Reihe von Sonetten, die die Zeit, den Anlaß und den Ort der ersten Begegnung mit der geliebten Frau besingen und in einem Akrostichon ihren Namen, Laura, preisgeben. Zwischen die Liebesgedichte an Laura sind andere Gedichte politischen oder polemischen Inhalts sowie thematisch ganz unterschiedliche Gelegenheitsgedichte eingeflochten, denen möglicherweise auch die Aufgabe zufällt, die Laura und der Liebe gewidmeten Gedichtreihen zu trennen und hervorzuheben. Das bestimmende Thema, die Liebe, läßt eine gewisse Entwicklung erkennen: Nach einer ersten Phase der Leidenschaft und der durch die Sprödigkeit der Frau hervorgerufenen Liebespein wird von 1338 an das Motiv des inneren Konflikts zwischen der nicht erloschenen Leidenschaft und dem Wissen um ihre Sündhaftigkeit eingeführt und über Lauras Tod hinaus fortgeführt; erst gegen Ende des Buches, als sich das Alter bereits eingestellt hat, kommt das melancholische Bewußtsein eines möglichen verlorenen Glücks auf, einer

Liebe, die, wäre Laura noch am Leben, vielleicht Erwiderung finden würde, jetzt, wo mit dem Erlöschen der sinnlichen Liebe nur noch Platz für eine zärtliche Freundschaft wäre. Der *Canzoniere* schließt mit einigen Gedichten religiöser Einkehr und einer feierlichen Kanzone, in der Petrarca sein in Eitelkeit und Elend verbrachtes Leben beklagt, die Jungfrau Maria bittet, sie möge ihm helfen, wenigstens nach dem Tode zu sich selbst zu finden, und die Hoffnung äußert, nach all dem ›Krieg‹ sein Leben ›in Frieden‹ beschließen zu können.

### *b) Thematik*

Das beherrschende Thema des *Canzoniere* ist die Liebe zu Laura: Leidenschaft, Abweisung und Liebesleid, Widerstreit zwischen Liebe und Religion, Schmerz um ihren Tod, Klage, Sehnsucht nach der Vergangenheit und Abkehr von der qualvollen ›Jugendsünde‹. Dennoch ist der *Canzoniere* nicht die Geschichte der Liebe zu einer Frau, von der wir trotz aller Nachforschungen und Identifikationsvorschläge nichts wissen, sondern eine Art inneres Tagebuch: Der Dichter unterwirft einige emblematische Momente und Gefühle seines Lebens einer so vollkommenen Verinnerlichung, daß er mit ihrer Hilfe seinen flüchtigsten und feinsten Seelenregungen Ausdruck verleihen kann.

Die Liebe zu Laura unterscheidet sich daher ganz wesentlich von der, die in der vorangegangenen provenzalischen, sizilianischen, ja stilnovistischen Lyrik verherrlicht worden war. Petrarca ist bestrebt, Laura und die Liebe zu ihr voll und ganz in sich aufzunehmen, um der eigenen Persönlichkeit immer weiter und tiefer nachzuspüren. Seine Liebeslyrik wird ihm, nach einigen stilnovistischen Versuchen mit den lateinischen Elegikern und, später, Augustinus im Geleit, zu einem Instrument, das die leisesten und geheimsten Regungen der Seele aufzuspüren und den tiefsten Grund des eigenen Seins zu entdecken vermag. So stellt die Liebe zu Laura mit ihrer Auffächerung verschiedener psychologischer Situationen nur den äußeren Anlaß für eine Lyrik bereit, die nur in einem eingeschränkten Sinn als Liebeslyrik bezeichnet werden kann, da sie doch in Wirklichkeit die Geschichte einer Seele nachzeichnet, mit all ihren Widersprüchen, Irrtümern und Schwächen, der Lust, die sie im Schmerz verspürt, und dem Trost, den sie in der Selbstentdeckung und Selbstverherrlichung findet.

Auch in anderer Hinsicht führt Petrarca ein neues Element in die italienische Dichtung ein: Dante und vor ihm Guinizelli sahen keinen Widerspruch zwischen der Liebe zu einer irdischen Frau und der Liebe zu Gott, weil sie die Frau zu einem Engel stilisierten und die Liebe zu einer Ausdrucksform ihrer religiösen Gefühle. Petrarca aber machte die Liebe gleichsam zum Symbol seines Innenlebens, in dem sich die vielfältigen inneren Regungen jedoch ebenso wenig in Einklang befanden, wie sich das äußere Universum in einer rationalen und kohärenten Gesamtschau erschloß. Erneut spiegelt sich in Petrarca eine kulturelle und psychologische Krise, deren wichtigste Symptome im Niedergang der Scholastik, in der Ausprägung einer subtileren Spiritualität und Religiosität, in der Verfeinerung von Lebensweise und Geschmack, in der Entstehung der Gotik in der bildenden Kunst und im Aufkommen der ›ars nova‹, der neuen weltlichen Polyphonie, die sich von Frankreich nach Italien verbreitete, sichtbar werden. So drücken sich in der Lyrik des *Canzoniere*, die nur bei einer völlig abgehobenen Betrachtung als bloße Fortsetzung der provenzalisch-sizilianischen Traditionslinie erscheinen mag, eine neue Kultur und eine neue Gesellschaft aus.

## 8. »Trionfi«

Im Jahre 1354 begann Petrarca ein weiteres volkssprachliches Werk, die *Trionfi*, eine kürzere Dichtung in mehreren Gesängen, in der er, in der Nachfolge Dantes, den Weg von der Liebesleidenschaft hin zu Gott nachzuzeichnen suchte. Die Wahl der didaktisch-allegorischen Form, das Metrum der Terzine, die Reise in unwirkliche Gefilde in Begleitung eines Führers verweisen auf Dantes *Divina Commedia* und, wahrscheinlich, Boccaccios *Amorosa visione*, während das erzählerische Szenario – eine Reihe von Triumphzügen – den ›Triumph Amors‹ wiederaufnimmt, ein Thema, das von den römischen Klassikern in die lateinische und volkssprachliche Literatur des Mittelalters übernommen worden war. Petrarca wohnt in Begleitung eines ungenannten Freundes dem Triumphzug Amors bei, dann dem der Keuschheit und, in beständiger Steigerung, denen des Todes, des Ruhms, der Zeit und der Ewigkeit oder Göttlichkeit, in die am Ende die ganze Schöpfung eingeht.

Petrarca besaß jedoch weder das feste kulturelle Gerüst, das

Dante besessen hatte, noch dessen erzählerische und gestalterische Begabung, so daß die Darstellungsweise der Dichtung äußerlich bleibt. Individualität kommt nur den lyrischen Passagen zu, in denen der Dichter ihm kongeniale, in Geist und Tonfall dem *Canzoniere* nahestehende Themen und Situationen besingt: den Tod Lauras, das melancholische Zwiegespräch zwischen dem Dichter und der ihm in der Nacht nach ihrem Tode im Traum erschienenen geliebten Frau, die Vergänglichkeit des Lebens, das Verfließen der Zeit, die Sehnsucht nach der Vereinigung mit Gott.

## 9. Kunst und Technik

Nachdem Petrarca sein beherrschendes Thema in der Versenkung in sich selbst, um, wie Leopardi sagen wird, den süßen und teuren Regungen des Herzens nachzuspüren, im Oszillieren der Phantasie zwischen Erinnerung, Sehnsucht, Hoffnung, in der lustvollen Hingabe an den Traum gefunden hatte, schuf er sich eine eigene musikalische Form, aus der, was Gefühl und Gedanke, Bild und Sprache betrifft, alle Schärfen verbannt blieben und in der ein ausgeglichener, harmonischer Ton vorherrschte. Dieser Ton schließt rhetorische Aufschwünge nicht aus und kennt die verschiedensten Schattierungen und Abstufungen, doch ist er im wesentlichen auf eine ruhige Musikalität abgestimmt, die die Klangfülle in ein Gleichgewicht bringt und auf alles verzichtet, was den gleichmäßigen Fluß der Bilder und Töne brechen könnte. Hieraus erklärt sich die ›klassische‹ Vollkommenheit der gelungensten Passagen seiner Lyrik. Petrarca vermag mit den gängigsten Wörtern in ihrer üblichen Verbindung und Anordnung zauberhaft lyrische Stimmungen zu erzeugen: »Erano i capei d'oro a l'aura sparsi« (Die Lüfte wehten durch ihr Goldhaar hin) oder »Chiare, fresche e dolci acque« (Ihr hellen, kühlen, sanften Fluten), wobei er nicht immer der Gefahr entgeht, in Manierismus zu verfallen, in eine künstliche, selbstgefällige Anmut, die der überfeinerten Stilisierung gotischer Malerei ähnelt. Seine Sprache ist vergleichsweise arm und karg, aber von einigen wenigen emblematischen Wörtern durchwoben, die er mit einer lyrischen Energie und Spannung auflud, die ihnen im täglichen Gebrauch abging. »Chiome« (Haar), »viso« (Antlitz), »rose« (Rosen), »oro« (Gold), »perle« (Perlen), »alba« (Morgengrauen), »gelo« (Frost), »monti« (Berge), »fiori« (Blumen), »acque« (Gewässer), »bianco« (weiß), »stelle« (Sterne) und »fiore« (Blume), – dies ist das dürre, scheinbar abgenutzte Material, aus dem eine Lyrik entsteht, die all diese Wörter mit ungewöhnlicher Gefühls- und Klangintensität zum Schwingen bringt.

Die Sprache Petrarcas, in ihrer Kargheit, in ihrer stilistischen Begrenztheit, ist der Dantes mit ihrer ungeheuren sprachlichen Bandbreite diametral entgegengesetzt. Seine Lyrik ist nahezu frei von Provenzalismen und Sizilianismen, verzichtet auf allzu offensichtliche lautliche oder lexikalische Latinismen und vermeidet alle Wörter, die der ›komisch-realistischen‹ Dichtung entstammen könnten. Petrarca schöpft aus einem florentinischen Sprachfundus, den er ständig überprüft und reinigt, um schließlich einen leichten, geschliffenen Ton, eine erlesene, elegante Harmonie, einen sprachlichen Zauber zu schaffen, den nichts zu brechen vermag. Mitunter freilich mündet die Freude am Wort und am Wortspiel, an der gelehrten Antithese, an der Korrelation von jeweils drei, in direkter oder umgekehrter Ordnung aufeinander bezogenen Substantiven, Adjektiven und Verben in eine bloß technische Virtuosität ein, die noch so manchen ›Petrarkisten‹ in Begeisterung versetzen sollte.

Petrarca erarbeitete sich diese Ausdrucksmittel in Auseinandersetzung mit der provenzalischen und stilnovistischen Lyrik auf der einen, der klassischen Dichtung auf der anderen Seite. Was die Modernen betrifft, so trennte er sich Schritt für Schritt von ihrer vor allem im Stilnovismo beliebten pseudo-wissenschaftlichen Mythologie, von ihrer philosophisch-scholastischen Terminologie und von ihren sizilianischen oder guittonianischen Überresten; was die Klassiker betrifft, so stellte er sich einen ganz anderen Kanon als Dante zusammen. Dante hatte im Limbo Vergil, Horaz, Ovid, Lucanus versammelt, später Statius hinzugefügt, und in *De vulgari eloquentia* (II, vi, 7–8) Livius, Frontinus, Plinius und Orosius in einem Atemzug genannt. Petrarca hingegen erwählt sich unter den Prosaschriftstellern allein Cicero («il mio Cicerone«) zu seinem Führer; von den Lyrikern kennt, studiert und imitiert er die Elegiker, Tibull, Ovid, Properz und Catull, schließt also alle Schriftsteller der silbernen Latinität aus und führt so den Prozeß der Distanzierung der italienischen Literatur von der mittellateinischen ›Barbarei‹ zu seiner äußersten Konsequenz.

Diese – seine – Autoren jedoch hat er mit einer Genauigkeit und einem Feingefühl gelesen, erforscht, in sich aufgenommen, wie keiner vor ihm. Er entnahm ihnen nicht mehr nur Bilder, Sätze oder Wendungen, sondern eignete sich sozusagen das Geheimnis ihrer Kunst und damit eine Schreibweise an, die ihr Vorbild zwar ständig anklingen, doch nur selten die Spur einer unmittelbaren Erinnerung erkennen läßt. »Ich las Vergil, Horaz, Severinus und Tullius«, so schreibt er in den *Familiares* (XXII, 2), »und zwar nicht einmal, sondern tausendmal, und auch nicht flüchtig, sondern mit Bedacht (...). Und all diese Seiten sind mir so ins tiefste Innere gedrungen, sind mir so ins Gedächtnis, ja ins Mark geprägt, sind so eins mit meinem Geist geworden, daß sie, auch wenn ich sie in meinem Leben nie mehr lesen würde, doch fest in mir verwurzelt blieben (...).« Diese Technik, die er zu Recht mit der der Biene verglich, erklärt die ständige Umarbeitung seiner Werke, das Streben nach äußerster Vollkommenheit als Ergebnis eines Schaffens, eines Ringens, eines Wissens, das im Werk keine Spuren hinterläßt.

## 10. Ruhm und Nachruhm

Die Ausstrahlung von Petrarcas lateinischem und volkssprachlichem Werk war außerordentlich groß. Er war noch keine vierzig Jahre alt, als sich bereits Paris und Rom um die Ehre stritten, ihn zum Dichter krönen zu dürfen; Päpste, Kaiser und Fürsten gereichten es sich zur Ehre, ihn an ihrem Hofe zu wissen; Florenz erstattete ihm die dem Vater beschlagnahmten Güter zurück; Venedig bot ihm ein Haus am Canal Grande an; Genua und Venedig nahmen seine Vermittlung in einem zwischen ihnen ausgebrochenen politischen Konflikt an; er wurde zum Mittelpunkt eines Kreises ihm ergebener Freunde und Schüler, der den Kern der später ›Humanismus‹ genannten Bewegung bilden sollte; seine volkssprachlichen Gedichte wurden begierig gelesen. Diese Anerkennung – auf den Nachruhm wird in späteren Kapiteln einzugehen sein – gilt aber nicht nur dem Mann und dem literarischen Werk, sondern auch einer Art und Weise, wie literarisches Schaffen aufgefaßt wird. Auch in dieser Hinsicht markiert Petrarca einen Wendepunkt, den vom ›schriftstellernden Bürger‹, wie er für das Zeitalter der Stadtrepublik so bezeichnend gewesen war, zum ›Literaten‹. Die typische Gestalt des Notars, des Richters, des Kaufmanns, des Bürgers, der ganz im

Leben seiner Stadt aufgeht und nebenbei volkssprachliche Bearbeitungen oder eigene Schriften verfaßt, verschwindet, und die Gestalt des Berufsschriftstellers tritt auf den Plan, der von den Früchten seiner Feder lebt und leben will und deshalb auch jedermanns Gastfreundschaft und Freigebigkeit annimmt, denn, so Petrarca, »der Körper mag wohnen, wo er will, was zählt, ist der Geist, und der kann überall frei sein« (*Fam.*, XVII, 10).

Petrarca setzte diese Lebenseinstellung mit Entschiedenheit und Würde in die Wirklichkeit um und wurde damit zu einem Vorbild für viele andere ›Literaten‹, die jedoch häufig weniger Würde und um so mehr Dünkel besaßen, die das öffentliche und soziale Leben gering achteten und ihrem literarischen Schaffen einen zweifelhaften und gefährlichen Vorrang zumaßen. Aber auch in dieser Hinsicht war Petrarca nicht so sehr der Initiator als vielmehr der bedeutendste Vertreter einer Bewegung, die sich aus dem Verlauf der italienischen Geschichte ergab, aus dem Niedergang der Stadtrepublik, dem Aufstieg der Signorie und der Herausbildung einer neuen bürgerlichen Aristokratie, deren Anliegen und Vorlieben – dazu gehörte nicht zuletzt die Verachtung für die im Vergleich zur ›hohen‹ Literatur geringer eingestuften ›mechanischen‹ Künste – der ›Literat‹ Worte verlieh.

# Kapitel X

# Giovanni Boccaccio

## 1. Leben

Einige Aspekte der italienischen Kultur in der ersten Hälfte des 14. Jahrhunderts wurden in origineller Weise von Petrarca zum Ausdruck gebracht; andere lassen sich im gewissermaßen komplementären Werk Giovanni Boccaccios auffinden.

Boccaccio wurde im Jahre 1313 als unehelicher Sohn des Boccaccio di Chellino, eines Kaufmannes aus Certaldo, geboren. Weniger gesichert ist der Ort seiner Geburt, da er dazu neigte, sein eigenes Leben zu poetisieren und allegorisch auszuschmücken, um so eine ideale Biographie zu erstellen, die des großen Werkes, das er vollbringen sollte, würdig sei. Erwiesen ist aber, daß er seine Kindheit im väterlichen Haus verbrachte. Der Vater, ein Mitarbeiter der mächtigen Handelsgesellschaft der Bardi, schickte ihn schon in jungen Jahren nach Neapel, um in der dortigen Filiale eine kaufmännische Lehre zu absolvieren, – die dichterisch umgestaltete Biographie erklärt den Abschied von Florenz vor allem mit der Heirat seines Vaters und der Antipathie zwischen Sohn und Stiefmutter. Boccaccio widerstrebte das Geschäftsleben, doch erst nach jahrelangen Auseinandersetzungen mit der Familie bekam er die Erlaubnis, in Neapel das Studium des Kirchenrechts aufnehmen und, nach erneuten Kämpfen, literarische Studien treiben zu dürfen.

Von da an widmete er sein Leben dem Studium und der Geselligkeit, und beiden Aktivitäten gab er sich mit dem ihm eigenen Eifer hin, wobei ihm die Verbindung zum Haus der Bardi sogar den Zutritt zum Hofe ermöglichte. Als das wichtigste Ereignis jener Jahre hebt er in seiner dichterischen Biographie die Liebe zu einer in leicht durchschaubarer Symbolik »Fiammetta« genannten Frau hervor, die man später mit Maria d'Aquino, einer unehelichen Tochter des Königs Robert von Anjou, zu identifizieren versuchte. So wie Boccaccio die Geschichte erzählt, folgt sie dem für die damalige Zeit typischen Muster einer Dichterliebe: die Begegnung in der Kirche (auch Dante hatte Beatrice in der Kirche gesehen), die Entstehung eines wirklichen Liebesverhältnisses (hier der Unterschied zur Tradition), schließlich die Abwendung der leichtfertigen und verdorbenen Geliebten von Boccaccio.

Ganz anders stellt sich die Geschichte in Boccaccios nach Fiammetta betiteltem Roman *Elegia di madonna Fiammetta* dar: Hier ist es der Mann, ein junger Florentiner mit Namen Panfilo, der die Frau verläßt. Der Gedanke drängt sich auf, daß die Geschichte der Liebe zwischen Boccaccio und Fiammetta das Erlebnis nicht wirklichkeitsgetreu wiedergibt, sondern dichterisch nachgestaltet, – eine unter Boccaccios vielen anderen romanhaften Erzählungen. Selbst wenn die Handlung aber erfunden oder umgestaltet ist, beruht sie letztlich doch auf wirklichen Gefühlen und Erlebnissen, die in traditionellen Mustern literarischen Ausdruck finden. Dichtung und Wahrheit verschmelzen zu einer Einheit.

Im Jahre 1340 ging die Gesellschaft der Bardi in Konkurs. Boccaccio, der von dem wirtschaftlichen Zusammenbruch mitbetroffen war, blieb zwar noch einige Zeit in Neapel, war aber nun zu einem zurückgezogenen und bescheidenen Leben gezwungen. Später mußte er nach Florenz zurückkehren, um sich der Verwaltung des väterlichen Vermögens anzunehmen. Von da an lebte Boccaccio in recht beengten wirtschaftlichen Verhältnissen. Er blieb dauerhaft in Florenz und übernahm verschiedene öffentliche Aufgaben, die ihn mehrmals auf Reisen führten. Sein hohes Ansehen unter den Mitbürgern trug ihm im Jahr 1360 ein Recht auf Pfründe ein. 1373 erhielt er den Auftrag, in der Kirche Santo Stefano di Badia die *Divina Commedia* öffentlich auszulegen; er kam mit seinem Kommentar bis zum siebzehnten Gesang des *Inferno*.

Die folgenreichste seiner zahlreichen Reisen war die, welche ihn 1351 nach Padua zu Petrarca führte, den er ein Jahr zuvor in Florenz kennengelernt hatte. Zwischen den beiden entwickelte sich eine herzliche, wenn auch, auf Seiten Boccaccios, von großer Achtung geprägte Freundschaft. Sie kamen sich in ihren geistigen Interessen immer näher, was zur Folge hatte, daß sich Boccaccio von der Volkssprache und seinem eigenen Jugendwerk abwandte und dazu beitrug, daß sich in Florenz erste prähumanistische Zirkel herausbildeten.

Die Abkehr von der Jugend wurde im Jahre 1362 durch den Besuch eines gewissen Gioacchino Ciani verstärkt, der Boccaccio von den Prophezeiungen des Karthäusermönches Pietro Petroni berichtete. Unter dem Eindruck dieses Besuches schrieb er in einem Brief an Petrarca, er wolle das *Decameròn* zerstören, – doch dieser brachte ihn davon wieder ab.

Nach seinem Abschied von Neapel kehrte Boccaccio noch zweimal dorthin zurück: ein erstes Mal 1362, auf Einladung des Florentiners Niccolò Acciaiuoli, der am Hofe der Anjou zu Macht und Ansehen gekommen war, doch kehrte er der Stadt, gekränkt von der Behandlung, die ihm zuteil geworden war, bereits nach sechs Monaten wieder den Rücken; ein zweites Mal 1370, erneut für wenige Monate, um jedoch schnell zu erkennen, daß Neapel nach dem Tod von Robert von Anjou nicht mehr die Stadt war, die er gekannt und geliebt hatte. Er kehrte nach Florenz zurück und verbrachte dort, gesundheitlich mehr und mehr geschwächt, seine letzten Jahre. 1374 unterbrach er seine öffentliche Dante-Lektüre und zog sich nach Certaldo zurück, wo er ein Jahr später, am 21. Dezember 1375, starb. In einer aus Anlaß seines Todes verfaßten Kanzone klagt Franco Sacchetti, mit Petrarca und Boccaccio sei ein ganzer Abschnitt der italienischen Kultur zu Ende gegangen, habe eine fruchtbare Epoche ihren Abschluß gefunden.

## 2. Die kleineren volkssprachlichen Werke

### *a) Merkmale*

Boccaccios Bildung war die eines Autodidakten, der der modernen volkssprachlichen Literatur nicht weniger Gewicht beimaß als der antiken Klassik. Während er sich von den Klassikern vor allem diejenigen Autoren aneignete, die ähnlich leidenschaftliche und weltzugewandte Werke geschrieben hatten wie er: Ovid, Seneca, Apuleius, las er von der zeitgenössischen Literatur in den romanischen Volkssprachen alles, was irgend verfügbar war, von der provenzalischen und italienischen Kunstlyrik über die französische Erzählliteratur und ihre italienischen Ausläufer bis hin zu Abenteuerromanen und Heldenepen (cantàri).

Das Ergebnis dieser Anverwandlung waren zahlreiche volkssprachliche Werke. Boccaccio suchte der neuen Literatur zeitgemäße Themen und verschiedene, in der Volkssprache noch unerprobte Gattungen zu erschließen. Er wollte, so könnte man sagen, Werke schaffen, in denen galante und abenteuerliche Elemente in literarisch möglichst hochrangige Ausdrucksformen gegossen und Erinnerungen und Anklänge an die antike Klassik mit mittelalterlichen Themen, Haltungen und Modellen vermischt würden. Boccaccio war sich der Originalität seines Unterfangens voll bewußt: Im Prolog zum *Filocolo*, seinem ersten Werk, läßt er sich von Fiammetta auffordern, die in volkstümlichen Fassungen überlieferte Geschichte von Florio und Biancofiore zu erzählen, weil es ihr wohl gefiele, sie von den »Versen eines Dichters« verherrlicht zu sehen; in der *Teseida* (XII, 84) vermerkt er voll Stolz, es handle sich um das erste epische Werk in der Volkssprache.

In diese Werke, die ursprünglich rein ›poetischen‹ Zielsetzungen unterlagen, ging immer mehr von Boccaccios Gefühlen und Leidenschaften ein, und wenn nicht die Ereignisse seines Lebens selbst, so doch ihre nachträgliche literarische Verarbeitung. Die auffälligsten Merkmale dieser Werke sind daher der emphatische Autobiographismus, die mondäne Themen- und Gefühlswelt, die sie zur willkommenen Lektüre der neuen bürgerlichen Aristokratie der Stadtrepubliken machten, und eine immer feiner und reicher ausgearbeitete rhetorische Form.

### *b) Werke*

An erster Stelle in der chronologischen Reihenfolge steht wahrscheinlich der um 1336 verfaßte *Filocolo* (der Titel bedeutet so viel wie »Liebesmüh« oder »Liebesleid«), ein dicker Roman, in dem Boccaccio die Geschichte von Florio und Biancofiore, die durch die Spielleute bereits weite Verbreitung gefunden hatte, wiederaufnimmt. Bemerkenswert sind vor allem die Seiten, auf denen Florio, auf der Suche nach Biancofiore, in der Nähe von Neapel einem ›Liebesdisput‹ beiwohnt, in dessen Verlauf mehrere junge Männer einige heikle Probleme der Liebeskasuistik aufwerfen und lösen. Hier ist zum ersten Mal das gestalterische Gerüst zu erkennen, das später das *Decameròn* tragen sollte.

Um 1338 verfaßt Boccaccio eine kleinere, zwölf Gesänge umfassende Dichtung in Stanzen (ottava rima), der Strophenform, die später zum obligatorischen Metrum der italienischen Epik werden sollte. Der *Filostrato* («der von der Liebe Besiegte«) erzählt eine in mittelalterliche Denk- und Lebensformen verkleidete Geschichte um Liebe und Kampf aus dem so erfolgreichen ›trojanischen‹ Sagenzyklus.

Um 1341 entstand das *Ninfale d'Ameto* (oder: *Commedia delle ninfe fiorentine*), eine Prosa und Vers abwechselnde Hirtendichtung, die die Erziehung des Hirten Ameto zur wahren Liebe schildert. Hier findet sich erneut das Schema einer fröhlichen Schar von Novellenerzählern, von Nymphen diesmal, unter Führung von Lia. Aus dem Jahr 1342 datiert die in Terzinen verfaßte und von der *Divina Commedia* angeregte *Amorosa visione* (Liebesvision), in der ein weiteres Mal das Lob der Fiammetta angestimmt wird und am Ende die sinnliche Liebe triumphiert. Von größerer Bedeutung ist die nach dem Weggang aus Neapel geschriebene *Elegia di madonna Fiammetta*, die die Geschichte seiner eigenen verschmähten und verratenen Liebe auf den Kopf stellt und eine von Panfilo verlassene, ihr Los beklagende und sehnsüchtig die Rückkehr ihres Geliebten erwartende Fiammetta zeigt. Hier versuchte sich Boccaccio an einem Werk in der, neben Tragödie und Komödie, dritten literarischen Stilart, der – auch »stilus miserorum« genannten – Elegie. Als letztes Werk vor dem *Decameròn* entstand zwischen 1343 und 1354, erneut in *ottava rima*, das *Ninfale fiesolano* (Nymphengedicht von Fiesole), die in volkstümlichem Ton erzählte, psychologisch realistisch gestaltete Geschichte des Hirten Affrico und der Nymphe Mensola, die nach Zeugung und Geburt eines Kindes in Flüsse verwandelt werden.

In späteren Jahren – eine genaue Datierung ist bisher nicht möglich – schrieb Boccaccio einen weiteren volkssprachlichen Roman mit dem Titel *Corbaccio*: Der verstorbene Mann einer Witwe, in die er sich verliebt hat, erscheint ihm als Schatten und bringt ihn von seiner Liebe ab, indem er ihm ein grob realistisches Bild ihrer physischen und moralischen Mängel zeichnet. Das Werk steht in der Tradition der im Mittelalter weit verbreiteten frauenfeindlichen Literatur und ist von einer so heftigen und zornigen Leidenschaftlichkeit, daß ein autobiographischer Hintergrund unterstellt wurde; doch läßt der übertriebene lexikalische Realismus den Gedanken an eine stilistische Übung in der Art von Dantes ›Steingedichten‹ nicht ganz abwegig erscheinen.

Den bisher genannten volkssprachlichen Werken sind noch die *Rime* hinzuzufügen, die, nach dem üblichen Schema, thematisch von der Liebe zur Reue und zur religiösen Andacht übergehen. Besondere Erwähnung verdienen die Gedichte, in denen die Liebe zu Fiammetta, die durch ihre Leichtfertigkeit in Baia geweckte Eifersucht, der eigene Schmerz besungen werden. Ton und Stil der vorangegangenen Kunstlyrik, vor allem des *dolce stil nuovo*, mischen sich hier mit ›realistischen‹ Farben. Von untergeordneter Bedeutung ist die *Caccia di Diana*, eine zwischen 1334 und 1338 in Terzinen abgefaßte Dichtung, die in achtzehn Gesängen eine Jagdpartie unter Führung der Diana beschreibt.

Diese ›kleineren‹ Werke sind für die Untersuchung von Boccaccios künstlerischer Entwicklung alles andere als unwichtig, – wird doch erst aus ihnen ersichtlich, wie er sein Innenleben und seine Ausdrucksmittel immer besser beherrschte. Es ist daher kein Wunder, daß sich die Literarhistoriker gerade ihrer bedienten, um die Entwicklung Boccaccios von der autobiographischen und stilistischen Überfrachtung seiner frühen Schriften zum ›Realismus‹ und klug beherrschten Stil seines Meisterwerkes nachzuzeichnen.

## 3. Die Struktur des »Decameròn«

### *a) Handlung und Handlungsgerüst*

In den Jahren nach 1348 sollte Boccaccio den größten Teil der Novellen verfassen, die er, um schon vorhandene ergänzt und untereinander verbunden, in die Rahmenhandlung des *Decameròn* einbrachte. Das Werk, das mit seinem Titel (›zehn Tage‹) auf die Tradition mittelalterlicher Schriften über die Erschaffung der Welt (›Hexameron‹) Bezug nimmt, stellt eine Sammlung von hundert Novellen dar, die zwischen Prolog und Epilog über zehn Tage hinweg erzählt und durch eine Rahmenhandlung zusammengehalten werden. Während der Pestepidemie des Jahres 1348 treffen in der Kirche Santa Maria Novella sieben junge Frauen und drei junge Männer aufeinander und beschließen, sich auf einen Landsitz in der Umgebung von Florenz zurückzuziehen. Dort, und später in einem zweiten Haus, verbringen sie zwei Wochen mit Spaziergängen und Vergnügungen, in einer von »unehrenhaften Regungen« völlig ungetrübten Geselligkeit. Um die heißen Nachmittagsstunden erträglicher zu gestalten, kommen sie überein, sich Tag für Tag, mit Ausnahme von Freitag und Samstag, Geschichten zu erzählen, und zwar so, daß jeder einmal am Tag an die Reihe komme. Am Abend eines jeden Tages wird ein König oder eine Königin gewählt, die tags darauf den Kreis regieren und die Thematik der Geschichten vorgeben soll. Nur am ersten und am neunten Tag steht ihnen allen das Thema frei, – ein Vorrecht, das Dioneo, einer der drei jungen Männer, der stets als letzter erzählt, Tag für Tag genießt. Mit dem »privilegio di Dioneo« verschafft sich Boccaccio eine größere Variationsbreite und die Möglichkeit, die Erzählrunden mit der heiteren Gelöstheit zu beenden, die das Werk insgesamt prägt. Zum Abschluß eines jeden Tages wird eine *ballata* gesungen. Die Themen sind so ausgewählt und angeordnet, daß sie alle denkbaren Aspekte des menschlichen Lebens umfassen: begonnen wird mit Wechselfällen von Glück und Unglück, dann folgen Liebesabenteuer mit glücklichem oder unglücklichem Ausgang, Anekdoten um Witzworte, die von großer Geistesgegenwart zeugen, Streiche, die Männer und Frauen einander spielen, und, am Ende, die Verherrlichung jener ritterlichen Tugend, die selbst Boccaccio noch als Ideal eines vornehmen Lebens betrachtete. Boccaccio war im übrigen nicht der erste, der ein solches Handlungsgerüst verwendete (man denke nur an das *Libro dei sette savi di Roma*), doch war er der erste, der es konsequent und systematisch entfaltet. Auf der einen Seite zeigt sich in seinem Bemühen, die hundert Novellen zu einem einheitlichen Ganzen zu verbinden, ein weiteres Mal die aus der mittellateinischen Literatur ererbte Tendenz zum groß angelegten Kompendium, das das Wissen seiner Zeit zusammenfassen und Normen der Lebensführung setzen will. Unter diesem Gesichtspunkt ist der häufige Vergleich mit der *Divina Commedia* gar nicht so unangebracht, – strebte doch auch Boccaccio nach einer ›summa‹ des menschlichen Lebens in seiner unendlichen Vielfalt. Auf der anderen Seite sollte die Rahmenhandlung des *Decameròn* von größter Bedeutung für die italienische Erzählliteratur werden, insofern sie bis ins 16. Jahrhundert und darüber hinaus zahlreiche Schriftsteller anregte, ihre Erzählungen in ein mehr oder weniger festes Handlungsgerüst einzubauen.

### *b) Die Erzähler*

Eine wichtige Neuerung ist die Einführung der »sittsamen Schar« (onesta brigata) der zehn Erzähler, die sich mit ihren weniger individuellen als gemeinsamen Zügen zu einer Einheit zusammenschließen. Die drei Jünglinge tragen symbolische Namen: Panfilo (der ganz der Liebe Lebende) ist der Prototyp, ja geradezu die Verkörperung des Liebhabers; Filostrato (der von der Liebe Besiegte) ist der unglücklich Liebende; Dioneo (der der Venus Gehörende, nach Dione, der der Venus geweihten Insel) ist ein – im Rahmen von Boccaccios Ethik – heiterer und frohgemuter Genießer, der die »Schranken der Vernunft« und die Grenzen einer »ehrbaren«, gesetzten und würdevollen Sittsamkeit nie überschreitet. Unter den jungen Frauen heben sich Pampinea (die Blühende), als die älteste und reifste, und Neifile (die Neugierige), als die jüngste und unerfahrenste, ab. Die Züge der übrigen weiblichen Figuren, auch die der Fiammetta (ein Name, der innerhalb des *Decameròn* wiederkehrt), werden nur schwach angedeutet.

Die zehn jungen Leute müssen als Einheit gesehen werden, weil sie gleichzeitig das Sprachrohr sind, durch das Boccaccio erzählt, und das ideale Publikum, für das er seine Geschichten erfindet, – ein Publikum gebildeter, vornehmer, reicher junger Leute, die aller Bigotterie fern stehen und doch stets Maß und Würde wahren, die lachen und sich an den Wechselfällen des Lebens erfreuen und doch die Grenzen von Anstand und Scham nicht überschreiten. Die ›sittsame Schar‹ der Erzähler ist das ideale Spiegelbild von Verhalten und Geschmack jener bürgerlichen Aristokratie, der Boccaccio durch Geburt, Neigung, Bildung und Lebensstil selbst angehörte. Sie ist eine Fiktion, die Boccaccio erlaubt, hundert Erzählungen von ganz verschiedenen Begebenheiten und Personen auf eine einheitliche und geschlossene Weltsicht zu beziehen. Und eben diesem Zweck dient auch der Kunstgriff, die jungen Leute gerade während der Pest in Florenz zusammentreffen und aufs Land fliehen zu lassen. Die berühmte Pestschilderung in der Einleitung zum ersten Tag ist der des mittelalterlichen Historikers Paulus Diaconus nachgestaltet und folgt der verbreiteten rhetorischen Vorschrift, wonach ein Werk in traurigem Ton begonnen und in heiterem beendet werden soll. Eine zweite Funktion der Pestbeschreibung besteht darin, eine Seelenlage herbeizuführen, die die Erzähler ihre Hemmungen überwinden und bereitwillig auch freizügige und schlüpfrige Geschichten erzählen und hören läßt, und das ganze Werk zu Beginn in eine Atmosphäre allgemeiner physischer, sozialer und moralischer Auflösung zu tauchen, vor deren Hintergrund die Verherrlichung des Lebens, der Liebe und der Tugend um so deutlicher hervortritt.

Von welcher Seite auch immer man an die Struktur des *Decameròn* herangeht, – sie ist nicht rhetorischer Notbehelf, sondern unmittelbarer Widerschein der Vorstellung, die sich Boccaccio von seinem Werk und vom Schreiben überhaupt gemacht hat.

## 4. Das »Decameròn« und die Tragik der Welt

### *a) Das höfische Ideal*

In den bald heiteren, bald ernsten Tagen der Erzählfiktion wechseln Komödie und Tragödie einander ab. Dabei ist die abstrakte Thematik der verschiedenen Novellen weniger wichtig als der Geist, in dem erzählt und die Reaktion der Zuhörer beschrieben wird.

Die fröhliche Gesellschaft, d.h. Boccaccio, verfolgt das Ideal der ›cortesia‹, das Ideal also eines Lebens ohne kleinliche Laster, ohne Geiz vor allem, voller großer Leidenschaften, allen voran die Liebe, und Tugenden, als da seien Freigebigkeit (großzügige Selbstlosigkeit), Edelmut (Geistesgröße in den verschiedenen Lebenslagen), die Fähigkeit, anderer Leute Verdienste zu erkennen und gebührend zu würdigen, eine gewisse geistige Beweglichkeit, die in allen Widrigkeiten einen Ausweg findet, eine gewisse Raffinesse im Ersinnen geistreicher Witzworte (motti), die das Gegenüber entwaffnen oder schlagfertig parieren und dem Sprecher in einem höfisch gebildeten Kreise Sympathie und Respekt eintragen.

Dieses Ideal war von der aristokratischen Gesellschaft geschaffen und im Laufe des 13. und 14. Jahrhunderts von der neuen bürgerlichen Aristokratie übernommen worden. Boccaccio machte sich zu seinem Sprachrohr, gerade weil er, im Unterschied zu anderen Schriftstellern, dieses Ideal nicht für vergangen hielt, sondern in der Gesellschaft seiner Zeit wiederzufinden glaubte. Insofern stellt das *Decameròn* die Gesellschaft der italienischen Stadtrepublik in einem Moment dar, als sie sich zu erneuern und der Verhaltensweisen und Ideale der einst vorherrschenden Klasse zu bemächtigen suchte. Daher ist im *Decameròn* das höfische Ideal, die ›cortesia‹, sowohl in Gestalten aus vergangenen Zeiten wie Titus und Gisippus (X, 8), Saladin (I, 3), Karl von Anjou (X, 6) oder Peter von Aragon (X, 7) verkörpert als auch in Persönlichkeiten der jüngeren Vergangenheit oder der Gegenwart wie Federigo degli Alberighi (V, 9), und in der Schar der Erzähler selbst, die in gewisser Hinsicht den Übergang zwischen einer ruhmreichen Vergangenheit und ihrer Wiederaufnahme und Erneuerung in der Gegenwart bildet. Unter diesem Gesichtspunkt wird ganz deutlich, daß Boccaccio einer anderen Generation als Dante angehört und einer anderen Gesellschaft als der aristokratischere, weltabgewandtere Petrarca, – und dies nimmt nicht wunder, wenn man bedenkt, daß Boccaccio nicht nur einige Zeit am Hofe der Anjou verbrachte, sondern auch enge Beziehungen zu den Handelsgesellschaften jener italienischen Stadt hatte, in der die Stadtrepublik am längsten überdauerte.

Die ambivalente Einstellung Boccaccios zur Gesellschaft seiner Zeit zieht sich durch das gesamte Buch: Auf der einen Seite ist es voller Abenteuer, Reisen und Kaufleute, auf der anderen Seite verherrlicht es in bisweilen ganz abgehobener und mythischer Weise die höfische Welt. Am zehnten Tag führen die Erzähler »großmütige und hochherzige« Handlungen, so das Thema, als Beispiele übermenschlicher, ja unmenschlicher Tugend vor, die uns Heutigen geradezu lächerlich erscheinen, in den Augen Boccaccios aber die in Askese übergehende höchste Stufe der ›cortesia‹ illustrieren, ganz im Sinne der Definition von Francesco da Barberino, der ›cortesia‹ als »Tugend, die völlig ohne äußeren Zwang einer spontanen Regung entspringt« (*Documenti d'Amore*, XV), bestimmte. Die letzte, von Petrarca besonders geschätzte Novelle erzählt die Geschichte der Griselda, der Tochter eines Bauern, die vom Markgrafen von Saluzzo zur Frau genommen wird und all die unmenschlichen Prüfungen, die ihr von ihrem Gatten auferlegt werden, geduldig erträgt, ehe dieser sie seiner für würdig befindet, sie nach vielen Jahren des Leidens und der Erniedrigung in ihre Rechte wiedereinsetzt und von da an mit Zuneigung und Achtung behandelt (X, 10), – eine durch und durch feudale Novelle, die Boccaccio aber als Beispiel vollkommener Hochherzigkeit präsentiert.

### *b) ›Cortesia‹ und städtische Kultur*

In zahlreichen anderen Novellen aber wird die Tugend der ›cortesia‹ in das städtische Leben versetzt: Die Helden unterscheiden sich vom gewöhnlichen Volk zwar durch ihren Seelenadel, bewegen sich aber im Florenz ihrer Zeit und verkörpern aktuelle Ideale. So wirkt die

Verherrlichung der ›cortesia‹ in der Verbindung mit typischen Elementen der städtischen Kultur durchaus konkret. Die Anverwandlung der feudalen durch die städtische Gesellschaft bei Boccaccio läßt sich am Beispiel der Geschichte von Federigo degli Alberighi (V, 9) aufzeigen: Federigo verschwendet als typischer höfischer Held all sein Hab und Gut, um die Achtung und Liebe der umworbenen Frau zu erlangen, und opfert schließlich, als er völlig verarmt auf dem Land lebt, freudig das letzte, was ihm verblieben ist, seinen »guten« (d.h. tüchtigen, edlen) Falken, um ihr ein ihrer würdiges Mahl anbieten zu können. Die Frau, die als Witwe von ihren Brüdern zu einer neuerlichen Heirat gedrängt wird, ist von dieser äußersten Selbstlosigkeit tief gerührt und heiratet ihn gegen den Willen ihrer Familie, die einen reicheren Gatten vorgezogen hätte. Von da an wird Federigo, so Boccaccio, zu einem »miglior massaio«, einem umsichtigeren Verwalter seiner Güter. ›Höfische‹ und ›bürgerliche‹ Stränge bilden in dieser Novelle ein unentwirrbares Knäuel. So wird die ›cortesia‹ des Federigo wie die eines Helden aus alter Zeit verherrlicht, die Liebesgeschichte zwischen ihm und Monna Giovanna endet aber mit einem schönen Hochzeitsfest, obwohl sich die höfische Liebe doch immer außerhalb der Ehe situierte. Schließlich verstößt Boccaccio, wenn er Federigo von seiner Verschwendung heilt, gegen die Ethik der Feudalgesellschaft, die uneingeschränkte Freigebigkeit forderte, und übernimmt stattdessen die der Kaufmannsgesellschaft, die ihren Ausdruck im Ideal der ›masserizia‹, der sparsamen und sorgfältigen Verwaltung von Hab und Gut findet.

### *c) Liebe*

Ein weiteres großes Thema des *Decameròn* ist die Liebe, die Freigebigkeit und Hochherzigkeit in Liebesangelegenheiten, und auch hier spielen Elemente der feudalen Welt und solche der zeitgenössischen Wirklichkeit ineinander. Liebe ist, wie in der feudalen Ethik, eine Erscheinungsform höfischer Gesinnung: Man verliebt sich, weil man edlen Sinnes ist und den inneren Wert einer Person zu schätzen weiß, und die Liebe zeigt um so höheren Seelenadel an, je edler, auch dem gesellschaftlichen Range nach, die geliebte Person ist. Die junge Lisa (X, 7), die Tochter eines Spezereihändlers aus Palermo, beweist ihre Seelengröße durch ihre Liebe zu Peter von Aragon, dessen königlicher Ausstrahlung sie sich nicht entziehen kann. Und

Ghismonda (IV, 1), die Tochter des Fürsten von Salerno, verliebt sich, allein aufgrund seines ›inneren‹ Wertes, in Guiscardo, einen jungen Mann ohne Beruf und Besitz, gibt sich ihm hin und tötet sich um seinetwillen.

Das *Decameròn* ist somit also ein außerordentlich vielschichtiges Werk, in dem Gedanken und Ideale, die über Jahrhunderte die abendländische Kultur prägten, ein letztes Mal auf eindrucksvolle Weise Ausdruck finden. Die ritterlichen Tugenden werden in eben dem Augenblick ein letztes Mal besungen, in dem sie im Triumph der neuen ›bürgerlich-aristokratischen‹ Kultur endgültig untergehen.

## 5. Das »Decameròn« und die Komik der Welt

An die Seite der bisher beschriebenen Motive tritt ein weiteres, die Verherrlichung der lebhaften Intelligenz, der skrupellosen Schlauheit oder »saviezza« in Verbindung mit der Verspottung der »pecoroni«, der Leichtgläubigen und der Tölpel. Dieses Motiv erlaubt Boccaccio, die zeitgenössische Gesellschaft in der Vielzahl ihrer Aspekte zu beschreiben und, wie einige gesagt haben, eine breit angelegte ›menschliche Komödie‹ zu entwerfen: Der Mensch, vom Walten der Vorsehung und anderen überirdischen Einflüssen befreit, scheint seinen eigenen Kräften, den edlen oder niedrigen Begierden, die ihn treiben, überlassen und Schranken nur in der Leidenschaft und Intelligenz seiner möglichen Gegner oder im Wirken einer launisch-unberechenbaren Glücksgöttin, Fortuna, zu finden.

Es gibt daher im *Decameròn* eine Reihe von Novellen, die sich um weniger vornehme Begebenheiten und um skrupellose, ja vulgäre Hauptfiguren drehen. Ihre Welt ist die der Schwänke und Ränke, die des Alltags und der Sinnlichkeit, – eine Welt voller ›komischer‹ Ereignisse und Personen, eine ›Hölle‹ als Gegenpol zum idealen ›Paradies‹. Was aber Boccaccio von Dante unterscheidet, ist der nicht mehr religiöse, sondern weltliche und menschliche Charakter seiner Hölle und seines Paradieses. Seine große ›comedía‹ ist durch und durch laizistisch, insofern als Gott nicht mehr als unermüdlicher Beweger der Welt empfunden und die ganz im Diesseits verwurzelten Helden durch keinerlei Sorge um ihr jenseitiges Heil beschränkt werden.

Boccaccio und seine zehn Erzähler nehmen gegenüber der höfischen Welt eine ganz andere Haltung ein als gegenüber der sinnlichen Welt: Die höfischen Novellen werden mit großer emotionaler und moralischer Anteilnahme erzählt, die komischen hingegen mit einer Distanz, die den Unterschied zwischen der ›niederen‹ und der ›idealen‹ Welt klar markiert.

Anteilnahme und Distanz variieren von Fall zu Fall: Boccaccio macht zwar deutlich, daß es sich bei den »klugen« (savi), d.h. intelligenten und schlauen Protagonisten, wie Ser Ciappelletto (I, 1), Bruno und Buffalmacco (VIII, 3, 6 u. 9; IX, 3) oder der Sizilianerin aus der Geschichte von Andreuccio (II, 5), um ›komische‹, vom seinem Ideal weit entfernte Charaktere handelt, doch ist er bereit, ihre Intelligenz und Schlauheit zu würdigen. Ihre Antagonisten und Opfer hingegen, den leichtgläubigen, tölpelhaften, schwerfälligen Calandrino oder Mastro Simone oder die geprellten Ehemänner, behandelt er mit einer moralischen und intellektuellen Distanz, die an ihnen nichts wahrhaft Menschliches mehr läßt und in einem mitleidslosen Gelächter gipfelt.

Lange Zeit galten allein diese Novellen Boccaccios als rundweg gelungen. Das *Decameròn* und Boccaccio selbst erschließen sich aber nur dem, der das Werk als großes Panorama versteht, das die Widersprüche eines ganzen Zeitalters, die unterschiedlichsten geistigen und moralischen Einstellungen und – im Einklang mit den rhetorischen Grundsätzen des Autors – die vielfältigsten Tonlagen und Stilebenen in sich faßt.

Die Analyse der inhaltlichen Aspekte und der Hinweis auf die Fülle der Ausdrucksmittel reichen aber zur Erklärung der Originalität des *Decameròn* nicht aus. Hierzu bedarf es eines weiteren Elementes: Boccaccios Lust am Erzählen. Boccaccio war der geborene Erzähler, einer der Menschen, die ihre größte innere Befriedigung im Erfinden und Erzählen finden, einer der Schriftsteller, die ihre Weltsicht und ihre Antwort auf die Probleme des Lebens instinktiv in erfundenen Geschichten und Personen ausdrücken, die voller Vergnügen erzählerische Verwicklungen ersinnen, voller Sorgfalt das Bild ihrer Personen ausmalen und so zu einer umfassenden Darstellung der Wirklichkeit gelangen.

## 6. Kunst, Stil und Sprache

### *a) Das »Decameròn« als ›komisches‹ Werk*

Das *Decameròn* war für Boccaccio ein ›komisches‹ Werk in dem Sinne, in dem auch Dante seine *Divina Commedia* als ›komisch‹ verstanden hatte, insofern nämlich der Themen- und Personenbestand auf mehr als einen Aspekt des Lebens und des Menschen ausgerichtet war, das Wortinventar nicht nur aus der Hochsprache, dem ›volgare illustre‹, stammte und der Stil nicht nur die höchste Stufe rhetorischer Komplexität aufwies. Es ging um keinen Verzicht auf große Kunst überhaupt, sondern um die bewußte Entscheidung für eine Kunstform, die die Kenntnis und Verwendung aller technischen Kunstgriffe, wie sie in den Poetiken untersucht und für den ›mittleren‹ Stil (genus mediocre) zugelassen worden waren, einschloß. In der Vorrede zum vierten Tag, worin Boccaccio sich gegen den Vorwurf verteidigt, bloßes »Geschwätz« zum Vergnügen der Frauen zu verfassen, unterstreicht er den künstlerischen Wert des *Decameròn* und entgegnet stolz, die Musen seien zu seiner Unterstützung vom Parnaß herabgestiegen. Wie die *Divina Commedia* Paradies und Hölle, Himmel und Erde miteinander verbindet, so mischen sich im *Decameròn* also höfische und komische Elemente, Novellen über vornehme Gegenstände mit traurigem Ende und solche über gewöhnliche Gegenstände mit glücklichem Ende, und der Stil ist je nach Thematik hoch und erhaben oder nieder und bescheiden, wobei es sich auch bei letzterem, dem ›realistischen‹ Stil, immer um ein rhetorisches Phänomen, um einen willentlich erzielten Effekt handelt.

### *b) Die Sprache*

Der Wortschatz Boccaccios weist daher eine Bandbreite auf, die von Wörtern ausgesuchtester Eleganz bis zu alltäglichen, ja geradezu vulgären Wörtern reicht. Gewöhnlich führt Boccaccio in seine Novellen Wörter ein, die die Atmosphäre festlegen und kennzeichnen. So läßt er in einer Geschichte, die in Frankreich spielt (II, 3), an bestimmten Schlüsselstellen, geschickt provenzalische Begriffe fallen; in der Geschichte von Belcolore und dem Priester (VIII, 2; vgl. VIII, 6) verwendet er drei oder vier Wörter, die ihr einen ländlichen Anstrich geben; und in einer anderen Novelle, die einen

Venezianer, Chichibío, zum Helden hat (VI, 4), läßt er eine Frau ein venezianisches Liedchen trällern. Während er in manchen komischen Novellen eine wahre Orgie realistischer, alltäglicher, vulgärer und dialektaler Ausdrücke entfesselt, legt er unter umgekehrten Vorzeichen, aber mit demselben komischen Effekt, Ser Ciappelletto, einem schlauen Gauner, der sich als Heiliger ausgibt, Sätze in den Mund, die Wort für Wort der Sprache der Mönche entnommen sind. Wenn aber die Thematik erhabener wird und ›tragische‹ Helden zu Wort kommen, schwingen sich auch Sprache und Stil zu höchst kunstvoll gebauter, wenn auch mitunter rhetorisch überspannter Rede auf.

### *c) Kunst und Technik*

Das *Decameròn* ist kein aus dem Leben gegriffenes ›realistisches‹, sondern ein mit äußerster Bewußtheit ausgearbeitetes Werk, in dem das Erbe der mittellateinischen Poetik und das der Antike, vor allem von Schriftstellern wie Livius und Apuleius und anderen ›nachklassischen‹ Autoren aus dem Goldenen Zeitalter, eine enge Verbindung eingehen. Und so kommt im *Decameròn* die allmähliche Herausbildung einer italienischen Kunstprosa im 13. und 14. Jahrhundert zu einem vorläufigen Abschluß. Die Prosa setzt sich in dem Maße, in dem sie, bei Boccaccio, ›poetische‹ Qualitäten entwickelt, von der gesprochenen Sprache ab, mit einer Entschiedenheit, die langwährende und schwerwiegende Auswirkungen auf die Literatur späterer Jahrhunderte haben sollte.

Wenn die Kunst dennoch nicht in Künstlichkeit umschlägt, so deshalb, weil die Prosa im *Decameròn* eine ernste, geschlossene und vielschichtige Weltsicht zum Ausdruck bringt und daher selbst dort, wo sie allzu gekünstelt erscheint, historisch gerechtfertigt ist. In der Tat ist die expressive Rhetorik nicht zu trennen von »onestà« (Ehrbarkeit) und »cortesia« (höfischer Vollkommenheit), den Idealen von Boccaccios Erzählerschar, die nur so, in dieser völlig durchdachten Sprache, diesem durchkomponierten Stil und dieser Kunstfertigkeit sich zu feiern und auf Kosten der Welt der »pecoroni« und »villani«, der Schafsköpfe und Bauerntölpel, zu vergnügen vermag.

Im übrigen trug das technische Geschick nicht zuletzt auch dazu bei, daß es Boccaccio gelang, überaus lebendige und konkrete Personen zu erschaffen. Das *Decameròn* prägt sich dem Leser vor allem durch die Erzählfreude, die überall zum Vorschein kommt, und durch seine Personen ein. Törichte, leichtgläubige ›Schafsköpfe‹ wie Calandrino und Mastro Simone; schlaue, durchtriebene Spitzbuben wie Bruno, Buffalmacco, Ser Ciappelletto, Fra Cipolla oder die Sizilianerin; tragische Heldinnen von hohem moralischem Format wie Ghismonda oder von elegischer Zartheit wie Lisabetta; würdevolle Edelfrauen wie Monna Giovanna oder junge Frauen voller Leidenschaft wie die in König Peter verliebte Lisa aus Palermo; lachlustige, übermütige Weiber wie Belcolore und Peronella, die nie zögern, ihre Ehemänner fröhlich zu überlisten; feinfühlige Edelmänner wie Federigo degli Alberighi; schlaue und doch von Natur aus ›höfische‹ Leute aus dem Volk wie Cisti, der Bäcker, – das Buch ist eine wahre Galerie unvergeßlicher Porträts, die Boccaccio gewöhnlich mit wenigen Worten skizziert und im Laufe der Handlung allmählich belebt.

## 7. Das lateinische Werk und die Dante-Schriften

Das *Decameròn* hielt das Gleichgewicht zwischen persönlichen Ansprüchen und zeittypischen Tendenzen. Die Begegnung mit Petrarca sollte Boccaccio zur Abkehr von der volkssprachlichen Literatur und in den Bannkreis der aufkommenden humanistischen Kultur führen. Es war dies eine nicht nur literarische, sondern auch moralische Wende, die die Vorstellung in sich schloß, daß sich die Literatur nicht mehr an ein breites Publikum von ›Laien‹, sondern, als Tätigkeit von ›Spezialisten‹, an ein begrenzteres, aber kongeniales Publikum von Gelehrten zu richten habe.

Aus diesem Geist heraus, ohne aber die philologische Begabung, die breite Bildung und den weiten Horizont Petrarcas zu besitzen, schuf Boccaccio in seinen letzten Jahren zahlreiche gelehrte Werke: *De casibus virorum illustrium*, ein Werk in neun Büchern, das die Schicksale berühmter Männer, die zunächst vom Glück begünstigt, dann von ihm im Stich gelassen wurden, schildert; *De claris mulieribus*, eine Sammlung von vierundfünfzig Biographien berühmter Frauen; *De montibus, silvis, fontibus, lacubus, fluminibus, stagnis seu paludibus, et de nominibus maris*, ein Verzeichnis der in der klassischen Literatur zu findenden geographischen Bezeichnungen; vor allem aber *De genealogiis deorum gentilium*, ein Traktat in fünfzehn

Büchern, der die antike Mythologie systematisch darstellt, moralisch wie allegorisch interpretiert und in seinen wichtigen letzten beiden Büchern die Dichtkunst und das eigene Werk verteidigt; schließlich die weniger bedeutenden Briefe und das *Bucolicum carmen*.

Abgerundet wird das Bild von Boccaccios Schriftstellerpersönlichkeit durch die Dante-Schriften, die von der lebenslangen Achtung und Liebe, die er seinem großen Vorgänger entgegengebracht hat, ja einem regelrechten Kult, Zeugnis ablegen. Neben dem *Comento* bzw. (mit den Worten Boccaccios) der *Esposizione sopra la Comedía*, die er zunächst aus gesundheitlichen Gründen unterbrach und dann, weil er zu der Überzeugung kam, daß die Verbreitung der Danteschen Allegorie unter das Volk weder des Dichters noch seiner selbst würdig sei, schrieb er einen *Trattatello in laude di Dante*, von dem drei Fassungen erhalten sind. Dieser ist weniger eine Dante-Biographie als vielmehr eine bereits in humanistischem Ton gehaltene Biographie des idealen Dichters und daher eine Verherrlichung der Dichtung, der sich Boccaccio so sehr verschrieben hatte, daß er auf dem Epitaph, den er für sein Grab entwarf, beteuerte, er habe sich sein ganzes Leben um die göttliche Poesie bemüht: »studium fuit alma poësis«.

## 8. Ruhm und Nachruhm

Das *Decameròn* hatte in der zweiten Hälfte des 14. Jahrhunderts großen Erfolg vor allem in bürgerlichen und kaufmännischen Kreisen, denen das Werk durch seine romanhaften Züge, durch die Spiegelung der italienischen Kaufmannsgesellschaft, durch die Verherrlichung der ›cortesia‹, die hier einem gebildeten, aber nicht akademischen Publikum nahegebracht wurde, gefallen konnte. Es ist nicht ohne Aussagekraft, daß Petrarca Boccaccio davon abhielt, das Werk zu vernichten, andererseits aber, als er ihm in späteren Jahren seine lateinische Übersetzung der Griselda-Novelle übersandte, vom *Decameròn* als einem »in Prosa, für das Volk geschriebenen Jugendwerk« spricht und seine Mängel mit »dem Alter, in dem du warst, als du es schriebst, der Sprache, dem Stil, der wenig tiefgründigen Thematik und vor allem der Art der Leser, an die es sich richtete« (*Seniles*, XVII, 3, 1373), entschuldigt. Der Brief ist bezeichnend für die Distanz zwischen der aufkommenden humanistischen und der volkssprachlichen Kultur.

Zur gleichen Zeit übernahmen jedoch die volkssprachlichen Novellenerzähler die Rahmenhandlung des *Decameròn*, und der volkssprachliche Humanismus erwählte Boccaccios Prosa zur Grundlage der literarischen Hochsprache. Diese Wertschätzung ging auch in der zweiten Hälfte des 16. Jahrhunderts nicht zurück. Auf die Wirkung des *Decameròn*, die aus der Geschichte der italienischen Literatur nicht wegzudenken ist, wird von Fall zu Fall bei der Behandlung der späteren Epochen, wenigstens aber bis in 18. Jahrhundert hinein, zurückzukommen sein.

# Kapitel XI
# Das ausgehende 14. Jahrhundert

## 1. Volksliteratur und höfische Literatur

### *a) Ebenen des literarischen Schaffens*

Die zweite Hälfte des 14. Jahrhunderts bleibt ohne ausgeprägte eigene Konturen, sei es weil die ›drei Florentiner Kronen‹, wie Dante, Petrarca und Boccaccio genannt wurden, einen ganz unterschiedlichen Einfluß ausübten, sei es weil der Niedergang der Stadtrepublik und das Aufkommen des Signorie von allgemeiner Unsicherheit und Haltlosigkeit begleitet waren.

Zahlreiche Schriftsteller blieben im Fahrwasser einer der drei ›Kronen‹. Von den Nachahmern Dantes und von den vielen Exegeten und Kommentatoren der *Divina Commedia* war bereits die Rede. Unter den vielen, die Boccaccio nachahmten, ist ein gewisser Ser Giovanni mit seinem *Pecorone* hervorzuheben, einer Sammlung von fünfzig, meist der Chronik Villanis entnommenen, doch nicht ohne Geschick erzählten Novellen, die durch eine genial einfache Rahmenhandlung zusammengehalten werden. Und schließlich fand auch Petrarca zahlreiche Nachahmer, die den neuen Ton aber in einen schon zur Manier gewordenen Stilnovismo einbrachten.

Insgesamt spielte sich das literarische Schaffen dieser Zeit auf mehreren untereinander verbundenen und doch deutlich getrennten Ebenen ab. Auf der einen Seite gab es Werke, die sich in manirierter Sprache und Form an ein bürgerlich-aristokratisches Publikum richteten, auf der anderen Seite Werke, die weniger gebildete Autoren für ein Publikum von Kleinbürgern, Handwerkern und niederem Volk schrieben, – und wenn es sich bei letzteren auch nicht um ›große‹ Literatur handelt, so sollen sie dennoch nicht unberücksichtigt bleiben. Ihre Verfasser waren Spielleute im eigentlichen Sinne, Höflinge (uomini da corte), die im Dienste großer Herren von Stadt zu Stadt zogen, Kleinbürger und Leute aus dem Volk. Die vorherrschenden Gattungen waren der *cantàre* (das episch-ritterlich-abenteuerliche Heldenlied), die *frottola* (das satirisch-didaktische Tanzlied), der ebenfalls satirische *serventese*, das unterschiedlich gereimte und thematisch gefüllte Sonett, das Madrigal, die musikbegleitete *ballata* (Tanzlied) und die ebenfalls gesungene *caccia* (Jagdgedicht).

### *b) Ritterromane, ›cantàri‹, Antonio Pucci*

An das weniger gebildete Publikum richteten sich vor allem die Ritterromane. Schon im 13. Jahrhundert waren die französischen Stoffkreise in den ›franko-venetischen‹ Heldenepen italianisiert worden: Die Inhalte der *chansons de geste* wurden der italienischen Zuhörerschaft angepaßt, die Geschichten spielten in Italien, die Helden waren italienischer Geburt oder Abstammung, die Abenteuer und der Charakter mancher Personen wurden kräftig umgestaltet, die Sprache, in der erzählt wurde, war ein von Italianismen durchzogenes oder ein nach dem Gehör geschriebenes schlechtes Französisch. Im 14. Jahrhundert entstanden zu den gleichen Themenkreisen eine Reihe von Prosaromanen. Insbesondere Andrea dei Magnabotti oder Mangiabotti oder Mangabotti, genannt ›da Barberino‹, verarbeitete die französischen Stoffe zu unzähligen Romanen, von denen wenigstens einer, die zwischen 1380 und 1420 entstandenen *Reali di Francia*, eine Italianisierung des Stoffkreises um Karl den Großen, ein riesiger und langanhaltender Erfolg wurde.

An dasselbe Publikum richteten sich die zahllosen *cantàri*, Kurzepen in der achtzeiligen Stanzenstrophe (ottava rima) ganz unterschiedlicher Thematik (Sagen um Karl den Großen oder König Artus, Heiligenleben, Sagen um Cäsar, Troja oder Alexander den Großen, usw.), die auf öffentlichen Plätzen von berufsmäßigen Spielleuten nach einem festen Schema vorgetragen oder gesungen wurden: zu Beginn die Bitte um Aufmerksamkeit, dann der Vortrag der Geschichte, zum Abschied ein Gruß oder, wenn der *cantàre* mehrere Gesänge umfaßte, die Aufforderung, am nächsten Tag wiederzukommen; zu Beginn die Anrufung der Jungfrau Maria und aller Heiligen, zum Schluß der Dank, usw. Der Stoff wurde stets der Mentalität und dem Geschmack des Publikums angepaßt, so daß die handelnden Personen und ihre Taten alle aristokratischen Züge verloren und in einer volkstümlichen Abenteuerhandlung aufgingen. Während die Verfasser vieler dieser *cantàri* anonym blieben, ist unter den namentlich bekannten Autoren des ausgehenden 14. und beginnenden 15. Jahrhunderts der fruchtbarste und am besten erschlossenste Antonio Pucci, der als Glöckner und Ausrufer der ›Kommune‹ zwischen 1310 und 1388 in Florenz lebte. Er verfaßte Sonette, historische Serventesen, ein Kurzepos in Terzinen (*Proprietà di Mercato Vecchio*), in dem er das Florenz des niederen Volkes um den alten Markt schilderte, ein langes Epos in 91 von geplanten hundert Gesängen (*Centiloquio*), in dem er die Chronik Villanis in Verse setzte, und zahlreiche *cantàri*. Bei einem solchen Schriftsteller ist es nicht einfach, individuelle psychologische oder stilistische Eigenarten auszumachen; immerhin lassen sich aber technisches Geschick, sprachliche Gewandtheit und ein schlichter, doch lebendiger Stil feststellen. Gerade die fehlende Individualität macht jedoch sein Werk so aussagekräftig für das volkstümliche Florenz, das wir auch in den Novellen Sacchettis und in einigen der im eigentlichen Sinne florentinischen Novellen Boccaccios antreffen.

### c) *Die höfische Lyrik*

Auf einer ganz anderen Ebene bewegten sich die Lyriker, ob sie sich nun an einen Hof gebunden oder ein persönlicheres Profil entwickelt hatten. Die Höfe des 14. Jahrhunderts hatten noch einen bürgerlich-militärischen Anstrich, ihre literarischen Interessen waren bescheiden. Und so gab es neben den höfischen Dichtern, die artifiziell-konventionelle Gedichte in der Art des Stilnovismo oder Petrarcas verfaßten, andere, die Dichtung zur musikalischen Begleitung schrieben, und wieder andere, die zum Ergötzen des fürstlichen Hofes Ton und Stil der volkstümlichen Dichtung nachahmten oder als Spielleute im eigentlichen Sinn des Wortes auftraten.

Während auf der einen Seite noch in der Mitte des 15. Jahrhunderts fahrende Sänger am Hofe der Sforza freundlich aufgenommen wurden, begünstigte die Ausbreitung bürgerlich-aristokratischer Lebensformen das Aufblühen einer zur Musik geschriebenen Dichtung für Feste und Abendgesellschaften. Die Mehrzahl der Autoren dieser Werke ist nur dem Namen nach bekannt, ihre Biographie liegt im Dunkeln, ihre Künstlerpersönlichkeit geht völlig in der Masse auf: Matteo del Correggiaio, Francesco di Vannozzo, Antonio da Ferrara, Giannozzo Sacchetti, Simone Serdini, Niccolò Soldanieri, Guido Donati, u.a.m. Ausnahmen sind allenfalls ein gewisser Bindo di Cione aus Siena, dem eine beachtliche politische

Lyrik zugeschrieben wird, und Fazio degli Uberti, in dessen Gedichten, insbesondere den politischen, der Widerschein einer künstlerisch und menschlich bemerkenswerten Persönlichkeit zu spüren ist.

## 2. Franco Sacchetti

Die bedeutendste Schriftstellerpersönlichkeit jener Jahre ist Franco Sacchetti, der zwischen 1332 und 1334 vermutlich in Ragusa als Sproß einer Florentiner Familie geboren wurde, lange in Florenz lebte und dort auch öffentliche Ämter bekleidete. Seine letzten Jahre waren von privaten Schicksalsschlägen und finanziellen Schwierigkeiten überschattet. Er starb im Jahre 1400.

Sacchetti besaß eine recht vielseitige – klassische, rhetorische (im mittelalterlichen Sinne), ›moderne‹, biblische Bildung, die für seine Zeit nicht untypisch, doch bei ihm immer auf eine rudimentäre Philosophie, auf den gesunden Menschenverstand, auf eine strenge, aber gewöhnliche Moral verkürzt ist. Es handelt sich um die Bildung eines Kleinbürgers, in der die Themen der Kultur seiner Zeit, in tausend Stücke zersplittert, in einen polternden und etwas bitteren Moralismus eingingen. Wir finden diesen Zug vor allem in der Moral, die seinen Novellen angefügt ist und häufig, mag sie auch ehrlich empfunden sein, recht aufgesetzt wirkt.

Sacchetti verfaßte sowohl Verse als auch Prosa. Seine Gedichte, zum Teil auch zur musikalischen Begleitung geschrieben, behandeln alle möglichen Themen – Politik, Religion, Sprache, Moral – stets aus demselben streng bürgerlichen und kaufmännischen Geist heraus. Sie verherrlichen den mittleren Stand, beklagen die Verderbnis der Zeit, jammern, daß die Werte des Geistes von denen der Wirtschaft besiegt würden, singen das Lob des Friedens und seines Nutzens für Handel und Wandel und übersetzen, so könnte man sagen, das große Thema eines Petrarca oder eines Ambrogio Lorenzetti in eine engherzig kaufmännische Mentalität. Neben dieser lehrhaften Dichtung sind, im selben moralisierenden Tonfall, die Kanzonen auf den Tod Petrarcas und Boccaccios sowie einige Tanzlieder (frottole), Jagdgedichte (cacce) und preziöse Madrigale als typische Beispiele musikbegleiteter Lyrik erhalten.

Sein Meisterwerk aber sind die Novellen, die freilich dieselbe kleinbürgerliche Welt und Gesinnung in sich schließen. Dante,

Guido Cavalcanti, Giotto, Herrscher, Bischöfe, Äbte, – sie alle werden mit den Augen des Mannes aus dem Volk gesehen und auf das Maß der eigentlichen Helden des Buches – Florentiner Kaufleute, Handwerker oder kleine Landbesitzer, ›Höflinge‹, Wirte, Narren usw. zurückgeführt. Die zwischen Kleinbürgertum und niederem Volk angesiedelten Menschen dieser Novellen werden nicht, wie im *Decameròn*, von oben, von der Warte einer höheren Bildung und Geistigkeit aus, betrachtet, sondern mit den Augen eines Mannes aus demselben Fleisch und Blut, eines, wie Sacchetti von sich selbst sagte, »groben Schelms«, der, selbst einfach und gutmütig, sich unter diesem Volk wohlfühlt, seine Regungen und Sprüche versteht und sich daran ergötzt. Nicht zuletzt deshalb ist diese Welt auch voller Streiche, Späße, Mißverständnisse und kleiner Betrügereien, ohne daß jedoch jemals Blut fließt oder das Leben zur Tragödie wird. Das für seine Verhältnisse beträchtliche erzählerische Talent, mit dem Sacchetti diese in jeder Hinsicht ›komische‹ Welt zur Darstellung bringt, zeigt sich in der gewandten Personenzeichnung, in der lebendigen Schilderung von Massenszenen, in der lockeren volkstümlichen Syntax und in einer Sprache voller Leben und Witz.

# Kapitel XII

# Das literarische System

Nachdem nun die analytische Darstellung des literarischen Schaffens im Zeitalter der italienischen Stadtrepubliken abgeschlossen ist, kann an dieser Stelle der Versuch einer Syntese unternommen werden.

Was die sozialen Strukturen betrifft, so war die italienische Gesellschaft in deutlich unterschiedene und hierarchisch angeordnete Schichten eingeteilt. Eine klare Kluft tat sich zwischen Stadt und Land auf: die Stadt auf der einen Seite, die in baulicher, demographischer und finanzieller Hinsicht stark expandierte und der Ort komplexer Formen sozialen Zusammenlebens und kulturellen Schaffens war; das Land auf der anderen Seite, das in Unbeweglichkeit erstarrte und von den Städtern entweder verachtet und gefürchtet oder zu einem arkadischen Ort der Erholung von der Mühsal des Lebens mythisiert und mit willigen jungen Frauen bevölkert wurde (man denke nur an die vielen *ballate* und *pastorelle*).

Daher konnte auf dem Land und für das Land zwar weiterhin eine eigene bäuerliche Literatur entstehen, doch das literarische Schaffen im eigentlichen Sinne spielte sich in der Stadt ab und spiegelte die mentalen Strukturen, die Interessen und Vorlieben der Städter wider.

Die Stadt wird ›demokratisch‹ auf eine Art und Weise regiert, die an die Polis des antiken Griechenland erinnert. Zahlreiche Gesellschaftsschichten sind an der Regierung beteiligt, auch wenn ein beträchtlicher Teil der Bevölkerung (in Florenz die ›ciompi‹, die Arbeiter, und eine Zeitlang auch die Adligen) ausgeschlossen bleibt. Die Ämter werden in freier Wahl vergeben und häufig gewechselt. Die Stadtrepublik läßt neue soziale Gruppen entstehen und früher streng getrennte Menschen und Klassen einander näherrücken, so daß sich unterschiedliche Interessen und Vorlieben mischen und die Kultur allmählich verändern. Während lateinische Sprache und lateinische Schrift ins Abseits gedrängt werden, tritt der neue Typus des (laizistischen und der Stadtrepublik verbundenen) Intellektuellen auf den Plan, und es entfaltet sich eine reichhaltige Literatur in der Volkssprache. Gleichzeitig gibt es Entwicklungen, die in die umgekehrte Richtung weisen: Wenn nämlich die letzten Jahrzehnte des 13. und die ersten des 14. Jahrhunderts eine weitgehende Homogenität aufweisen, so wird später die Kluft zwischen den herausragenden laizistischen Intellektuellen und den kleinbürgerlichen Literaten immer größer; diese Unterscheidung setzt, in Übereinstimmung mit den ersten Anzeichen des gesellschaftlichen Wandels zur Signorie, bereits bei Petrarca und Boccaccio ein.

Unter einem anderen Gesichtspunkt aber, unter dem des Glaubens nämlich, war die Gesellschaft der Stadtrepublik außerordentlich einheitlich. Der Glaube bildete nach wie vor die Grundlage allen kulturellen Schaffens, prägte das gesamte individuelle und gesellschaftliche Leben und bestimmte die kollektive Vorstellungswelt. Die christliche Mythologie ist allen sozialen Schichten gemeinsam, und davor treten die Gegensätze zwischen Stadt und Land, Klerikern und Laien, Gebildeten und Analphabeten in den Hintergrund: Dante dachte sicher ganz anders als ein ›villano‹, ein Bauer, doch teilt er mit ihm ein reiches Erbe an Glaubensinhalten und Hoffnungen, an Vorstellungen und Überzeugungen. Gott, die Jungfrau Maria, die Engel, die Heiligen, die Teufel, ihre Wesenszüge und die Geschichten, die sich um sie ranken, sind die grundlegenden Elemente des privaten wie des öffentlichen Lebens, und alle erdenklichen Probleme werden stets unter dem Blickwinkel des Glaubens betrachtet.

So unterscheidet sich die Literatur jener Zeit in vielerlei Hinsicht, thematisch (religiös, didaktisch, narrativ usw.), stilistisch (Tragödie, Komödie, Elegie) oder publikumssoziologisch (›Kleriker‹, ›Bürger‹, ›Volk‹), und ist doch im Kern eine Einheit. Schließlich und endlich sind die Personen, die Literatur produzieren und rezipieren, nicht sehr zahlreich, so daß sie mehr oder weniger dieselben Überzeugungen teilen. In einer Zeit, in der jeder, der sich schriftstellerisch betätigt, die *artes dictandi* kennt, ist die rhetorische Schulung eines fahrenden Sängers wie Cielo d'Alcamo von der eines gebildeten Künstlers nicht wesentlich verschieden.

Deshalb ist die Verbreitung der literarischen Werke auch so groß wie über lange Zeit hinweg nicht mehr; dafür zeugt exemplarisch die *Divina Commedia*. Diese weite Verbreitung erstaunt allerdings nur, insofern man sie mit derjenigen früherer Jahrhunderte vergleicht, als ausschließlich in lateinischer Sprache geschrieben wurde.

Aber auch unter diesem Blickwinkel ist das System in ständiger Bewegung. In dem Maße, in dem die Kultur der Stadtrepublik auf ganz Italien ausstrahlt und die Gesellschaft, vor allem im Zentrum und in einigen Regionen Norditaliens, immer vielfältiger und differenzierter erscheint, bildet auch das literarische System immer feinere Verästelungen aus. Während im 13. Jahrhundert das literarische Schaffen in der Volkssprache noch stark von der starren Schulrhetorik geprägt ist, stellt sich gegen Ende des 14. Jahrhunderts, als die Epoche ihrer Neige zugeht und Franco Sacchetti ihr Ende verkündet, das Bild ganz anders dar: Petrarca und Boccaccio bedienen sich gleichermaßen des Lateinischen wie der Volkssprache, ihre großen volkssprachlichen Werke (der *Canzoniere*, das *Decameròn*) sind mit einer eher klassisch-antiken als mittelalterlichen Rhetorik befrachtet, die Hofdichter greifen der Entstehung neuer Mittelpunkte des gesellschaftlichen und literarischen Lebens voraus, Pucci und Sacchetti lassen ein neues Publikum von Kleinbürgern, Handwerkern und Leuten aus dem Volk erahnen.

Von zentraler Bedeutung für die italienische Literatur ist schließlich die Tatsache, daß mit Dante, Petrarca, Boccaccio drei Schriftsteller und drei große Werke aufgetaucht sind, in denen sich die italienische Gesellschaft wiedererkennen und auf die sie sich, bis heute, ständig zurückbeziehen konnte. Der Einfluß der drei ›Kronen‹ wird den gesamten weiteren Verlauf des literarischen Schaffens in Italien bestimmen und zu seinem einheitlichen Charakter beitragen. Jenseits aller politischen und sozialen Zersplitterung gibt es von nun an, auch wenn sich ›Nation‹ und ›Volk‹ noch nicht decken, eine italienische Nationalliteratur.

# Teil II

# Das Zeitalter des Humanismus und der Renaissance

# Kapitel I

# Der Humanismus

## 1. Der Humanismus

Wer in Kenntnis des 14. Jahrhunderts das literarische Schaffen des 15. Jahrhunderts in Augenschein nimmt, steht vor einem völlig veränderten Panorama.

Schon in der zweiten Hälfte des Trecento hatte die volkssprachliche Literatur an Spannung verloren, während gleichzeitig eine hohe literarische Kultur aufkam, die sich das Lateinische zum Ausdrucksmittel erwählte. Die für das 13. und die erste Hälfte des 14. Jahrhunderts charakteristische Tendenz zu einer immer stärkeren Vorherrschaft der Volkssprache begann sich umzukehren, – die Volkssprache blieb mehr und mehr rein praktischen oder unterhaltenden Schriften vorbehalten. Diese Entwicklung verstärkte sich im 15. Jahrhundert, als mit der neuen Literatur in lateinischer Sprache eine vielfältige kulturelle Aktivität, ebenfalls in lateinischer Sprache, und eine intensive und begeisterte Beschäftigung mit der Welt der Antike einsetzte. Das Latein, das nun Verwendung fand und mit dem mittelalterlichen Latein nichts mehr zu tun hatte, war so genau wie möglich der Sprache der klassischen Autoren nachgestaltet und ausschließlich an Geschmack und Stil der ›goldenen‹ Latinität, die man in der Prosa Ciceros und den Versen Vergils verwirklicht sah, ausgerichtet. Dabei betrachteten die ›Humanisten‹, wie wir heute sagen, die antike Welt mit durchaus kritischen Augen und nahmen, im Bewußtsein ihres Abstands zur eigenen Welt, die bis heute wichtige Periodisierung der Geschichte in eine ›antike‹, eine ›mittlere‹ und eine gerade beginnende dritte Phase vor, in der die Prinzipien des Christentums mit den zu ihrer ursprünglichen Reinheit zurückgeführten klassischen Werten zu einem modernen und zugleich aus der Antike erwachsenen Menschenbild verschmelzen sollten. Voraussetzung der kulturellen Bewegung des Humanismus war der im Rahmen der Stadtrepublik erfolgte Kampf im 13. und 14. Jahrhundert um eine neue – nicht mehr feudale – Gesellschaftsordnung und eine mit ihr übereinstimmende Weltsicht.

Das Interesse der Humanisten an den Klassikern könnte man, mit einem modernen Begriff, ›instrumental‹ nennen. Sie vertrauten darauf, in den Texten, die sie in alten Klöstern aufspürten, eifersüchtig hüteten und wie kostbare Schriftstücke abschrieben, wenn nicht die Lösung, so doch einen Hinweis auf die Lösung ihrer zeitgenössischen Probleme zu finden. Und aus diesem Interesse heraus schufen oder erneuerten sie eine Reihe von Disziplinen wie Philologie, Altertumswissenschaften, Archäologie und Chronologie, die das ursprüngliche Gesicht und die historische Bedeutung dieser Texte wiederherstellten und sie einer ›antiquitas‹ zuordneten, an deren Gedanken und Ideale man sich nach wie vor ausrichten konnte.

## 2. Humanismus, Signorie und Prinzipat

Die eigentliche Erklärung dieser Entwicklung ist im historischen Wandel der italienischen Gesellschaft zu suchen. Grob gesagt könnte man den Humanismus als Ausdruck des Zeitalters der ›Signorie‹ bezeichnen, so wie die volkssprachliche Literatur und Kultur des 13. und 14. Jahrhunderts Ausdruck des Zeitalters der ›Kommune‹ war.

Mit Blick auf die Lage in der Romagna hatte Dante gegen Ende des 13. Jahrhunderts geschrieben, sie lebe zwischen ›Tyrannei‹ und ›Freiheit‹, d.h. zwischen den fortdauernden Herrschaftsstrukturen der Stadtrepublik und den ersten Erscheinungsformen der Signorie. Diese Entwicklung spitzt sich in Ober- und Mittelitalien, ausgenommen Florenz, während des gesamten 14. Jahrhunderts zu und mündet in eine wirre Aufeinanderfolge von Kriegen und Verschwörungen ein. Aus einer Unzahl von städtischen Republiken und, später, Signorien erwuchsen starke Regionalstaaten (Florenz, Mailand, Ferrara, Mantua, Venedig, der Kirchenstaat, das Königreich Neapel, das Königreich Sizilien), die erbittert um die Vorherrschaft stritten, bis 1454 im Frieden von Lodi ein labiles Gleichgewicht gefunden wurde.

Diese Entwicklung lief parallel zu dem folgenreichen Machtverlust, den Papsttum und Kaisertum erlitten: Der Kirchenstaat wandelte sich in einen vorrangig politischen und ›italienischen‹ Staat, die einflußreichen universalistischen Bestrebungen zerfielen, religiöse Strömungen kamen auf, die nicht mehr im Schoße der nunmehr selbst politisierten und von der humanistischen Kultur erfaßten römischen Kirche zusammenliefen. Das ganze Jahrhundert war daher von ›häretischen‹ Bewegungen durchzogen, von den Hussiten (nach ihrem Begründer Johannes Hus, der 1415 auf dem Scheiterhaufen starb) bis zu Savonarola (der 1498 in Florenz ebenfalls verbrannt wurde).

All diese Phänomene lassen sich in gewisser Hinsicht auf die Stadtrepublik zurückführen, die sich als gesellschaftliche Organisationsform zwar deutlich vom Feudalismus unterschied, ihn aber nie völlig überwunden hatte, die in ihrer wirtschaftlichen Struktur eher auf kaufmännisch denn auf industriell erworbenes Kapital gegründet war, die sich durch Bündnisse und Heiraten zwischen den neuen Kaufmanns- und alten Patrizierschichten gefestigt hatte und durch den Abfluß großer Kapitalmengen, die zum Erwerb von Ländereien verwendet wurden, schon bald erstarrt war. Im Zuge dieser Entwicklung bildeten sich Gruppen, die erbittert um die politische und wirtschaftliche Vorherrschaft kämpften, und entstanden gewaltige soziale Spannungen, aus denen schließlich die ›Signori‹ als Sieger hervorgingen.

Bereits in der zweiten Hälfte des 14. Jahrhunderts kommt es also zu dem Phänomen, das die neuere Geschichtswissenschaft als ›Refeudalisierung‹ bezeichnet, als die Wiederkehr ursprünglich feudaler Wirtschafts- und Lebensformen, von den massiven Investitionen in Ländereien bis zur Blockade des aufkommenden Industrialismus, von der Rückkehr zur ›herrschaftlichen‹ Machtausübung bis zur Entstehung von ›Höfen‹ im Umkreis des ›Signore‹ oder später des ›Principe‹, vom Aufbau einer höfischen Bürokratie bis zur Aufstellung eines Berufsheeres, das die städtische Miliz ablöst.

In dieser politischen und gesellschaftlichen Entwicklung kommt eine sich schon im 14. Jahrhundert abzeichnende und sich im 15. Jahrhundert verstärkende Krise zum Ausdruck: eine demographische, nicht zuletzt auf die zahlreichen Pestepidemien (am bekanntesten die im *Decameròn* beschriebene, die 1348 in Florenz wütete) zurückgehende Krise; eine wirtschaftliche Krise mit zahlreichen aufsehenerregenden Zusammenbrüchen von Handelshäusern; eine soziale Krise, die die Kluft zwischen den sozialen Klassen, zwischen Stadt und Land sowie zwischen den politischen, wirtschaftlichen und intellektuellen Eliten und den städtischen und ländlichen Massen deutlich verschärfte.

Die Krise gipfelte 1494 in dem Eroberungszug des französischen Königs Karl VIII. in Italien, – sie hatte aber schon das gesamte Jahrhundert durchzogen und zahlreiche Widersprüche hervorgebracht. Der erstaunlichste Gegensatz war sicherlich der zwischen unterschwelliger gesellschaftlicher Krise und künstlerischer Blüte. Man denke nur an die prachtvollen Fassaden und Innenausstattungen der öffentlichen und privaten Gebäude, an den Glanz der Fürstenhöfe, an das Format der dort versammelten Künstler und Intellektuellen, an den geistigen Reichtum, was Zahl der Künstler und Schriftsteller und Qualität ihrer Werke angeht, – wobei nicht vergessen werden sollte, daß der Glanz auch auf der schamlosen Ausbeutung der niederen Volksschichten in Stadt und Land beruhte.

Die unterschiedlichen und vielfach widersprüchlichen Aspekte des Jahrhunderts sind jedoch miteinander verbunden und erklären sich gegenseitig. Die Prachtentfaltung der ›Signori‹ und Fürsten ist Beweis ihres erlesenen Geschmacks, gleichzeitig aber Ausdruck und Mittel einer Politik, die den gesellschaftlichen Konsens bewußt durch Prunk und Verschwendung zu fördern sucht. Die stolzen Paläste und Kathedralen, die unter Einsatz des in Handel, Gewerbe und Bankwesen erwirtschafteten Kapitals errichtet und mit Bildern, Statuen und Mobiliar reich ausgestattet werden, helfen dem ›Signore‹ und später dem Fürsten, die Unterstützung der Intellektuellen, der Künstler und des städtischen Großbürgertums zu gewinnen.

Die Ausdifferenzierung der humanistischen Kultur hängt daher in hohem Maße davon ab, wie weit diese Entwicklungen in den einzelnen Zentren fortgeschritten waren: Der sogenannte ›bürgerliche‹ Humanismus, der zwischen 14. und 15. Jahrhundert im republikanischen Florenz entsteht, ist ein anderer als der mitunter ausgesprochen freiheitlich eingefärbte Humanismus im päpstlichen Rom oder der Humanismus, der anderswo von der gewiß nicht uneigennützigen Freigebigkeit eines Lorenzo dei Medici, genannt Lorenzo il Magnifico, und eines Alfons des Großen von Aragon getragen wird. Gegen Ende des Jahrhunderts zieht sich die humanistische Kultur immer weiter aus der städtischen Wirklichkeit zurück, – sie verherrlicht das Landlebenidyll, sie träumt von längstvergangenen goldenen oder ritterlichen Zeitaltern, sie nimmt neuplatonische und mystische Schattierungen an und spiegelt so die Verschärfung der Krise im Bewußtsein der Gelehrten und der Künstler.

## 3. Die humanistische Kultur

### *a) Wesen und Widersprüche*

Der Humanismus ist, wie der antike Gott Janus, doppelköpfig mit zwei verschiedenen Gesichtern. Einerseits ist er als historische Weiterentwicklung der Kultur der Stadtrepublik eine fortschrittliche Bewegung, die von größter Bedeutung für die ganze abendländische Zivilisation werden sollte. Andererseits hat er mit der scharfen Trennung von ›Klerikern‹ und ›Laien‹, mit der erneuten Parallelisierung von kulturellem und sozialem Status, den lebendigen Austausch von Gedanken und Werken unterbrochen, der für die beiden vorangegangenen Jahrhunderte so charakteristisch gewesen war. Mit dem Humanismus beginnt der Schriftsteller wieder über Gegenstände zu reden und eine Sprache zu gebrauchen, die das ›Volk‹ weder kennt noch versteht.

Im übrigen fehlt es aber nicht an positiven und progressiven Zügen, – und hier ist in erster Linie darauf hinzuweisen, daß sich im Humanismus der schon im 13. Jahrhundert begonnene Prozeß der Verweltlichung der Kultur fortsetzt. Der Humanist steht gewöhnlich im Dienste einer Stadt (wie in Florenz) oder eines ›Signore‹; er ist ein ›Laie‹, auch wenn er häufig für die Kurie arbeitet; er erwirbt seine Bildung durch das Studium der griechischen und lateinischen Klassiker an neuartigen Schulen und Akademien; er verachtet die Scholastik, ihre Techniken und ihr Latein. Waren im Mittelalter die einzelnen Fächer »ancillae theologiae« (Mägde der Theologie), die die ›Wahrheit‹ – sie lag als christliche Offenbarung vor – nicht entdecken, sondern nur anwenden konnten, um den Menschen auf allen Gebieten des Wissens zu Gott zu führen, so begannen sie sich nun, in einem langen und Jahrhunderte dauernden Prozeß zu verselbständigen. Erst ein Jahrhundert später konnte Machiavelli die Politik als autonomen Bereich von dem des Glaubens absetzen; erst zwei Jahrhunderte später legte Galilei das moderne Verhältnis von Wissenschaft und Glauben fest und verkündete die Unabhängigkeit der Wissenschaft; erst im Verlauf des 15. und 16. Jahrhunderts vermochte sich das Prinzip von der Autonomie der Kunst, die um ihrer selbst willen, um ihrer formalen Werte und ihrer in der ›Schönheit‹ beschlossenen erzieherischen Kraft willen gewürdigt werden müsse, durchzusetzen.

### *b) Menschenbild*

Die neue ›laizistische‹ Kultur war jedoch keinesfalls, wie in der Vergangenheit wiederholt behauptet wurde, antichristlich, atheistisch oder heidnisch. Die Humanisten waren allein schon deshalb keine Heiden, weil sie dreizehn oder vierzehn Jahrhunderte christlicher Zivilisation nicht einfach verleugnen konnten, und sie waren allein schon deshalb keine Atheisten, weil sie von der Heiligkeit des Lebens und des Kosmos tief überzeugt waren. Auf der anderen Seite waren sie auch keine besseren Christen als die Menschen des Mittelalters, denn die Gesellschaft, in der sie lebten, war völlig anders. Die Humanisten entwarfen eine neue ›Version‹ des Christentums, legten es in neuer Weise auf den Menschen und das irdische Leben aus, gründeten ihre Weltsicht auf eine Vorstellung von ›humanitas‹, die die klassische Antithese von ›humanitas‹ und ›barbaritas‹ und die mittelalterliche von ›humanitas‹ und ›divinitas‹ miteinander verschmolz. Im Mittelpunkt des Universums steht für die Humanisten der Mensch mit seinen unzähligen Möglichkeiten und Anlagen. Pico della Mirandola läßt in seiner berühmten Rede *De hominis dignitate* (Über die Würde des Menschen, 1486) Gott mit folgenden Worten zum Menschen sprechen: »Ich habe dich nicht himmlisch noch irdisch, nicht sterblich noch unsterblich geschaffen, damit du dich frei, aus eigener Macht, selbst modellierend und bearbeitend zu der von dir gewollten Form ausbilden kannst.« In dieser Hinsicht war der Humanismus von einer nachdrücklichen Bejahung der Würde des Menschen, seiner Freiheit und seiner Möglichkeiten durchzogen und nahm dabei epikureische Motive wieder auf, wobei ›Epikurismus‹ hier nicht die Leugnung der Unsterblichkeit der Seele oder einen vulgären Materialismus meint, sondern die Aufwertung aller Aspekte des menschlichen Tuns einschließlich des Genusses.

Mit ihrer Polemik gegen Ärzte, Juristen, Wissenschaftler, in der sie den Wert der Rhetorik, des ›Wortes‹, der ›Rede‹ herausstrichen, festigten die Humanisten ihr Menschenbild und bezogen gleichzeitig eine Position, die widersprüchliche Folgen zeitigen sollte. Wenn nämlich der Kampf gegen die Scholastik und die mittelalterliche Wissenschaft zu *diesem* Zeitpunkt sicherlich einen Fortschritt darstellte und die Wiederaufwertung der Beredsamkeit von zweifellos positiver Bedeutung war, so war in dieser Position doch auch die Gefahr einer zunehmenden Abgehobenheit, ja Selbstisolierung der humanistischen Kultur gegeben. Bezeichnenderweise polemisierte ein Leonardo da Vinci ununterbrochen gegen die ›Literaten‹ und hielt ihnen vor, den ›Autoritäten‹, d.h. den zitierten Klassikern mehr Glauben zu schenken als der unmittelbaren Beobachtung von Natur und Mensch. Doch dies ist eine Entwicklung, die sich erst in der zweiten Hälfte des Jahrhunderts vollzog, als der Humanismus durch die enge Verflechtung mit den Fürstenhöfen mehr und mehr degenerierte. In der ersten Phase jedoch, vor allem im nach wie vor republikanisch geprägten Florenz, standen antischolastische Polemik und Wiederaufwertung der Beredsamkeit im Dienste der Verherrlichung eines auf Entfaltung der Persönlichkeit, auf Freiheit und Bildung gegründeten menschlichen Zusammenlebens. Hauptvertreter dieses Humanismus waren Männer, die hohe Bildung und schriftstellerisches Engagement mit konkreten praktischen und politischen Aktivitäten verbanden, wie Coluccio Salutati, Poggio Bracciolini oder Leonardo Bruni, die keine ›reinen‹ Literaten, sondern Kanzler der Republik oder hohe städtische Beamte waren. In ihren Augen war der Humanismus die Kultur, die den Bedürfnissen des italienischen Bürgertums im 14. und beginnenden 15. Jahrhundert am besten entsprach, und so waren sie die Begründer einer Kultur, die, abgesehen von der Wiederentdeckung und philologischen Wiederherstellung der verlorenen Klassiker, eine neue Moral, eine innovative Pädagogik, eine moderne Archäologie und Geschichtswissenschaft entwickelte. Währenddessen schrieben die Literaten in ihren Traktaten eine lateinische Prosa klassischer Prägung, verfaßten die Dichter ihre Verse in einem Latein, das mit der Geschmeidigkeit einer lebenden Sprache die leisesten Seelenregungen ausdrückte und eine der antiken lateinischen wie der modernen volkssprachlichen ebenbürtige Lyrik hervorbringen konnte. »Dieses goldene Zeitalter«, schrieb Marsilio Ficino in einem Brief, »brachte die fast schon verschwundenen ›artes liberales‹ wieder ans Licht: die Grammatik, die Dichtkunst, die Redekunst, die Malerei, die Bildhauerei, die Architektur, die Musik und den alten Klang der orphischen Lyra (...). In Dir (...) hat es die Astronomie zu ihrer Vollendung geführt. In Florenz wurde die Weisheit Platons zu neuem Leben erweckt. In Deutschland wurde die Technik des Buchdrucks erfunden.«

### c) *Kunst, Wissenschaft, Technik*

Die kulturelle Blüte wurde von einem erstaunlichen Aufschwung der bildenden Künste und der Architektur begleitet, der gleichfalls vom angesammelten Reichtum, vom Mäzenatentum der Fürsten, von der Kunstbegeisterung und vom Kunstverstand der Städte profitierte. Die Künstler wiederum zeigten ein immer größeres Interesse an Aspekten der Technik. Während der Humanismus in seinen Anfängen die Wissenschaft zugunsten von ›Philosophie‹ und ›Rhetorik‹ abgelehnt hatte, so ließen nun die Erfordernisse der Fürstenherrschaft eine ganze Reihe neuer Techniken, in Nautik, Hydraulik, Festungswesen und Buchführung, entstehen, die zu den großen geographischen Entdeckungen am Ende des Jahrhunderts und den revolutionären Erfindungen von Schießpulver und Buchdruck führten.

In den bildenden Künsten fanden Kunst und Technik zu einer fruchtbaren Verbindung, und so gab es im 15. und später im 16. Jahrhundert eine Fülle von Ausgaben und Übersetzungen mathematisch-technischer Werke aus der klassischen Antike und eine von Künstlern wie Filippo Brunelleschi, Lorenzo Ghiberti, Piero della Francesca oder Leonardo da Vinci verfaßte moderne technische Literatur. »Ich möchte, daß sich ein Maler möglichst gut in allen ›artes liberales‹ auskennt, vor allem aber sollte er die Geometrie beherrschen«, schreibt Leon Battista Alberti, und in der Tat war ja auch die Entdeckung der Zentralperspektive – eine der großen Neuerungen der Epoche – Ergebnis der neuen Mentalität.

## 4. Der Humanist und der Kulturbetrieb

### a) *Die kulturelle Einheit*

Ein wichtiger Aspekt des Humanismus war die Entstehung eines Kulturbetriebs, der insofern ›national‹ war, als er trotz aller politischen Zersplitterung die Aktivitäten einzelner zu einem gemeinsamen kulturellen Schaffen vereinigte.

Die Humanisten lebten an den Höfen, in zahlreichen kulturellen Zentren, von denen einige besondere Bedeutung erlangten: das Florenz der Medici, das Neapel der Aragonesen (seit Alfons dem

Großen), das Rom einiger Päpste, vor allem Nicolaus' V. und Pius' II., das Urbino der Montefeltro sowie Ferrara, Mantua, Mailand, Padua und Venedig. Sie standen in enger Verbindung untereinander, und die Humanisten wechselten vom einen zum anderen Hof, unterhielten briefliche Kontakte und tauschten Bücher, Manuskripte und Briefe aus; sie stritten und beschimpften sich, stellten Thesen und Ansichten gegeneinander und hatten so teil an einem gemeinsamen Kulturschaffen.

Zur Herausbildung dieser kulturellen Einheit trugen verschiedene Faktoren bei. Die Politik der ›Signori‹ und Fürsten war, auch aus praktischen Gründen, darauf bedacht, Intellektuelle an ihrem Hofe zu versammeln, um Männer in Reichweite zu haben, die die offiziellen Dokumente angemessen aufsetzen konnten, und Künstler, die mit ihren Werken einer Herrschaft den Glanz und den Mächtigen den Ruhm, der ihnen so am Herzen lag, verschaffen konnten. Hinzu kamen die Vereinigungsbestrebungen der ost- und weströmischen Kirche (die Konzilien von Konstanz, Basel und Ferrara: 1414, 1431, 1438), die zahlreiche Gelehrte aus Griechenland anzogen, – und hinzu kam schließlich die Eroberung Konstantinopels durch die Türken (1453).

### *b) Der Buchdruck*

Von grundlegender Bedeutung für die Kultur des Humanismus war in der zweiten Hälfte des Jahrhunderts die Erfindung des Buchdrucks durch den Mainzer Goldschmied Johannes Gutenberg (um 1394–1468). Sie wurde zunächst mit Zurückhaltung aufgenommen, fand dann aber große Verbreitung. Einige Städte entwickelten sich in kurzer Zeit zu wichtigen Zentren der Buchproduktion, so Venedig, wo man gegen Ende des Jahrhunderts schon einhundertfünfzig Buchdruckereien zählen konnte. Die Bedeutung der Erfindung blieb den Zeitgenossen nicht lange verborgen: Schon im 16. Jahrhundert äußerte sich der italienische Schriftsteller Gerolamo Ruscelli voller Bewunderung über diese »wunderbare Weise des Schreibens«, die ihm, so sagt er, erlaubt, »hier zu stehen und zur gleichen Stunde, zur gleichen Zeit zu fünfzig, hundert oder tausend Personen zu sprechen. (...) Und das, was ich sagen will, nicht nur den Lebenden mitzuteilen, sondern auch denen, die erst in tausend Jahren geboren werden.«

Der Druck erleichterte die Vervielfältigung der Bücher in einem bis dahin unvorstellbaren Ausmaß und verringerte ganz beträchtlich ihren Preis, so daß die Gedanken von nun an viel schneller und weiter verbreitet werden konnten, was nicht ohne Auswirkung auf religiöse und politische Ereignisse (den Sieg der Reformation in Deutschland) blieb. Schon im 16. Jahrhundert entstanden große industriell arbeitende Verlagshäuser (Manuzio, Giolito u.a.m.), die dazu beitrugen, den sozialen Status des Intellektuellen zu verändern und einen neuen Typus des ›Literaten‹ zu schaffen, der nicht mehr im Dienste eines Herrschers, sondern eines Verlegers stand.

### *c) Die Akademien*

Ein weiteres Merkmal der humanistischen Kultur waren die Akademien und privaten Schulen der freien Künste, d.h. freie Studienzentren, an denen sich Menschen mit gleichen Interessen zusammenfinden und ihre Erfahrungen austauschen konnten. So entstanden die Schulen von Vittorino Rambaldoni (Vittorino da Feltre, um 1373–1446) und von Guarino Veronese (1374–1460), die die humanistische Pädagogik zu ihrer kohärentesten Entfaltung brachten, und es entstanden die ›Accademia fiorentina‹ mit Marsilio Ficino als treibender Kraft, die von Pomponio Leto gegründete ›Accademia romana‹ sowie die ›Accademia napoletana‹ oder ›pontaniana‹ (nach Gioviano Pontano), – sie alle bemühten sich um die Vervollkommnung der typisch humanistischen Gattungen und leisteten ihren Beitrag zur schon angesprochenen Verweltlichung der Kultur. Diese Akademien und Privatschulen standen nämlich nicht mehr, wie zuvor die Universitäten zur Zeit des Mittelalters unter kirchlicher Kontrolle oder zur Zeit der Stadtrepublik unter dem Einfluß der Bettelorden, sondern stellten neue, auf das Mäzenatentum der Fürsten gestützte Bildungseinrichtungen dar, in denen sich Wesenszüge und Ideale der Gesellschaft, die sie hervorbrachte, spiegelten.

### *d) Der Humanist*

In einer ersten Phase gehörten die Humanisten gewöhnlich den oberen Gesellschaftsschichten an und waren deshalb wirtschaftlich unabhängig; später waren sie Intellektuelle oder Literaten von Beruf. Das Schreiben wurde zu einem Metier, das einen eigenen Rang in der sozialen Stufenleiter hatte, gegen Geld ausgeübt wurde und seine Kader, wie die Kirche, aus allen sozialen Schichten rekrutierte. Woher er auch kam –, der Humanist war in seiner beruflichen Einstellung allen anderen Humanisten gleich; er stand im Dienste der Kurie, eines ›Signore‹, eines Fürsten oder eines der Aristokraten, die sich an den Höfen sammelten; er wurde beherbergt und bezahlt, weil er schrieb und damit er schrieb; er konnte bisweilen einen beträchtlichen Wohlstand und ein beachtliches soziales Ansehen erringen; er betätigte sich politisch, indem er die Interessen des Hofes, an dem er gerade lebte, öffentlich vertrat. So wurde der berufsmäßige weltliche Literat, den als erster Petrarca verkörpert hatte, im Laufe von Humanismus und Renaissance zu einem grundlegenden Bestandteil der italienischen Gesellschaft. Es entstand eine Kaste, die in all ihren Vorzügen und Schwächen einen wesentlichen Anteil an der späteren historischen Entwicklung Italiens hatte.

Der Schwächen gab es zahlreiche und große: Der Humanist muß sich die Gunst seiner Beschützer gegen eine erbarmungslose Konkurrenz sichern und erhalten. Er zieht von Hof zu Hof, ändert seine Meinung mit der seiner Herren, rauft sich mit den Kollegen, erlaubt sich schamlose Schmeicheleien und grobe Schlüpfrigkeiten, besitzt, mit einem Wort, alle Schwächen einer neuen Kaste, die in der Gesellschaft noch nicht verwurzelt ist. Gleichzeitig ist er sich seiner eigenen Macht bewußt, so daß er sich und seinesgleichen über die Maßen rühmt und jene Verherrlichung des Geistes und seiner Unabhängigkeit in Gang setzt, die jahrhundertelang zu den schlechtesten Eigenschaften der italienischen Kultur zählte und bis heute noch nicht ganz aus ihr verschwunden ist.

Nichtsdestoweniger übersetzten die Humanisten im Laufe eines halben Jahrhunderts die Bedürfnisse und Bestrebungen der herrschenden Klasse Italiens in die Sprache der Kultur und versahen die Gesellschaft, in der sie lebten, mit kulturellen, literarischen und künstlerischen Mythen, die das Ende des Humanismus lange überleben sollten.

## 5. Das Publikum

Die Sprache, in der sich die Kultur des Humanismus äußerte, wies ihrer Verbreitung enge Grenzen. Die Werke von Dante, Petrarca und Boccaccio zirkulierten ungeachtet ihrer anspruchsvollen Inhalte und ihrer komplexen Rhetorik auch in Schichten des Kleinbürgertums, ja bisweilen des einfachen Volkes. Die Werke der Humanisten jedoch setzten die Kenntnis des Lateinischen, einer nunmehr toten Sprache, voraus. Immerhin hatte sich in den beiden vorangegangenen Jahrhunderten ein nicht unbeträchtlicher Teil des Bürgertums in den Stand versetzt, Latein zu lesen. Filelfo vermeldet mehr als vierzig Hörer in seinen Kursen in Florenz, und Vespasiano da Bisticci gibt an, er habe »immer zweihundert Schüler oder mehr«. Man kann also davon ausgehen, daß die Thesen der Humanisten in recht weiten Kreisen zirkulierten und zumindest die gesamte Oberschicht der italienischen Gesellschaft prägten.

Die große Verbreitung der humanistischen Schriften war aber auch unter einem anderen Gesichtspunkt von einiger Bedeutung. Die mittellateinische Kultur in ihrer einseitigen Rhetorizität und Intellektualität konnte nur verstehen, wer über eine spezialisierte Ausbildung verfügte. Daher kehrten die Humanisten, die den Vorlieben eines gebildeten, aber nicht spezialisierten Publikums entgegenkommen wollten, den eingefahrenen Bahnen der mittelalterlichen Tradition den Rücken und begaben sich mit der Nachahmung und Nachgestaltung der klassischen Vorbilder auf einen neuen Weg. Auch dieser barg mancherlei Gefahren, insbesondere die eines sich selbst genügenden Formalismus, der die neulateinische Dichtung im Innersten bedrohte und von ihr auf die volkssprachliche Dichtung übergriff. Doch wies er auch positive Seiten auf, insofern er die Humanisten selbst und ihre Leser auf eine weniger schulmäßige Kunst und eine großzügigere Auffassung von formaler Schönheit, wie sie sich in den bildenden Künsten bereits durchgesetzt hatte, hinführte.

## 6. Latein und Volkssprache

Latein und Volkssprache bildeten im 15. Jahrhundert keine klar voneinander getrennten Welten. Schon in der ersten Hälfte des Jahrhunderts, als die Kluft noch größer war, kam es zwischen den beiden Sprachen bald zum Austausch, bald zum Konflikt, – und der Konflikt zeigte an, daß es ein durchaus ernstes Sprachproblem gab.

Vor allem in den ersten Jahrzehnten, als sich die neue kulturelle Strömung ihren Weg bahnen und gegen das Prestige der jüngsten volkssprachlichen Literatur wie auch gegen die jahrhundertealte Tradition eines in den Schulen fest verankerten mittelalterlichen Lateins ankämpfen mußte, gab es radikalere Humanisten wie Leonardo Bruni, der im ersten Buch der *Dialoghi ad Petrum Histrum* mit Dante, Petrarca und Boccaccio hart ins Gericht geht (ein zweites, späteres Buch stellte das Gleichgewicht dann wieder her); für diese Haltung spricht auch ein oft zitierter Satz aus einer Rede Cristoforo Landinos: »Wer ein guter Toskaner sein will, muß ein guter Lateiner sein (...); wer diese Sprache bereichern will, muß jeden Tag auf natürliche Weise Wörter aus dem Lateinischen ableiten und in unsere Sprache überführen«.

Zahlreiche andere Fakten dokumentieren gemäßigtere Tendenzen und Einstellungen: Landino übersetzte Plinius in die Volkssprache, Battista Guarini die *Aulularia* von Plautus, Marsilio Ficino einen Psalm, Donato Acciaiuoli Werke von Bruni, und Bruni selbst veröffentlichte 1436 eine volkssprachliche *Vita di Dante e di Petrarca* mit einer Schlußbemerkung, die Rang und Würde der Volkssprache anerkannte: »Jede Sprache hat ihre eigene Vollendung, ihren eigenen Klang und ihre eigene wissenschaftliche Terminologie.«

Im übrigen blieb die vom Lateinischen beeinflußte Volkssprache ihrerseits nicht ohne Auswirkungen auf das Latein der Humanisten, die das Recht auf Neubildung von Wörtern in Anlehnung an ihren volkssprachlichen Gebrauch für sich in Anspruch nahmen und so das von den Klassikern ererbte Latein zu einer lebendigen und modernen Sprache weiterentwickelten.

# Kapitel II
# Der lateinische Humanismus

## 1. Der lateinische Humanismus

### *a) Vergangenheit und Gegenwart*

Unter diesen geschichtlichen und kulturellen Rahmenbedingungen entwickelte sich in der ersten Hälfte des 15. Jahrhunderts ein reges literarisches Schaffen in lateinischer Sprache, das sich über das 16. Jahrhundert hinaus fortsetzte und, in einigen akademischen Ausläufern, fast bis in unsere Zeit verlängerte.

Schon im ausgehenden 14. und beginnenden 15. Jahrhundert, als die Grundlagen der neuen Kultur bereitet wurden, waren die originellsten Texte und die markantesten Thesen des ›Humanismus‹ in lateinischer Sprache geschrieben und aufgestellt worden. In der ersten Hälfte des 15. Jahrhunderts lag daher schon eine durch und durch eigenständige lateinischsprachige ›Literatur‹ vor, die nicht nur im Mittelalter gepflegte Gattungen wiederaufnahm oder klassische Gattungen erneuerte, sondern auch typisch literarische Gattungen wie Epos, Lyrik und Tragödie weiterentwickelte.

Das Schaffen der Humanisten hatte häufig einen ›technisch-philologischen‹ Charakter, – und so scheint es sinnvoller, einzelne Aktivitäten und ihre Ergebnisse anzugeben als Autorennamen und Werktitel aufzuzählen. Man forschte weiterhin eifrig nach verschollenen Werken der Klassiker und machte eine Reihe bedeutender Entdeckungen; man versuchte die authentische Lesart der von mittelalterlichen Kopisten entstellten Texte wiederherzustellen; man erarbeitete Kommentare zu bereits bekannten oder neu entdeckten Werken; man arbeitete die Regeln des klassischen Lateins aus; man schuf oder fand die historischen Hilfswissenschaften, von der Philologie zur Archäologie, von der Chronologie zur Numismatik, und versetzte sich so in die Lage, die Welt der Antike ›historisch‹ zu rekonstruieren.

Diese unermüdliche Suche erfolgte in zwei Richtungen und unter zwei verschiedenen Aspekten: Einerseits ging es um die Rekonstruktion der Antike als einer in sich geschlossenen Epoche mit bestimmten Wesenszügen, andererseits um die gültige Lehre, die man aus der Vergangenheit für die Gestaltung der Gegenwart abzuleiten hoffte. Daher machte gerade das Prinzip der ›imitatio‹ den positiven Kern der humanistischen Bewegung aus, insofern sie keine archäologische oder akademische Wiederherstellung beabsichtigte, sondern auf den Spuren der Antike die eigene Wesensart entwickeln und der Vergangenheit das Geheimnis ihrer Größe entreißen wollte. Diese Mentalität läßt sich sowohl bei den Literaten als auch bei den Künstlern auffinden. »Nun ist es Zeit«, schrieb Poggio Bracciolini, »daß wir aus dem Schlaf erwachen und uns Mühe geben, die Werke der Autoren, die wir täglich lesen, für unser Leben und unser Verhalten nutzbar zu machen«. Und Lorenzo Ghiberti, der Schöpfer der Türflügel am Baptisterium in Florenz, sagt zur selben Zeit: »Achten wir auf die Lehren, die uns die Alten in ihren Schriften hinterlassen haben, und wenn wir uns dann um neue Erfindungen bemühen, wird dies nicht ohne Früchte bleiben, und wir werden sie leicht übertreffen.«

Das vielleicht aufschlußreichste Zeugnis dieser Herangehensweise an die Vergangenheit findet sich in der Polemik zwischen Angelo Poliziano und Paolo Cortese. Während letzterer die Notwendigkeit unterstrich, einen einzigen Schriftsteller, Cicero, zum Vorbild zu nehmen, propagierte ersterer eine Technik der Nachahmung, die der Petrarcas nahekam und darin bestand, sich bei jedem Autor zu bedienen, sich aber mit keinem zu identifizieren: »Du drückst dich nicht wie Cicero aus, sagt einer. Warum sollte ich auch? Ich bin nicht Cicero, ich drücke mich selbst aus.« Poliziano rühmte diejenigen, die durch »recondita eruditio«, »multiplex lectio« und »longissimus usus«, durch breite und tiefe Bildung, wiederholte und abwechslungsreiche Lektüre und ständige Übung einen Stil erlangen, der in der Mannigfaltigkeit seiner Elemente die eigene Persönlichkeit unverwechselbar zum Ausdruck bringt.

### *b) Themen und Gattungen*

Die Humanisten entfalteten ihre Themen in klassischen Gattungen wie dem Dialog und dem Traktat nach dem Muster eines Platon, Cicero oder Lukian von Samosata. Dialog und Traktat waren auch in der mittelalterlichen Kultur lebendig geblieben, allerdings unter einem ›scholastischen‹ Aspekt, wie er noch bei Dante sichtbar ist.

Im Humanismus, der sie wieder direkt der Antike entlehnt, werden beide Gattungen zur idealen Darbietungsform kultivierter intellektueller Diskussionen, in denen die Freude am Wettstreit der Gedanken, an der Macht der Argumentation, an der ›Wahrheit‹ und ›Schönheit‹ verbindenden Eleganz der Darstellung zu einer Einheit finden sollen.

Die beiden Gattungen waren weit verbreitet und nahmen, ebenso wie die Epistel (eine Art Briefessay im Zwiegespräch mit dem Leser) nahezu alle Themenbereiche der zeitgenössischen Kultur in sich auf: die Diskussion um das gesellschaftliche Leben, die Frage nach der Rhetorik, das Problem der Erziehung und Bildung des Menschen. Das letztere Problem stand im Zentrum der humanistischen Überlegungen: Man trachtete nach einer gleichermaßen harmonischen Entwicklung von Körper und Geist, um den ›vollständigen‹ Menschen zu erhalten, den sich das ganze Jahrhundert zum Ideal nahm.

### *c) Prosaschriftsteller*

Einige wenige Namen mögen einen Eindruck von dieser blühenden Kultur in lateinischer Sprache vermitteln. Coluccio Salutati (1331–1406), Kanzler der Republik Florenz und Verteidiger der humanistischen Studien gegen Kardinal Giovanni Dominici (der sie in *Lucula noctis* verdammt hatte, weil sie im Gegensatz zum christlichen Glauben stünden), trat als Verfasser einer Briefsammlung hervor, die zum Verständnis des kulturellen Übergangs vom 14. Jahrhundert zum Humanismus unersetzlich ist. Poggio Bracciolini (1380–1459), auch er (nach zahlreichen anderen Ämtern in Florenz, bei der Kurie und anderswo) Kanzler der Republik Florenz, ist bekannt als Verfasser einer Sammlung von Briefen, einer *Historia florentina* von 1350 bis zum Frieden von Lodi und des *Liber facetiarum*, einer damals weithin berühmten Schwänkesammlung. Leonardo Bruni (um 1370–1444), der Ämter bei der Kurie und das Amt des Kanzlers in Florenz bekleidete, schrieb eine Geschichte der Stadt (*Historiarum florentini populi libri XII* von den Anfängen bis zum Jahre 1404, die die Signorie von Donato Acciaiuoli in die Volkssprache übersetzen ließ), eine *Laudatio florentinae urbis*, die die Florentiner Politik verherrlichte, den Traktat *De studiis et litteris liber*, der alle Fragen der humanistischen Erziehung abhandelte und die schon erwähnten *Dialoghi ad Petrum Histrum* (1401) mit ihrem strengen Urteil über die drei ›Kronen von Florenz‹ im ersten und ihrer Rehabilitierung im zweiten, später entstandenen Buch.

Eine weitere, wichtige Persönlichkeit war Lorenzo Valla (1407–1457): Sein Ruhm gründet auf *De voluptate* und *De libero arbitrio*, einem gegen die stoische Moral und einem gegen den traditionellen Aristotelismus gerichteten Traktat, auf die *Elegantiae latinae linguae*, die zum ersten Male die stilistischen Geheimnisse des klassischen Lateins enthüllten, und vor allem auf seine Schrift *De falso credita et ementita Constantini donatione*, die nicht nur die sogenannte konstantinische Schenkung als Fälschung entlarvte, sondern durch die Anwendung der philologischen Methoden des Humanismus auf die Geschichte der Geschichtswissenschaft ganz neue Wege öffnete. Eine ähnliche Bedeutung erlangte Guarino dei Guarini oder Guarino Veronese (1374–1460), der in Ferrara eine in ganz Europa berühmte Schule leitete und in gewissem Sinne der Begründer der humanistischen Pädagogik war.

Zur zweiten Hälfte des Jahrhunderts gehört Marsilio Ficino (1433–1499), ein Schützling der Medici, der griechische Philosophen (Platon, Plotin und andere Platoniker und Neuplatoniker) übersetzte, kommentierte und interpretierte und viel zur Verbreitung ihres in seiner Bedeutung kaum zu überschätzenden Gedankengutes beitrug. Er war der Begründer und der führende Kopf der ›Accademia Platonica‹ oder ›Fiorentina‹.

### *d) Dichter*

Neben den vielfältigen historisch, pädagogisch und philosophisch ausgerichteten Aktivitäten der Humanisten gab es auch ein im engeren Sinne literarisches Schaffen. Ihm kommt freilich nicht dieselbe Bedeutung zu, denn die Verse der Humanisten waren meist nicht mehr als elegante Stilübungen.

Unter den bekanntesten Dichtern ist Francesco Filelfo (1398–1481) zu nennen, der in Florenz und Mailand lebte und eine *Sfortias*, ein unvollendetes Epos zu Ehren Francesco Sforzas, des Herzogs von Mailand, verfaßte. Läßt man Autoren wie Iacopo Sannazaro oder Angelo Poliziano, die auch in der Volkssprache schrieben, beiseite, so bleibt als bedeutendster Dichter des italienischen Humanismus Giovanni (latinisiert Gioviano) Pontano: Er wurde 1429 in Umbrien geboren, stand lange Zeit im Dienste der Könige Alfons des Großen und Ferdinand I. von Aragon und bekleidete in Neapel wichtige Ämter; beim Einmarsch der Franzosen 1494 scheint er sich der neuen Herrschaft gefügt zu haben, was ihn bei der Rückkehr der Aragonesen im Jahr darauf all seine Ämter kostete; er starb 1503. Giovanni Pontano verfaßte zahllose Texte in Prosa und in Versen: Traktate über die Tugenden, darunter *De prudentia* und *De fortuna*, die seine Einstellung zum Verhältnis von Glück (fortuna) und Tugend (virtù) darlegen, grammatikalische und philologische Schriften, fünf Dialoge (*Charon*; *Antonius*; *Asinus*; *Actius*; *Aegidius*) mit einer Fülle von lebendigen und persönlichen Anmerkungen zu Leben und Kultur in Neapel, historische Schriften wie *De bello neapolitano* über den Krieg von König Ferdinand I. gegen den Herzog von Anjou, Eklogen, Dichtungen wie die beiden *De hortis Hesperidum sive de cultu citronum* betitelten Bücher über die Kultur der Zeder oder die fünf *Urania* betitelten Bücher über die Astronomie, Gedichtsammlungen wie die *Parthenopaei sive Amorum libri* (Neapolitanische Bücher oder Bücher über die Liebe), die in Hexametern geschriebene *Lepidina*, die *Hendecasyllaborum seu Baiarum libri*, die *De amore coniugali libri*, die *Versus jambici*, der *Eridanus* und die *Tumuli*, in denen er sein Leben mit allen Höhen und Tiefen, der Liebe zu seiner Frau Adriana, dem Schmerz über ihren Tod, der Geburt und dem Tod seines Sohnes und den Abenteuern der Sinne zur Darstellung brachte.

Eine kurze Anmerkung sei schließlich dem 1453 in Konstantinopel geborenen Michele Marullo gewidmet, der nach einem zehnjährigen Söldnerleben nach Neapel kam und mit Pontano Freundschaft schloß, 1489 nach Florenz ging und dort heftig gegen Poliziano polemisierte, 1494 sein Soldatenleben wieder aufnahm und 1501 vor Cecina starb. Von ihm sind die vier Bücher der *Epigrammata* und die vier der *Hymni naturales* erhalten: Sie weisen ihn als begnadeten Literaten und Dichter aus, der mit großem moralischemnst der fernen Heimat gedachte und seine Exilsituation betrachtete, der eifersüchtig seine Freiheit verteidigte und sich des Adels seiner Gefühle und der Würde seiner Kunst wohl bewußt war.

# Kapitel III

# Die Literatur in der Volkssprache

## 1. Merkmale

Auch in der Blütezeit des Humanismus konnte das Lateinische nicht das gesamte literarische Schaffen an sich binden, sondern mußte der Volkssprache einen breiten Raum überlassen. In Volkssprache waren all die Texte geschrieben, die weniger gebildete Personen zum Verfasser hatten oder an ein des Lateinischen unkundiges Publikum gerichtet waren.

Aus diesem Grund lassen sich für die erste Hälfte des 15. Jahrhunderts keine bedeutenden Namen oder Werke anführen. Die volkssprachliche Literatur spiegelte eine alltägliche, kleinbürgerliche Sicht des Lebens und leistete keinen wesentlichen Beitrag zur Entstehung einer neuen Kultur. Die Zivilisation der Signorie, die Spannungen der Zeit, die kulturelle und künstlerische Entwicklung finden ihren Ausdruck gewöhnlich in lateinischer Sprache.

## 2. Religiöse Schriften

### *a) Das Mysterienspiel*

In der Volkssprache wurden religiöse Schriften verfaßt: die Lauden, die die Tradition des 14. Jahrhunderts fortsetzten (eine der berühmtesten, »Di', Maria dolce, con quanto disio«, wird dem Kardinal Giovanni Dominici, um 1356–1419, zugeschrieben), die Predigten, die auch vom niederen Volk verstanden werden sollten, sowie Andachtsbücher und Mysterienspiele (*sacre rappresentazioni*).

Mysterienspiele waren geistliche Schauspiele, die sich aus der kirchlichen Liturgie entwickelt hatten und in einem festen Schema erstarrt waren: Gegenstand waren Begebenheiten aus dem Alten oder Neuen Testament oder den Viten der Heiligen. Das Schauspiel wurde auf dem Marktplatz aufgeführt, auf einer Bühne, auf der sich Laienschauspieler ohne Szenenwechsel bewegten; als übliche Strophenform setzte sich schon bald die epische *ottava rima* durch. Das Bühnenbild, das bisweilen von berühmten Künstlern gestaltet wurde, war konventionell: unten das weit aufgerissene Maul eines Drachen als Hinweis auf die Hölle, oben eine Hängetribüne als Darstellung des Paradieses. Die Autoren blieben zumeist anonym, da religiöse Werke nicht aus Ruhmsucht, sondern zum Lob Gottes verfaßt wurden. Häufig enthielt das Mysterienspiel auch realistische Szenen und Personen, um es dem niederen Volk, zu dessen Erbauung und Vergnügung es aufgeführt wurde, näherzubringen.

In der ersten Hälfte des 15. Jahrhunderts verdient unter den Autoren ein gewisser Feo (Maffeo) Belcari (1410–1484) Beachtung, der aus einer gutbürgerlichen Florentiner Familie stammte, im Haus der Medici als Schreiber beschäftigt war und eine Reihe von lateinischen Werken in die Volkssprache übersetzte. Von den zahlreichen Mysterienspielen, die er schrieb, ist *Abraam e Isacco* das bedeutendste. Castellano Castellani (um 1416–1519), der unter anderem eine *Rappresentazione del figliol prodigo* verfaßte, widmete den realistischen Details größere Aufmerksamkeit.

### *b) Die Predigt: Bernardino da Siena, Gerolamo Savonarola*

Unter den Predigern sticht San Bernardino degli Albizzeschi oder da Siena (nach der Stadt, in der er lebte und mehrfach predigte) hervor. Bernardino, geboren 1380 in Massa Marittima, gestorben 1444 in L'Aquila, war ein hochgebildeter Franziskaner, der in seinen volkssprachlichen Predigten durchaus persönliche Töne anschlug. Die überlieferten Predigten aus dem Jahr 1424 in Florenz, aus dem Jahr 1425 in Florenz und Siena und aus dem Jahr 1427 in Siena sind Nachschriften eines treuen Zuhörers. Sie sind traditionell aufgebaut, zeichnen sich aber durch ihre lebhafte und direkte Argumentation, durch das Zwiegespräch zwischen Redner und Publikum, durch die Anekdoten über das tägliche Leben und die zeitgenössischen Sitten und durch die abwechslungsreiche Präsentationsform aus. Die Lebendigkeit der Predigten wird durch eine Sprache verstärkt, die mit zahlreichen Sprichwörtern und Volksweisheiten Gefühl und Verstand des in Massen zum Campo in Siena strömenden Volkes unmittelbar ansprach.

Der andere berühmte Prediger, Gerolamo Savonarola, lebte in

der zweiten Hälfte des 15. Jahrhunderts. Savonarola, 1452 in Ferrara geboren und 1498 in Florenz auf dem Scheiterhaufen verbrannt, hatte, wie Guicciardini durchaus lobend vermerkt, in den Jahren vor der Jahrhundertwende großen Anteil am Geschick der Stadt Florenz. Während er sich auf der einen Seite gegen die humanistische Kultur wandte, die er für eine Quelle intellektueller und moralischer Unordnung hielt, wetterte er auf der anderen gegen die Korruption der Kurie unter Papst Alexander VI. und rief, in Einklang mit zahlreichen gleichgerichteten Forderungen in Italien und im Ausland, nach einer Reform der Kirche. Die Feindschaft der Parteigänger der Medici (Palleschi) und der Aristokraten (Arrabbiati) und nicht zuletzt seine Verurteilung durch die Kirche brachten ihn schließlich auf den Scheiterhaufen, den er mit unerschütterlichem Mut betrat. Seine intellektuelle und moralische Persönlichkeit sollte nicht nur die Phantasie des Volkes, sondern auch Männer wie Machiavelli und Guicciardini noch lange Zeit beschäftigen. Er hinterließ didaktische, moralische und politische Traktate, bewegende Lauden und Predigten, aus denen sein energisches Temperament, seine polemische Sprachgewalt und ein unerschütterlicher Glaube an die eigenen Lehrsätze sprechen.

### 3. Erinnerungen und Novellen

Eine Fülle von Erinnerungen, Memoiren, Novellen, Schwänken und Briefen stammt aus der Feder von Privatpersonen, die in wenig ausgearbeiteter Prosa über die Dinge des täglichen Lebens, die Gefühle, die Leidenschaften, die Interessen der kleinen Leute schrieben. Bisweilen waren die Autoren, wie im Falle der Erinnerungen oder *Commentari* des Lorenzo Ghiberti (1378–1455), berühmte Künstler, ihre Texte sind aber im Ton einfach, bekenntnishaft oder freundschaftlich gehalten und spiegeln jene ›bohème‹ wider, die Boccaccio in seinen Calandrino-Novellen geschildert hatte.

Unter den Memorialisten ragt Giovanni Morelli (1371–1444), ein Kaufmann aus Florenz, heraus. Mit seinem Erinnerungsband, *Ricordi di Giovanni di Paolo Morelli*, schreibt er geradezu eine Chronik der Stadt Florenz zwischen 1393 und 1421 und zeichnet, vor allem in einem den Waisen gewidmeten Buch, ein interessantes Bild der Sitten und Gebräuche in Florenz, der Mentalität der kaufmännischen Schichten, ihrer Unternehmungslust, ihrer Bildungsbeflissenheit, ihres verschlossenen Geizes und ihrer mißtrauischen Abneigung gegenüber dem Land und den Bauern.

Zu den bedeutendsten erzählerischen Werken gehört ein *Paradiso degli Alberti* genannter und einem gewissen Giovanni Gherardi oder Giovanni da Prato (1367–1446) zugeschriebener Roman. Der Autor scheint sich dem Florenz des ausgehenden 14. Jahrhunderts so sehr verbunden zu fühlen, daß er die Gespräche des in der Art Boccaccios angelegten Romans ins Jahr 1389 verlegt. Die Handlung schildert eine fröhliche Schar, die sich eine Zeitlang im Casentino herumtreibt und schließlich in der ›Paradiso‹ genannten Villa der Alberti haltmacht, wo sie über verschiedene Themen diskutiert und etwas altertümliche Novellen erzählt.

Unter den Verfassern von Novellen ist vor allem Giovanni Sercambi zu erwähnen, ein 1347 in Lucca geborener und 1424 gestorbener Kaufmann und Autor verschiedener historischer Schriften. Er hinterließ einen 155 Novellen umfassenden *Novelliere*, der mit etwa zwanzig übernommenen Boccaccio-Novellen stark an das *Decameròn* gemahnt und dennoch, als eine Art ›Kaufmannschronik‹, Mentalität und Kultur des Autors getreu widerspiegelt. Andere Novellensammlungen sind die *Novelle* des Gentile Sermini aus Siena und die *Porretane* (sechzig in den Bädern der Porretta erzählte Novellen) des Bologneser Notars Giovanni Sabatino degli Arienti (um 1450–1510).

Interessant im Hinblick auf die Schilderung des Florentiner Künstlerlebens ist die Antonio Manetti (1423–1497) zugeschriebene *Novella del Grasso legnaiuolo*. Sie erzählt von dem grausamen Streich, den eine Gruppe von Spaßvögeln, darunter Filippo Brunelleschi, einem Tischler mit dem Beinamen ›der Dicke‹ spielt, den sie mit immer neuen Argumenten davon überzeugen, nicht mehr er selbst zu sein, so daß er schließlich jegliches Bewußtsein seiner selbst verliert. Ein anderes Bändchen, das bei einem volkstümlichen Publikum großen Erfolg hatte, waren die *Facezie del piovano Arlotto*. Ihr Verfasser, Arlotto Mainardi (1396–1484), Pfarrer von San Cresci, war in Florenz so bekannt, daß er in den *Beoni* von Lorenzo il Magnifico, im *Morgante* von Pulci und in einem Text von Poliziano erwähnt wird: die Volksmeinung hatte ihn sozusagen zum Inbegriff des Spaßvogels und Erfinders treffender Sprüche gemacht.

Ein besonderer Stellenwert kommt den *Vite di uomini illustri del secolo XV* von Vespasiano da Bisticci (1421–1498) zu. Dieser war in Florenz als Kopist alter und neuer Texte bekannt und leitete ein richtiges ›Büro‹ mit fünfundvierzig angestellten Kopisten, mit deren Hilfe er in weniger als einem Jahr zweihundert Bände für die Bibliothek von Cosimo dei Medici liefern konnte, – ein Indiz für den steigenden Bedarf an Büchern und die Notwendigkeit der Erfindung des Buchdrucks. 1490 zog er sich, von der neuen Technik geschlagen, in sein Landhaus in der Nähe von Florenz zurück, wo er die *Vite* schrieb, Lebensbeschreibungen von Päpsten, Königen, Kardinälen, Bischöfen, Fürsten, Staatsmännern und Gelehrten, die er durch seine Arbeit aus nächster Nähe kennengelernt hatte und die er mit der Hochachtung der Humanisten für die Wissenschaften des Geistes und den aus ihnen erwachsenden Ruhm darstellte.

## 4. Versdichter

### *a) Burchiello und die komische Dichtung*

Neben den Prosaschriftstellern gab es zahlreiche gelehrte, höfische und volkstümliche Versdichter.

Im 15. Jahrhundert blieben alle Gattungen der volkstümlichen Dichtung des vorangegangenen Jahrhunderts bestehen. Man trug nach wie vor die alten *cantàri* vor und schrieb neue; man verfaßte nach wie vor traditionelle Volksdichtung und politische Gedichte zur Beeinflussung der öffentlichen Meinung; und man verfaßte nach wie vor Gedichte im ›komisch-realistischen‹ Stil, wobei hier ein Vertreter, Burchiello, mit der Entwicklung einer Variante, die im folgenden Jahrhundert zu einer richtigen (und durchaus langlebigen) Gattung werden sollte, besondere Erwähnung verdient. Domenico di Giovanni, genannt ›il Burchiello‹, wurde 1404 in Florenz geboren, war von Beruf Barbier, mußte aufgrund seiner Umtriebe gegen die Medici die Stadt verlassen und starb völlig verarmt 1449 in Rom. Seine zahlreichen Sonette in der Manier der komisch-realistischen Dichtung und der *frottole* des 14. Jahrhunderts zeichnen sich durch ihren scharfsinnigen Witz aus. In einem der bekanntesten von ihnen streiten sich Rasiermesser und Feder in einem feierlich und burlesk oratorischen Ton um den Vorrang, bis Burchiello, mit dem Schlußvers einen deutlichen Kontrapunkt setzt:

»Ma chi meglio mi vuol mi paghi il vino« (Aber wer mich lieber mag, der zahle mir den Wein). Sein Ruhm war groß, nicht zuletzt deshalb, weil seine Sprachspielereien und Sprachexperimente einem damals nicht nur im Volke verbreiteten Geschmack entgegenkamen, – ähnliches werden wir bei Luigi Pulci wiederfinden. Später sollte man diese Art der Dichtung in Anlehnung an seinen Spitznamen ›burchiellesca‹, ›alla burchiella‹, ›alla burchia‹ nennen.

Einigen Ruhm unter den komischen Dichtern, die an Fürstenhöfen des 15. Jahrhunderts lebten, erlangte auch Antonio Cammelli, genannt ›il Pistoia‹, der 1436 in der Nähe von Pistoia geboren wurde und 1502 in Ferrara starb. Er wurde vor allem an den oberitalienischen Höfen geschätzt und lebte lange bei den da Correggio, den Este und bei Ludovico il Moro. Seine besten Werke sind Sonette in komischem und satirischem Ton wie beispielsweise die bekannten Sonette auf den Italienfeldzug Karls VIII.

### *b) Die Hofdichter*

Neben der komischen Dichtung blühte an den verschiedenen Fürstenhöfen eine ›aristokratische‹ Dichtung in der Nachfolge Petrarcas und der höfischen Lyrik der zweiten Hälfte des 14. Jahrhunderts. Unter den Vertretern dieser äußerst intellektualistischen Lyrik finden wir Giusto dei Conti di Valmontone (gest. 1449), Verfasser einer Gedichtsammlung über das Thema der ›schönen Hand‹ (*La bella mano*); Benedetto Gareth, genannt ›il Cariteo‹ (gest. 1514), der in Neapel lebte und eine Sammlung von *strambotti* und epischen Kurzgedichten unter dem Titel *L'Endimione* veröffentlichte; Antonio Tebaldeo aus Ferrara (1463–1537); Serafino dei Cimminelli, bekannt unter dem Name Serafino Aquilano (1466–1500), ein Musiker und Improvisationsvirtuose.

Ein besonderer Rang kommt Leonardo Giustinian (1388–1466) zu, einem Patrizier und gebildeten Staatsmann aus Venedig, der mit vielen Humanisten und volkssprachlichen Gelehrten freundschaftlich verbunden war. Er selbst war ein mittelmäßiger Humanist, erlangte aber eine gewisse Berühmtheit mit seinen Gedichten, die in venezianischem Dialekt volkstümliche Themen, vor allem aus dem Bereich der Liebe, aufnahmen und auf subtil sinnliche, boshaft realistische und gekonnt musikalische Weise verarbeiteten. Seine *canzonette* fanden unter dem Namen ›veneziane‹ oder ›giustiniane‹ weite Verbreitung, so daß sich, wie oft in solchen Fällen, die echten

Werke Giustinians von den ihm später zugeschriebenen nur schwer unterscheiden lassen.

# Kapitel IV

# Der volkssprachliche Humanismus

## 1. Die Rückbesinnung auf die Volkssprache

In der ersten Hälfte des Jahrhunderts war die Volkssprache durch den Siegeszug des Humanismus auf den praktischen Gebrauch oder die anspruchslosere Literatur eingeschränkt worden; in der Mitte des Jahrhunderts kehrte sich dieser Prozeß um, so daß die Volkssprache als Sprache des kulturellen und literarischen Schaffens wieder in den Vordergrund rückte. Den Beginn dieser Entwicklung setzt man symbolisch mit dem sogenannten *Certame coronario*, den Leon Battista Alberti 1441 in Florenz ausrief, an, einem Dichterwettstreit in der Volkssprache über das Thema der Freundschaft.

Die Rückbesinnung auf die Volkssprache setzte sich in der zweiten Hälfte des Jahrhunderts in durchaus widerspruchsvoller Weise fort. So wurden nicht nur weiterhin lateinische Werke in Prosa- und Versform geschrieben, – vielmehr wechselten die Vertreter des neuen ›umanesimo volgare‹ selbst in beiden Richtungen von der einen in die andere Sprache, vom Lateinischen in die Volkssprache und von der Volkssprache ins Lateinische. Poliziano, der größte volkssprachliche Dichter der Zeit, schrieb Vers- und Prosawerke auf Griechisch und Latein, Sannazaro verfaßte neben der erfolgreichen *Arcadia* lateinische Epen, Boiardo nannte seine volkssprachliche Gedichtsammlung *Amorum libri* und Leon Battista Alberti bediente sich, als einer unter vielen, beider Sprachen im Wechsel.

In einer ersten Phase wurde der Gebrauch der Volkssprache in kulturell ausspruchsvollen Werken mit dem Bedürfnis oder dem Wunsch erklärt, auch von lateinunkundigen Lesern verstanden zu werden. In der Vorrede zum dritten Buch seines Werkes *Della famiglia* unterstrich Leon Battista Alberti den Wert der Volkssprache: »Mag jene alte Sprache, wie sie sagen, bei allen Völkern das höchste Ansehen genießen, nur weil in ihr viele Gelehrte geschrieben haben, so wird gewiß die unsrige ebenso ausgefeilt und zugeschliffen sein, wenn die Gelehrten ihren Eifer und den Fleiß ihrer Nächte daran setzen.«, – ein Satz, der die Vorrede als ein dem ersten Traktat von Dantes *Convivio* vergleichbares Manifest der Erneuerung der Literatur in der Volkssprache erscheinen läßt. Anklänge an Dante finden wir auch in Lorenzo dei Medicis *Comento* zu einigen seiner Gedichte, auch wenn er anmerkt, daß die Muttersprachen, bevor sie literarische Ehren erlangen könnten, geglättet und »geadelt« werden müßten: »Sprecht und schreibt sorgfältiger und nach den Regeln und Verfahren, die Achtung und Ansehen genießen, und nicht so, wie es beim gewöhnlichen Volk und der breiten Masse üblich ist.«

Bei den Verfassern von Kunstliteratur vollzog sich die Rückwendung zur Volkssprache als programmatische Erneuerung und Literarisierung. Leonardo Bruni bemerkte in einem seiner Plädoyers für die Volkssprache, daß »jede Sprache ihre eigene Vollkommenheit, ihren eigenen Klang, ihre eigene *begrenzte* und *wissenschaftliche* Verwendung« besitze (*Vita di Dante*, 1436); Landino stellte fest, daß man kein guter »Toskaner« sein könne, ohne ein guter »Lateiner« zu sein; Poliziano schrieb, daß Cino da Pistoia »als erster begonnen habe, die alte Roheit in jeder Hinsicht zu vermeiden, was selbst dem ansonsten bewundernswerten göttlichen Dante nicht ganz gelungen ist«, und verknüpfte auf diese Weise die Erinnerung an die volkssprachliche Literatur des vorangegangenen Jahrhunderts mit einem ästhetischen Werturteil, das in den folgenden Jahrhunderten Konsequenzen haben sollte.

## 2. Der Klassizismus des 15. Jahrhunderts

Die neue Kunstliteratur, die nach einem halben Jahrhundert intensiver humanistischer Studien entstand, war dem Wirken von Schriftstellern zu verdanken, die gleichermaßen mit den italienischen wie mit den lateinischen Klassikern vertraut waren. Dies blieb nicht ohne Folgen für die volkssprachliche Literatur des 15. Jahrhunderts und weit darüber hinaus, weil der ständige Umgang mit der Welt der Antike die Schriftsteller, die in der Volkssprache schreiben wollten, Inhalte wählen und Ausdrucksmittel erarbeiten ließ, die mit dieser Welt eng verbunden waren und Lesern, die von ihr nichts wußten, unverständlich bleiben mußten. Werke wie die *Stanze* und der *Orfeo* von Poliziano oder die *Arcadia* von Sannazaro setzten zum richtigen Verständnis eine sichere Kenntnis der klassischen Kultur voraus und hatten keinerlei Bezug zur Kultur, zur Mentalität, zum Geschmack derer, die keine humanistische Ausbildung genossen hatten. Insofern verkehrte sich in gewisser Weise das für die Literatur im Zeitalter der ›Kommune‹ charakteristische Verhältnis ins Gegenteil: während damals alles, was aus der Welt der Antike in die literarischen Werke drang, durch den Filter des mittelalterlichen Denkens und des christlichen Glaubens ging, so wurde nun alles, auch das, was vom zeitgenössischen Leben Eingang in die Kunst fand, durch die klassischen Muster gefiltert. Wenn Poliziano Giuliano dei Medici und seinen Turniersieg besingt, dann antikisiert er schon den Namen (*Iulio*), den er seinem Helden gibt, und greift mit dem Reich von Venus und Cupido auf Zypern auf ein klassisch-mythologisches Szenarium zurück, kurz: er bettet die moderne Welt in einen klassizistischen Rahmen ein, der den Ungebildeten fremd bleiben mußte.

Der volkssprachliche Humanismus erweiterte daher sein Publikum nur innerhalb gewisser Grenzen und wahrte, ja verstärkte die Unterscheidung zwischen gebildetem Publikum und ›niederem‹ Volk, so daß in dem Moment, in dem sich eine einheitliche Nationalkultur auf hohem Niveau ausbildete, ebendiese Einheit zwischen den Schichten, aus denen sich die italienische Gesellschaft zusammensetzte, wieder auseinanderbrach. Die Unterscheidung zweier Literaturen war gleichbedeutend mit der Unterscheidung zweier Kultur- und Gesellschaftsformen, und so blieb das ›Volk‹, der ›Pöbel‹ vom Prozeß der Laisierung, von einer modernen und fortschrittlichen Weltsicht und den kulturellen Errungenschaften ausgeschlossen: Der Humanismus blieb auf der Schwelle zu den ländlichen und vorstädtischen Gebieten stehen, so daß die unteren Klassen einer mittelalterlichen, bisweilen archaischen Weltsicht verhaftet blieben und die Überreste der Vorstellungen und Eingebungen ihrer Ahnen bewahrten und verklärten.

Und noch ein Punkt ist hervorzuheben: Die humanistische Literatur in der Volkssprache entstand zu einem Zeitpunkt, da der Schwung des Fortschritts allmählich nachließ und eine Krise heraufzog, die in den Machtkämpfen zwischen Spaniern und Franzosen, in der Entdeckung Amerikas und der Verlagerung des internationalen Handels aus dem Mittelmeer an den Atlantik, in der protestantischen Reformation und der katholischen Gegenreformation zum Ausbruch kam und schließlich zum Verlust der politischen

Unabhängigkeit, zur Unterwerfung unter die spanische Krone und zum Ende jenes Prozesses gesellschaftlicher Entwicklung führte, der mit der ›Kommune‹ seinen Anfang genommen hatte. In der zweiten Hälfte des 15. Jahrhunderts waren diese geschichtlichen Ereignisse zwar noch weit entfernt, ihre ersten Vorzeichen waren jedoch bereits zu sehen, und es verbreitete sich ein allgemeines Gefühl der Unsicherheit, der Ungewißheit, der Unruhe, vor dem viele Gelehrte sich in die Literatur und die Kultur zurückzogen wie in einen allen äußeren Einflüssen entzogenen Garten der Lüste. Der ›bürgerliche Humanismus‹ verliert an Kraft; ein mystizistischer Platonismus gewinnt immer mehr Einfluß; Sannazaro läßt den Mythos von Arkadien wiederaufleben, der nicht ohne Grund jahrhundertelang ganz Europa faszinieren sollte; Poliziano sehnt sich nach einem mythischen Goldenen Zeitalter zurück; Boiardo träumt von einer Welt höfischer Tugenden und Werte, die er an den Fürstenhöfen auferstehen zu sehen glaubt; die Dichter nehmen in ihre Werke nicht so sehr ihr wirkliches, tagtägliches Tun und Treiben auf als vielmehr ihre Träume und Illusionen, gleichsam zum Zeichen eines tiefen Ungenügens an der konkreten Wirklichkeit ihrer Zeit.

## 3. Höfischer Geschmack und volkstümliche Literatur

Was wir über den höfischen und literarischen Charakter der volkssprachlichen Dichtung im Italien des 15. Jahrhunderts gesagt haben, mag im Hinblick auf die zahlreichen volkstümlichen Motive und Aspekte, die in diesen Werken enthalten sind, seltsam erscheinen. Der *Orfeo* ist im Grunde ein Mysterienspiel mit allerdings klassischem statt religiösem Gegenstand, im übrigen schrieb Poliziano auch *rispetti* und *ballate*, die in Thematik und Ton der Volksdichtung nachempfunden sind; Lorenzo dei Medici verfaßte Karnevalslieder, ein Mysterienspiel und, mit der ihm zugeschriebenen *Nencia da Barberino*, ein rustikales Kurzepos; der *Morgante* von Pulci ist weniger ein geschlossenes Epos als eine Reihe von Heldenliedern (*cantàri*); selbst der *Orlando innamorato*, der sich nicht an die ›guten Leuten‹, sondern an die ›Herren und Ritter‹ richtet, trägt noch viele Züge eines *cantàre*: die bedeutendsten Werke des volkssprachlichen Humanismus schöpfen also, im Unterschied zu späteren Zeiten, mit vollen Händen aus der Volksliteratur.

Der Rückgriff auf volkstümliche Themen und Ausdrucksformen ist aber nur eine weitere Erscheinungsweise des literarischen Charakters der humanistischen Literatur. Die Humanisten bedienten sich zwar gleichermaßen klassischer wie christlicher Stoffe, zeigten sich in Metrik und Form bald der Antike, bald der Volksliteratur verbunden und machten im Wortschatz Anleihen bei den klassischen Sprachen wie bei den italienischen Dialekten, doch Grundlage ihrer Werke war stets die Kenntnis und Bewunderung derWelt der Antike und das Bemühen um eine Kunstliteratur, die das vielfältige Material zu einem homogenen Ganzen verbinden sollte. Thematik, Ton und Wortschatz der Volksliteratur waren also nur einige Mittel unter anderen, um eine erlesene Kunst zu schaffen, die nicht an das ›Volk‹, sondern an gebildete, ästhetisch geschulte Leser gerichtet war.

Aus diesen Gründen entwickelten die Dichter jener Epoche ein immer ausgeprägteres Bewußtsein von der Autonomie des literarischen Schaffens. Der Schriftsteller aus der Zeit der Anfänge war stets Literat und Rhetor zugleich und sah seine rhetorischen Fertigkeiten als ein Mittel zum Ausdruck religiöser und moralischer Wahrheiten an. Der humanistische Schriftsteller hingegen empfand in zunehmendem Maße – zumindest in der zweiten Phase des Humanismus – Literatur als eine eigenständige Erscheinung, der durch die reine ›Form‹, die klassisch vollkommene Schönheit Bedeutung zukam. Deshalb konnte er sich in allen Gattungen versuchen und ohne Unterschied ein Karnevalslied oder eine Laude, ein mythologisches oder ein rustikales Epos abfassen, denn er war allein daran interessiert, daß das, was er schrieb, jene formale Vollkommenheit und jenen an den Klassikern geschulten Ton aufwies, die, wie er meinte, unabhängig vom Inhalt den Wert eines Kunstwerkes ausmachten. Unter diesem Gesichtspunkt war der volkssprachliche Humanismus von entscheidender Bedeutung für den gesamten Verlauf der italienischen Literaturgeschichte, – enthielt er doch im Keim einige der Züge, die während der folgenden Jahrhunderte die literarische Kultur Italiens charakterisieren sollten.

## 4. Experiment und Anarchie

Während der lateinische Humanismus zu einem national einheitlichen Zusammenschluß gefunden hatte, hatte der volkssprachliche Humanismus unterschiedliche regionale Zentren wie im 13. Jahrhundert, als sich die volkssprachliche Literatur von Region zu Region ganz verschieden entwickelte. Wie damals bildete sich nun in jedem dieser kulturellen Zentren eine eigene Literatur heraus, in die die sprachlichen Mittel, die dem Schriftsteller zur Verfügung standen, – Dialekt, klassisches Latein, das ›Italienisch‹ der volkssprachlichen ›Klassiker‹ – in unterschiedlicher Abmessung und Dosierung eingingen. Gleichwohl entstand auch eine Art sprachlicher ›koiné‹, eine Gemeinsprache, die von einem Milieu zum anderen, von einem Schriftsteller zum anderen verschieden ausfiel, so daß ihre besonderen und individuellen Züge hinter der substantiellen Einheit sichtbar blieben, ohne diese aber zu zerstören.

Das Panorama der italienischen Literatur in der zweiten Hälfte des 15. Jahrhunderts war vielgestaltig und bewegt. Auch wenn sich die Entwicklung zur Einigung schon abzeichnet, so sind die individuellen Spitzen doch noch nicht abgeschliffen, die charakteristischen Züge der regionalen Umfelder noch nicht verwischt und die Bande zwischen gelehrter und volkstümlicher Literatur noch nicht gekappt. Die Literatur dieser Zeit spiegelt getreulich die politische Lage in einem Italien wider, in dem der Einigungsprozeß erst bis zur Bildung von Signorien und regionalen oder überregionalen Fürstentümern vorangeschritten ist und in dem allmählich die ersten Vorzeichen einer langsam heraufziehenden Krise sichtbar werden. Daher läßt sich die gesamte zweite Hälfte des Jahrhunderts als eine Phase des Experimentierens, ja der Anarchie bezeichnen, wenn man bedenkt, daß die klare Unterscheidung und Hierarchie der Gattungen aufgegeben ist, die volkstümliche Literatur in vielfältiger Weise übernommen und verarbeitet wird, lokale Traditionen weiterwirken und sprachliche Lösungen ganz unterschiedlich ausfallen, – ein ›vorklassischer‹ Zustand also, der manche Tendenzen und Schlachten der folgenden Generation erklärt.

# Kapitel V

## Die großen Schriftsteller in der Volkssprache

### 1. Leon Battista Alberti

Einer der Schriftsteller, die die für Humanismus und Renaissance so charakteristische Interessenvielfalt am vollkommensten verkörpern, war Leon Battista Alberti. Er wurde 1404 in Genua als unehelicher Sohn des Lorenzo Alberti geboren, eines Nachfahren der großen Kaufmannsfamilie, die Florenz 1382 im Anschluß an den Aufstand der Wollweber (›ciompi‹) verlassen mußte. Er studierte Kirchenrecht, gab sich nebenbei mit Kunst und Literatur ab, erwarb die Freundschaft Tommaso Parentucellis, der als Papst Nikolaus V. zum großen Mäzen und Gründer der Vatikanischen Bibliothek werden sollte, und trat 1432 das Amt eines apostolischen Abbreviators bei der römischen Kurie an. Im Gefolge von Papst Eugen IV. kam er nach Florenz, Bologna, Ferrara und erneut nach Florenz, wo er 1441 das erwähnte *Certame coronario*, an dem er sich selbst beteiligte, ausrichtete. Zwei Jahre später kehrte er nach Rom zurück und blieb dort bis zu seinem Tod im Jahr 1472.

Alberti war nicht allein als Humanist und Schriftsteller, sondern auch im Bereich der bildenden Künste tätig und entwarf, als Architekt, die Pläne für die Kirche San Francesco in Rimini (den sogenannten ›Tempio Malatestiano‹), den Palazzo Rucellai und die Fassade von Santa Maria Novella in Florenz, die Kirche Sant'Andrea in Mantua, den ›Volto del Cavallo‹ und den Glockenturm des Domes in Ferrara. Überdies war er Athlet, Musiker, Kunsttheoretiker (mit Werken über die Malerei: *Della pittura*, die Baukunst: *De re aedificatoria*, die Perspektive: *Della prospettiva*), Wissenschaftler, Mathematiker (mit der Schrift *Ludi mathematici*), Physiker (der die ›camera oscura‹ entdeckte), Archäologe (der eine *Descriptio urbis Romae* schrieb und die im Lago di Nemi versunkenen römischen Schiffe zu bergen versuchte), Verfasser lateinischer und volkssprachlicher Texte... und vereinigte so in seiner Person die kulturelle und schöpferische Universalität, von der er in seinen Schriften handelte.

Sein schriftstellerisches Schaffen ist umfangreich und vielgestaltig: In seiner Jugend, die von häuslichen Problemen, Krankheiten und Zwistigkeiten mit den Eltern überschattet war, verfaßte er den *Philodoxeos* (Freund des Ruhms), eine lateinische Komödie, und die *Intercoenales* (Tischgespräche), lateinische Dialoge in der Art Lukians; später kamen die drei Bücher über die Malerei (*Della pittura*) hinzu, die zehn Bücher über die Baukunst (*De re aedificatoria*), die ihn zum Theoretiker der neuen Architektur machten, Traktate und Dialoge, wie *De statua*, *Dialoghi della tranquillità dell'anima* (Vom Seelenfrieden), *Momus sive de principe* (Vom Fürsten), *De iciarchia* (Von der Herrschaft in Familie und Stadt) und, nicht zuletzt, die vier Bücher über die Familie (*Della famiglia*). In all diesen Werken entwickelte Alberti, bald in Latein, bald in der Volkssprache, alle Hauptthemen des Humanismus. Wie alle großen Humanisten betrachtete auch er das Studium der Antike als einen Wettkampf, der der Neuzeit zur vollen Entfaltung ihrer Möglichkeiten verhelfen sollte, – und dieses optimistische Vertrauen in die Kräfte des Menschen (des Menschen, den der Humanismus in den Mittelpunkt der Schöpfung gerückt hatte) macht den Kern seines ganzen Werkes aus.

Eines seiner grundlegenden Themen war das Verhältnis von Glück und Tugend, ›fortuna‹ und ›virtù‹. Alberti unterstrich, ohne deshalb die Macht der ›fortuna‹ zu leugnen, daß der Mensch imstande sei, sein Glück zu zwingen: »So groß ist die Macht des Glückes nicht, so leicht ist es nicht, wie einige Dummköpfe glauben, über den Herr zu werden, der nicht unterliegen will. Das Glück hält sein Joch nur für den bereit, der sich ihm unterwirft.« Um ›fortuna‹ zu besiegen, bedürfe es allerdings, so meinte er, nicht so sehr des jugendlich-männlichen Schwungs, von dem Machiavelli sprechen sollte, als vielmehr der klug eingesetzten ›virtù‹, die sie ermüdet, der Geduld, die, wie er in *De iciarchia* schreibt, »ruhig und waffenlos häufig die am grimmigsten Bewaffneten besiegt und nicht selten auch Zorn und Wut des Himmels besänftigt«.

Sein Ideal ist der Weise, der alle Güter, die Natur und Kunst ihm bieten, genießt und in einer gelassenen Weisheit, »in einer heiteren, selbstzufriedenen Seelenruhe« zur Einkehr zu finden und »gleichermaßen für einen guten Namen, Gunst, Ansehen, den öffentlichen Nutzen und die Ehre des Vaterlands« zu sorgen weiß, – individuelles Glück verschmilzt hier mit öffentlichem Ruhm und Nutzen. Insofern war Alberti in der Tat der Theoretiker jenes

Bürgertums, das sich, durch die Erfahrung der ›Kommune‹ gerüstet, in den humanistischen ›Signorien‹ durchzusetzen begann. In dieser Hinsicht grundlegend ist der Traktat *Della famiglia*, in dem er die Familie in den Mittelpunkt des gesellschaftlichen Lebens stellt und wie keiner vor ihm jene Tugend der Sparsamkeit (›masserizia‹) theoretisch begründet, die im Laufe des 13. und 14. Jahrhunderts die von der Feudalgesellschaft verherrlichten Werte der Freigebigkeit (›liberalità‹), der Großherzigkeit (›magnanimità‹), der höfischen Vollkommenheit (›cortesia‹) abgelöst hatte. *Della famiglia* wurde zu Albertis Hauptwerk, weil er hier viele seiner Motive miteinander verbindet: die Bedeutung der Familie als einer Einheit, in der persönlicher Nutzen und öffentliches Wohl ineinander übergehen, die Verherrlichung der auf moralische und familiäre Werte gegründeten Ehe, das lebendige Naturgefühl, das Lob der Sparsamkeit, das Idyll eines arbeitsamen Lebens.

Alberti spielt schließlich eine herausragende Rolle für die Entwicklung der Kunstprosa des 14. Jahrhunderts, einerseits durch sein *Certame coronario*, andererseits durch verschiedene Schriften zur Verteidigung der Volkssprache, die in der Vorrede zum dritten Buch von *Della famiglia* gipfeln, und, nicht zuletzt, durch seine schriftstellerische Praxis. Er übertrug die ideologischen Problemstellungen des Humanismus in die Volkssprache, machte vor, wie anspruchsvolle kulturelle Themen in der Volkssprache abgehandelt werden können, und trug so zur Herausbildung einer Prosa bei, die, was Wortschatz, Stil und Rhythmus betrifft, in klugem und maßvollem Gleichgewicht auf dem lateinischen Vorbild aufbaute.

## 2. Leonardo da Vinci

Alberti verwandt, ja überlegen, war Leonardo da Vinci, dessen vorrangige Bedeutung allerdings weniger auf literarischem als vielmehr auf künstlerischem und wissenschaftlichem Gebiet liegt.

Leonardo, 1452 als uneheliches Kind in Vinci geboren und 1519 in Frankreich gestorben, war der größte Geist des Jahrhunderts: Als Maler (der Werke wie die Mona Lisa, Johannes den Täufer, das Abendmahl schuf), Bildhauer, Ingenieur (der mit seinen Untersuchungen zum menschlichen Flug seiner Zeit weit voraus war), Hydrauliker, Anatom, Geologe, Kunsttheoretiker, Bühnenbildner bei Hofe, widmete er sich mit lebhafter Wißbegier allen Künsten und Disziplinen.

Innerhalb der Geschichte der humanistischen Kultur nimmt Leonardo einen ganz besonderen Platz ein, insofern er in ständiger Fehde mit den Strömungen stand, die die Autorität der Antike und das Studium von Literatur und Redekunst in den Vordergrund stellten, und seinerseits alle Aufmerksamkeit der Welt der Natur zuwandte und den Wert wissenschaftlichen Beobachtens und Experimentierens unterstrich. Er war damit der wichtigste Vertreter eines ›wissenschaftlichen Humanismus‹, der als verhaltene, aber gleichwohl bedeutsame Strömung das Jahrhundert durchzog, um später, im 17. Jahrhundert, bei Galilei und seiner Schule einzumünden.

Leonardos Schriften sind, mit Ausnahme einiger Passagen, die er selbst unter dem Titel *Trattato sulla pittura* (Über die Malerei) zusammenstellte, durchweg im Stadium der Skizze, der raschen Aufzeichnung eines Gedankens, einer Beobachtung, eines Ergebnisses geblieben. Ausgangspunkt ist die humanistische These, daß »die Menschen von Natur aus nach Wissen streben«. Er richtete diese aber polemisch gegen die »Literaten«, womit er die Anhänger des philologischen und rhetorischen Humanismus meint, gegen ihr Tun, das »keine Erfahrung kennt« und »Anfang und Ende im Kopf hat«. Ihnen, den »Nachbetern und Ausrufern fremder Werke«, stellt er die Anhänger der »reinen Erfahrung«, die er zur »wahren Lehrmeisterin« erklärt, gegenüber.

Mit diesen Prinzipien wandte sich Leonardo der Natur zu und erforschte sie in den Grenzen, die ihm durch die noch wenig entwickelten Verfahren seiner Zeit und den vornehmen Abstand zwischen Wissenschaft und Technik gesetzt waren. Aus derselben Geisteshaltung heraus betrieb er seine künstlerischen Studien, vor allem auf dem Gebiet der Malerei, die er in der lebhaften Debatte über den Wert der verschiedenen Künste nachdrücklich gegen die Bildhauerei verteidigte.

Leonardo bezeichnete sich, um sich von den humanistischen Literaten abzusetzen, als einen »Mann ohne Bildung«. Doch seine Schriften lassen sowohl eine vertiefte Kenntnis der Klassiker als auch einen literarischen Gestaltungswillen erkennen. Seine Prosa enthält, neben genauen Beobachtungen und detailliert realistischen Beschreibungen, Seiten, aus denen die Erschütterung des Wissenschaftlers und Menschen spricht, der sich anschickt, das verborgene Antlitz der Natur zu enthüllen.

### 3. Lorenzo dei Medici

Zu den bedeutendsten Zentren des Humanismus gehörte Florenz, und die Seele des kulturellen und künstlerischen Lebens, das in der Stadt aufblühte, war Lorenzo dei Medici, genannt ›il Magnifico‹ (der Prächtige): Herrscher, Mäzen, Schriftsteller, – ein Mensch, der mit seinen vielfältigen Aktivitäten dem modernen Bild eines Kulturpromoters oder Kulturmanagers nahekommt.

Lorenzo wurde 1449 in Florenz geboren und trat schon in jungen Jahren die Nachfolge seines Vaters an der Spitze der Familie und des Gemeinwesens an. Das politische Geschick, das er von Anfang an bewies, sollte er in jener schwierigen Zeit bei mehr als einer Gelegenheit bestätigen. Die sogenannte Verschwörung der Pazzi, in deren Verlauf er verwundet, sein Bruder Giuliano (1478) getötet wurde, der darauffolgende Krieg mit dem Papst, das mit Ferdinand I. von Aragon abgeschlossene Bündnis, das Gleichgewicht, das er unter verschiedenen italienischen Staaten auspendelte, sind Beispiele seiner Staatskunst.

Von großen Humanisten erzogen, den schönen Künsten zugetan, umgab er sich, nicht zuletzt auch aus politischem Kalkül, mit Literaten und Künstlern und wurde so zur vollkommenen Verkörperung des Renaissance-Fürsten. An seinem Hofe finden wir Marsilio Ficino und die ›Accademia platonica‹, Angelo Poliziano, Luigi Pulci und einen ganzen Schwarm von Humanisten, Dichtern, Malern, Architekten und Bildhauern.

Lorenzo, der selbst nicht in lateinischer Sprache schrieb, war ein Verteidiger des ›volgare‹, nicht nur durch das Beispiel seiner eigenen Werke, sondern auch durch seine Bemühungen, den Glanz der italienischen Literatur aus der Frühzeit der Kommune wiederaufleben zu lassen. So ist ihm die *Raccolta aragonese* (1476–77) zu verdanken, eine Auswahl von Gedichten aus der Zeit der Anfänge, der, in Form eines (wohl von Poliziano verfaßten) Briefes, ein erster Überblick über die frühe italienische Lyrik vorangestellt ist. Und seine eigenen Gedichte weisen zahlreiche Anklänge an den Stilnovismo auf: in den *Rime* (einer Sammlung von Sonetten, Kanzonen und Sestinen, die in ihrem zweiten Teil einen eindeutig Dante nachempfundenen Kommentar zu vierzig Gedichten, den *Comento del Magnifico Lorenzo sopra alcuni dei suoi sonetti*, enthält) läßt sich gar eine Linie von Petrarca bis hin zu einem erneuerten, neuplatonisch eingefärbten Stilnovismo verfolgen. Neuplatonische Töne finden sich auch in Werken wie der frühen *Altercazione* und den *Selve d'Amore* (Liebeswälder), während andere den Willen zur humanistischen Erneuerung klassischer Vorbilder erkennen lassen. Letzteres gilt für *Ambra*, ein nach 1486 entstandenes Kurzepos in Achtsilblern über die Nymphe Ambra, die sich auf der Flucht vor dem Flußgott Ombrone in Stein verwandelt, und *Corinto*, eine Ekloge, die in offenkundiger Anlehnung an die griechisch-römische Tradition die Liebe des Schäfers Corinto zur Nymphe Galatea besingt.

Neben diesen Werken, die sich um einen ›hohen‹ Ton bemühen, schrieb Lorenzo andere, seine berühmtesten, die in Thematik und Stil eindeutig von der volkstümlichen Dichtung geprägt sind: *I Beoni* (Die Säufer), eine Terzinendichtung mit zahlreichen Karikaturen seiner Zeitgenossen; *Uccellagione di starne* oder *Caccia col falcone*, ein Kurzepos, das in realistisch-komischer Manier eine Falkenjagd beschreibt; Tanzlieder und Karnevalslieder, d.h. auf Rhythmus und Melodie der Lauden gesungene Lieder, die den auf allegorischen Wagen vorbeiziehenden Masken in den Mund gelegt werden und, wie die *Canzona di Bacco e Arianna*, die als Lorenzos Meisterwerk gilt, in ihrer Sinnlichkeit und Doppeldeutigkeit eine ungezügelte Lebensfreude zum Ausdruck bringen. Diesen Geist atmet auch eine bäuerliche Dichtung in Stanzenform (dem Versmaß der *cantàri* und *rispetti*), *Nencia da Barberino*, über deren Zuschreibung viel gestritten wurde. Es handelt sich um eine Reihe von Liebesgedichten (rispetti continuati), die der Schäfer Valléra in einem bäuerlichen Umfeld und einer von derben toskanischen Dialektausdrücken durchsetzten Sprache an die Schäferin Nencia da Barberino richtet. Es kommt hier nie, wie später so oft in dieser Literatur, zur offenen und oberflächlichen Satire auf den ›villano‹, doch bleibt der Abstand zwischen dem Autor und einer Welt, die aus dem Blickwinkel eines gebildeten Städters grob und roh erscheinen mußte, immer gewahrt.

In *Nencia* wird deutlich, daß die volkstümliche Lyrik (und mit ihr das Volk überhaupt) in den Augen der humanistischen Literaten einen untergeordneten Rang einnahm, – eine Einstellung, die sich in den kommenden Jahrhunderten nicht ändern sollte. Lorenzo, Poliziano und viele andere mehr vergnügten sich damit, einen, wie sie meinten, inferioren Menschenschlag zu studieren, zu imitieren und seine Gefühls- und Ausdrucksweise mit heiterer, humanistischer Eleganz in ihre eigenen Werke einzufügen.

Die Auswahl der dichterisch gelungensten Motive oder ›Töne‹ kann angesichts der Vielgestaltigkeit von Lorenzos Werk nicht anders als subjektiv sein, und so ist zu erklären, daß die einen ihn am besten finden, wenn er seinem Realismus freien Lauf läßt, die anderen, wenn er der Stadt und den Geschäften melancholisch den Rücken kehrt oder eine vom Gedanken an die Vergänglichkeit der Dinge durchzogene sinnlich-wehmütige Stimmung aufbaut. In Wirklichkeit kehren diese Motive in allen Werken Lorenzos, wie auch immer man sie gruppiert, wieder, und in allen Kategorien finden sich besonders gelungene Gedichte oder Passagen. Wie einige Abschnitte der *Nencia* oder der *Canzona di Bacco e Arianna* zu den besten seiner volkstümlichen Dichtung zählen, so stellt das Ende des *Corinto* mit dem typisch renaissancehaften Thema der Vergänglichkeit der Dinge und des Lebens den Höhepunkt seiner klassizistischen Dichtung dar. Im übrigen zeugen einige hier und dort verstreute Passagen von einer großen Begabung, die bescheidene Alltagswirklichkeit wahrzunehmen und realistisch nachzuahmen. Schließlich lassen einige Sonette und die zweite der *Selve d'Amore* sein Geschick bei der Wiedergabe von Motiven wie dem der Melancholie, dem der Vergänglichkeit aller Dinge, dem der Sehnsucht nach Einsamkeit und Evasion erkennen.

## 4. Angelo Poliziano

### *a) Leben und Bildungsgang*

Eine gleichfalls komplexe Persönlichkeit war Angelo Poliziano. Angelo Ambrogini, genannt ›il Poliziano‹ nach dem latinisierten Namen seines Heimatdorfes Montepulciano, wurde 1454 geboren und lebte mit kurzer Unterbrechung stets in der unmittelbaren Umgebung von Lorenzo dei Medici, dessen Söhne er erzog. Seine Studien hatte er in Florenz abgeschlossen, wo er im Ruf eines Wunderkindes stand und schon mit sechzehn Jahren einige Bücher der *Ilias* ins Lateinische übersetzte. 1473 trat er als Lehrer zunächst für Piero, dann für Giovanni ins Haus der Medici ein und hatte, nicht zuletzt durch seine Tätigkeit als Privatsekretär, engen Kontakt mit Lorenzo und seiner Frau. 1479 gab er seine Stellung auf, bereiste Oberitalien und machte schließlich 1480 bei Kardinal Francesco

Gonzaga in Mantua halt, wo er den *Orfeo* schrieb. Im gleichen Jahr kehrte er nach Florenz zurück auf den Lehrstuhl für griechische und lateinische Redekunst und blieb dort bis zu seinem Tod im Jahre 1494.

Sein Bildungsprofil ist insofern vielschichtig, als Poliziano sowohl die griechisch-römische Kultur, wie sie der Humanismus rekonstruiert hatte, als auch die italienische Dichtung, insbesondere die Lyrik, von den Sizilianern über den Stilnovismo bis zu Petrarca in sich aufnahm und im übrigen, wie Lorenzo, auch der volkstümlichen Dichtung Gehör schenkte. Von den Schriftstellern seiner Zeit unterscheidet ihn freilich sein philologisches Interesse und das Bemühen um die kunstfertige, ja raffinierte Verschmelzung von Philologie und Poesie.

Seine philologische Arbeit blieb daher nie Selbstzweck, sondern war stets auf das vollständige – historische, kulturelle, gefühlsmäßige – Verständnis des Textes ausgerichtet, wie die *Miscellanea*, seine 1489 veröffentlichten philologischen Aufsätze, zeigen, die die Analyse einer bestimmten Passage stets bis zur Erfassung der inneren Triebkräfte eines Werkes und des Wesens der antiken Welt überhaupt weitertreiben. So ist es nicht verwunderlich, daß er in den letzten Lebensjahren seinen Philologie- und Literaturkursen in Florenz Einleitungen in Versen (*Prolusiones*) vorausschickte, in denen er stilistische oder poetologische Probleme erörterte oder eindrucksvolle Synthesen der klassischen Kultur vorlegte: eine Vorrede zu Homer (*Nutricia*, 1486) umreißt in wundervollen Hexametern die Geschichte der epischen Dichtung und zugleich der Zivilisation, aus der sie hervorgegangen war.

Die philologische Arbeit, die nach 1480 mehr und mehr die Oberhand gewann, prägte freilich schon die zwischen 1471 und 1480 entstandenen griechischen und lateinischen Gedichte wie auch die ihnen in Thematik, Geist und Ausführung verwandten volkssprachlichen Schriften. In den griechischen und mehr noch in den lateinischen Gedichten zeichnet sich jene Poetik der »varia eruditio« (vielseitigen Gelehrsamkeit) ab, die Poliziano mit seinem Eintreten für eine breitgefaßte und vielgestaltige ›imitatio‹, für eine originelle Anverwandlung der Tradition gegen Paolo Cortese verteidigte.

### *b) Die volkssprachlichen Werke*

Ebendiese Poetik brachte er auch in seine volkssprachliche Dichtung ein, die einige wenige *rispetti* und Tanzlieder, das unvollendete

Kurzepos *Le stanze per la giostra* und das mythologische Drama *Orfeo* umfaßt. Beiden Werken kommt eine beträchtliche historische und literarische Bedeutung zu. Die *Stanze* sollten die Liebe des Giuliano dei Medici zu einer gewissen Simonetta Cattaneo und seinen Sieg in einem Turnier (giostra) besingen, doch Giulianos Tod im Jahr 1478 während der Verschwörung der Pazzi unterbrach die Arbeit, so daß die Dichtung um die Mitte des zweiten Gesanges aufhört. Der *Orfeo*, 1480 für eine Vorstellung in Mantua geschrieben, nimmt den Mythos von Orpheus wieder auf und ist das wichtigste Beispiel aus einem damals weitverbreiteten Repertoire allegorischer und pastoraler Stücke. Seine literaturgeschichtliche Bedeutung besteht darin, daß es formal zwar dem Schema des Mysterienspiels entspricht, inhaltlich aber das erste weltliche Theaterstück in italienischer Volkssprache ist. Im einen wie im anderen Werk gilt die Aufmerksamkeit des Künstlers nicht eigentlich der Fabel: *Orfeo* stellt eine Aufeinanderfolge von einzelnen, häufig auch lyrischen Szenen dar; die *Stanze* setzen mit Giulianos Lob der Jagd und Schmähung der Liebe ein, beschreiben die Vorbereitungen zu einer Jagd, die Verfolgung einer weißen Hindin, die Giuliano in die Irre führt, die Begegnung des Jünglings mit einer ›Nymphe‹, Simonetta, den Palast und Garten der Venus auf Zypern, wo Cupido auf Rache sinnt und Giuliano einen Traum schickt, in dem er ihm vorschlägt, die Aufmerksamkeit Simonettas durch seine Teilnahme an einem Turnier zu erregen, und brechen schließlich mit dem Traum Giulianos ab, – ein Kurzepos also, in dem nicht so sehr das erzählerische Grundgerüst als vielmehr die Einzelepisode zählt.

### *c) Der Künstler*

All diesen Werken liegt ein feines Gespür für die Möglichkeiten erzählerischer Intarsienarbeit zugrunde. In den *Stanze*, wo er ein für Turniergedichte damals allgemein verbreitetes Schema verwendet, im *Orfeo* und seiner volkstümlichen Lyrik wird Polizianos Absicht deutlich, literarische Traditionen seiner Zeit aufzunehmen und künstlerisch zu adeln. Auf eine ›volkstümliche‹ Grundlage pflanzt er seine mythologischen Fiktionen auf und fügt, wie ein Intarsienkünstler, hier und dort, wo es ihm angebracht erscheint, Stücke ganz unterschiedlicher Herkunft ein: den griechischen und lateinischen Klassikern wird die ›silberne‹ Latinität (Statius, Claudianus, Sidonius, Apollinaris), der erlesensten romanischen Lyrik (Stilnovisten und Petrarca) wird Dante zur Seite gestellt, während die volkstümliche Dichtung Tonfall und Ausdrucksweise vorgibt.

Die ausgesucht aristokratische und literarische Kunst Polizianos erhält durch einige immer wiederkehrende Motive, die seiner dichterischen Sensibilität mehr als andere zu entsprechen scheinen, eine durchaus besondere Färbung. Man denke an sein idyllisches Naturempfinden, den Sinn für Schönheit und, insbesondere, für weibliche Schönheit (Simonetta, wie sie Giuliano erscheint, ist nicht Laura und schon gar nicht Beatrice, sondern eine lebendige irdische Frau), die elegische Klage um die Vergänglichkeit aller schönen Dinge auf der Welt (die berühmte ›ballata delle rose‹ ist in ihrem melancholischen Ton, ihrem Pathos, das die Verse in traurig-süße Musik auflöst, von Lorenzos *Corinto* und *Canzona di Bacco e Arianna* deutlich verschieden).

Im übrigen weist das Werk Polizianos die für die Literatur seiner Zeit typischen Züge auf, und so gehören die *Stanze* und *Orfeo*, auch wenn die auf die anarchische Freiheit ihrer Vorgänger zurückblikkenden Schriftsteller des 16. Jahrhunderts in den *Stanze* das erste klassische Werk sahen, doch eindeutig zu der ›vorklassischen‹ Phase, die das 15. Jahrhundert von der folgenden Generation unterscheidet. Die Syntax folgt bei Poliziano wie bei Lorenzo weitgehend den Strukturen der gesprochenen Sprache; der Rhythmus wird durch Verspaare oder Einzelverse, weniger durch die Stanze vorgegeben; die Sprache gründet auf dem Wortschatz des Volkes und wird, auch wenn Poliziano seine Intarsienstücke auch außerhalb der Literatursprache sucht, nie zu der preziösen Überfeinerung geführt, wie sie bei den Dichtern in der Nachfolge Petrarcas begegnet. Alles in allem steht er in seinem Raffinement Lorenzo näher als Petrarca oder Bembo und darf so, weil er besser als jeder andere die kulturellen und ästhetischen Tendenzen seiner Zeit in sich vereinigte und mit dem Stempel einer menschlich und künstlerisch eindrucksvollen Persönlichkeit versah, als der typische Vertreter des volkssprachlichen Humanismus gelten.

## 5. Luigi Pulci

### a) Leben und kleinere Werke

Zum Kreis der Dichter am Hofe der Medici gehörte auch Luigi Pulci, einer der bedeutendsten Florentiner Schriftsteller der Zeit. Er wurde 1432 in Florenz als Sproß einer Familie geboren, in der alle Mitglieder mehr oder weniger vertrauten Umgang mit der Literatur pflegten. Als der frühe Tod des Vaters die Familie in wirtschaftliche Not brachte, trat Luigi 1461 in den Dienst von Lucrezia Tornabuoni, der Mutter von Lorenzo dei Medici. Lucrezia unterstützte ihn auch, als Luigi im Anschluß an den plötzlichen Ruin seines Bruders Luca Florenz verlassen mußte und erst 1466 zurückkehren konnte. Während der nächsten zehn Jahre lebte er in der Nähe seiner Gönner, und die Niederschrift des *Morgante* scheint er 1461 auf Wunsch seiner Dienstherrin begonnen zu haben. Doch um 1474 begannen sich seine Beziehungen zu den Medici zu ändern: Pulci zerstritt sich mit Ficino und dem gesamten Anhang der ›Accademia platonica‹, just in dem Moment, als Lorenzo, nicht zuletzt aus politischen Gründen, sich ihr immer mehr annäherte, und Poliziano mit vielen anderen aus dem Umkreis des Hauses Medici ihre religiöse Grundeinstellung verstärkten. So geriet er in Gegensatz zu den neuen Tendenzen am Hofe und mußte Florenz 1476 erneut verlassen. Er starb 1484 in Padua, unter dem Verdacht der Häresie, so daß ihm ein christliches Begräbnis verweigert wurde.

Von Pulci sind uns einige kleinere Werke von geringem Wert überliefert: *Beca da Dicomano*, eine bäuerliche Versdichtung in der Nachfolge von Lorenzos *Nencia*, aber ohne deren Ausgewogenheit und Eleganz; die Fortsetzung des von seinem Bruder Luca unvollendet gelassenen *Ciriffo Calvaneo*; *Giostra*, ein Kurzepos in Stanzen über einen Turniersieg Lorenzos im Jahre 1469; Sonette und *rispetti* in einem heiter-satirischen Ton sowie Briefe.

### b) »Il Morgante«

Sein bedeutendstes Werk ist der *Morgante*, ein Epos in Stanzen, das er 1482 in dreiundzwanzig Gesängen veröffentlichte, 1483 auf achtundzwanzig Gesänge erweiterte und vermutlich deshalb mit dem neuen Titel *Morgante maggiore* versah. Das Epos war eine ziemlich getreue Nachahmung der *cantàri*, von denen Pulci nicht nur das Thema, die ›matière de France‹ um Karl den Großen, sondern auch die Technik übernahm, so daß im Grunde eher von einer Reihe von *cantàri* als von einem organisch aufgebauten Epos zu sprechen wäre. Die Gesänge beginnen mit einer Anrufung, meist der Jungfrau Maria, und der Vorwegnahme des Themas; am Ende eines jeden Gesanges wird den Zuhörern gedankt und für den nächsten Tag die Fortsetzung versprochen. Auf die *cantàri* weisen die verwickelte Handlung, die volkstümliche Syntax, die lebendige, vom florentinischen Dialekt gefärbte Sprache zurück. Typisch für die mündlich vorgetragene Dichtung in der Art der *cantàri* und der Volksdichtung ist schließlich auch die Art und Weise, wie Pulci erzählt und seine Personen in Szene setzt. Es geht ihm weniger um die innere Geschlossenheit der Teile als vielmehr darum, jeden Teil und jedes Handlungsmoment so zu pointieren, daß die Aufmerksamkeit des Publikums wachgehalten wird. Die Erzählung schreitet sprunghaft voran, das Interesse des Erzählers konzentriert sich immer auf das, was er gerade berichtet, die Personen werden nur grob umrissen, ihre psychologische Durchdringung bleibt oberflächlich.

Pulci griff, wie Lorenzo und Poliziano, Ton und Thematik der Volksdichtung auf. Im Gegensatz zu ihnen, die einen populären Stoff, wie den Sagenkreis um Karl den Großen, in klassizistisch-höfischer Manier bearbeitet hätten, tauchte er aber ganz in ihn ein und ließ seiner bizarren Erfindungsgabe freien Lauf. Der Inhalt des *Morgante* ist der Rolandsage entnommen: Um dem Haß der Familie der Maganza zu entfliehen, verläßt Orlando, der in den alten und schon halb schwachsinnigen Karl den Großen kein Vertrauen mehr setzt, Paris und stürzt sich ins Abenteuer. In einer Abtei trifft er auf Morgante, einen gewaltigen Riesen, der ihm, mit einem kolossalen Glockenschwengel bewaffnet, fortan getreulich folgt. Auch Rinaldo hat unterdessen mit Ulivieri und Dodone den Hof verlassen und die Suche nach Orlando aufgenommen. Die Erzählung rankt sich im folgenden um die Erlebnisse dieser Paladine, die unter Liebesabenteuern, Kämpfen und Zwischenfällen aller Art umherirren. Höhepunkte des Handlung sind die Begegnung zwischen Morgante und Margutte, einem schlauen und bösartigen Halbriesen, den er sich zum Begleiter nimmt; der Tod Marguttes, der vor Lachen platzt, als er einen Affen erblickt, der seine Stiefel anhat; die Verwandlung des Teufels Astarotte, der Rinaldo wie der Blitz aus Ägypten nach Frankreich zurückholen will, in dessen

Pferd; der Verrat Ganos, der sich mit dem Maurenkönig Marsilio verbündet; die Niederlage Orlandos in Roncisvalle und sein heldenhafter Tod und, schließlich, die Gefangennahme und Hinrichtung Ganos, die das Epos beenden.

Dieser Stoff wird von Pulci zu einem Strudel von Abenteuern, zu einem Wirbel von Handlungen verdichtet, gleichsam als ob der Autor nur dem Impuls seiner bizarren Launen folgte. Gerade deshalb erscheinen die erwähnten Passagen, die Pulci selbst erfunden und nicht seinen Quellen entnommen hat, als die charakteristischsten: Morgante, der gewaltige, gutmütige Riese; Margutte, der mit seinem unerhörten Sündenbekenntnis an Boccaccios Ser Ciappelletto erinnert; die Reise von Astarotte und seine vor den Säulen des Herkules an Rinaldo gerichtete Rede über die Theologie; die Szene von Orlandos Tod, in der sich groteske Einfälle und bewegt pathetische Momente mischen und eine Art Volksepos hervorbringen, eine psychologisch und sprachlich schlichte und doch anrührende Epik, wie sie auch der ungebildete Mann aus dem Volk zu fassen vermag.

Pulci selbst war alles andere als ungebildet, ohne freilich über die breite aristokratische Kultur seiner Freunde und Zeitgenossen zu verfügen. Daher gibt er dem Stoff in seiner Neuarbeitung nicht so sehr den Geist der Literatur als vielmehr seinen eigenen Witz ein, wobei es ihm nicht um die Verspottung der Karlsepik, sondern um ihre Indienstnahme geht. Und so enthält der *Morgante* Pulcis ganze Persönlichkeit: seine kulturelle und religiöse Einstellung, seine Anteilnahme an bestimmten Menschen und bestimmten hochherzigen Unternehmungen, seinen Hang, das Leben bizarr zu verkleiden und wie in einem Zerrspiegel wahrzunehmen. Vom Pathos der Manfredonio-Szene wechselt er in den ›pikaresken‹ Ton der Margutte-Episoden, in denen die Sympathie, die viele Romane der europäischen Literatur für den geistreichen Spitzbuben, für die Abenteuer der Straße, für den grausamen, aber intelligenten Streich zeigen werden, bereits durchscheint: Man denke nur an die Szene im Wirtshaus, als Margutte dem Wirt mit wahrhaft teuflischem Vergnügen allerhand Possen spielt.

Zum Ausdruck seiner heterogenen, wechselhaften Einstellung zu seinem Stoff besaß Pulci das gefügige Instrument einer im Grunde dialektalen, bäuerlichen, ja ›jargonhaften‹ Sprache, die völlig außerhalb der Bemühungen der Humanisten, eine volkssprachliche Hochsprache zu schaffen, stand, deshalb aber (wie später die

Sprache eines Folengo oder, in Frankreich, eines Rabelais) nicht weniger literarisch, nicht weniger bewußt durchgearbeitet war. Der *Morgante* fügt sich in die Tendenzen eines Jahrhunderts ein, das mit heterogenen Literatursprachen experimentiert und lexikalische Merkwürdigkeiten zuläßt, die die folgende Generation an den Rand der ›hohen‹ Literatur verwiesen hätte. Aber wie Lorenzo eine moderate Annäherung an die bäuerliche Sprache erprobte, wie Poliziano seine ausgeklügelt uneinheitliche Sprache mit allerlei Intarsien schmückte und wie Burchiello großzügig Gaunersprache und Volkswitze einsetzte, so schuf sich auch Pulci sein eigenes Gemisch, das bisweilen in reine Freude am Spiel mit der Sprache ausartete, im übrigen aber bestens geeignet war, sein phantasievolles Ausspinnen von Quellen und Aussinnen eigener Geschichten auszudrücken.

## 6. Matteo Maria Boiardo

### *a) Boiardo und Ferrara*

Derselbe französische Sagenkreis war Ausgangspunkt der Werke von Graf Matteo Maria Boiardo, dem bedeutendsten Repräsentanten des Humanismus am Hofe der Este in Ferrara. Die Herren von Ferrara hatten schon mit Niccolò III., dann mit Leonello, Borso und Ercole I. die Entstehung einer volkssprachlichen Literatur gefördert, die von der toskanischen Tradition zwar beeinflußt war, aber danach strebte, das Ferarreser Italienisch zu literarischen Ehren zu bringen. Den Herzögen standen in ihren Bemühungen die humanistischen Gelehrten Donato degli Albanzani, Giorgio Aurispa und vor allem Guarino Veronese, der Ferraras Kultur den Stempel des Platonismus aufgedrückt hatte, zur Seite.

In dieser Atmosphäre einer humanistischen Kultur, die das eigene ›volgare‹ zur literarischen Hochsprache adeln wollte, eine Vorliebe für die Lektüre ritterlicher Abenteuer hatte und selbst gerne ritterlichen Pomp und Prunk entfaltete, reifte Boiardos künstlerische Persönlichkeit heran. Er wurde um 1441 in Scandiano geboren und kam gegen 1463 an den Hof der Este, mit denen ihn bald freundschaftliche Beziehungen verbanden. Dort lebte er drei Jahre, von Januar 1476 bis Ende 1478, wurde 1480 zum Kapitän von Modena,

1487 zum Kapitän von Reggio ernannt und starb 1494, im Jahre des Italienfeldzuges von Karl VII., nachdem er sein Epos unterbrochen hatte, um, wie er selbst in der letzten Strophe sagte, seine Untertanen vor dem Durchzug der französischen Truppen zu schützen.

### *b) Die kleineren Werke*

Boiardos literarisches Schaffen umgreift eine Vielzahl von lateinischen Schriften, volkssprachlichen Bearbeitungen und selbstverfaßten Werken in der Volkssprache, in denen seine Kenntnis der lateinischen und romanischen Tradition klar zutage tritt. Bezeichnenderweise weist ein großer Teil dieser Schriften eine enge Beziehung zu seinem Leben als Hofmann auf und ist zur Unterhaltung der Herrscher und der höfischen Gesellschaft geschrieben. Seine wenig bedeutenden lateinischen Schriften (*Carmina de laudibus Estensium*; *Pastoralia*; *Epigrammata*) haben eine klar enkomiastische Tendenz, seine Übersetzungen römischer und griechischer Autoren aus dem Lateinischen (die *Kyropädie* von Xenophon, *De viris illustribus* von Cornelius Nepos, die *Historia universalis* von Ricobaldo da Ferrara, der *Timon* von Lukian) sind an Ercole I. adressiert; die *Tarocchi*, kleine Verse für Spielkarten, haben einen typisch höfischen Charakter; fünf seiner zehn volkssprachlichen *Egloghe* sind der Verherrlichung des Krieges zwischen Ferrara und Venedig (1482–1484) gewidmet.

Das bedeutendste unter den kleineren Werken ist der *Canzoniere*, den Boiardo selbst *Amorum libri* nannte. Es besteht aus drei äußerlich völlig symmetrisch angeordneten Büchern mit je fünfzig Sonetten und zehn Gedichten in anderen Versformen und besingt Boiardos Liebe zu einer gewissen Antonia Caprara. In den drei Büchern werden drei Etappen beschrieben: die Freude der erwiderten Liebe; der Schmerz um die Kälte der Dame; die Klage um das Ende der Liebe, die Resignation. Der *Canzoniere*, die bedeutendste außerhalb der Toskana geschriebene lyrische Dichtung jener Jahrzehnte, weist in der Verschmelzung eines stilnovistisch gefärbten Platonismus mit petrarkistischen Anklängen ganz verschiedene Einflüsse auf. Das ausgeprägte Gefühl für Landschaften, der jugendliche Überschwang und die enthusiastische Hingabe an die Natur und die Liebe verleihen Boiardos Lyrik ihr eigentümlich melodisches Timbre.

### c) »*Orlando innamorato*«

Das Epos, mit dem latinisierenden Titel *Orlando innamorato*, besteht aus drei Teilen, von denen die beiden ersten mit neunundzwanzig bzw. einunddreißig Gesängen 1483 in Reggio veröffentlicht wurden, während der dritte durch den Tod des Dichters mit dem neunten Gesang abbricht. Der Stoff stammt aus der Tradition der *cantàri*, und von ihnen übernimmt Boiardo auch den Titel, die Gewohnheit, die Erzählung an einem bestimmten Punkt abzubrechen (I, VI, 69; II, IV, 86 usw.), und den Brauch, den Leser oder, besser, den Zuhörer direkt anzureden. Seine Anrede lautet jedoch nicht mehr »signori e buona gente« (Herren und gute Leute), sondern variiert die Formeln »signori e cavalier« (Herren und Ritter) oder »signori e baroni« (Herren und Barone), mit ausdrücklichem Bezug auf die Herren, die Höflinge und die Damen an jenem Hofe der Este, wo das Werk entstand. Lange Zeit sah man den *Orlando innamorato* als die erste Verschmelzung des karolingischen mit dem bretonischen Sagenkreis an. Doch die Verbindung der episch-religiösen Elemente des karolingischen mit den höfischen Liebes- und Abenteuermotiven des bretonischen Zyklus hatte schon deutlich früher, bereits in den späten *chansons de geste* und den *cantàri* des 13. Jahrhunderts stattgefunden, kaum daß sich der episch-religiöse Eifer, aus dem heraus jene Epik geschaffen worden war, abgeschwächt hatte. Es war nur natürlich, daß im 15. Jahrhundert Schriftsteller und Publikum kein Gefühl mehr für die heroischen und religiösen Motive hatten, die das *Chanson de Roland* entstehen ließen, so wie sie auch die ›höfischen‹ Motive in anderer Weise empfanden als die Feudalgesellschaft, die sie gelebt und erarbeitet hatte. Deshalb konnten sowohl der Sagenkreis um Karl den Großen wie auch der um König Artus als Reservoir von Ereignissen und Personen benutzt werden, die beim Leser bereits bekannt und beliebt und in ihrer Thematik so offen waren, daß ein zeitgenössischer Dichter sie auf seine Weise formen konnte.

Boiardo richtete den franko-bretonischen Stoff in humanistisch-ritterlichem Sinne aus und durchtränkte ihn mit einer höfischen und ritterlichen Lebensauffassung, in der man eine Idealisierung der am Hof der Este herrschenden Einstellungen und Tendenzen erblicken darf. In dieser Hinsicht ›verschmolz‹ er die beiden Zyklen tatsächlich, denn die Liebe ist im *Orlando* nicht mehr eines unter vielen anderen epischen oder abenteuerlichen Elementen, sondern

Haupttriebfeder der Handlung. Liebe ist für Boiardo untrennbar verbunden mit ›höfischer‹ und ›ritterlicher‹ Gesinnung, mit ›Hofleben‹ und ›Heroismus‹, mit all den jugendlichen, energischen, enthusiastischen Momenten, die ihm helfen, jenen Kult des Individuums und des Heroismus, jene Freude an Galanterie und Raffinement, die die humanistisch-höfische Kultur zum neuen Lebensideal erhoben hatte, in poetische Mythen zu verwandeln.

Hierauf bezieht er sich, wenn er seine Zuhörer an einer Stelle ausdrücklich bittet, »daß jeder seinen Ärger in eine Kiste packe, / und jeden Kummer und jeden Verdruß / darin verschließe und dann den Schlüssel verliere« (II, XXXI, 1), und gleich zu Beginn seines Werkes betont, daß »so stolz auch immer einer in der Welt sei, / er doch von Amor besiegt werde«. Und in einem anderen Prolog skizziert er eine kleine Kulturgeschichte, wonach Liebe und höfische Gesinnung in der alten Welt der Ritter in Blüte standen, im ›Winter‹ der Kaufmannskultur der Kommune dann aber verwelkten und erst jetzt, an den Renaissance-Höfen, »die Welt wieder voll Tugend« sei und er, Boiardo, seinen Gesang wieder »der Erinnerung / an die Heldentaten vergangener Zeiten« (II, I, 1–3) zuwenden könne.

Der *Orlando innamorato* stellt die Wiederaufnahme der Karlsepik im Lichte eines höfischen Ideals, in dem Boiardo die höchsten Werte der Kultur seiner Zeit verkörpert sah, dar oder, wenn man so will, die Verherrlichung dieser modernen Werte im Spiegel der mythischen Abenteuer der Paladine. Deshalb verzichtet der Dichter darauf, die schillernde Bewegtheit seiner erzählerischen Einfälle in ein klassisches, einfaches und einheitliches Handlungsgefüge zu zwängen, und erliegt stattdessen immer aufs neue dem Reiz der Ereignisse, die er gerade beschreibt, der Gefühle, in die er sich gerade versenkt, des Tones, der gerade erfordert ist, und schafft so ein Epos, das die typischen Merkmale eines zum mündlichen Vortrag bestimmten Werkes aufweist: flüchtige Personencharakterisierung, bewegte Handlungsführung, Betonung der Einzelepisoden und sprachliche Formelhaftigkeit.

Den Klassizisten des 16. Jahrhunderts kam das Werk so fremd vor, daß Berni eine ›Travestie‹ schreiben konnte, die in Sprache und Geist dem Geschmack der Renaissance besser entsprach. Wert und ›Geschichtlichkeit‹ des *Orlando innamorato* liegen aber gerade in den Zügen begründet, in denen der ›Präklassizismus‹ des volkssprachlichen Humanismus des 15. Jahrhunderts zum Ausdruck kommt. Ein gutes Beispiel für Boiardos Kunst ist, zu Beginn, das

Erscheinen Angelicas im Palast Karls des Großen und die Verwirrung, die das junge Mädchen mit seiner Schönheit anstiftet. Der Geist des Werks ist aber vor allem aus der Kampfpause im Duell zwischen Orlando und Agricane ersichtlich, als die beiden nach Intelligenz und Bildung so verschiedenen Männer, Glaubensfeinde und Liebesrivalen, die einander auf Leben und Tod bekämpfen, in der Nacht vor der Entscheidung zu einer menschlichen Verständigung im Geist des Heldentums, der Ritterlichkeit, der ›cortesia‹ finden.

## 7. Masuccio Salernitano und Iacopo Sannazaro

### *a) Der volkssprachliche Humanismus in Neapel*

In Neapel gab es in der ersten Hälfte des 14. Jahrhunderts ein blühendes Kulturleben, wovon die Jugendwerke Boccaccios, die Beziehungen Petrarcas zu Robert von Anjou und seinem Hof sowie seine zahlreichen Briefpartner im Königreich ein beredtes Zeugnis ablegen. Aber bereits unter Johanna I. (1343–1381) ließ die Liebe zu Literatur und Gelehrsamkeit nach, um gegen Ende des 14. und Anfang des 15. Jahrhunderts fast spurlos zu verschwinden. Die kulturelle Wiedergeburt unter der Dynastie der Aragonesen war vor allem Alfons dem Großen zu verdanken, unter dessen Herrschaft (1442–1458) die humanistische Tradition um die ›Accademia pontaniana‹ und ihre bedeutendsten Vertreter Antonio Beccadelli, genannt ›il Panormita‹, und Giovanni Pontano ihren Anfang nahm.

Neben dem lateinischen Humanismus gab es ein literarisches Schaffen in der Volkssprache, für das – sieht man von unbedeutenderen Schriftstellern wie Loise De Rosa und Francesco Del Tuppo ab – vor allem Masuccio Salernitano in der ersten und Iacopo Sannazaro in der zweiten Generation stehen.

### *b) Masuccio Salernitano*

Masuccio Salernitano – eigentlich Tommaso Guardati – wurde um 1410 in Salerno (oder Sorrent) geboren, wo er aufwuchs, seine Ausbildung erhielt und um 1480 starb. Er war Sekretär des Prinzen Sanseverino, verkehrte jedoch am aragonesischen Hof und hinterließ einen *Novellino*, eine Sammlung von fünfzig Novellen, die er vermutlich ab 1450 verfaßt und erst später, um 1475–76, untereinander verbunden hatte. Nach dem allgemein anerkannten Vorbild des *Decameròn* sind die Novellen nach thematischen Schwerpunkten auf fünf Tage verteilt und mit feierlichen Vorreden und Widmungen an berühmte Persönlichkeiten versehen.

Masuccios Erzählungen wandeln, immer mit Blick auf Boccaccio, die traditionellen Possen, Liebesabenteuer und Alltagstragödien ab. Seine Themen, die eigenen wie die entlehnten, sind aber gewöhnlich mit viel mehr antiklerikaler und antifeministischer Bitterkeit befrachtet, auch der Tonfall der Possen ist schärfer und mündet häufig in heftige Ausfälle und beißende Polemik gegen Priester, Mönche und Frauen ein.

Auch Sprache und Stil des Werks gemahnen ständig an Boccaccio: Grobes Neapolitanisch mischt sich mit Latinismen und literarischen Toskanismen, wobei stets das Bemühen erkennbar ist, die neapolitanische Volkssprache in Anlehnung an das Lateinische und das Toskanische der literarischen Tradition des 14. Jahrhunderts zu einer Sprache der Kunst zu erheben.

### *c) Iacopo Sannazaro*

Dieses Anliegen wurde, mit allerdings anderem Bewußtsein und anderen Ergebnissen, von Iacopo Sannazaro aufgegriffen, der sowohl in Latein als auch in der Volkssprache schrieb.

Sannazaro wurde 1456 in Neapel als Sproß einer Adelsfamilie geboren und lebte am aragonesischen Hof, wo er zahlreiche Ämter innehatte. Nach dem Fall der Dynastie folgte er König Federico 1501–1504 ins französische Exil und kehrte erst nach dessen Tod nach Neapel zurück. Dort lebte er zurückgezogen und starb 1530, als der Humanismus sich schon längst zur Renaissance gewandelt hatte. Er war Mitglied der ›Accademia pontaniana‹, stand mit den meisten Literaten seiner Zeit in Verbindung und war, neben Pontano, der gewichtigste Vertreter der neapolitanischen Kultur in der zweiten Hälfte des Jahrhunderts.

In lateinischer Sprache verfaßte er Epigramme und Elegien, die *Eclogae piscatoriae*, die nicht von Hirten, sondern von Fischern handeln, und ein Epos über Christi Geburt, *De partu Virginis*, das die christliche Thematik in lateinischer, speziell vergilianischer Manier behandelt. Das Epos wurde 1526 veröffentlicht, zu einer Zeit, in der die Polemik gegen Luther schon um sich griff und die katholische Erbauungsliteratur Auftrieb erhielt. Es ist, wie viele Texte der Humanisten, eine elegante literarische Übung, die von Sannazaros religiösem Eifer wie auch von dem Ernst zeugt, mit dem er sich seine literarischen Vorbilder zu eigen gemacht hatte. Interessant auch die Elegien und Eklogen, in denen die Fähigkeit zur Anverwandlung von Vorbildern dazu benutzt wird, dem Motiv der Idylle, das Sannazaros Werk beherrscht und ihm am meisten entsprochen zu haben scheint, Ausdruck zu verleihen.

In der Volkssprache entstanden *gliuòmmeri* (Knäuel), eine Art burlesker *frottole* oder Monologe volkstümlichen Charakters, *farse*, eher unbedeutende Bühnenstücke, und *Rime*, die zumeist von der Liebe zu einer Carmosina Bonifacio und einer Cassandra Marchese inspiriert waren und deren petrarkistischer Ton häufig von idyllischen Motiven aufgelockert wird.

Sein ausgreifendstes und berühmtestes Werk ist aber die *Arcadia*, ein Schäferroman in Prosa und Versen nach dem Vorbild von Boccaccios *Ninfale d'Ameto*, der 1485 in einer ersten und 1504 in einer völlig überarbeiteten zweiten Ausgabe veröffentlicht wurde. Der Roman erzählt die Geschichte von Azio Sincero, der sich tief betrübt über eine unglückliche Liebe nach Arkadien zurückzieht, in den schon von den Bukolikern als Hirtenlandschaft ›par excellence‹ gefeierten griechischen Landstrich. Dort lebt er einige Zeit lang unter den Hirten und beteiligt sich an ihren Spielen und Liedern. Eines Tages wird er nach einem bösen Traum von einer Nymphe durch unterirdische Gänge zum Ufer des Sebeto, in der Nähe von Neapel, geführt, wo er erfährt, daß seine Angebetete tot ist.

In diesem Werk führt Sannazaro die Motivik der Pastoraldichtung zu ihrer höchsten literarischen Vollendung. Sie hatte ihre Wurzeln in der Antike und war in dieser zweiten Phase des Humanismus wieder zu Ehren gekommen, als die Krise der italienischen Gesellschaft absehbar wurde und der Einfluß des Neuplatonismus ein Verlangen nach Evasion freisetzte, das sich die Felder und das Landleben zum Ort der Zuflucht vor dem prunkvollen Leben der Städte erwählte. In der zweiten Hälfte des 15. und während des gesamten 16. Jahrhunderts galt die Welt der Hirten bei den städtischen und höfischen Literaten bald als untergeordnete und minderwertige Welt, die belächelt oder verlacht werden konnte, bald als idyllische Welt des Friedens, der Wollust, der Evasion, in die man sich gern verlor, um die ›Unbill‹ der Höfe, die Enttäuschungen der Liebe und die Last des Lebens zu vergessen, – von hier geht ein Strang aus, der von den *Stanze* zu *Aminta* und einigen Gesängen der *Gerusalemme* und schließlich zu der eben nach Arkadien benannten Akademie des 18. Jahrhunderts führen sollte. Beide Einstellungen zur Schäferwelt waren natürlich komplementär und austauschbar und deuten auf dieselbe historische Krise, dieselbe aristokratische Lebensauffassung und dieselbe Distanz zur untergeordneten Welt der Felder und der ländlichen Bevölkerung hin. Sannazaros *Arcadia* verlieh dieser Tendenz erstmals beredten Ausdruck und wurde deshalb zu einem ungeheuren Erfolg, zu einem kulturellen Ereignis von europäischer Bedeutung, das seine Spur durch die beiden folgenden Jahrhunderte bis ins 18. Jahrhundert ziehen sollte.

Im Unterschied zu den *Rime*, den *Eclogae piscatoriae*, den *Elegiae* zeichnet die *Arcadia* aus, daß hier das Motiv der Idylle durch eine raffinierte Technik vermittelt wird, die dem Geschmack der eleganten Gesellschaft des italienischen und europäischen Cinquecento entgegenkam. Sannazaro wollte seine Gefühle nicht unmittelbar, sondern durch den Filter gängiger literarischer Muster zum Ausdruck bringen. Und deshalb konnte die *Arcadia* gefallen, solange Literatur als gelehrter Selbstzweck betrieben wurde, und mußte, so Manzoni, »albern« wirken, sobald das Ideal einer parteiischen, engagierten Literatur aufkam.

Zum Erfolg des Werkes in Italien trug nicht zuletzt auch die Sprache bei, die in der ersten Fassung noch voller neapolitanischer Elemente war und später der Sprache Boccaccios angeglichen wurde, weshalb sie den Literaten und Kritikern, die im folgenden Jahrhundert für eine Petrarca und Boccaccio nachgebildete nationale Hochsprache eintraten, vorbildlich erschien. Sannazaro schuf mit der *Arcadia* ein erstes geglücktes Beispiel jenes aristokratischen Klassizismus, der in der ersten Hälfte des 16. Jahrhunderts zu vollem Leben erwachen sollte.

# Kapitel VI
# Das literarische System im Zeitalter des Humanismus

Die in etwa hundert Jahre, die wir Humanismus nennen, waren für die spätere Entwicklung der italienischen Geschichte von entscheidender Bedeutung.

Politisch gaben die Entstehung der herrschaftlich regierten Stadtstaaten und späteren Regionalstaaten, der Übergang von der Signorie zum Prinzipat, die Herausbildung eines Gleichgewichts, das die einzelnen Staaten in ihrer Existenz sicherte, die nationale Einigung jedoch verhinderte, die Grundlage für die politische Zersplitterung und die Abhängigkeit von anderen ab, die die Geschichte Italiens bis zum Jahre 1861 charakterisierten.

Sozial förderten dieselben Phänomene den Aufstieg der Städte, vergrößerten den Abstand zwischen Stadt und Land und machten die Stadt zum Mittelpunkt eines blühenden kulturellen und künstlerischen Lebens. Die Vielzahl der Signorien verhinderte denn auch, daß, wie in Frankreich, eine Stadt die alleinige Vorherrschaft erringen konnte. Stattdessen gab es in Italien zahlreiche Hauptstädte größerer oder kleinerer Signorien, wodurch nicht zuletzt der Bedarf an Kunstwerken anwuchs und ihre Produktion erheblich gesteigert wurde.

Aus denselben Gründen entstanden in den Städten breite ›bürgerliche‹ Schichten, die Kultur aufnahmen, ja hervorbrachten, und es hielten sich – ebenfalls breite – Schichten von städtischen Handwerkern, die künstlerischen Einflüssen aufgeschlossen gegenüberstanden.

So ergaben sich wechselnde und vielgestaltige Beziehungen zwischen Literaten oder Künstlern und dem, was wir heute allgemein als ›Macht‹ bezeichnen, den ›Signori‹, den großen Adelsfamilien, der Kurie, der hohen Geistlichkeit. Nicht selten gehörten die Literaten selbst den herrschenden Schichten an oder bekleideten angesehene und einflußreiche Ämter: Lorenzo dei Medici ist selbst ›Signore‹, Boiardo ist Aristokrat in hohen politischen Funktionen, Leonardo Giustinian ist Patrizier und Staatsmann, Sannazaro und

Pontano sind Mitarbeiter des Herrschers. In anderen Fällen steht der Literat in engem Kontakt zur Person des ›Signore‹: er arbeitet für seine Familie und für den Hof, wie Masuccio Salernitano in Salerno und Neapel, Poliziano und Pulci in Florenz, Leonardo in Mailand. Und in anderen Fällen wiederum bekleidet er Ämter bei der Kurie wie Alberti oder gehört selbst zum Klerus wie alle Verfasser religiöser Literatur. In der ersten Hälfte des Jahrhunderts ist er bisweilen noch Kaufmann wie im Zeitalter der Kommune: Morelli, Giovanni da Prato, Sercambi und der Notar Sabatino degli Arienti sind Humanisten großbürgerlicher Abkunft. Es gibt natürlich auch Ausnahmen wie den Berufssoldaten Marullo oder Angehörige des einfachen Volkes wie den Barbier Domenico di Giovanni, genannt ›il Burchiello‹, oder Serafino Aquilano.

In gewisser Hinsicht war also die literarische Produktion, je nach Publikum, je nach regionalen Interessen und Vorlieben, recht ausdifferenziert. Doch sind schon einige Entwicklungen in Gang gekommen, die ganz genaue Ausrichtungen erkennen lassen: auf die erneute Trennung von literarisch produktiven und rezeptiven Bevölkerungsschichten und solchen, die davon ausgeschlossen blieben, und auf die Herausbildung einer Literatur, die durch ihre enge Verbindung zur klassischen Kultur und ihr beständiges Streben nach formaler Vollendung nur einem engen Kreis von Eingeweihten zugänglich war.

Diese Literatur weist in immer stärkerem Maße übergreifende Tendenzen auf und wirkt deshalb dort, wo sie gelesen wird, als national einigender Faktor. Gleichzeitig zieht sie sich aber immer mehr auf sich selbst zurück und nährt sich von aristokratischer Philosophie, während der Literat, der sie hervorbringt, auch wenn er in der Volkssprache schreibt, seine Sonderstellung unterstreicht und selbstbewußt um die Anerkennung seines Schaffens ringt.

Vorläufig handelt es sich noch um Tendenzen, und das literarische System ist, wenigstens was die Produktion in der Volkssprache betrifft, noch nicht erstarrt. Nach wie vor findet zwischen ›Piazza‹ und ›Palazzo‹ ein reger Austausch von im eigentlichen Sinne kulturellen Elementen und solchen volkstümlicher Herkunft und Ausrichtung statt: Lorenzo schreibt Mysterienspiele und Karnevalslieder; Poliziano treibt ein elegantes Spiel mit volkstümlichen Anklängen und Motiven; Pulci schreibt an Lorenzos Hof seinen spöttisch-pikaresken *Morgante*; Boiardo nimmt in aristokratischer Manier die Themen der französischen Epik auf, die schon zur ›bürgerlichen‹

Lektüre geworden waren, – kurz: das literarische System erinnert in seiner Vielfalt mehr an das 13. als an das reife 14. Jahrhundert, mehr an die Zeit Dantes als an die Petrarcas und Boccaccios.

# Kapitel VII
# Italien in der Krise – Das Zeitalter der Renaissance

## 1. Italien in der Krise

### *a) Die Eroberungszüge fremder Mächte*

Die scharfsinnigsten Politiker des italienischen Cinquecento, Niccolò Machiavelli und Francesco Guicciardini, stimmten darin überein, daß Italien mit dem Tode von Lorenzo dei Medici (1492) in eine schwere Krise geriet.

In der Tat trug Lorenzos Tod entscheidend zum Bruch des Gleichgewichtes zwischen den wichtigsten Staaten der Halbinsel bei, doch kamen in den folgenden Jahren zahlreiche Faktoren, die die politische Ordnung und das gesellschaftliche Leben des Landes in Frage stellten, hinzu. Italien hatte im langen Prozeß der Auflösung des Feudalismus nicht zu einem einheitlichen Nationalstaat zu werden vermocht, und so war es in der zweiten Hälfte des 15. Jahrhunderts lediglich zu einem prekären Gleichgewicht zwischen den fünf Stadtstaaten Rom, Neapel, Florenz, Mailand und Venedig gekommen, von denen keiner die Halbinsel zu einen vermochte und umgekehrt jeder eine solche Einigung zu verhindern suchte.

Zur selben Zeit aber hatten einige Nachbarstaaten bereits zu einer einheitlichen politischen Ordnung gefunden und strebten auf Kosten Italiens nach der politischen Vorherrschaft über Europa. Als Karl VIII. 1494 in Italien einfiel, stieß er auf keinen nennenswerten militärischen Widerstand. Mehr als drei Jahrzehnte lang durchzogen nun Franzosen, Spanier, Deutsche und Schweizer das Land in einem Durcheinander von Invasionen, Belagerungen, Schlachten und Plünderungen, worunter der ›sacco di Roma‹ im Jahr 1527 wegen seiner Grausamkeit und der Stadt, die ihm zu Opfer fiel, die Gemüter der Italiener besonders heftig bewegte. Als diese unruhige Zeit mit dem Vertrag von Cateau Cambrésis (1559) schließlich ihr Ende fand, hatte sich eine fremde Macht, Spanien, in Unteritalien, Sizilien und der Gegend um Mailand fest eingenistet und ihren Einflußbereich über fast ganz Italien ausgedehnt. Mit der Fremdherrschaft waren zugleich alle wirtschaftlichen, kulturellen und moralischen Übel eingedrungen, die gewöhnlich mit dem Verlust der Unabhängigkeit einhergehen.

*b) Die wirtschaftliche Krise*

Während Karl VIII. in Italien Einzug hielt, hatte Christoph Kolumbus gerade die ersten Teile jenes Kontinents entdeckt, der bald Amerika genannt werden sollte. Die Entdeckung Amerikas war kein isoliertes und zufälliges Ereignis, sondern fügte sich in eine lange Reihe von Reisen und Entdeckungen, die zunächst kreuz und quer durch die Länder des Orients geführt hatten und nun den direkten Verbindungswegen zwischen diesen Ländern und Westeuropa galten. So kam es, daß althergebrachte abergläubische Vorstellungen wie die der Säulen des Herkules über Bord geworfen und die Küstenregionen Afrikas, entlang derer sich der »tolle Flug« des Danteschen Odysseus vollzogen hatte, in aller Ruhe befahren wurden, daß die Phantasie auf neue, grenzenlose Horizonte geöffnet und schließlich ein vom europäischen ganz verschiedener Mensch, der sogenannte ›Gute Wilde‹ gefunden wurde. Die Entdeckung Amerikas und, allgemein, die Reisen und Entdeckungen des ausgehenden 15. und beginnenden 16. Jahrhunderts wirkten sich aber nicht nur auf die Imagination und die Literatur aus, sondern auch – und keinesfalls zu ihrem Vorteil – auf die wirtschaftliche Situation Italiens. Das Mittelmeer hörte auf, der Königsweg der Handelsverbindungen zwischen Okzident und Orient zu sein, der europäische Handel verlagerte sich zum Atlantik hin, für die italienischen Seerepubliken begann ein unaufhaltsamer Niedergang.

Die Konsequenzen dieser Veränderungen im Gesamtbild der europäischen Wirtschaft sollten in ihrer ganzen Tragweite erst später sichtbar werden; in der Zwischenzeit hatte aber jener »Wettlauf um Land« begonnen, der Italiens kaufmännische und landwirtschaftliche Entwicklung bremste und »die Voraussetzungen für die große, jahrhundertelange Blockade der italienischen Geschichte« (R. Romano) schuf.

*c) Reformation und Gegenreformation*

Unterdessen hatte im zweiten Jahrzehnt des 16. Jahrhunderts ein weiteres folgenschweres Ereignis stattgefunden. Die sogenannte protestantische Reformation führte zu Streitgesprächen und Auseinandersetzungen, schließlich zu langwierigen Kriegen, die den halben Kontinent mit Blut überströmten, zahlreiche Momente seines kulturellen und moralischen Lebens in Zweifel zogen, ganze Länder aus dem Einflußbereich der römischen Kurie lösten und dadurch das Gewicht Italiens im katholischen Europa deutlich verringerten.

Die Reformation konnte in Italien zwar nur sporadisch Wurzel schlagen, sie zeitigte aber zahlreiche und widersprüchliche Folgen. Einerseits beschleunigte sie den bereits in Gang befindlichen Prozeß der Reform von Moral und Sitte, der der Verweltlichung des Klerus, der Politisierung der Kurie, dem um sich greifenden Skeptizismus und sittlichen Niedergang Einhalt gebieten sollte. Sie gab so den Anstoß zur sogenannten ›katholischen Reform‹, einer inneren Erneuerung der Kirche, die sich auf die Gründung neuer religiöser Orden, das Wiedererstarken von Kultur und Disziplin des Klerus und die Verbreitung karitativer und missionarischer Lebensformen stützte, – und auch dies blieb nicht ohne Auswirkungen auf die italienische Gesellschaft der kommenden beiden Jahrhunderte. Andererseits brachte Luthers Abspaltung aber auch die ›katholische Gegenreformation‹ hervor, die die kulturelle Betätigung, die Menschenwürde, die Gewissensfreiheit beschränkte und unterdrückte und das gesamte soziale und kulturelle Leben Italiens negativ beeinflußte.

## 2. Die Widersprüche der italienischen Gesellschaft

Dennoch wird im Cinquecento mehr als in anderen Epochen deutlich, daß der Prozeß der Geschichte einem Rhythmus folgt, der von den verschiedenartigen Handlungsweisen der Menschen abhängt. Italien erlebte nämlich in eben jenen sechzig Jahren der politischen und wirtschaftlichen Krise die kulturell reichste und blühendste Epoche seiner Geschichte. Das Land beherbergte in seinen Städten eine Fülle nicht selten genialer Schriftsteller, Künstler und Denker und brachte eine reiche Ernte bedeutender Kunstwerke ein, ohne die die Geschichte seiner Kultur ganz anders verlaufen wäre. In jenen Jahren schrieben Niccolò Machiavelli, Francesco Guicciardini und Ludovico Ariosto neben einer großen Zahl weniger bedeutender Schriftsteller; Raffael, Michelangelo, Bramante, Correggio, Tizian und unzählige weitere Künstler betätigten sich als Architekten, Maler und Bildhauer; die Druckereien sorgten für die Verbreitung des zeitgenössischen und des antiken Schrifttums; das gesellschaftliche Leben an den Höfen faszinierte und ›eroberte‹ die Eroberer.

Es gab also einen grellen Kontrast zwischen der Blüte der Kultur und dem Beginn des Niedergangs: Die kulturelle Bewegung, die vom Italien der ›Kommunen‹ ausgegangen war, als dieses im Kampf gegen das Kaisertum seine politische Freiheit erlangt und neue Formen kaufmännischer und wirtschaftlicher Aktivitäten entwickelt hatte, erreichte ihren Höhepunkt in dem Moment, als das Land seine politische Unabhängigkeit verlor und einem langen und traurigen wirtschaftlichen Abstieg entgegensah. Die kulturellen Errungenschaften der Renaissance wurden einem durchaus ungünstigen Umfeld abgetrotzt, ja man könnte geradezu von einer erstickten und erdrosselten Renaissance sprechen, die ihre Themen nur mit Mühe und unter schwierigen Kompromissen entfalten konnte.

So geschieht es auch im Bereich des politischen Denkens. Kaum ist Machiavelli im Jahr 1527 gestorben, da gilt er schon als unheilvolles Genie, weil seine ungezügelte Gedankenfreiheit und sein mutiger Realitätssinn mit der italienischen Gesellschaft nicht mehr in Einklang zu bringen sind. Damals entstand die Lehre von der sogenannten Staatsräson (»ragion di stato«), die auf einen Kompromiß zwischen den von Machiavelli hochgehaltenen Rechten des Staates und denen der Kirche zielte und das politische Handeln, wenigstens in der Theorie, den Erfordernissen der katholischen Moral anpaßte.

In gleicher Weise verfiel die Autonomie von Philosophie und Naturwissenschaft dem Verdikt kirchlicher und staatlicher Organe, so daß zum erstenmal seit dem Tod des Sokrates die Philosophie wieder zu Märtyrern kam. Giordano Bruno und Tommaso Campanella mußten für ihre Suche nach einer Philosophie, die in ihren Grundsätzen und Verfahrensweisen allein sich selbst verpflichtet war, teuer bezahlen, der eine mit dem Scheiterhaufen, der andere mit Folter und siebenundzwanzig Jahren Kerkerhaft.

Ein besseres Schicksal war der Naturwissenschaft beschieden: Sie konnte sich im 17. Jahrhundert aus den Fesseln von Philosophie und Theologie lösen und für die nächsten Jahrhunderte zur Leitdisziplin werden. Zunächst hatte aber Galilei seine geniale Erkenntnis mit der Verurteilung und der Abschwörung zu bezahlen, so daß sich seine Schüler nur noch mit größter Vorsicht vorwärtsbewegten.

Schließlich ging auch das Prinzip der Autonomie der Kunst mit dem Niedergang der Renaissance nicht einfach verloren, doch konnte es nur im Rahmen einer technisch-formalen Konzeption, die Dichtung auf das geschickte und ergötzliche Spiel mit der Sprache verkürzte, überleben. Und in ähnlicher Weise verkam der Rückgriff auf die Antike, der im 15. Jahrhundert die Renaissance-Kultur begründet hatte, zur bloßen Philologie, zu einer ästhetisch-kritischen Scholastik, die der Entwicklung des Denkens und des literarischen Schaffens häufig im Wege stand.

## 3. Die Renaissance

Die Epoche zwischen dem Tode von Lorenzo dei Medici und dem Vertrag von Cateau Cambrésis wird üblicherweise (und auch im folgenden) als ›Renaissance‹ bezeichnet, – ein Begriff, der in seinem langen und wechselvollen Leben ganz verschiedene Bedeutungen und Werte in sich aufgenommen hat und in den letzten Jahren nicht selten für falsch oder irreführend gehalten wurde.

Er wurde geprägt, um Literatur und Kunst der ersten Hälfte des Cinquecento zu bezeichnen, und erst später auf das gesamte Jahrhundert ausgedehnt. Man stellte aber bald fest, daß bestimmte Züge, die die von den gesellschaftlich führenden Schichten getragene Literatur und Kunst dieser Zeit charakterisieren, sich nicht auf andere soziale und kulturelle Gruppen ausdehnen lassen und daß der Prozeß der Geschichte nicht alle Bereiche menschlichen Handelns im selben Rhythmus erfaßt, daß also chronologische Einteilungen, die für Literatur und Kunst ihren Wert haben, nicht ohne weiteres auf Wirtschaft, Gesellschaft, Philosophie und Wissenschaft übertragbar sind. Das Bild der ›Renaissance‹ als eines Zeitalters von heiterem Glanz und harmonischer Ordnung, in der die Staaten als ›Kunstwerke‹ geschaffen wurden und die Meisterwerke der Literatur, Malerei, Bildhauerei und Architektur ein ungetrübtes Vertrauen in das Leben und den Menschen bekundeten, mußte vor diesem Hintergrund falsch erscheinen.

Diesem Bild der Renaissance wurde in den letzten Jahren eine andere Vorstellung, die einer sogenannten ›Anti-Renaissance‹ oder

›Gegenrenaissance‹, entgegengesetzt. Damit sollte auf das gleichzeitige Vorhandensein von kulturellen Strömungen, die anderen Weltanschauungen als der ›offiziellen‹ folgten, und von Haltungen, die innerhalb der ›offiziellen‹ Kultur Frustration, Rebellion und Mißtrauen zum Ausdruck brachten, aufmerksam gemacht werden. Aus diesem Ansatz sind nützliche Forschungen hervorgegangen, die den Stellenwert des Aristotelismus (nicht nur des Platonismus) in der Kultur der Zeit herausarbeiteten, die das Interesse an der Magie betonten, die die Aufwertung der mechanischen Künste, des Handwerks, der Seefahrt und der Landwirtschaft untersuchten. Gleichzeitig rückte man Persönlichkeiten, die bis dahin wenig Beachtung gefunden hatten, in den Vordergrund, analysierte die Widersprüche und inneren Gegensätze, die Zweifel und Auflehnungen, die viele Werke durchziehen, und wandte sein Augenmerk dem Weltbild der unteren Klassen, den vielfältigen Erscheinungsweisen ihrer ›Kultur‹ und ihren literarischen und künstlerischen Äußerungen zu.

Es ist diesen Studien und Entdeckungen zu verdanken, wenn uns heute jede Definition falsch erscheint, die diese Epoche in eine einfache Formel fassen möchte: die Renaissance als Wiedererwachen des Heidentums; die Renaissance als Blütezeit von Kultur und Kunst; die Renaissance als neue Synthese des Christentums. Diese Formeln sind unvollständig, weil sie nur einen einzigen Aspekt eines Jahrhunderts berücksichtigen, in dem doch Blüte und Verfall, Errungenschaften und Verluste, ein nachlassender Schwung und neue Faktoren in ganz unterschiedlicher, von Ort zu Ort, von Schicht zu Schicht und von Mensch zu Mensch verschiedener Weise ineinander verwoben waren.

Trotzdem werden wir weiterhin den traditionellen Begriff ›Renaissance‹ verwenden, nicht zuletzt deshalb, weil wir uns hier mit Literatur beschäftigen, mit dem Bereich menschlichen Handelns also, worauf er am besten paßt. Wir werden bei seiner Verwendung aber stets die angesprochenen Forschungsergebnisse im Blick behalten und daran denken, daß er vor allem dann sinnvoll ist, wenn er nicht nur die Kultur und Kunst der oberen Schichten, sondern die Epoche insgesamt in all ihren Erscheinungsweisen bezeichnet. Gerade dort, wo der Historiker die Vielfalt eines geschichtlichen Abschnitts erkennt, darf er sich nicht im Dickicht der Einzelheiten verlieren, sondern muß mit kluger Vorsicht die großen Leitlinien der Zeit zu fassen suchen. Paul O. Kristeller, einer der größten Renaissance-Forscher, nennt als Wesenszüge der Epoche »die bemerkenswerte Verbreitung des laizistischen Denkens«, »das ausgeprägte Interesse für die Kultur der Antike und die Eleganz der Form« und »das unruhige geistige Klima, das das Entstehen mutiger, bewußt neuer und origineller Alternativen begünstigt«. In der Tat scheinen diese Momente das Phänomen, das wir Kultur oder Zivilisation der Renaissance nennen, gut zu treffen und das geistige Schaffen dieser Jahre angemessen zusammenzufassen.

## 4. Die Welt des niederen Volkes

Die bisher herausgestellten Merkmale beziehen sich einzig auf die Kultur der gebildeten und herrschenden Schichten, hinter der sich aber das bunte Treiben einer ganz anderen, von ihr ignorierten oder verlachten Welt, der Welt der Handwerker und Bauern, der Soldaten und Landstreicher auftut.

Der Historiker muß dieser Vielfalt Rechnung tragen, – je mehr sich die Forschung der Welt des niederen Volkes annehmen wird, desto eher wird es gelingen, das einseitige und parteiliche Bild der Epoche zu überwinden. Im übrigen muß festgestellt werden, daß die von der offiziellen Geschichte ausgeschlossene ›niedere‹ Welt die ›höhere‹ beeinflußte und entsprechende Einstellungen und Verhaltensweisen bedingte. Eine der glücklichen Eingebungen von Francesco De Sanctis bestand gerade darin, daß er im Rückzug der Renaissance-Intellektuellen auf die Zauberwelt der Kunst und der Distanznahme zur Welt der gewöhnlichen Leute die formale Erstarrung ihrer Kunst angelegt sah.

Nichtsdestoweniger ist die ›hohe Kultur‹, die Kultur der oberen Klassen, die an den Höfen und im Umfeld der Aristokratie entstand, von ganz besonderem Interesse. Zum einen war sie es, die Kultur und Kunst der folgenden Jahrhunderte so nachhaltig beeinflußte, daß eine Geschichte des abendländischen politischen, philosophischen, ästhetischen Denkens und künstlerischen Schaffens, die den Beitrag *dieser* Renaissance nicht berücksichtigte, unvorstellbar wäre. Zum anderen war die Kultur der unteren Klassen auf eine ›Ideologie der Besiegten‹ gegründet, sie war, mit anderen Worten, keine alternative, sondern eine resignative Kultur, die die Werte der anderen Kultur zwar negieren, ihr aber außer nostalgischen Träumereien von mythischen Zeiten der Ausschweifung und des Wohlergehens, außer Karneval und Schlaraffenland, nichts entgegenstellen konnte.

Es bleibt schließlich noch das Verhältnis dieser beiden Welten zu klären. Die herrschenden Klassen nahmen die ›andere‹ Welt zur Kenntnis, um sie verächtlich und, vielleicht, ängstlich zurückzuweisen, – und so kommt in vielen Werken die tiefe Abneigung gegenüber den ›villani‹ und ihrem Leben zum Ausdruck. Andererseits übernahmen sie eine ganze Reihe von Themen, Impulsen und Modellen aus der ›niederen‹ Kultur und übertrugen diese in ein anderes Register. Die ›Volkskultur‹ hingegen umgreift kulturelle und künstlerische Äußerungen, die ererbte Weltbilder, mündlich überlieferte Träume von Freiheit und Wohlergehen, elementare Sehnsüchte und Bedürfnisse in einem unruhigen Durcheinander spiegeln, das wie in Politik und Gesellschaft zu keiner gedanklichen Klarheit fand.

## 5. Der Literat und der Hof

### *a) Der Hof*

Die Veränderungen in der italienischen Gesellschaft trugen zu einem tiefgreifenden Wandel der Physiognomie des italienischen Literaten bei: Er war nicht mehr der ›Kleriker‹ des Mittelalters, nicht mehr der Bürger der Stadtrepublik, sondern der ›Hofmann‹ (cortegiano), – eine neue Figur, die zugleich den idealen Menschen, den von der Renaissance erträumten ›Menschentyp‹ in sich schloß.

Viele weitere Faktoren trugen zu diesem Wandel bei, – nicht zuletzt das veränderte Publikum. Die Erfindung und Entwicklung des Buchdrucks hatte den Kreis der Leser beträchtlich erweitert. Die Druckereien setzten eine weitaus größere Zahl von Büchern in Umlauf als vorher; die Auflagen von durchschnittlich zweihundertfünfzig bis dreihundert Exemplaren kommen uns heute äußerst bescheiden vor, stellten damals aber einen gewaltigen Fortschritt dar. Bald erfanden einige geniale Verleger – die Manuzio – das Taschenformat, und bald druckte man neben den klassischen, den religiösen, den didaktischen Texten im engeren Sinne auch italienische ›Klassiker‹ und Werke der zeitgenössischen Literatur. Wer bedenkt, daß ein einziger Verleger – Giolito – zwischen 1536 und

1560 zweiundzwanzig Ausgaben der *Rime* von Petrarca und dreißig des *Orlando furioso* auflegte, wird verstehen, daß der Schriftsteller der Renaissance auf eine breite und keinesfalls spezialisierte Leserschaft zählen konnte, daß er auf dieses gebildete Publikum, das eine klassizistische Literatur zu schätzen wußte, ohne sich deshalb als Kaste oder elitärer Zirkel zu verstehen, aber auch Rücksicht nehmen mußte. Der Schriftsteller konnte von seiner Arbeit allerdings noch nicht seinen Lebensunterhalt bestreiten, da es noch keine Gesetze zum Schutz der Autorenrechte gab. Er stand daher gewöhnlich als Hofmann im Dienste eines Fürsten oder Herren, erledigte Aufgaben im Bereich der Propagandapolitik oder, wie wir heute sagen würden, im Bereich der ›public relations‹ und bezahlte, wie Ariost sagt, die Wohltaten und Geldzuwendungen seines ›Signore‹ mit »Tinte«.

Die italienische Literatur in der ersten Hälfte des 16. Jahrhunderts ist deshalb vom Hof nicht zu trennen. Urbino, Ferrara, Mantua, die päpstliche Kurie in Rom, zahlreiche kleinere Höfe einzelner Adelsfamilien und hoher Kirchenfürsten stellten einen komplexen Zusammenhang dar, der in vielfältiger Weise auf Politik, Gesellschaft und Kunst einwirkte.

Literatur und Hof bilden eine untrennbare Einheit nicht allein deshalb, weil die Literatur am Hof entstand, sondern auch weil sie die höfische Lebensform und Lebensauffassung widerspiegelte. Der Begriff ›höfisch‹ bezeichnet also im weiteren Sinn eine Literatur, die ganz verschiedenen Ansprüchen genügen mußte: Einerseits den Ansprüchen des Fürsten, der sich der Literaten und Künstler zu machtpolitischen Zwecken bediente (daher die Jagd nach den berühmtesten Intellektuellen, daher die großzügigen Gehälter, Pensionen und sonstigen Wohltaten und daher, umgekehrt, der enkomiastische Zug vieler Werke); andererseits die Ansprüche der ›höfischen‹ Gesellschaft, die in der Literatur ihre Gefühle geachtet, ihr Streben idealisiert und ihr Leben mit dem Schleier der Fiktion, des schönen Scheins eines von der Liebe zum Schönen und Schicklichen getragenen Daseins bedeckt sehen wollte.

So war der Hof eine konkrete historische Realität und zugleich ein Ideal, das den einzelnen adeln sollte. Nur vor diesem Hintergrund werden die Werke von Ariost, der *Cortegiano* von Baldassar Castiglione, die Dialoge von Pietro Bembo, der Traktat an Galateo von Monsignor Della Casa oder später Tassos *Aminta* verständlich. Und dies erklärt die Polemik gegen den Hof, die von den beiläufigen

Bemerkungen im *Orlando furioso* (»il servir de le misere corti« – der Dienst an den elenden Höfen) bis zur leidenschaftlichen Anklage in der *Gerusalemme liberata* (»vidi e conobbi pur l'inique corti« – ich sah und erfuhr das Unrecht der Höfe) unterschwellig immer vorhanden ist.

### *b) Der Literat und die ›Macht‹*

Das Verhältnis zwischen Literat und Hof war vielschichtig. In den letzten Jahren bestand die Tendenz, vor allem die negativen Aspekte hervorzuheben: die Abhängigkeiten und Nötigungen, denen der Schriftsteller von Seiten der ›Macht‹ ausgesetzt war, die Beschränkungen, die sich daraus für seine Arbeit ergaben, der Protest, das Aufbegehren des Künstlers, und schließlich die Spuren von alledem in den Werken. Das viel reichere Wissen um die Lebens- und Arbeitsbedingungen der Schriftsteller im Cinquecento, über das wir, als Ergebnis dieser Untersuchungen, heute verfügen, ist aber seinerseits nicht frei von Mißverständnissen, die es zu beseitigen gilt. Der größte Teil der Literaten am Hofe gehörte nämlich durch Geburt, Geist und Erziehung selbst zur Welt der Aristokratie, woraus folgt, daß die überwiegende Zahl der ›Meisterwerke‹ der Renaissance von Männern und Frauen verfaßt wurde, die den höfischen Geist nicht erlitten, sondern teilten und sich eine andere Lebensform gar nicht vorstellen konnten, auch wenn sie der tatsächlich existierenden höfischen Realität ein idealisiertes Bild zu überlagern suchten.

Hieraus ergeben sich einige Einsichten, die zum Verständnis dieser Gesellschaft und dieser Literatur wesentlich beitragen. Viele dieser Literaten waren nicht nur Aristokraten, sondern standen im Zentrum der ›Macht‹ und folgten, wie Guicciardini, Castiglione, Bembo und, in gewissen Grenzen Machiavelli und Ariost, ihrerseits der Logik der Macht und der Fürsten. Sie waren, wie wir heute sagen würden, ›ins System integriert‹. Wenn sie mit dem Part, der ihnen zugewiesen war, mit der Anerkennung, die man ihnen zollte, unzufrieden waren, dann äußerten sie ihre Kritik ›von innen heraus‹ und stellten das System als solches nie in Frage. Viele Regungen des Unmuts, der Unzufriedenheit und der Melancholie waren denn auch nicht den gegebenen Machtstrukturen, sonden den Invasionen fremder Mächte, den Niederlagen und der Sorge um das Schicksal Italiens zuzuschreiben, die das geistige Klima der Zeit bestimmten.

### *c) Das gesellschaftliche Verhalten*

Im Zuge der Integration dieser Schriftsteller in die Welt der Höfe kam es zur Ausbildung einer neuen Verhaltensethik und eines neuen Menschenideals.

In den vorangegangenen Jahrhunderten hatte es unterschiedliche Vorstellungen vom idealen Menschen gegeben: den ›Heiligen‹ im Mittelalter, den ›Intellektuellen‹ (loico) und den ›Kaufmann‹ zur Zeit der ›Kommune‹, den ›bürgerlichen Humanisten‹ in bestimmten Stadtrepubliken, vor allem in Florenz, den verächtlich auf das Volk herabschauenden ›Weisen‹, den Dante und Petrarca emblematisch verkörpert haben. Und parallell dazu war auf die ritterliche Ethik eine ›bürgerliche‹ – die der Kaufmannskultur der ›Kommunen‹ und der ersten städtischen ›Signorien‹ – und, später, eine ›aristokratische‹ Ethik gefolgt. Letztere, die von der städtischen und höfischen Aristokratie getragene Ethik des 16. Jahrhunderts, beruht auf Formgefühl und Selbstkontrolle, auf dem, was damals ›discrezione‹ und ›sprezzatura‹, vornehme Zurückhaltung und Lässigkeit genannt wurde, auf den Tugenden also einer eleganten, geschlossenen Gesellschaft, die persönliche Vollkommenheit von der Unterdrückung allzu ausgeprägter Wesenszüge und der Anpassung an eine sorgfältig überwachte und schwer zu befolgende Etikette abhängig machte.

Dieses Ideal äußert sich in der verbreiteten Tendenz, Idealtypen (den ›Hofmann‹, die ›Hofdame‹, die ›schöne Frau‹) ohne jede persönliche Eigenart zu entwerfen, wie auch in dem Bestreben, diesen Vorbildern in Verhalten, Sprache und Geschmack peinlich genau zu entsprechen. Der ›Hofmann‹, den so viele Werke der Kunst und Literatur verherrlichten, ist ein Mann von Welt, der sich in allerlei Künsten und Disziplinen auskennt, ohne in irgendeiner ›Spezialist‹ zu sein, und in Sprache und Gestik herrschaftliche Würde ausstrahlt, ein großer Herr, der alles berührt und nichts vertieft, – der Held einer eleganten, mondänen Gesellschaft. Dieses Ideal der italienischen Renaissance, der ›cortegiano‹, sollte im folgenden Jahrhundert zum ›honnête homme‹ oder ›homme de qualité‹ der französische Klassik werden und sich von dort aus über ganz Europa ausbreiten.

*d) Die Sprache*

Diese Ausführungen vermögen zu erklären, warum das ganze Jahrhundert mit solcher Beharrlichkeit das Problem der Sprache diskutierte.

Die *questione della lingua* ist Spiegel einer bestimmten kulturellen Situation. Nachdem sich eine sozial hochstehende Schicht von Autoren und Lesern herausgebildet hatte und eine über die ganze Halbinsel verstreute, aber durch Bildung und Geschmack verbundene literarisch interessierte Gesellschaft entstanden war, stellte sich zwangsläufig das Problem, wie die Zersplitterung in Einzelinitiativen und Regionalsprachen überwunden und eine literarische Nationalsprache geschaffen werden könnte, die sowohl die bestehende kulturelle Einheit als auch die erstrebte Würde und Vornehmheit widerspiegelte. Die *questione della lingua* war daher von großer Bedeutung und brachte die verschiedensten Einstellungen zur Literatur zum Ausdruck. So unterschiedlich aber die Lösungsvorschläge auch waren (das nunmehr ›klassische‹ Florentinisch von Petrarca und Boccaccio; das moderne Florentinisch; das Toskanische; die ›Sprache des Hofes‹; eine expressive Sprache, die sich neuen Ausdruckserfordernissen und Neologismen öffnete; usw.), – sie waren doch einig in dem Ziel, die vielfältigen Ansätze der vorangegangenen Generationen zu überwinden, um zu einer ganz Italien umfassenden Einheit zu gelangen. Und dies sollte weitreichende Folgen haben: Die sprachliche Einheit wurde in genau jenen Jahren erreicht, in denen die nationale Unabhängigkeit verlorenging, und so waren es Sprache, Literatur und Kultur, die in den Jahrhunderten der Fremdherrschaft – in den lesekundigen Schichten der Gesellschaft – ein Gefühl und ein Bewußtsein nationaler Einheit wachhielten.

Zugleich trug die Lösung, die am Hofe die größte Zustimmung fand (der Vorschlag Bembos, die Literatursprache aus dem literarischen Florentinisch zu entwickeln), dazu bei, die aristokratische und in sich verschlossene Literatur der Höfe noch mehr von der breiten ›Masse‹ der Leser fernzuhalten. Bembo war sich der Bedeutung seiner Lösung wohl bewußt und unterstrich mit allem Nachdruck den abgrundtiefen Unterschied zwischen der ›Sprache der Schrift‹ und der ›Sprache des Volkes‹, womit er zwar die Verfeinerung der ersteren voranbrachte, jedoch auch dem sprachlichen Formalismus und Purismus im Sinne der späteren ›Accademia della

Crusca‹ Vorschub leistete. Der Triumph Bembos verlieh der höfischen Literatur der ersten Hälfte des 16. Jahrhunderts die ihr eigene Eleganz, trug aber den Keim künftiger Verfallserscheinungen in sich und vergrößerte den ohnehin schon deutlichen Abstand zwischen den sozialen Schichten.

# Kapitel VIII
# Der Klassizismus und seine Gattungen

## 1. Die Gattungen im Klassizismus

Die höfische Literatur des 16. Jahrhunderts suchte in Übereinstimmung mit den Triebkräften und Wesenszügen der Gesellschaft, die in ihr Ausdruck fand, festumrissene Gattungen auszuarbeiten, die alle ihre eigenen Vorbilder und Regeln, ihren eigenen Stil und ihre eigene Sprache aufzuweisen hatten. Diese Neigung zur Festlegung und Normierung erstarrte in der zweiten Hälfte des Jahrhunderts zu einem rein akademischen Formalismus. In der Blütezeit der Renaissance war sie jedoch eine durchaus lebendige Kraft und brachte eine ›regelhafte‹, d.h. auf das Prinzip der ›imitatio‹ gegründete klassizistische Literatur hervor, die dem Geschmack der Höfe entsprach und das Ziel hatte, alle Gattungen der antiken Literatur in die Volkssprache zu übertragen. Von einer solchen Literatur waren keine romantischen Gefühlsergüsse individualisierter Persönlichkeiten zu erwarten, weil sie nichts weiter als ein gesellschaftliches Spiel war, das die freiwillige Angleichung der eigenen Persönlichkeit an eine gemeinsame Ästhetik und Schreibweise wie auch die Rücksichtnahme auf ein klassisch gebildetes Publikum voraussetzte. Dies schließt freilich nicht aus, daß einige Schriftsteller unter den anderen besonders herausragten, weil sie die allgemein bekannten Themen mit einer persönlichen Note versahen oder bei ihren Zeitgenossen als führend oder beispielhaft galten.

## 2. Pietro Bembo

### *a) Liebeslyrik und Neuplatonismus*

Der Schriftsteller, der besser als jeder andere die wesentlichen Züge der höfischen Literatur zu umschreiben wußte, war Pietro Bembo. Als Lyriker, als Verfasser von Liebestraktaten und als Theoretiker der *questione della lingua* gab er seinen Zeitgenossen wichtige Fragestellungen vor und verhalf einer neuen ästhetischen Richtung zum Durchbruch.

Bembo wurde 1470 in Venedig als Sproß einer Adelsfamilie geboren. Schon als Knabe ging er mit dem Vater nach Florenz, später nach Messina (1492–94), Venedig (1500–1501) und Ferrara, wo er sich in Lucrezia Borgia verliebte. Von 1506 bis 1512 hielt er sich am Hofe von Urbino auf, einem der fruchtbarsten kulturellen Zentren der Renaissance, und nahm dann eine Stelle als Sekretär der Kurie in Rom an. Später, ab 1520, widmete er sich vor allem seinen Studien und lebte in Padua und Venedig, wo er das Amt des Historiographen der Republik bekleidete. 1539 ernannte ihn Paul III. zum Kardinal; er starb 1547 in Rom.

Sein erstes bedeutendes Werk waren *Gli Asolani* (Asolaner Dialoge), die er 1505 mit einer Widmung an Lucrezia Borgia veröffentlichte. Den Namen haben sie von ihrem Schauplatz, der Villa Asolo, wo Caterina Corner, die Königin von Zypern, nachdem sie die Insel der Republik Venedig abgetreten hatte, zurückgezogen lebte. Ihr Gegenstand ist eine Diskussion über die platonische Liebe, und so stellte sich das Werk in eine mittlerweile schon alte Tradition, doch erneuerte es sie in einer Weise, die auf Literatur und Leben der Zeit großen Einfluß hatte. In den *Asolani* verschmolzen verschiedene kulturelle Strömungen, der Neuplatonismus eines Ficino, die Liebesmystik, die die Provenzalen an die Stilnovisten und Petrarca weitergereicht hatten, das gesellschaftliche Interesse am Thema der Liebe, das für die höfische Literatur des Mittelalters charakteristisch gewesen war, zu einer Kultur, die die Liebe zum Mittelpunkt des geistigen und gesellschaftlichen Lebens machte. Das Thema der Liebe, die als Mittel zur seelischen und sittlichen Vervollkommnung und Quelle dichterischer Inspiration angesehen wurde, kam den Bedürfnissen und Neigungen einer Gesellschaft entgegen, die das Interesse an Liebesfragen mit einem Sinn für Schönheit und dem Willen verband, die eigene Lebens- und Gefühlswelt mit eleganter Geistigkeit zu überziehen.

Nicht weniger bedeutend war der Einfluß Bembos auf die Lyrik, so daß die von ihm geprägte Stilrichtung, die später großen Erfolg haben sollte, *bembismo* genannt wurde. Die *Rime* (in einer ersten Ausgabe von 1530, einer zweiten von 1535 und einer dritten, posthum veröffentlichten von 1548) folgen dem Vorbild Petrarcas, und zwar in dem Sinn, daß sie Situationen, Stilfiguren und Wörter aus dem *Canzoniere* aufgreifen und umgestalten. Es handelt sich um eine Art von philologischem Widerhall, der seinerseits zahlreiche Nachahmer fand; dies ging soweit, daß sogenannte *petrarchini*, Glossare, die Petrarcas Wortschatz, seine Reime usw. auflisten, angelegt wurden und, im Gegenzug, die Mode des Petrarkismus in vielen Komödien satirisch aufs Korn genommen wurde.

### *b) Die »Prose« und die ›questione della lingua‹*

Die *Prose della volgar lingua*, eine 1525 veröffentliche Abhandlung in drei Büchern, stellen ein Gespräch im Hause von Pietros Bruder Carlo dar, an dem sich, außer Carlo, noch Giuliano dei Medici, Herzog von Nemours, Federigo Fregoso und Ercole Strozzi, allesamt Hofleute und Literaten, beteiligen. Im ersten Buch wird die Geschichte der Volkssprache umrissen und die Überlegenheit des literarischen Florentinisch, wie es im 14. Jahrhundert von Petrarca und Boccaccio ausgearbeitet worden war, unterstrichen. Im zweiten Buch wird über Wortwahl und Wortstellung, über Musikalität und Rhythmus der Prosa gesprochen. Im dritten wird eine ebenfalls von den beiden großen Vorbildern des Trecento abgeleitete Grammatik der Volkssprache entworfen. Auf diese Weise brachte Bembo die Verknüpfung der neuen literarischen Sprache mit der alten, von der Literatur der Anfänge entwickelten Sprache zum Abschluß und legte eine schlüssige Antwort auf die vieldiskutierte Frage vor, wie denn das freie Experimentieren mit der Sprache und die Unzulänglichkeit der regionalen Verkehrssprachen durch eine national übergreifende und entschieden literarische Sprache überwunden werden könne. Diese Probleme erwuchsen der neuen Generation aus der in der zweiten Hälfte des 15. Jahrhunderts erfolgten Rückkehr zur Volkssprache, aus der sprachlichen Zersplitterung als Folge der jahrhundertelangen politischen Zersplitterung, aus der Suche nach einer von der gesprochenen Sprache deutlich unterschiedenen literarischen ›Hochsprache‹, aus ihrem Streben, schließlich, nach einem höfischen Klassizismus. Bembos Genialität bestand darin, auf all die vielen Anforderungen eine einfache Antwort zu finden. Schon in einem Disput mit Giovan Francesco Pico della Mirandola hatte er die Notwendigkeit einer vollständigen ›imitatio‹ betont, in deren Verlauf der Nachahmer mit seinem Vorbild eins werden solle, und hatte für die lateinische Prosa und Epik Cicero und Vergil und für die italienische Hochsprache, wie in den *Prose*, und zwar ohne

Zögern und ohne Einschränkung, Petrarca und Boccaccio als Vorbilder genannt.

Dieser asketische Nachahmungsbegriff erklärt sich aus Bembos Willen, ein sprachliches Instrumentarium für eine Literatur zu entwickeln, die die elegante Geistigkeit der aristokratischen Kreise zum Ausdruck bringen und gleichzeitig, jenseits der Veränderungen der gesprochenen Sprache, weiterleben und Bestand haben sollte. Aus dieser elitären Haltung ergab sich folgerichtig die Ablehnung der in der zweiten Hälfte des 15. Jahrhunderts entstandenen sprachlichen Hybridformen und die Berufung auf Vorbilder, von denen angenommen werden konnte, daß sie ohne Schwierigkeiten akzeptiert würden, da sie der üblichen Literatursprache bereits zugrundelagen, und daß sie in der Zukunft zur Stabilisierung der Sprache beitragen würden. Vor diesem Hintergrund ist auch die Bemerkung zu verstehen, Florentiner zu sein bedeute weniger einen Vorteil als eine Gefahr, da das Florentinisch, das Bembo propagiere, die Sprache Petrarcas und Boccaccios, mittlerweile ein literarisches Faktum geworden sei, das mit dem ›volkstümlichen‹ Sprachgebrauch nichts zu tun habe.

Diese These fand zahlreiche und ganz unterschiedliche Gegner. Die einen wandten, mit guten Gründen, ein, daß die großen Schriftsteller des 14. Jahrhunderts gesprochenes Florentinisch geschrieben hätten (Machiavelli), andere stellten dem Florentinisch Bembos entweder eine auf die »Sprachgewohnheiten« ganz Italiens gegründete Sprache (Castiglione) oder, im Anschluß an Dante, eine »aus allen Sprachen Italiens« zusammengesetzte, »hohe und höfische Sprache« (Trissino) entgegen, und wieder andere, darunter erneut Castiglione, wollten fremde und moderne Einflüsse, sofern sie sich als notwendig erwiesen, durchaus zulassen. Aus all diesen Disputen ging aber doch Bembo als Sieger hervor, vor allem als Ariost sein Epos in der dritten Auflage nach Bembos Regeln überarbeitete und auf diese Weise das Streben der Renaissance-Kultur nach einer Sprache, die ihr klassisches und höfisches Ideal widerspiegeln sollte, nachdrücklich unterstrich. Es ist daher nicht verwunderlich, daß Bembo über mehrere Jahrhunderte hinweg, wenigstens bis Manzoni, in allen Diskussionen um die *questione della lingua* gegenwärtig ist, bisweilen gelobt, bisweilen geschmäht, doch immer als derjenige anerkannt, der das sprachliche Programm vorlegte, das lange Zeit die italienische Literatur bestimmen sollte.

## 3. Der Traktat

### *a) Merkmale*

Die Gattung, in der die höfische Literatur am besten zum Ausdruck kam, war wohl der Traktat, – eine Gattung, die das 16. Jahrhundert vom Humanismus übernahm, der seinerseits eine das gesamte Mittelalter und das Zeitalter der ›Kommune‹ verlaufende Tradition zu ihrer klassischen, platonisch-ciceronianischen Form zurückgeführt hatte. Nun aber wurde der Traktat zu einer Modegattung, die mit derart verschiedenen Inhalten gefüllt werden konnte, daß sich auch nicht-höfische und nicht-klassische Schriftsteller in dieser Form versuchten und Pietro Aretino sich ihrer bediente, um ein Werk zu schreiben, das die Gattung wie die höfische Literatur überhaupt parodierte.

Die Gründe für diesen Erfolg liegen auf der Hand: Im Traktat läßt sich die Neigung zum Lehrhaften, die der Literat der Renaissance vom Humanisten geerbt hatte, zwanglos mit einer anderen Tendenz der Zeit, der zum ›gesellschaftlichen‹ Charakter einer Literatur verbinden, die, wenn sie auch bürgerlich-städtische Leser hatte, für den Hof bestimmt war und die für das kulturelle Leben am Hof typischen mondänen Zusammenkünfte spiegelte. Man bevorzugte daher meist ein bestimmtes Schema – ein Gespräch zwischen Hofdamen und Edelleuten – und eine Thematik, die tiefe und ernste Probleme aufgriff, diese aber in weltmännischer Manier der Mentalität, der Bildung und dem Geschmack weiterer Kreise annäherte. Die Literatur, um die es sich hier handelt, vermittelte anspruchsvolle Themen an ein breiteres Publikum und war, ohne an Würde zu verlieren, im besten Sinne des Wortes ›mondän‹, nicht zuletzt deshalb, weil sie Begriffe und Vorstellungen einer akademischen Kultur in eine Gesellschaft einbrachten, an der die Frauen, die ›Damen‹, spürbaren Anteil hatten.

Die angesprochenen Themen waren sehr vielfältig und reichten von der ›Erziehung‹ des ›Hofmannes‹ und der ›Hofdame‹ über die ›Erziehung‹ der ›schönen Frau‹ zum Entwurf eines weiblichen Schönheitsideals, von den Problemen der Sprache zu denen der Kriegskunst oder der schönen Künste und so fort. Ganz verschieden waren auch die Autoren, – seien es wirkliche Hofliteraten oder fern vom Hof lebende und, wie beispielsweise Niccolò Machiavelli, von eher ›technischen‹ Interessen geleitete Schriftsteller, hochgelehrte

Literaten oder weniger gebildete Schriftsteller, die aber ihre Kenntnis der gerade in Mode befindlichen Themen und ihre schriftstellerischen Fähigkeiten zur Schau stellen wollten. Man denke nur an die Dialoge über die *Infinità d'amore* (Unendlichkeit der Liebe) von Tullia d'Aragona, einer ›cortigiana honesta‹, wie damals ein Luxus-Callgirl genannt wurde, – ein Werk, das aus durchsichtigen Gründen die Verfasserin bekannt machen sollte –, oder an die Gedichte ihrer Kollegin Veronica Franco, die in gleicher Absicht schriftstellerisch tätig war und mit berühmten Literaten gelehrte Dispute führte.

Vor diesem Hintergrund wird verständlich, warum bestimmte Themen ständig wiederkehrten: der Hof und der Hofmann, d.h. die Welt, aus der heraus diese Literatur entstanden war, und das Publikum, für das sie geschrieben wurde; die ›platonische‹ Liebe, d.h. die Sublimierung der Galanterie, die einen wesentlichen Aspekt des höfischen Lebens ausmachte; die ›Erziehung‹ der schönen Frau, d.h. die Betonung der ›Präsenz‹ der Frau als eines der neuesten und wichtigsten Phänomene im gesellschaftlichen und kulturellen Leben der Zeit.

### *b) Baldassar Castiglione*

Der markanteste Vertreter der höfischen Gesellschaft und Verfasser des damals berühmtesten Traktats war Baldassar Castiglione, der zwar ebenfalls ein idealisiertes Bild seiner Zeit entwarf, mit seinem Werk aber doch dazu beitrug, einige ihrer Idealvorstellungen in der Wirklichkeit zu verankern.

Castiglione wurde 1478 in Casatico bei Mantua geboren, erhielt in Mailand eine streng humanistische Erziehung und trat dann in Florenz bei Ludovico il Moro und in Ferrara bei Francesco Gonzaga in höfische Dienste. Von 1504 bis 1514 lebte er in Urbino bei Guidubaldo da Montefeltro und, später, bei Francesco Maria della Rovere, und diese zehn Jahre waren, trotz der zahlreichen und schwierigen Ämter, die ihm übertragen wurden, die fruchtbarsten seines schriftstellerischen Schaffens. 1516 kehrte er nach Mantua zurück, heiratete, verlor aber bald seine Frau, empfing die kirchlichen Weihen und erhielt von Clemens VII. die Nuntiatur in Madrid, wo er von Karl V. hochgeschätzt und bei seinem Tod als »bester Ritter der Welt« gerühmt wurde. Er mußte sich schwere Vorwürfe gefallen lassen, weil er den ›sacco di Roma‹ nicht vorhergesehen hatte, und starb, wenig später, im Jahr 1529 in Toledo.

In Urbino schrieb er eine Ekloge, *Tirsi*, den Prolog zur *Calandria*, der berühmten Komödie des Kardinals Dovizi da Bibbiena, sowie lateinische und volkssprachliche Verse; und hier begann und situierte er sein Meisterwerk, einen dialogischen Traktat in vier Büchern mit dem Titel *Il cortegiano* (Der Hofmann), der erst 1528 in der dritten, überarbeiteten Fassung veröffentlicht wurde. Gegenstand des Traktats ist eine fiktive Unterhaltung im Kreise der Literaten und Künstler, die sich in Urbino um die Herzogin Elisabetta Gonzaga und ihre Schwägerin Emilia Pio geschart hatten. Die Teilnehmer sind, neben den beiden adligen Damen, Edelleute und Literaten, die der Autor am Hofe von Urbino kennengelernt hatte und die als Crème de la crème der höfischen Gesellschaft Italiens gelten konnten. Der Traktat schließt an die zahlreichen Schriften an, die die höfische Lebensart der mittelalterlichen Feudalgesellschaft theoretisiert und idealisiert hatten und zur Zeit der ›Kommune‹ in die italienische Literatur Eingang gefunden hatten. Jetzt, zu Beginn des 16. Jahrhunderts, ging es natürlich nicht mehr um die ›cortesia‹ der Feudal- und Kommunalzeit, sondern um die ›cortigianeria‹, um Tugend und Verhalten eines Hofmannes, eines ›cortegiano‹ oder ›uomo di corte‹.

Während der vier Gesprächsabende wird Punkt für Punkt das Bild eines vollendeten Hofmannes entworfen: er muß adlig, gesund und kräftig, literarisch belesen, ja imstande sein, selbst Verse zu schmieden, sich auf die Führung der Waffen verstehen und sich in Musik und Malerei auskennen, – ein Dilettant mit vielfältigen Interessen, der dem Hof alle Ehre macht und dem Fürsten zu tieferer Einsicht in den Lauf der Dinge und die Regierungskunst verhilft.

Im übrigen geht der Traktat auch auf weniger wichtige Eigenschaften ein, wie die Kunst der Konversation oder die ›grazia‹, die vornehme Gelöstheit, die jeder Geste einen Anschein von Leichtigkeit verleiht. Am dritten Tag wird das Bild der vollendeten ›Hofdame‹ als dem weiblichen Pendant zum ›Hofmann‹ umrissen, und am vierten Tag kehrt Bembo zu letzterem zurück und antwortet auf die Frage, ob der Hofmann sich verlieben könne, mit einer eingehenden Erörterung, ja einer Lobpreisung der platonischen Liebe, die von der Betrachtung körperlicher Schönheit über die Freude an moralischer Schönheit zur höchsten Schönheit Gottes aufsteigt.

### *c) »Il cortegiano« und die Renaissance*

Die aristokratische Gesellschaft der Renaissance erschien in der idealisierten Darstellung des *Cortegiano* nicht so, wie sie war, sondern so, wie sie sich träumte, auch wenn ihr stilisiertes Bild, von Fassung zu Fassung, immer stärker von Zweifel und Zwiespalt durchzogen wurde. Daher verhilft das Buch weniger zum Verständnis der tatsächlichen Wirklichkeit dieser Gesellschaft als vielmehr zu einem tieferen Verständnis ihrer nicht weniger realen ästhetischen Bestrebungen und Neigungen, ohne die ein Großteil der zeitgenössischen Kunstwerke unerklärbar bleiben müßte. So wie die Malerei dieser Zeit das menschliche Antlitz idealisierte und in einer regungslosen, übermenschlichen Schönheit erstarren ließ, so zeichnete auch Castiglione vom italienischen Edelmann ein Bild, das zwar von der historischen Wirklichkeit jenes Jahrhunderts und jener Gesellschaft ausging, sie aber von allen nebensächlichen und beiläufigen Momenten befreite und nur ihre scheinbar wesentlichen Züge festhielt. Gerade in dieser Verwurzelung in einer Zeit, die es zugleich zu überschreiten galt, ist die Geschichtlichkeit des *Cortegiano* begründet, eines Traktats, der dem Platonismus der *Asolani*, der platonisierenden Tendenz in Bembos Lösung des Sprachproblems und der ›Harmonie‹, die Ariosts *Orlando furioso* beherrschen sollte, außerordentlich nahesteht.

Diese Tendenzen spiegeln sich nicht zuletzt im Stil des *Cortegiano*. Castiglione, ein großer Bewunderer von Bembos Liebeslehre, ging in der *questione della lingua* auf Distanz zu ihm, denn schließlich hatte seine philosophische Abhandlung eine lebendige Thematik zum Gegenstand, die Welt der Höfe, die in seinen Augen die einzige wirklich interessante gesellschaftliche Wirklichkeit darstellte. Daher verweigerte er sich Bembos Lösung mit dem scharfsinnigen Argument, daß er »sich lieber durch seine lombardische Sprache als Lombarde denn durch zuviel Toskanisch als Nicht-Toskaner zu erkennen gebe«. Aber wenn er auch sprachlich von den strengeren Regeln des aristokratischen Klassizismus abwich, so verwirklichte er stilistisch, vor allem in seinen gelungensten Passagen, doch dasselbe Ideal einer architektonisch aufgebauten, feierlich ausgreifenden und gemessen rhythmisierten Prosa.

Diese Nähe zu seiner Zeit und Castigliones stilistische und künstlerische Gaben erklären den Erfolg des Buches in ganz Europa. Ein Zeitgenosse, Sansovino, berichtet, daß »Karl V. nur drei Bücher, die er in seine Sprache hatte übersetzen lassen, mit Vergnügen las«: Polybios zum Thema der Kriegskunst, Machiavelli zum Thema der Regierungskunst und den *Cortegiano* im Hinblick auf die »Ordnung des zivilen Lebens«. Diese Äußerung belegt, daß die Zeitgenossen das Buch als einen grundlegenden Text für die Erziehung jener aristokratischen Gesellschaft ansahen, die um den Souverän herum das Gerüst des in Entstehung begriffenen absolutistischen Staates bilden sollte.

## 4. Die Lyrik

### *a) Merkmale*

Zu den am meisten verbreiteten Gattungen zählte die Kunstlyrik, wie sie im Anschluß an Petrarca oder, besser, im Anschluß die Wiederaufnahme Petrarcas durch Bembo geschrieben wurde. Ihre Verbreitung war recht hoch und belegt den ›gesellschaftlichen‹ Charakter der zeitgenössischen Literatur, ihre Bindung an die aristokratische und großbürgerliche Gesellschaft, den wachsenden Einfluß des Verlagswesens und die dem Dichter abverlangte Anpassung an die Vorbilder, die gerade im Schwange waren.

Wer sich Petrarca zum Vorbild nahm, hatte sich auf einige wenige Gedichtformen (Sonett, Kanzone, Madrigal und, seltener, *ballata*) zu beschränken. Er mußte, sieht man von gelegentlichen politischen oder enkomiastischen Gedichten ab, die Liebe zur alles beherrschenden Thematik erwählen. Er mußte die Dame dem Bild Lauras nachgestalten und folglich alle anderen möglichen Frauenbilder und alle anderen möglichen Liebessituationen außer acht lassen. Er hatte seine Gedichtsammlung wie eine Geschichte zu strukturieren, die über einige obligate Situationen schließlich zu Gott oder doch zum Verlangen nach Gott führt. Er mußte nicht zuletzt einen weitgehend dem *Canzoniere* entnommenen Wortschatz benutzen, so daß der kundige Leser sich an seiner Nachgestaltung wie an einer Intarsienarbeit ergötzen konnte.

Freilich gingen auch neue Erfahrungen in das petrarkistische Modell ein, wie vor allem das Thema der ›platonischen Liebe‹, das Bembo verbreitet und gesellschaftsfähig gemacht hatte. Daher wird in dieser Lyrik häufig ein Akzent spürbar, der weniger an Petrarcas

Platonismus ›ante litteram‹ als vielmehr an die platonisierende Inbrunst bestimmter Gedichte von Lorenzo il Magnifico erinnert. Andere, bisweilen durchaus sinnlichere Regungen und Töne verdankt die petrarkistische Thematik der verstärkten Rezeption der lateinischen Schriftsteller. Hier und da finden sich auch Züge, die wesentlich zur Kultur der Renaissance selbst gehören, wie die Einsicht in die Komplexität der Frau, weder Objekt sinnlicher Begierde noch abstrake Idealgestalt, oder, als neues Thema, das Lob der ehelichen Liebe oder der Freuden persönlicher Vertrautheit. Die Umrisse, die wir hier von der petrarkistischen Lyrik zeichnen konnten, sind daher alles andere als scharf, da vor einem gemeinsamen Hintergrund je nach Autor, Ort und Zeit ganz unterschiedliche Schattierungen sichtbar wurden. Obgleich die Kunstlyrik in ganz Italien gemeinsamen Vorbildern und Idealen folgte, so gab es durch die Verschiedenheit der Umfelder doch spürbare Unterschiede: die süditalienische Lyrik zeichnet sich häufig durch leidenschaftliche Bewegungen und pathetische Naturgemälde aus, die in der toskanischen Lyrik so nicht feststellbar sind. Zudem wurde mit der Zeit der bembistische Petrarkismus von manierierteren, pathetischeren, bewegteren, insgesamt dem Stil Tassos näheren Formen verdrängt, die auf die barocke Lyrik vorausdeuten. So läßt sich abschließend feststellen, daß es falsch wäre, allzusehr zu verallgemeinern, – ist es doch im Falle einiger Schriftsteller und regionaler ›Schulen‹ immerhin möglich, ein eigenständiges Profil zu umreißen.

### *b) Giovanni Della Casa*

Eine der markanteren Persönlichkeiten war der Toskaner Giovanni Della Casa (1503–1556), Erzbischof von Benevento, der als päpstlicher Nuntius in Venedig (1543–1549) eine strenge Zensur über Verlagswesen und Buchhandel ausübte und bedeutende politische Reden verfaßte. Er starb als Staatssekretär von Papst Paul IV., ohne den Kardinalshut erhalten zu haben, ein Drama, das die letzten zehn Jahres seines Lebens überschattete. Neben verschiedenen kleineren lateinischen und italienischen Werken schrieb er eine berühmte Abhandlung über die guten Sitten, jenen *Galateo*, der seinen Namen dem Bischof Galeazzo Florimonte, dem er gewidmet war, verdankt und seinerseits zum Gattungsbegriff für alle Schriften über Anstand und Sitte und die Regeln guten Benehmens wurde.

Das Buch war ungemein erfolgreich und ist von großem Interesse, um die allmähliche Erstarrung der Renaissance-Gesellschaft nachzuzeichnen: auf den universalen Menschen, wie er von Alberti zum Ideal erhoben wurde, folgt Castigliones Hofmann, der ›cortegiano‹, auf diesen wiederum Della Casas Edelmann, der ›gentiluomo‹, der sich mehr um die Form als um die Substanz kümmert und über die Notwendigkeit, sich dem Verhalten der Allgemeinheit anzupassen, theoretisiert. Schließlich war Della Casa auch Autor eines *Canzoniere*, der ihm einen besonderen Platz in der Dichtung der ersten Hälfte des 16. Jahrhunderts zuweist, insofern er sich zwar im Umkreis des Petrarkismus bewegte, die Thematik jedoch um die eigenen Lebenserfahrungen erweiterte und die Ausdruckstechnik erneuerte. Er brach die Einheit des Verses auf und kreuzte die Verse mit einer solchen Geschicklichkeit, daß er als der eigentliche Begründer des *enjambement* in der italienischen Lyrik gepriesen wurde. Im übrigen zeichnen sich seine Gedichte durch ihr emphatisches Pathos und eine sprachliche Ausdruckskraft aus, die nicht von Petrarca stammen, sondern zu den typischen Zügen des Petrarkismus im Cinquecento gehören.

### *c) Michelangelo*

Michelangelo Buonarroti (1475–1564), eine der bedeutendsten Figuren des Jahrhunderts, sah sein literarisches Schaffen nur als Randerscheinung seiner dreifachen Tätigkeit als Maler, Bildhauer und Architekt an. Eigenständigkeit im Vergleich mit Petrarca, dem er aber in der Sache selbst treu blieb, Erweiterung der Thematik um die Gefühle einer in sich zerrissenen Persönlichkeit und eine an Dante geschulte Sprachgewalt lassen sich als charakteristische Merkmale seiner Gedichte nennen. Ständig wiederkehrende Motive sind sein glühender Liebesplatonismus, – ob er den jungen Römer Tomaso Cavalieri besingt, den er 1532 kennengelernt hatte, oder Vittoria Colonna, die er bis zu ihrem Tode (1547) und darüberhinaus anbetete –, eine durch und durch platonische Kunstauffassung, eine, in seinen letzten Jahren, verbitterte Abkehr von den irdischen Leidenschaften, um bei Gott Zuflucht zu suchen, – auch dies ein literarischer Topos, der sich bei ihm aber mit einem scharfen Blick für die Vergänglichkeit und Todesverfallenheit der Dinge verband. Michelangelo behandelte diese Themen mit derselben konzentrierten Energie und Prägekraft, die in seinen Skulpturen und Gemälden zum Ausdruck kommt, und daher steht seine Dichtung, obgleich sie zeittypischen Tendenzen wie Petrarkismus und Platonismus verhaftet bleibt, doch außerhalb des aristokratischen Klassizismus, zu dem sie sich verhält wie Michelangelos Malerei zum Klassizismus eines Raffael.

### *d) Frauenlyrik*

Bezeichnenderweise nehmen die Frauen unter den Petrarkisten eine besondere Stellung ein. Dies hängt mit der neuen Rolle zusammen, die die Frau in der Gesellschaft spielte (wir hatten schon weiter oben auf den hohen Rang aufmerksam gemacht, den Bembo und Castiglione der Frau am Hof zugewiesen hatten), auch wenn diese Emanzipation auf den Kreis der Aristokratie bzw. den der ›cortigiane honeste‹, der hochgestellten Kurtisanen, beschränkt blieb. Es ist also kein Wunder, daß auch Frauen – adlige Damen, Hofdamen, Kurtisanen – neuplatonische und petrarkistische Gedichte verfaßten, nicht aus Scheinheiligkeit, sondern in Anpassung an die Sitten und Vorlieben der Welt, in der sie allesamt, wenn auch in unterschiedlicher Stellung, lebten. Wir wollen Veronica Franco (1546–1591) nennen, auch sie eine ›cortigiana honesta‹ und Verfasserin eines Bandes ungezwungen petrarkistischer, häufig sinnlicher und lebendiger *Terze Rime*, Barbara Torelli, von der ein berühmtes, vermutlich aus Anlaß des Todes ihres Gatten Ercole Strozzi (1508) verfaßtes Sonett überliefert ist, Veronica Gambara (1485–1550), Edelfrau und Witwe des Gilberto da Correggio, eines treuen Jüngers von Bembo, die schon erwähnte Tullia d'Aragona (1510–1556), die zu den bekanntesten Kurtisanen ihrer Zeit gehörte und platonisierende Gedichte verfaßte, Laura Battiferri (1523–1589), die Frau des Bildhauers und Architekten Bartolomeo Ammannati, Chiara Matraini (1514–?), die ganz beachtliche Verse geschrieben hat, Isabella di Morra, die 1549 von ihren Brüdern wegen ihrer Liebesbeziehung mit dem Spanier Diego Sandoval de Castro getötet wurde und einen kleinen Band leidenschaftlicher Gedichte hinterließ, und schließlich Vittoria Colonna (1492–1547), das Idealbild der vollkommenen Edelfrau der Renaissance, die ihren Gatten Ferrante d'Avalos, Marchese von Pescara, zu Lebzeiten und über den Tod hinaus verherrlichte, von Michelangelo angebetet und besungen wurde, einen Kreis von edelgesinnten Freunden um sich scharte, der zeitweise einer strengen Glaubensreform zugeneigt schien und den italienischen oder in Italien lebenden Reformatoren nahestand, und selbst Liebesgedichte und religiöse Verse schrieb, die, allen edlen Gefühlen zum Trotz, den gängigen Formeln doch allzusehr verhaftet blieben.

Sie alle werden von Gaspara Stampa (1523–1554) aus Padua überragt, die vermutlich eine hochgestellte Kurtisane war und ein bewegtes Liebesleben führte. Ihr *Canzoniere* ist zum größten Teil einem Graf Collaltino di Collalto gewidmet, mit dem sie ein kurzes, aber intensives Verhältnis verband. Er wird vervollständigt von Gedichten, die von einer neuen Liebe inspiriert sind, und beschlossen von Reimen, in denen die Verfasserin ihre Reue kundtut und ihren Glauben bekennt. Der Gedichtband stellt sich als ein leidenschaftliches Liebestagebuch dar, in dem Gaspara Stampa ihre innersten Gefühlsregungen festhält, weniger bewußt und stilsicher als andere, aber mit einer Freizügigkeit, Unmittelbarkeit, Leidenschaftlichkeit, die ihr einen eigenen Platz in der Geschichte der Lyrik dieser Zeit sichern.

### *e) Die süditalienischen Dichter*

Auch die süditalienischen Dichter sind durch einige gemeinsame Züge untereinander verbunden. Die bekanntesten und interessantesten unter ihnen waren Angelo di Costanzo (1507–1591), ein neapolitanischer Edelmann, der sich am entschiedensten zur petrarkistischen Tradition bekannte, noch bevor sie im Zuge der arkadischen Reaktion auf den Marinismus zum Vorbild aller guten Dichtung erhoben wurde, sowie Galeazzo di Tarsia (um 1520–1568) aus Neapel und Luigi Tansillo (1510–1568) aus Venoso, die beide die gewohnten Dichtungsmuster um ein inniges Verhältnis zur Natur und eine Leidenschaftlichkeit der Gefühlsregungen bereicherten, die sie in den Umkreis des bembistischen Petrarkismus rücken. Tansillo, der auch einige Kurzepen verfaßte, legt in seinen Gedichten an Maria d'Aragona d'Avalos eine fast pantheistische Landschaftswahrnehmung an den Tag, die in der Lyrik und Malerei der Folgezeit weiterwirken sollte. Di Tarsia, dessen Liebesgedichte an seine kurz nach der Heirat verstorbene Frau, aber auch an Vittoria Colonna gerichtet waren, brachte in die zeittypischen Formeln ein ungestümes, heftiges Naturgefühl (»Tempestose sonanti e torbid'onde...«/Stürmisch tosende, finst're Wellen...) ein, das nicht selten das Vorbild Petrarcas in bewegtere und düsterere

Tonlagen zu transponieren scheint. Auch er gehört mit seinem pathetischen Ton und vollen Klang zu den Randfiguren des freilich viel kargeren und aristokratisch gesetzteren Bembismus.

## 5. Die Novelle

### *a) Merkmale*

Das verbindliche Modell der Novellistik war nach wie vor das *Decameròn*, dessen Erzählschema und Rahmenhandlung schon die Schriftsteller des 14. und 15. Jahrhunderts übernommen und dessen Sprache die Theoretiker eines puristischen Florentinisch zum unübertroffenen Vorbild erkoren hatten. Auf der anderen Seite war die Novelle eine im wesentlichen mondäne und unterhaltsame Gattung, so daß die Autoren ihre künstlerischen Zielsetzungen häufig mit den Ansprüchen eines gebildeten, aber keinesfalls gelehrten Publikums auf Unterhaltung in Einklang bringen mußten. Daraus erklärt sich die Vielfalt der Novellensammlungen des Cinquecento, in denen die Nachahmung Boccaccios je nach Bildung und Persönlichkeit des Autors doch Raum für ganz unterschiedliche Erfahrungen läßt und die moderne Welt die neuen wie auch die überlieferten Themen mit ihren Leidenschaften, Gewohnheiten und Vorlieben durchdringt. Die Häufigkeit und die Grausamkeit der Streiche, das Übermaß an Wollust und Gewalt, die Brutalität der Vergeltung sind Teil einer Welt, die von den Lyrikern und Traktatschreibern mit dem Schleier des Geistes verhüllt wurde. Ob die Novellensammlungen des 16. Jahrhunderts neue Themenbereiche erschlossen, ob sie den traditionellen Vorbildern folgten oder zeitgenössische Begebenheiten erzählten, – sie arbeiteten doch stets mit einem Ideenreichtum, wie er Komödienschreibern eigen ist, und verbanden Altes und Neues, Nachahmung und Erfindung.

### *b) Matteo Bandello*

Der bedeutendste unter den Novellisten war der um 1480 geborene Matteo Bandello. Er entstammte einer adligen Familie aus Castelnuovo Scrivia, war Dominikaner und stand im Dienste verschiedener oberitalienischer Fürstenhäuser, bevor er 1542 nach Frankreich ging, Bischof von Agen wurde und dort um 1561 starb. Von ihm sind zweihundertvierzehn, jeweils von einem Widmungsbrief eingeleitete Novellen überliefert. Die Briefe, in denen die Herkunft der Geschichten erläutert wird, richten sich an berühmte Persönlichkeiten und zeichnen ein interessantes, wenn auch in den Details nicht immer historisch wahrheitsgetreues Bild der aristokratischen Gesellschaft des 16. Jahrhunderts. Sie verleihen den Erzählungen den mondänen Ton von Geschichten, die bei heiteren Zusammenkünften vornehmer Herrschaften »giovar altrui e dilettare« (anderen nützen und Vergnügen bereiten) sollten. So scheinen bei Bandello alle Tendenzen der Gattung zusammenzulaufen: die Nachahmung Boccaccios, die lehrhaft eingefärbte herrschaftliche Geselligkeit, die Vorstellung, daß Literatur Fakten zu vermitteln habe, die sonst unbekannt blieben (vgl. Teil I, Kap. 8), der Wunsch, ein breites Fresko der zeitgenössischen Gesellschaft zu malen, der Rückgriff auf die vertrauten Züge der Novellistik – die Schwänke und Streiche – und auf zeittypische Momente, wie sie in der Betonung des Tragischen – den grausamen Vergeltungen – zum Ausdruck kommen.

Was die Sprache betrifft, so stellt Bandello selbst fest, daß er des »fiorentin volgare« (der florentinischen Volkssprache) nicht mächtig, sondern »lombardo« (Oberitaliener) sei. In Sprache und Stil wahrt er deshalb eine gewisse Unabhängigkeit von Boccaccio, auch wenn seine Aussage, er habe »keinen Stil« nur in dem Sinn verstanden werden darf, daß er sich das Ideal einer aufs äußerste verfeinerten Literatur, das viele andere Prosaschriftsteller seiner Zeit verfolgten, nicht zu eigen machte. Gleichwohl fühlte er sich als Künstler und unterstrich diesen Anspruch mit seiner ausgeprägten Begabung, Handlungsstränge kunstvoll zu verknüpfen und eine Geschichte gelassen zu erzählen.

### *c) Andere Novellensammlungen*

Am entgegengesetzten Ende steht der 1493 in Florenz geborene Agnolo Firenzuola, der als Mönch ins Kloster Vallombroso eintrat, später von seinem Gelübde entbunden wurde und 1543 starb. Er verfaßte verschiedene Prosaschriften, darunter eine freie Übersetzung von Apuleius' *Der goldene Esel*, eine ebenso freie Übersetzung indischer Fabeln unter dem Titel *Discorsi degli animali* (Unterhaltungen der Tiere), einen *Dialogo della bellezza delle donne* (Dialog über die Schönheit der Frauen) sowie einige Komödien, vor allem aber die *Ragionamenti d'amore* (Gespräche über die Liebe), eine Novellensammlung nach dem üblichen Schema einer sechstägigen Gesprächsrunde von drei jungen Männern und drei Frauen. Firenzuola war ein äußerst versierter Autor und führte jene Tradition einer anspruchsvollen, ausgesprochen musikalischen Prosa fort, die auf Sannazaro zurückging und manchem seiner Zeitgenossen noch im Gedächtnis haftete.

Unter den übrigen Erzählern sollte Anton Francesco Grazzini, genannt ›il Lasca‹ (1503–1584), nicht unerwähnt bleiben, der auch als Verfasser von Gedichten und Komödien bekannt wurde. *Le cene* ist eine Sammlung von zweiundzwanzig Novellen, die in einem Kreis vornehmer Bürger, die das schlechte Wetter im Haus zurückhält, reihum erzählt werden. Lasca stellt sich selbst ausdrücklich in die Nachfolge Boccaccios, – charakteristisch für seine Novellen (und seine anderen Werke) ist aber ein gewisser kleinbürgerlicher Frohsinn, der sich auf Sprache und Stil überträgt und ihn eher in die Nähe unbedeutenderer Vorläufer des 14. Jahrhunderts rückt.

Einen knappen Hinweis verdienen auch Gianfrancesco Straparola da Caravaggio (gest. 1557), der in seine *Piacevoli notti* (Ergötzliche Nächte) volkstümliche Märchen einarbeitete, und Luigi da Porto (gest. 1529), dem die später von Shakespeare aufgegriffene Geschichte von Romeo und Julia zu verdanken ist.

## 6. Epos und Kurzepos

Während die Lyriker sich auf das Vorbild Petrarcas berufen konnten, mußten die Schriftsteller, die sich anderen Gattungen zuwandten, notwendigerweise auf antike Autoren zurückgreifen, da anerkannte italienische Autoritäten fehlten. Dies gilt beispielsweise für das Kurzepos, wo der griechische (Teokrit) und lateinische (Ovid) Einfluß mit der von Boccaccio über Poliziano und Lorenzo il Magnifico laufenden Tradition zusammentraf. Kurzepen und Epen wurden gewöhnlich in Stanzen geschrieben, im Verlauf des 16. Jahrhunderts bediente man sich aber mehr und mehr des reimlosen Elfsilblers, der dem gleichmäßigen Fluß des lateinischen Hexameters besser zu entsprechen und gleichermaßen für die normale wie für die gehobene Stillage geeignet schien. Der Elfsilbler wurde daher schon bald zum beliebtesten Versmaß der italienischen Dichtung, vom Epos zum Kurzepos, von der Tragödie zum Gedicht. Epos und Kurzepos hatten bisweilen lyrische und idyllische Züge (besonders gefeiert wurden *Piramo e Tisbe* und *Ero e Leandro* von Bernardo Tasso, die *Favola di Narcisso* u.a.m. von Luigi Alamanni, die *Ninfa tiberina* von Francesco Maria Molza, einem vielgepriesenen Verfasser lateinischer und italienischer Verse), bisweilen, in der Nachfolge von Vergils *Georgica*, einen eher didaktischen Charakter. Ja, es bildete sich eine neue Tradition heraus, die im Sinne des Humanismus die lateinische Lehrdichtung in die Volkssprache zu übertragen und die Vorzüge einer eleganten literarischen Darstellung von Lehrmeinungen aus den verschiedensten Themenbereichen für das Italienische zu nutzen suchte. Die bekanntesten dieser Werke waren *Le api* (Die Bienen) des Florentiners Giovanni Rucellai (1475–1525), eine Neubearbeitung des vierten Buches der *Georgica*, *La coltivazione* (Der Ackerbau) von Luigi Alamanni, der lange Jahre in Frankreich am Hofe von Franz I. und Heinrich II. gelebt hatte, *La balia* (Die Herrschaft) und *Il podere* (Die Macht) des Neapolitaners Luigi Tansillo, der in seiner Jugend durch das frivole Kurzepos *Il vendemmiatore* (Der Weinleser) berühmt geworden war, *La caccia* (Die Jagd) von Erasmo da Valvasone (1523–1593) und *Nautica* (Schiffahrt) von Bernardino Baldi (1553–1617). In all diesen Kurzepen wird die lehrhafte Materie von fiktiven Elementen, die nicht immer zum Thema gehören, aufgelockert. Im übrigen darf nicht vergessen werden, daß die Vielzahl der mit der Natur, der Erde, den Feldern verbundenen Themen weniger praktischen Interessen als vielmehr der bloß rhetorischen Nachahmung einer bestimmten lateinischen Dichtung entsprang und den schon erwähnten Fluchttendenzen entgegenkam, die einem großen Teil der Renaissance-Literatur zugrundelagen.

Es entstanden auch zahlreiche Epen unter dem Einfluß des *Orlando furioso*, der beispielhaft gezeigt hatte, wie ein volkssprachliches Werk gedanklich und stilistisch den anspruchsvollsten Werken der lateinischen Literatur durchaus gleichkommen konnte. Demungeachtet hatten die Wiederentdeckung der *Poetik* des Aristoteles, der Niedergang der Renaissance-Kultur und ihr Erstarren zu einem schulmäßigen Klassizismus zur Folge, daß nicht der *Orlando furioso*, sondern *Ilias* und *Aeneis* als ideale Vorbilder galten, da sie den aristotelischen Regeln besser zu entsprechen schienen. Unter diesem doppelten Einfluß kam es dazu, daß zum einen Werke geschrieben wurden, die den Klassikern nacheiferten und in Gegensatz zum *Orlando furioso* standen, zum anderen Werke, die ihre epische Materie den Zwängen der aristotelischen Poetik unterwarfen und auf die üppige Farbenpracht des *romanzo*, wie damals das Ritterepos genannt wurde, Verzicht leisteten.

Ein Meister in der rigiden Einhaltung der aristotelischen Regeln war Gian Giorgio Trissino (1478–1550) aus Vicenza, Herausgeber von *De vulgari eloquentia*, Theoretiker der ›lingua cortigiana‹ und Autor eines Epos, *L'Italia liberata dai Goti*, das in siebenundzwanzig Gesängen den byzantinischen Krieg gegen die Goten schilderte. Trissino wollte in die Fußstapfen Homers und Vergils treten: Er schrieb in reimlosen Versen, folgte den klassischen Vorschriften und gab der historischen Wahrheit den Vorzug vor der epischen Fiktion, – doch ließ seine schwerfällige Erzählweise das Werk schon in den Augen der Zeitgenossen als herausragendes Beispiel für das Scheitern bester Vorsätze erscheinen.

Ein Theoretiker des Ritterromans war Giambattista Giraldi Cinzio (1504–1573) aus Ferrara, Verfasser von Novellen (der *Ecatommiti* oder ›Hundert Novellen‹), von Tragödien und eines Epos, *Ercole*, das er im sechsundzwanzigsten Gesang abbrach und 1557 veröffentlichte. In seiner Abhandlung *Intorno al comporre dei romanzi* (Über das Verfassen von Ritterromanen) aus dem Jahr 1549 entwarf er das Modell eines Epos, das zwar den neuen gegenreformatorischen und aristotelischen Ansprüchen gerechtwerden, gleichzeitig aber auch die Tradition der Ritterepik im Auge behalten sollte. Bernardo Tasso (1492–1569), Torquatos Vater, suchte diesem Ideal in den hundert Gesängen seines *Amadigi* nachzueifern, eines durchaus erfolgreichen Epos, das aber wie all diese Werke einen eher kalten Eindruck macht, als ob der innere Schwung und die lebendige Phantasie vom Ernst der Vorarbeiten, vom Nachdenken über die Rhetorik abgetötet worden seien.

## 7. Die Tragödie

Dieselbe gegenreformatorische Rücksichtnahme auf die Moral der Handlung und die Erhabenheit des Ausdrucks obwaltete in der Tragödie. Ihre Autoren waren zumeist Adlige, ihr Publikum die höfische Gesellschaft. Inhaltlich ging es um ethisch-politische Problemstellungen, insofern die Macht mit ihren Riten und Taten im Rampenlicht stand, formal blieb es bei der strikten Einhaltung der aristotelischen Vorschriften: »Die Tragödie«, schrieb Gian Giorgio Trissino, einer ihrer glühendsten Anhänger und Theoretiker, »ist die Nachahmung einer tugendhaften und denkwürdigen Handlung, die abgeschlossen und groß sein soll«. Deshalb mußte sie auch in eine erhabene und feierliche Form gekleidet und zur Aufführung, aber auch und vielleicht vor allem zur Lektüre bestimmt sein. Und schließlich sollte sie, Aristoteles zufolge, das Publikum durch Mitleid und die mit dem Tragischen von Natur aus vermischte Lust zur Tugend führen und so Schauspiel und moralische Lektion in einem sein.

Das erste Werk dieser Art war die in reimlosen Elfsilblern geschriebene *Sofonisba* (1515) von Gian Giorgio Trissino. Aus der Vielzahl ähnlicher Tragödien der Zeit – erwähnt seien *Antigone* von Luigi Alamanni, *Rosmunda* und *Oreste* von Giovanni Rucellai – sticht allein *Orazia* von Pietro Aretino ein wenig hervor, da letzterer zwar auch im Rahmen des üblichen Schemas bleiben wollte, seinen Stoff aber doch mit größerer Freiheit behandelte und das historische Geschehen durch affektische Erschütterung lebendiger gestaltete.

Auch in der Tragödie suchte Giambattista Giraldi Cinzio nach neuen Lösungen, die er in seiner Rede *Intorno al compor delle commedie e delle tragedie* (Über das Verfassen von Komödien und Tragödien) aus dem Jahr 1553 darlegte. Praktische Anwendung fanden seine theoretischen Erörterungen in Werken wie *Orbecche* (1541), *Didone* (1542), *Altile* (1543), *Cleopatra* (1543) u.a.m., in denen er die aristotelischen Regeln zwar befolgte, doch seinen Stoff auch aus nicht-klassischen Quellen schöpfte, die Handlung bisweilen mit einem heiteren Ende versah (und das Werk dann *tragicommedia* nannte), die Rolle des Chors auf die Zwischenspiele zwischen den Akten beschränkte und mit diesen Neuerungen einen großen Einfluß auf alle späteren Tragödien ausübte. In ähnlicher Weise waren viele andere Tragödien geschrieben, unter ihnen die damals recht bekannte *Canace* von Sperone Speroni (1500–1588), eines weiteren großen Literaten, der als maßgeblicher Vertreter des Paduaner Aristotelismus für die Entwicklung der italienischen Literatur von großer Bedeutung war. In all diesen Tragödien löste Seneca die griechischen Vorbilder ab, und dies trug zusammen mit der allgemeinen Verdüsterung der Atmosphäre im Italien des ausgehenden Cinquecento sicherlich zu der ihnen eigenen schaurigen Stimmungslage bei.

## 8. Die Übersetzungen und Annibal Caro

Das Bemühen um Übertragung der Klassiker in die Volkssprache war natürlich von Übersetzungen begleitet, unter denen vor allem die der *Metamorphosen* durch Giovanni Andrea dell'Anguillara (1561) und die der *Aeneis* durch Annibal Caro (1507–1566) Erwähnung verdienen. Letzterer, einer der bedeutendsten Literaten dieser Epoche, verfaßte petrarkistische Liebesgedichte (*Rime*) und satirische Sonette (*Mattacini*), schrieb eine Komödie, *Gli straccioni*, die zu den lebendigsten seiner Zeit gehört, eine *Apologia*, in der er eine seiner Kanzonen gegen Lodovico Castelvetro verteidigte, eine Übertragung der *Hirtengeschichten von Daphnis und Chloe* des Sophisten Longos, zahlreiche ungemein lebhafte und zugleich ausgesucht literarische *Lettere* und schließlich die berühmte (1581 posthum veröffentlichte) Übersetzung der *Aeneis*, die weniger eine Übersetzung im eigentlichen Sinne als eine dem Geschmack des äußersten Renaissance-Klassizismus entsprechende blumig-elegante Neubearbeitung des virgilianischen Epos in freien Versen darstellt.

# Kapitel IX

# Ludovico Ariosto

## 1. Leben

Der herausragendste Schriftsteller der Renaissance, derjenige, der den höfischen Klassizismus am vollkommensten in dichterische Formen goß, war Ludovico Ariosto.

Er wurde 1474 als Sohn des Grafen Niccolò Ariosto, des Kommandanten der Festung, in Reggio Emilia geboren, das damals zum Herzogtum der Este gehörte. Im Alter von zehn Jahren kam er nach Ferrara; dort begann er auch Jura zu studieren, bevor er sich ganz den literarischen Studien verschrieb, auch wenn er nur Latein und nicht Griechisch, wie es die humanistische Tradition verlangt hätte, erlernte. Die Zeit gelehrten Müßigganges wurde durch den Tod des Vaters im Jahre 1500 unterbrochen: Ludovico mußte sich nun um eine vielköpfige Familie und ein ungeordnetes väterliches Erbe kümmern. Daher trat er 1502 in den Dienst der Este und nahm im Jahr darauf eine nicht ganz eindeutig definierte Stelle im Gefolge des Kardinals Ippolito, des Bruders von Herzog Alfonso d'Este, an, die ihm wichtige Aufträge einbringen konnte, ihn aber auch zu niederen Dienstleistungen verpflichtete. Ariost, der von eher beschaulichem Temperament war, hätte sich gerne voll und ganz der Dichtung gewidmet, und so waren ihm die ständigen Reisen und Missionen zuwider. Obendrein gestalteten sich seine Beziehungen zum Kardinal, einem harten und groben Mann ohne jeden Sinn für gelehrte Studien, recht schwierig; ihm widmete der Dichter später sein Epos mit hochtönenden Lobesworten, aus denen man einen Beiklang von Ironie herauszuhören meint.

Die Wahl Giovanni dei Medicis zum Papst Leo X. läutete eine neue, glückliche Zeit kulturellen Mäzenatentums ein. Auch Ariost teilte die allgemeinen Hoffnungen und begab sich, eingedenk seiner bereits bestehenden herzlichen Beziehungen zum neuen Papst, nach Rom, wo ihm zwar eine freudige Begrüßung, doch keinerlei Amt oder Pfründe zuteil wurde. So kehrte er in den Dienst von Kardinal d'Este zurück; als dieser aber zum Bischof von Buda ernannt wurde und ihn mitnehmen wollte, lehnte er ab und wurde entlassen. Was ihn in Ferrara festhielt, war nicht zuletzt die Liebe zu Alessandra Benucci, einer Witwe, die er 1513 in Florenz kennengelernt hatte und die von da an immer bei ihm geblieben war. Er trat daher in den Dienst des Herzogs, der ihn 1522 zur Verwaltung seiner Ländereien nach Garfagnana in den toskanisch-emilianischen Apennin schickte. Dort bewies Ariost einen hervorragenden Sinn für praktisches und energisches Handeln, doch wurde er vom Hof schlecht unterstützt, so daß er mürrisch und widerspenstig ausharrte, bis er 1525 wieder nach Ferrara zurückkehren durfte. Er kaufte sich ein Haus – »piccola ma adatta a me, ma non soggetta ad alcuno, ma comprata finalmente con il mio denaro« (klein, aber für mich gerade recht, und niemandem unterworfen und endlich mit meinem eigenen Geld erworben) –, verbrachte dort seine letzten Jahre im Kreis der Familie, Alessandra Benucci und dem gemeinsamen Sohn Virginio, und arbeitete in aller Freiheit an der dritten Ausgabe seines Epos. Er starb kurz nach der Drucklegung des Buches im Juli 1533.

## 2. Die Gedichte

Ariost gehört zu jenen Schriftstellern, bei denen zwischen dem Hauptwerk und den übrigen Werken ein solches Mißverhältnis besteht, daß es schwierig erscheint, zwischen dem einen und den anderen überhaupt Beziehungen zu entdecken. Man ist versucht, die ›kleineren‹ Werke zu vernachlässigen oder einzig in Abhängigkeit vom Hauptwerk zu betrachten.

In Wirklichkeit kommt unter den zahlreichen Werken, von denen Ariost manche vor dem *Orlando furioso* und den Rest während seiner Niederschrift oder der langen Jahre seiner Überarbeitung schrieb, einigen nur ein geringes Interesse als Etappen auf dem Werdegang des Dichters zu, während andere, im Hinblick auf die Geschichte einiger literarischer Formen oder im Hinblick auf den gelungenen Ausdruck seiner seelischen Regungen und ästhetischen Einstellungen, durchaus ihren eigenen Wert besitzen.

Sein literarisches Schaffen vollzog sich zunächst in lateinischer Sprache, und es hat den Anschein, als ob er in seinen jungen Jahren vor allem als neulateinischer Dichter habe berühmt werden wollen.

Schon bald betätigte er sich aber auch in der Volkssprache und verfaßte Sonette, Kanzonen und Elegien. Hinter diesen Gedichten stehen natürlich lateinische Vorbilder und, nicht weniger lebendig, die Erinnerung an Petrarca. Charakteristisch für diese Werke ist jedoch die Tatsache, daß Ariost die bekannten und geliebten Vorbilder mit autobiographischer Leidenschaft erfüllt, so daß bei der Lektüre der Eindruck entsteht, er habe die Klassiker nicht nur künstlerisch raffiniert nachgestaltet, sondern innerlich nacherlebt.

### 3. Die Satiren

Größere Bedeutung kommt den zwischen 1517 und 1525 entstandenen sieben Satiren zu. Ihr Versmaß ist die Terzine, die unter dem Namen *capitolo* in den nächsten Jahrhunderten der heiteren, vertraulichen, niederen Lyrik ihren Stempel aufdrücken sollte. Der Titel *Satire* verweist auf Horaz, auch wenn er, wiederum horazisch, besser *Sermones* gelautet hätte, denn Ariost plaudert hier in einem gewollt ›mittleren‹ Stil über die Wechselfälle seines Lebens und der Welt, ohne Bitterkeit oder Heftigkeit, durchaus in der Absicht, eine moralische und zugleich vergnügliche Lehre aus seinen Erlebnissen zu ziehen.

Die Themen sind ganz unterschiedlich: In der ersten Satire erläutert er die Gründe für seine Weigerung, dem Kardinal nach Ungarn zu folgen; die zweite Satire (1517) schildert die Korruption des Klerus; die dritte (1518) handelt von der Eitelkeit übertriebener Wünsche und Hoffnungen; die vierte (1521) befaßt sich mit dem Eheleben; die fünfte, in Garfagnana entstandene Satire (1523) erzählt von seinem Aufenthalt im Apennin und seinem Verlangen, nach Ferrara zurückzukehren; die sechste (1524) begründet seine Weigerung, als Botschafter des Herzogs bei Papst Clemens VII. nach Rom zu gehen; in der siebten (1527) schließlich, die Ariost an Bembo richtet mit der Bitte, einen Griechischlehrer für seinen Sohn zu finden, werden die Schwächen und Laster der Humanisten erörtert.

Ariost geht in seinen Satiren immer von einer konkreten Begebenheit aus, über die er ein Gespinst scheinbar selbstvergessener, von Erinnerungen zu Anekdoten, von Wirklichkeitsausschnitten zu kleinen Fabeln wechselnden Reflexionen flicht, um am Ende aus diesem Erinnern und Erzählen eine moralische Lehre zu ziehen, die in ihrem gesunden Menschenverstand dem Normalbürger auf den Leib geschneidert scheint. So entsteht das Bild eines Ariost im Hausrock, das freilich nicht ganz zutreffend ist, denn hinter der Absage an jeglichen Ehrgeiz, hinter der Hinwendung zum rechten Maß und zur goldenen Mitte, hinter dem Verzicht auf Reisen in ferne Länder, um stattdessen den Atlas in der Phantasie zu bereisen, hinter der Behauptung, eine selbstgekochte und -gewürzte Rübe sei allem Luxus vorzuziehen, hinter dem Versuch, das eigene Schicksal zu dem der ganzen Menschheit zu machen, verbirgt sich eine lebendige und vielschichtige Persönlichkeit voll abgeklärter Nachsicht für die menschlichen Schwächen. Und so weisen einige eindringliche Passagen, die Ariost in den *Satire* gelingen, – die Menschen, die den Mond zu erreichen suchen, die Elster, die neben einem vollen Brunnen Durst hat, und, anderswo, die Laster der Humanisten – schon auf den *Orlando furioso* voraus.

## 4. Die Komödien

Im Lauf seines Lebens verfaßte Ariost auch mehrere Komödien: *Cassaria* (Die Kastenkomödie, 1508), *I suppositi* (Die Vermeintlichen, 1509), *Il negromante* (Der Schwarzkünstler, 1520), *Lena* (1529) und *I studenti*, das allerdings unvollendet blieb und von seinem Bruder Gabriele später unter dem Titel *La scolastica* veröffentlicht wurde. Einige von ihnen waren zunächst in Prosa geschrieben und wurden erst später in Verse gebracht und zwar in jenen daktylischen Elfsilbler, der Ariost am besten geeignet schien, die Handlung im Gesprächston zu entwickeln, »una maniera di verso«, wie ein Zeitgenosse schrieb, »quanto piú si puote conformissima alla prosa« (ein Versmaß, das der Prosa am besten entspricht).

Diesen Werken kommt einige literarhistorische Bedeutung zu, da sie den Übergang von der Aufführung lateinischer Komödien und, später, deren Übersetzungen zu volkssprachlichen Komödien markieren, die zwar Plautus und Terenz nachahmten, die entlehnten Formen jedoch mit den Ereignissen, den Personen, der Atmosphäre ihrer Zeit füllten. Ariost kommt das Verdienst zu, als einer der ersten an der Herausbildung einer ›regelhaften‹ Komödie, die den Klassikern nachgestaltet und in Inhalt und Geist doch ganz und gar gegenwärtig ist, gearbeitet und viele andere durch sein Beispiel und seine Autorität dazu ermutigt zu haben. Im übrigen betätigte er sich nicht nur als Verfasser von Komödien, sondern wirkte auch als Veranstalter und Ausstatter von Theateraufführungen, so daß er als einer der bedeutendsten Theaterleute der damaligen Zeit angesehen werden darf.

## 5. »Orlando furioso« und die Ritterepik

Das Werk aber, das Ariost zu einer der herausragendsten Figuren der italienischen Literatur machte, ist der um 1502/03 begonnene und 1516 in vierzig Gesängen veröffentlichte *Orlando furioso*. Das Ritterepos erschien 1521 in einer sprachlich und stilistisch korrigierten Fassung und wurde in den folgenden Jahren mehrfach durchgesehen, erweitert, im Sinne von Bembos Sprachreform überarbeitet und 1532 in sechsundvierzig Gesängen neu aufgelegt. Der *Orlando* war sein Lebenswerk, und verschiedene Zeitgenossen bezeugen die Hingabe, mit der sich Ariost seinem Epos widmete, die Sorgfalt, mit der er es umarbeitete, den Eifer, mit dem er überall Ratschläge und Meinungen einholte und das Werk in seinem Hause zur Einsichtnahme auslegte, damit jedermann ihm seine Verbesserungsvorschläge unterbreiten könne.

In struktureller Hinsicht knüpft der *Orlando furioso* an die Tradition der Ritterepik an, wie sie bei Boiardo Ausdruck gefunden hatte, ja er ist geradezu die Fortführung des *Orlando innamorato*, der von seinem Autor bekanntlich 1494 beim Einfall Karls VII. in Italien unterbrochen worden war. Ariost nahm das Epos an dem Punkt wieder auf, an dem es Boiardo abgebrochen hatte, als nämlich Karl der Große, in großer Sorge wegen der Rivalitäten, die Angelica unter seinen Rittern entfacht, die junge Frau der Obhut des Herzogs Namo von Bayern anvertraut und ihre Hand dem verspricht, der sich in der bevorstehenden Schlacht am meisten auszeichnen sollte. Angelica jedoch nutzt die Verwirrung nach der Niederlage der Christen und flieht, und so nehmen die Ritter wieder ihre Verfolgung auf und verlieren sich auf ihren Spuren. Erneut beginnt sich das Zauberkarussell von Flucht, Begegnung, Abenteuer, Schlacht und Magie zu drehen und kommt erst mit dem sechsundvierzigsten Gesang zur Ruhe, wenn Ruggero Rodomonte getötet und die maurische, d.h. mohammedanische Heerschar Frankreich verlassen hat.

Es ist nicht einfach, den *Orlando furioso* zusammenzufassen. Üblicherweise werden drei zentrale Handlungsstränge unterschieden: die Schlacht um Paris, die mit der Niederlage der Mauren endet; die Geschichte Angelicas, die zu Beginn des *Orlando innamorato* am Hof erschienen war und im *Orlando furioso* weiterhin alle Wünsche und Begierden auf sich zieht, von Christen und Sarazenen verfolgt und von Orlando bis zur Raserei geliebt wird, und schließlich selbst der Liebe zu einem »povero fante«, einem einfachen Fußsoldaten, jenem Medoro, verfällt, den sie verwundet auf dem Schlachtfeld findet, umsorgt, gesundpflegt, heiratet und mit sich ins Morgenland nimmt; schließlich die Geschichte von Ruggero und Bradamante, die schon Boiardo zu Lob und Preis seines Herrn eingeschoben hatte – von diesem Paar leiten die Dichter das Geschlecht der Este her – und die nun, mit der Hochzeit der beiden, zu ihrem glücklichen Abschluß geführt wird.

Wie schon Boiardo behält auch Ariost bestimmte Merkmale der zum mündlichen Vortrag bestimmten Volksepik bei; er führt aber das ebenfalls von Boiardo begonnene Programm, die volkstümlichen Muster in klassische Formen zu übertragen, an seine äußersten Grenzen. *Morgante* und *Orlando innamorato* ähnelten in mancher Hinsicht eher einem Kranz von Heldenepen (*cantàri*) als einem richtigen Epos, – der *Orlando furioso* ist hingegen ein in sich geschlossenes Epos. Im *Orlando innamorato* waren die Vorreden zu den Gesängen der Ort, den der Dichter seiner Selbstäußerung vorbehielt; im *Orlando furioso* markieren sie Pausen, in denen der Dichter seine Erzählung kommentiert, moralische Lehren zieht, von sich und seiner Liebe erzählt und so die eigene Person in seine schillernde Fiktion menschlichen Lebens verwebt. Und mag die Erzählung auch noch so verwickelt sein, mag sich der Dichter bisweilen in Einzelheiten verlieren, mag die Psychologie der Figuren nicht die Kohärenz der klassischen Helden aufweisen, mag der *Orlando furioso*, aufs Ganze gesehen, noch allzusehr an Abenteuerliteratur gemahnen, so lassen doch die Verknüpfungen und Auflösungen der Handlung, die Unterbrechungen der Geschichten auf ihrem Höhepunkt, die Sorgfalt, mit der die Aufmerksamkeit des Lesers durch mancherlei ›suspense‹-Effekte wachgehalten wird, und, nicht zuletzt, die Figurenzeichnung einen klassisch gebildeten Geist erkennen, der bemüht war, dem von den Klassikern und der aristokratischen Gesellschaft hochgehaltenen Ideal erhabener Größe nahezukommen.

Ein weiteres Merkmal übernahm der *Orlando furioso* von seinen Vorläufern: er behielt den allseits bekannten franko-bretonischen Stoff bei, der dem Leser den Reiz ständiger Erinnerungen und Anklänge bot und doch so unscharfe Umrisse hatte, daß er von jedem Schriftsteller in ganz neuer Weise umgestaltet werden konnte. Ariost, wie vor ihm Pulci und Boiardo, wählte diesen Stoff, weil er in der Welt des Rittertums ein formloses Chaos erblickte, das er, wie es seinen Vorstellungen entsprach, schöpferisch formen konnte, eine riesige Bühne, auf der er die ganze Vielfalt des menschlichen Lebens im höfischen Geist der Renaissance zur Aufführung bringen konnte.

## 6. »Orlando furioso« und die Renaissance

### *a) Die Lebensauffassung*

Ariost, Edelmann, ›cortegiano‹ im Dienst des Hofes zu Ferrara, war ein Mensch der italienischen Renaissance, und nur vor diesem Hintergrund ist sein Epos überhaupt zu begreifen.

Typisch für die Renaissance ist der *Orlando furioso* vor allem deshalb, weil in ihm die laizistische Lebensauffassung, die sich seit dem Mittelalter ausprägte, vollen Ausdruck findet: Gott ist aus der Welt verschwunden, vom unermüdlichen Beweger der Geschichte zur bloßen Privatsache geworden. Die Personen des *Orlando furioso* bewegen sich durch die Welt, ohne sich um Gott zu kümmern, ohne je zu fragen, ob ihr Handeln mit der Logik der göttlichen Offenbarung übereinstimmt. Die tausend Geschichten, die der Autor erzählt, haben ein glückliches oder unglückliches Ende, aber niemand sieht in den Wechselfällen des Lebens eine übermenschliche Macht am Werk. Die Verweltlichung des Lebens, die nicht mit einer Entchristlichung gleichzusetzen ist, ist in unmißverständlicher Weise vollzogen. Hieraus folgt eine Naturauffassung, die, gerade weil die Natur nicht mehr vom schöpferischen Hauch Gottes durchdrungen ist, eine ganz neue Vitalität und Unbeschwertheit ausstrahlt: Während in Manzonis christlichem Roman die Gegenwärtigkeit Gottes von manchen Kritikern sogar aus der Schilderung eines Gewitters herausgelesen werden konnte, haben die Wälder, Strände, Felder, die Stürme, die das Meer aufwühlen, in dem ganz der Natur und der Welt zugewandten Epos des Ariost ein ihnen eigenes Leben, das allenfalls eine gewisse Nähe zu manchen Naturbildern der antiken Literatur erkennen läßt.

Auch der Mensch wird folglich als ein Teil der Natur gesehen, – er bewegt sich mit einer einfachen und glücklichen Natürlichkeit, die nichts Menschliches leugnet, die die heftigsten und wildesten wie die zartesten und süßesten Regungen in ihm auslösen und ihn die ganze Skala der Gefühle auskosten lassen kann. Nur wenige Werke der italienischen Literatur sind so vielgestaltig und abwechslungsreich wie der *Orlando furioso*, in dem es keine farblosen Figuren gibt, wohl aber unzählige Figuren mit klaren Konturen und ihrem eigenen, von unzähligen Zufällen bewegten Leben. Individualismus ist daher ein weiterer charakteristischer Zug der Menschen bei Ariost: triebhafte Regungen, spontane Impulse, unkontrollierte Reaktionen überwiegen in ihnen so sehr, daß der Eindruck entstehen konnte, die Welt der Ritter werde von der Ironie des Renaissance-Dichters zersetzt, während doch umgekehrt Ariost die Figuren zu Menschen des italienischen Cinquecento macht, die in ihrem Handeln den Gesetzen des modernen Menschen gehorchen. Kaum daß Orlando träumt, Angelica sei die Beute eines Riesen geworden, springt er schon aus dem Bett, kleidet sich an, verläßt das belagerte Paris und nimmt in wilder Raserei die Suche nach der geliebten Frau auf, – denn Orlando ist für Ariost ein Mensch wie alle anderen, stärker, großzügiger, edler vielleicht, doch stets ein Mensch mit all seinen Leidenschaften und Schwächen.

### *b) Die Frau*

Typisch für die Renaissance auch das Bild der Frau bei Ariost. Sie ist nicht mehr die Engelsgestalt der Tradition des christlichen Rittertums noch das Teufelswesen der Tradition des frauenfeindlichen Christentums, um die antithetischen Vorstellungen zu nennen, die beide auf biblische Mythen, die Frau als Instrument bald der Verdammnis (Eva), bald des Erbarmens und der Erlösung (Jungfrau Maria), zurückgehen. Sie ist nichts weiter als die weibliche Erscheinungsform des Menschen in einer Zivilisation, in der die Damen der obersten Schichten der Gesellschaft an Kultur und Kunst mehr und mehr Anteil hatten. Im regen Gesellschaftsleben der Höfe und im täglichen Zusammentreffen verlor die Frau den morbiden Reiz des unbekannten Wesens und wurde zur liebenswürdigen Partnerin in Gesprächen und bei Festen; die Verfasser von Liebes- und Frauentraktaten ›formten‹ ihren Körper und ihr soziales Verhalten und die Maler malten bezaubernd schöne Porträts. Im *Orlando furioso* findet sich daher eine Fülle von Frauen, die die unterschiedlichsten Einstellungen und Verhaltensweisen an den Tag legen, Frauen, die ein Tizian gemalt haben könnte, mit prächtigen, vollen Körperformen, Frauen, die lieben, hassen, sich fürchten, zärtlich oder abweisend sind, die den Mann mit kaltem Zynismus betrachten wie Doralice, die sich für den geliebten Mann opfern wie Isabella oder die dem leidenden Verehrer gleichgültig und berechnend gegenübertreten, dann aber, wenn sie sich selbst verlieben, als erste schmachten und um Gnade bitten, wie es Angelica mit Medoro ergeht.

Wer also das Epos in seine Einzelteile zerlegt, wird stets feststellen, daß ein jedes für sich und alle zusammen den Idealen und der Wirklichkeit der damaligen italienischen Gesellschaft und Kultur entsprechen. Diese Schlußfolgerung kann nicht überraschen, wenn man bedenkt, wie stark Ariost seiner Zeit verhaftet war: Als Hofmann an einem der bedeutendsten Höfe Italiens, als Vertrauter von Herzog Alfonso und Kardinal Ippolito, als Gouverneur in einer schwierigen Region, als Schriftsteller, der in persönlicher Beziehung zu Päpsten, Politikern, Literaten und Herrschern stand, kostete er das Leben seiner Zeit voll aus, und daher war es nur folgerichtig, daß die Fiktionen, die er ersann oder nachgestaltete, den kulturellen und ästhetischen Normen der Welt, der er angehörte, gehorchten.

## 7. »Orlando furioso« und die Krise der Renaissance

Der *Orlando furioso* ist nicht zuletzt deshalb ein Teil seiner Zeit, weil er die Widersprüche, die das damalige Italien spalteten, widerspiegelt.

Das Werk ist eine großzügig angelegte Erzählung, die mit sichtlichem Vergnügen entwickelt wird. Doch hinter dem schnellen Wechsel der Ereignisse ist eine Unruhe spürbar, als ob der Dichter den Wurm, der seine Welt bedroht, schon nagen hörte, auch wenn diese Weltsicht mit so luftigen und feingesponnenen Mythen ausgekleidet wird, daß sie sich nur schwer in klaren Begriffen konkretisieren läßt.

Die immer wiederkehrenden Mythen des Epos erzählen daher von Illusion, Vergänglichkeit und Enttäuschung, und es bleibt der Nachgeschmack einer Unbeständigkeit, die keine Grenzen kennt, einer Flüchtigkeit, die alle Formen erfaßt, wie es an einer Stelle im Bild des sich in tausenderlei Gestalten verwandelnden alten Atlante zum Ausdruck kommt. Den Mittelpunkt bilden zwei gleichgestimmte Erfindungen: das Zauberschloß des Atlante, das die Torheit des menschlichen Strebens nach Erfüllung eitler und trügerischer Leidenschaften symbolisiert, und die Reise Astolfos auf den Mond. Das Schloß des Magiers Atlante, in dem alle zu Gefangenen ihrer eigenen Leidenschaften werden und jeder das Objekt seiner Wünsche vor sich oder neben sich liegen hat und es doch nicht erkennt, ist die Metapher einer Welt, die nicht mehr sicher und unwandelbar, sondern unbeständig und flüchtig erscheint.

Auf denselben Momenten verharrt die andere große Episode: Auf dem Mond sind die Dinge, die die Menschen auf Erden verlieren, in symbolischer Gestalt versammelt und enthüllen ihr eigentliches Wesen. Eines von ihnen ist der menschliche Verstand: Ariost führt tausend Gründe auf, warum der Mensch den Verstand verliert, und läßt so das ganze Leben als ein universelles Narrenspiel erscheinen, in dem er selbst mittanzt: »Chi salirà per me, Madonna in cielo, / a riportarne il mio perduto ingegno?« (Wen, Herrin, wen soll ich gen Himmel schicken? / Wer holt den Witz, den ich verlor, mir her?).

Das Gefühl universeller Unbeständigkeit ist so lebendig, daß es das gesamte Epos erfüllt und zum Vorschein kommt im Flug des Hippogryphen, der, wenn man ihn schon sicher zu fassen glaubte, am Himmel entschwindet, in Angelicas überraschender Flucht, während zwei Ritter sich um sie schlagen, in der plötzlichen Auflösung all dessen, was im Verlauf der Handlung verfolgt wird, in den Zaubereien, die in einem Wimpernschlag die Erscheinung der Dinge verändern, in dem magischen Ring, der den Personen Unsichtbarkeit verleiht, in Angelicas letztem und groteskem Auftritt, rücklings im Staub einer spanischen Landstraße, doch unsichtbar für ihren verrücktgewordenen Liebhaber, der hinter ihrer Stute herjagt, im Wahnsinn, der Orlandos Geist umnachtet, in manchen schmerzlichen und absurden Todesfällen wie denen von Zerbino und Isabella. Kurz, es stellt sich immer dann ein, wenn die traumhaften, schillernden, flüchtigen, unbeständigen Momente in den Vordergrund treten und sich, in der symbolischen Form der Kunst, das schon den Humanismus bedrängende Problem des Verhältnisses von ›virtù‹ und ›fortuna‹, zwischen den Kräften des Menschen und den blinden Mächten des Zufalls oder der Wirklichkeit zu stellen und zu lösen scheint. Die Personen des *Orlando furioso* müssen immer mit dem Schicksal oder, wenn man so will, mit dem Zufall rechnen, dem Zufall, der ihnen auf jedem Schritt ihres Weges ein folgenreiches Zusammentreffen beschert, dem Zufall, der sie mit Liebe und Leidenschaften umgarnt und ständig Gefahr laufen läßt, den Verstand zu verlieren. Eine Laune des Zufalls, ein Moment der Unvernunft, menschlicher Wankelmut, Macht der Magie, – und schon wird der Mensch, selbst der stärkste und edelste: Orlando, umhergetrieben wie ein Blatt im Winde, er findet, was er liebt, und verliert es wieder, er sieht den Gegenstand seiner Wünsche und, wenig später, sieht er ihn schon nicht mehr, er verstrickt sich in den Netzen verzauberter Schlösser und verliert sich im Dunkel des Wahnsinns, aus dem er erstaunt und erschreckt wieder erwacht.

Unter der heiteren Oberfläche des *Orlando furioso* ist also eine wenn nicht tragische, so doch bange Weltsicht verborgen, die eine historische Erklärung findet, wenn man bedenkt, daß Ariost denselben Erfahrungen ausgesetzt war, die seine Zeitgenossen Machiavelli und Guicciardini prägten, wie in seinem Epos verschiedentlich zum Ausdruck kommt, wenn er den Einfall fremder Mächte beklagt, die Verwüstungen der Kriege beweint (XVII, 2) und das tragische Los Italiens in den Blick faßt. Doch diese politische und soziale Krise schlug sich in der Literatur weniger in direkten, inhaltlichen Verweisen als vielmehr in der indirekten, strukturellen Beeinflussung der literarischen Entwicklung selbst nieder. Schon im 15. Jahrhundert hatte sich die Krise im Übergang vom Florentiner Humanismus zum Neuplatonismus, vom politischen Engagement der Bürger zu dessen Entwertung innerhalb einer Literatur der Wirklichkeitsflucht, die von den guten alten Zeiten träumte, abgezeichnet. Nun aber weckt das Gefühl der Unbeständigkeit tiefe Zweifel an den Kräften des Menschen und seiner Fähigkeit, sich und sein Schicksal zu steuern, und findet Ausdruck im Bild der Welt als Tollhaus, im mystizistischen Platonismus der Liebesliteratur und, nicht zuletzt, in den literarisch ausgefeilten Fiktionen eines Ariost.

## 8. »Orlando furioso« und der höfische Klassizismus

### *a) »Orlando furioso« und der Hof*

Ariost gehörte der höfischen Welt nicht nur durch sein Leben, sondern durch Erziehung und Bildung an, und so erklärt es sich, daß er die Modelle und Motive, die er aus einer volkstümlichen Gattung übernahm, umgehend einem Prozeß stilistischer Verfeinerung unterzog und mit einem Maß an Ausgewogenheit erfüllte, das sowohl den Gegebenheiten der klassischen Literaturen als auch den Idealen seines aristokratischen Publikums entsprach.

Der *Orlando furioso* war ein riesiger Publikumserfolg. Doch seine Leser waren jene Edelmänner, Edelfrauen, Literaten, denen er Teile des Epos schon während seiner Niederschrift vorgelesen hatte und die, wie er sich am Ende des Werks vorstellte, als Freunde auf seine Rückkehr warteten, wie andere auf der Mole einen Seefahrer erwarten, der von schwieriger Fahrt nach Hause kehrt. Der ideale Leser des *Orlando furioso* ist der ›cortegiano‹ des Baldassar Castiglione, und die charakteristischen Züge des Werks sind nichts anderes als die literarische und stilistische Übersetzung seiner Verhaltensweisen, ein Pendant zu jener lässigen Eleganz, die zur höchsten Tugend des vollendeten Hofmanns erhoben worden war. Daher der gleichförmige Erzählfluß: die verschiedenen Abenteuer sind wie die Felder eines grandiosen Fresko oder einer Serie von Gobelins, eines der Fresken oder Gobelins, die mythologische Stoffe und zeitgenössische Wirklichkeit mit der Schilderung eines leidenschaftlichen und zugleich heiteren Menschengeschlechts zu einer »schönen Geschichte«, wie Boiardo seinen *Orlando innamorato* genannt hatte, verschmelzen.

### *b) Die ›Harmonie‹*

Eine solche Kunstauffassung läßt keinen Raum für irgendwelche Übertreibungen, und De Sanctis bemerkte schon zutreffend, daß Ariost eine Situation nie bis »zum Zerreißen« überspanne. Er kann sich ausdenken, daß Orlando den Verstand verliert, eben weil er weiß, daß *sein* Publikum, anders als die Zuhörer der *cantàri*, sich nicht völlig mit der Handlung und den Helden identifizieren, dafür aber umso mehr die geniale Idee bewundern wird, gerade Orlando, den edelsten und klügsten unter den Rittern, als wild und wahnsinnig darzustellen, – »che per amor venne in furore e matto, / d'uom che sì saggio era stimato prima« (Wie er zum Narren ward durch Liebesplagen, / Da man ihn sonst für so gescheit erklärt). Das Publikum wird den Gewinn würdigen, den der Dichter aus der neuen Situation, der Verfinsterung eines so regen und wachen Geistes, zu ziehen wußte, doch immer unter der Voraussetzung, daß dieser glückliche Einfall die Regeln des guten Geschmacks und die Gefühle der Zuhörer nicht verletzt, daß die Erzählung mit der Rückkehr des Wahnsinnigen zur Weisheit schließt und am Ende die Ordnung triumphiert. Mag Zerbino auch vor den Augen seiner Geliebten Isabella sterben und diese vom rasenden Rodomonte enthauptet werden, mögen auch namenlose Bauern von den Händen des wahnsinnigen Orlando zerrissen werden, – derartige Übertreibungen, um es nochmals zu sagen, dürfen die Regeln des guten Geschmacks und die Grenze, hinter der das Chaos einer wirren Welt beginnt, nicht überschreiten. Als Zerbino verwundet ist, wird deshalb sein qualvolles Verbluten, das den Leser verletzen könnte, durch den anschließenden Vergleich gemäßigt, der die Phantasie von seiner Wunde ablenkt und auf die weißen Hände einer schönen Frau hinführt, die mit einer Stickerei beschäftigt ist: »Così talora un bel purpureo nastro / ho veduto partir tela d'argento / da quella bianca man più ch'alabastro« (So sah ich wohl ein Purpurband bisweilen / Den Silberstoff des Kleides und die Hand / Aus Alabaster voneinander teilen). Und wenn Orlando mit einem Griff einem Bauern den Kopf abreißt, wird die Roheit der Tat durch die unvergleichliche Eleganz der Sprache abgemildert: »Uno ne piglia, e del capo lo scema / con la facilità che torria alcuno / da l'arbor pome, o vago fior dal pruno« (Packt einen an und reißt den Kopf ihm los, / Nicht minder leicht, wie jemand eine Feige / Vom Baume bricht, ein Blümchen pflückt vom Zweige). Die weniger individuellen als kollektiven Gründe für eine solche Sprachgebung sind im *Galateo* des Monsignor della Casa an der Stelle nachzulesen, wo er Dante vorwirft, er habe Beatrice Worte in den Mund gelegt, die eines Schankwirts würdig wären, oder dort, wo er aus dem Sprachschatz einer vornehmen Person alle Wendungen ausschließt, die im Klang schon an gewöhnliche Dinge erinnern. Oder im *Cortegiano* des Castiglione, der ständig wiederholt, die Schriftsprache müsse »gebildet und gesittet« werden, die Worte müßten »unter den schönsten, die in der mündlichen Rede vorkommen, erwählt werden« und »passend, ausgesucht, prächtig und wohlgesetzt« sein (XXIX und XXIII).

Der erste Wesenszug des *Orlando furioso* ist daher in der Tat die ›Harmonie‹, wenn man darunter die sprachliche und stilistische Umsetzung jener ›goldenen Mitte‹ versteht, die der Dichter und seine Welt als die höchste menschliche Tugend ansahen. Diese Mitte, die das ganze Epos zusammenhält, ist der Grund, warum Ariost seine Lebensauffassung, um ihr die Schwere zu nehmen, in symbolische Formen überträgt, warum er die ritterlich-volkstümliche Welt in ein klassisches Gewand kleidet, warum er seine Geschichten zwar nachlebt, doch zugleich immer mit ihnen zu spielen scheint. Es ist daher kein Zufall, daß die Romantiker in der Haltung des Ariost erstmals jene ›Ironie‹ verwirklicht sahen, die sie selbst anstrebten. Dabei ist aber auch die leichte Eleganz, mit der der Schriftsteller seine Geschichten und Helden führt, ohne ganz in ihnen aufzugehen, nur Ausdruck der Eleganz eines höfischen Klassizisten, der von Castiglione theoretisierten ›grazia‹, der lässigen Überlegenheit, die auch Schwierigem den Anstrich des Einfachen verleihen soll.

Vor diesem Hintergrund wird verständlich, warum Ariost Bembos Thesen über die Sprache voll übernommen hat und wie er durch die Verschmelzung des bembistischen Sprachpurismus mit der eigenen humanistischen Bildung und dem aristokratischen Ideal seines Umfeldes zu einer vollendeten klassischen Form fand, in der sich größtmögliche Eleganz mit größtmöglicher Ungezwungenheit verbindet.

### 9. Publikum, Ruhm und Nachruhm

Daß der *Orlando furioso* dem Geschmack der Zeit – zumindest dem gewisser Schichten – entsprach, wird durch den großen Erfolg, den er beim Publikum hatte, belegt. Er fand gleichermaßen bei Literaten und Kritikern wie beim bürgerlichen Publikum Anklang, er galt als das hervorragendste dichterische Werk seines Jahrhunderts und wurde zugleich als eine Art gesellschaftliches Brevier angesehen. Während die Kritiker ihn rühmten und die Verfasser der Frauentraktate seinen Beschreibungen die Paradigmen idealer Schönheit entnahmen, vervielfachten die Drucker die Zahl seiner Ausgaben, so daß er auch in die Hände weniger gebildeter Leser, ja der Handwerker und der Leute aus dem Volk gelangte, denn sein bereits weithin bekanntes Thema konnte ja ohne Mühe auch von denjenigen verstanden und geschätzt werden, die, anders als die Literaten, nur eine ›schöne Geschichte‹, gewaltige Schwerthiebe, Liebesverwicklungen und Frauen suchten.

Das Ausmaß dieses Erfolges (man hat von einem nationalen ›bestseller‹ gesprochen) bezeugen auch seine Gegner, d.h. diejenigen, die in der zweiten Hälfte des Jahrhunderts ein einheitlich strukturiertes Epos im Sinn hatte und sich mit einem Werk wie dem *Orlando furioso* daher kritisch auseinandersetzen mußten. Trissino tadelt Ariost, der »mit seinem *Furioso* dem Pöbel gefalle«, doch Tasso räumt in seinen *Discorsi del poema epico* ein, »daß Ariost gelesen und wieder gelesen wird, von Leuten jeden Alters und Geschlechts, in aller Mund ist, jedermann gefällt, überall gepriesen wird, lebt und in seinem Ruhm sich ständig verjüngt und glorreich auf den Zungen der Sterblichen schwebt«. Dieses einträchtige Urteil, das bei Galilei wiederkehren wird, führt jedoch zu keinem wirksamen und dauerhaften Einfluß, wie im Falle von Petrarca oder von Tasso, so daß es in der italienischen Literatur einen dem ›Petrarkismus‹ oder ›Tassismus‹ vergleichbaren ›Ariostismus‹ nicht gab. Die Gründe liegen auf der Hand, wenn man bedenkt, daß unmittelbar nach dem Tod des Dichters die Renaissance-Kultur schnell zusammenbrach und eine neue, an ganz anderen literarischen Traditionen ausgerichtete Ästhetik aufkam.

# Kapitel X
# Die Literatur außerhalb des aristokratischen Klassizismus

## 1. Volkstümliche Literatur und bürgerliche Literatur

### *a) Die ›volkstümliche‹ Literatur*

Die bisher untersuchten Werke und Autoren machen einen großen Teil, nicht aber die Gesamtheit des literarischen Schaffens im 16. Jahrhundert aus, was sich in Anbetracht der komplexen Struktur der Gesellschaft der Renaissance eigentlich von selbst versteht. Es ist daher notwendig, auch die übrigen Schichten oder Ebenen einer näheren Betrachtung zu unterziehen.

Während auf der einen Seite die kultivierte, platonistische Literatur des Hofes stand, die in der agonistischen Nachahmung der Klassiker den großen Vorbildern ebenbürtig werden wollte, gibt es auf der anderen Seite eine ›volkstümliche‹ Literatur, die durchaus auch Päpste und hohe Herren, Hofleute und Dichter zu ergötzen vermochte, jedoch ein spezifisches Publikum besaß, für das sie eigentlich verfaßt worden war und dessen Leben und Stimmungen sie spiegelte. Von dieser aus dem Volk entstandenen und an das Volk gerichteten Dialektliteratur sind weniger Werke als vielmehr Anspielungen, Verweise und Ausschnitte überliefert. So schließt eine in *terza rima* gehaltene *serenata* des Toskaners Angelo Alloro, genannt ›il Bronzino‹, jede Terzine mit dem Incipit-Vers eines volkstümlichen Gedichts (insgesamt mehr als fünfzig an der Zahl) ab, und zahlreiche andere Anspielungen sind in den gelehrten Komödien verstreut. Unter den Werken, die uns erhalten sind, müssen an erster Stelle die der ›Congrega dei Rozzi‹, einer Vereinigung von Personen niederen Standes, in Siena erwähnt werden. Die Verfasser dieser bäuerlichen Komödien waren durchaus nicht ungebildet; sie zitieren das übliche Repertoire der Karlsepik, sie kennen die *Divina Commedia*, sie wissen um die alten Sagen und die antike Welt, sie haben den *Orlando furioso* gelesen. Auch wenn sie bisweilen nach Rom ziehen durften, um vor dem Papst und der Kurie vorzutragen, waren ihr eigentliches Publikum doch die Handwerker in Siena, die sich bei den Vorstellungen auf der Piazza drängten. Es war dies ein Publikum, das in der komischen Schilderung des ›villano‹ die eigenen Überzeugungen wiederfand und in der tiefverwurzelten Abneigung des Städters gegen den Bauern, im Vergnügen, ihn für dumm und grausam auszugeben, und, mitunter, im Mitleid über sein Elend den Schauspielern nahestand. In einer Zeit, da Volksfeste und Karnevalstreiben, Mäzenatentum und Staatsräson die verschiedenen Gesellschaftsschichten immer wieder vermischten, war es noch selbstverständlicher, daß in bestimmten Grenzen auch die literarischen Motive und Werke zirkulierten. So konnte ein Epos wie der *Orlando furioso* auch von halbgebildeten Handwerkern gelesen werden, auch wenn sie anderen Momenten ihre Aufmerksamkeit schenkten als die Literaten, und umgekehrt konnten Themen, Motive, Töne ›volkstümlicher‹ Natur und Herkunft durchaus auch in einem gesellschaftlich und kulturell höheren Milieu umlaufen und in ganz unterschiedlicher Art und Weise genutzt werden.

### *b) Die ›bürgerliche‹ Literatur*

Zwischen der ›volkstümlichen‹ und der ›höfischen‹ Literatur gab es eine breite, unterschiedlich ausgeprägte Literatur, die ›bürgerlich‹ genannt werden kann, da in ihr, die außerhalb der Höfe entstanden und bisweilen auch polemisch gegen sie gerichtet war, die gebildeten städtischen Schichten zum Ausdruck kamen, die, im Vergleich zur höfischen Gesellschaft, freilich einen Mangel an intellektueller Spannung, an idealisierender Vorstellungskraft, an Geschmack erkennen lassen.

Diese Schriftsteller zählten nach Herkunft und Beruf zu den ›mittleren‹ oder ›bürgerlichen‹, bisweilen sogar zu den ›niederen‹ Schichten der Gesellschaft. Agnolo Firenzuola war ebenso Sohn eines Notars wie Francesco Berni; Cellini, Ruzzante, Lasca, Castelvetro, Tansillo, Annibal Caro gehörten zum wohlhabenden Bürgertum; Gelli, Sohn eines Weinhändlers, Vasari, Sohn eines Töpfers, und Doni, Sohn eines Trödlers und Scherenschleifers, entstammten dem Volk. Viele von ihnen waren selbst in einem bescheidenen Gewerbe oder Beruf tätig: Gelli war Schuhmacher, Lasca arbeitete in einer Apotheke, Doni stand in verschiedenen

Diensten, bevor er schließlich Verleger wurde. Andere wie Berni, Ruzzante, Castelvetro und Caro waren Hofleute, freilich nur auf mittlerer oder unterer Ebene, Firenzuola war zunächst Ordensbruder, legte dann die Mönchskutte ab und ging allen möglichen Tätigkeiten nach.

Diese gesellschaftlichen Unterschiede zeigen sich auch in Milieu und Figurenbestand ihrer Werke. *Le cene* von Lasca ist eine Novellensammlung, die von einem mehr oder weniger aus dem *Decameròn* übernommenen Rahmen zusammengehalten wird; ihre Erzähler aber sind Bürger, und die ganze Atmosphäre ist die eines wohlhabenden Bürgertums mit herrschafftlichen Allüren. Die Figuren, die Firenzuola in der *Introduzione* seiner *Ragionamenti d'amore* auftreten läßt, besitzen mit Ausnahme von Amaretta, der Muse des Autors, die aber, als Adlige, mit einem Notar verheiratet ist, durchwegs eine nur mittelmäßige Bildung. Der Protagonist in Gellis Dialog ist Küfer, und Donis *Marmi* haben die sommerlichen Gespräche auf den Marmortreppen der Piazza del Duomo in Florenz zum Inhalt.

Die Bildung all dieser Autoren steht in einem – nicht selten polemischen – Gegensatz zum Intellektualismus und zur Raffinesse der anderen, der höfischen Kultur. Und ihre Werke könnte man mehrheitlich unter dem Etikett der Natürlichkeit, der ›snaturalité‹, wie Ruzzante sagte, versammeln, d.h. der Ablehnung aller künstlichen oder auf dieser kulturellen und ästhetischen Ebene als künstlich empfundenen Gefühle und Stilregister. Dies erklärt, warum der Platonismus so häufig angegriffen und ins Lächerliche gezogen wurde, warum gegen den Petrarkismus, seine Regelgläubigkeit, seinen gezierten Stil polemisiert wurde, warum sich Aretino über die unterwürfige Verehrung der Vorbilder, den »boccaccesken Schellenklang« (il boccaccevole sonaglio) des endgestellten Verbes, die »Schere« des »Petrarca hat das nicht gesagt« (non lo disse il Petrarca) usw. lustig machte, warum Lasca die ›Accademia degli Umidi‹ wegen ihres einfachen und burlesken Stils rühmte, Berni Michelangelo über alle Petrarkisten stellt (»ei dice cose e voi dite parole« / er sagt Dinge und ihr sagt Worte) und Ruzzante Amor, die Seele der Welt, fröhlich verspottete.

Dennoch waren diese Schriftsteller, auch wenn sie die Ideale und formalen Werte der ›hohen‹ Literatur nicht teilten, der Kultur, die ihr zugrundelag, nicht völlig fremd. Die beiden Schichten – die ›hohe‹ und die ›mittlere‹ (oder ›bürgerliche‹) – sind häufig so ineinander verflochten, daß die eine auf einer intellektuell und stilistisch versetzten Ebene Motive der anderen wieder aufnimmt und sie einem nicht mehr idealisierten ›höfischen‹ Publikum vermitteln, sondern den Leuten, die an den Höfen und außerhalb der Höfe Bücher lasen und kulturelles Wissen wie entspannendes Vergnügen in ihnen suchten.

So gibt es also im Panorama des literarischen Schaffens in der ersten Hälfte des 16. Jahrhunderts eine Reihe von Gattungen, Schriftstellern und Werken, die es in ihrem je spezifischen Verhältnis zur ›volkstümlichen‹ oder ›plebejischen‹ Literatur auf der einen und zur ›höfischen‹ auf der anderen Seite genau zu untersuchen gilt.

## 2. Die Komödie

### *a) Renaissance und Theater*

Im 15. und mehr noch im 16. Jahrhundert nahm das Theater oder, besser gesagt, das ›Schauspiel‹ in all seinen verschiedenen Ausprägungen, einen breiten Raum im öffentlichen und privaten Leben ein: religiöse und politische Zeremonien, Prozessionen, Umzüge zur Begrüßung fremder Herrscher, Hochzeitsfeiern, Tauffeste, Leichenzüge hatten häufig den Anschein öffentlicher Veranstaltungen, die Herrscher umrahmten ihre Festmähler mit Aufführungen und Privatleute traten in Gesellschaften und Akademien zusammen und organisierten Schauspiele.

Im Laufe des 16. Jahrhunderts entwickelte sich aus diesen Aufführungen und unter dem Einfluß des lateinischen Theaters ein volkssprachliches Theater, das danach strebte, sich als richtiges Theater mit eigenen Räumen, Berufschauspielern und mehr oder weniger festen Truppen zu etablieren.

Das Theaterleben spielte sich auf mehreren Ebenen ab. Besonders lebendig war in einigen Regionen das volkstümliche oder dialektale Theater. In Venedig gab es beispielsweise die *mariazi*, typisch volkstümliche Stücke, die aus adligen Laienschauspielern gebildeten ›Compagnie della calza‹ und die Komödien des Andrea Calmo (1510–1571), der sich in bewußten Gegensatz zum gelehrten Theater stellte. Im Piemont schrieb Giovanni Giorgio Alione (1410–1521) seine im Dialekt von Asti gehaltenen bäuerlichen Farcen. Auf einer ganz anderen Ebene gab es die *commedia dell'arte*, die zunächst streng dem lateinischen Vorbild folgte, sich dann aber schnell ihren eigenen Freiraum schuf und zu den interessantesten Formen der zeitgenössischen Kultur gehört. Und schließlich muß auf die engen Beziehungen zwischen Theater und Hof hingewiesen werden: In Ferrara, Urbino, Florenz, Rom und Neapel zogen die Fürsten aus der Komödie ihren politischen Nutzen, indem sie ihr und dem Theater im allgemeinen die Verherrlichung der herrscherlichen Pracht, der Bestätigung der fürstlichen Interessen durch die Kunst sowie genaue politische Botschaften übertrugen. Die Bedeutung, die ihm zuerkannt wird, läßt sich ablesen an der Verlegung der Aufführung aus einem offenen, dem Innenhof, in einen geschlossenen Raum, einen Saal des Palastes, am Aufwand der Inszenierung, an der Beschäftigung berühmter Künstler als Bühnenbildner, an den theoretischen Diskussionen, die im Lauf des Jahrhunderts den szenischen Charakter der Komödie immer stärker betonten, und zuguterletzt am Übergang von der Laien- zur Berufsschauspielerei.

Auch im Hinblick auf den Text gab es einen reichhaltigen Bestand von Formeln und Mustern. Im Prolog seines *Arzigogolo* beklagt Lasca, daß »nicht nur Notare, Lehrer und Mönche, sondern selbst Handwerker und Gesindel zu schreiben und Komödien zu schreiben beginnen«. Tatsächlich umfaßt die ›Zunft‹ der Komödienschreiber gleichermaßen die Seneser ›Rozzi‹, die aus dem Handwerkertum kommen, wie Literaten, die sich aus den akademischen Fesseln gelöst haben (Machiavelli, Gelli, Aretino, Bruno), und andere, die die literarischen Regeln strikt befolgen (Ariost). Dies bedeutet, daß das Spektrum der Texte von Belustigungen für die gebildete, elegante Gesellschaft über Komödien, in denen die Welt der Gauner zur Darstellung kam, und solchen, in denen ernste Probleme der Zeit angesprochen wurden (Machiavellis *Mandragola*), bis hin zu Stücken reichte, in denen der Autor die bäuerliche Welt in ihrer menschlichen Dimension zum Ausdruck brachte. Ein anderer Bogen läßt sich von Komödien, die sich auf die einfache Modernisierung der aus der lateinischen Literatur bekannten Personen, Handlungen und Situationen beschränkten, bis zu Stücken spannen, deren Personen keinerlei Vorbild bei Plautus und Terenz aufzuweisen hatten: Bruder Timoteo, die treibende Figur der *Mandragola*, wäre ohne seine Mönchskutte und die Tradition, den Glauben, ja selbst den Aberglauben des Christentums nicht vorstellbar.

Vor diesem Hintergrund wird die Spannbreite der Debatte um

die Beziehungen zwischen Antike und Moderne, um den Wert des Komischen, um die Sprache, insbesondere um den Rückgriff auf die gesprochene Sprache und die Mehrsprachigkeit, u.a.m. verstehbar, die die Komödie des Cinquecento in gewisser Hinsicht als ein literarisches Experimentierfeld erscheinen lassen.

### *b) Pietro Aretino*

Aus der Fülle der Werke und Autoren können wir nur einige wenige Namen und Titel herausgreifen. Einer der originellsten Schriftsteller war zweifellos Pietro Aretino (1492–1556), ein Viel- und Berufsschreiber, der erotische Traktate (*Ragionamenti*) und religiöse Schriften, Komödien, Tragödien und Briefe verfaßte. Er war der bedeutendste Vertreter eines neuen Literatentypus, der seine Feder und seinen Geist jedem, der ihn bezahlte, zur Verfügung stellte. Gerade deshalb vermochte er sich in einer Gesellschaft durchzusetzen, in der die Literatur als Instrument der Politik das Publikum zu beeinflussen hatte und gleichzeitig eine (die jenseitige ablösende) diesseitige Unsterblichkeit im Gedächtnis der Menschen zu garantieren schien. Es nimmt nicht wunder, daß sich derartige Schriftsteller im Register vergriffen, wie es bei Aretino der Fall war, wenn er in einer hochliterarischen Rhetorik die Konventionen des hohen Stils durch solche des niederen Stils und den manierierten Wortschatz durch ein ausdrucksstarkes, Vulgär- und Gaunersprache einschließendes Vokabular ersetzte.

Aretino war sich der Besonderheit seiner Stellung wohl bewußt und gebärdete sich deshalb häufig als Gegner der Höfe und der höfischen Literatur, des Platonismus und des Petrarkismus, um stattdessen das gemeine Volk, den gesunden Menschenverstand, die Streiche gegen die Bürger, die Intellektuellen und die Höflinge zu verteidigen und zu verherrlichen. So erreicht die Satire des ›pedante‹, des Gelehrten oder Humanisten bei ihm eine Schlagkraft, die die ideologisch motivierte Satire eines Bruno oder Galilei vorwegnimmt. Bei Aretino stellt der Pedant nicht nur die Negation einer lebendigen Kultur, sondern die eines lebendigen Menschseins überhaupt dar, und deshalb wird er von Betrügern, Dienern und Prostituierten, d.h. Personen, die unwissend oder unmoralisch sein mögen, aber außerhalb der Konventionen denken und fühlen, verspottet und besiegt.

Seine fünf Komödien – *La cortigiana* (Die Kurtisane), *Il mares-*

*calco* (Der Stallmeister), *La Talanta* (Talanta), *Lo ipocrito* (Der Heuchler), *Il filosofo* (Der Philosoph) – weisen daher in Entwurf und Handlungsführung eine Lebendigkeit und Zeitnähe, eine polemische Heftigkeit (vor allem die erste, römische Fassung der *Cortigiana* von 1525) und komische Kraft auf, die sie von vielen anderen Komödien unterscheiden. Überhaupt lassen sich in all seinen Werken lebendige und bildkräftige Seiten finden, während in den Briefen vor allem seine persönliche Verbitterung zum Ausdruck kommt.

### *c) Ruzzante*

Von größerer Aussagekraft war das Theater von Angelo Beolco, der nach einer seiner Komödienfiguren ›Ruzzante‹ genannt wurde. Er stammte aus Padua, besaß eine vielseitige Bildung und lebte im Umkreis der Familie Cornaro, die die in Venedig lebenden Paduaner um sich scharte. Für Cornaro und den Kreis seiner aristokratischen Freunde, in deren Palästen die Aufführungen stattfanden, schrieb Beolco verschiedene ländliche Komödien in ›pavano‹, seinem paduanischen Heimatdialekt, der unter den Venezianern als niedere und komische Mundart galt.

Einige seine Komödien, die vor allem seiner letzten Jahre, – *L'Anconitana* (Die Witwe aus Ancona, 1534), *La Piovana* (Das Mädchen aus Piove) und *La Vaccaria* (Die Kuhkomödie, 1532–33) – unterscheiden sich kaum von der literarischen Komödie. In seinen größten Werken jedoch – *La Betía* (1522–25), *La Moscheta*, *La Fiorina* (Das Spiel um Fiore), *Parlamento di Ruzzante che iera vegnú de campo* (Der Kriegsheimkehrer), *Bilora* – wird die in der Maske des Ruzzante typisierte Darstellung des Bauern von einer bloßen Karikatur, die der Belustigung der oberen Schichten der Gesellschaft dient, zu einer ›positiven‹ Satire, d.h. zur ungeschönt realistischen Schilderung eines Menschseins, das unter dem Joch von Elend, Hunger, Krieg, Unwissenheit steht und doch fühlt, leidet, liebt und verzweifelte, ergreifende Taten vollbringt. Diese Komödien sind das genaue Gegenteil der höfisch klassizistischen Literatur, weil hier der ›villano‹ als Protagonist nicht mehr komisch wirkt und sein Dialekt keine minderwertige, karikaturistische Sprache mehr ist, sondern der natürliche Ausdruck der bäuerlichen Welt. Der gebildete, im Umfeld der hohen Kultur lebende Ruzzante war sich dieser seiner Stellung auch theoretisch bewußt: Im Prolog zur

*Vaccaria* behauptet er, daß Plautus, hätte er in der Gegenwart gelebt, genauso geschrieben hätte wie er, im Prolog zur *Anconitana* findet sich eine köstliche Parodie auf das petrarkistische Liebeswerben, und immer wieder insistiert er auf der ›snaturalité‹, der Natürlichkeit, die es als oberstes Gebot einzuhalten gelte.

### *d) Andere Komödienschriftsteller*

In aller Kürze seien noch einige andere Komödienschriftsteller erwähnt. Lorenzino dei Medici (1514–1558) wurde durch den Mord an seinem Vetter Alessandro, Herzog von Florenz, zu einer ›romantischen‹ Gestalt und zum dramatischen Helden. Er selbst war Autor einer Komödie, der *Aridosia*, und einer *Apologia*, in der er seine Tat verteidigte. Bernardo Dovizi da Bibbiena (1470–1520), Diplomat in Rom und späterer Kardinal, war der Autor der *Calandria* (1513), einer überaus erfolgreichen Komödie, die sich in polemischer Auseinandersetzung mit Ariost ausdrücklich als modernes Stück verstand. Alessandro Piccolomini (1508–1578), ein aus Siena gebürtiger Philosoph, war der Verfasser eines Dialogs, *Raffaella*, in dem er die Verführung eines Mädchens aus guter Familie durch eine Kupplerin beschreibt, und einiger Komödien wie *L'Amore costante* und *Alessandro.* Anton Francesco Grazzini (1503–1584), ›il Lasca‹ genannt, schrieb Komödien voller lebhafter Szenen in einem lebendigen, wenn auch etwas provinziellen Florentinisch und wandte in seinen letzten Jahren der aufkommenden *commedia dell'arte* verstärkte Aufmerksamkeit zu. Der Florentiner Giovan Maria Cecchi (1518–1587) ist mit seinen zahlreichen Arbeiten, von denen eine unter dem Titel *L'assiuolo* großen Erfolg hatte, schließlich ein Beispiel dafür, wie die Ideenvielfalt, die die Komödie in der ersten Hälfte des 16. Jahrhunderts ausgezeichnet hatte, allmählich verlorenging.

Anonym erschienen sind zwei der heute bekanntesten und anerkanntesten Komödien dieser Zeit: *Gli ingannati* (Die Betrogenen), die 1531 von der Akademie der ›Intronati‹ in Siena verfaßt wurde, und die wahrscheinlich in den Jahren 1535–36 entstandene *Venexiana. La Venexiana* spielt in einem äußerst realistisch dargestellten Venedig, bringt je nach der Person abwechselnd literarisches Italienisch, Venezianisch und Bergamaskisch auf die Bühne und fügt sich in die antipetrarkistische und philorealistische Polemik jener Jahre ein. Thema des Stücks sind die Erlebnisse zweier adliger Frauen, die sich um die Liebe eines jungen Mailänders streiten, der sich zynisch mit beiden vergnügt. Diese Handlung wird in bewußter Abkehr vom zeitgenössischen Theaterstil mit einer derartigen psychologischen und sprachlichen Kraft entwickelt, daß die sinnliche Liebe den Bereich des Gefühls zu überschreiten und die verwirrende Lauterkeit der Leidenschaft zu erreichen, die Komödie ins Drama umzuschlagen scheint.

### 3. Berni und das ›bernesco‹

Eine andere, im allgemeinen als ›zweitrangig‹ eingeschätzte Form der Dichtung, die ›bürgerliche‹ wie ›höfische‹ Literaten in weniger offiziellen Werken pflegten, war die ›heiter-satirische‹ Dichtung.

Im 16. Jahrhundert prägte sich der Traditionsstrang, der im vorangegangenen Jahrhundert nach seinem Begründer ›burchiellesco‹ genannt worden war und der nun nach seinem bekanntesten und beliebtesten Vertreter ›bernesco‹ hieß, weiter aus. Francesco Berni, 1497 oder 1498 in Lamporecchio geboren, lebte in Rom, in Verona und schließlich in Florenz, wo er 1535 starb. Er schrieb eine Travestie von Boiardos *Orlando innamorato*, die den Wert des Epos nicht infragestellte, es aber ins Toskanische übertrug und dem nunmehr herrschenden Geschmack anpaßte. Ein vorwiegend sprachliches Interesse kommt auch zwei ländlichen Farcen zu (*Catrina* und *Mogliazzo*), in denen seine Neigung zur Häufung von Wörtern aus der Bauern- oder Gaunersprache deutlich zum Ausdruck kommt. Bekannt wurde er vor allem durch seine *Rime*, im allgemeinen Sonette, nicht selten in erweiterter Form (*sonetti caudati* oder *rinterzati*), und Terzinengedichte (*capitoli*), in denen eine antipetrarkistische, komisch-satirische Heiterkeit vorherrscht, die mitunter, wie in den *capitoli* zum Lob der Pest, in schwarzen Humor übergeht. Die ›Formel‹ dieser Dichtung ist die feierliche Verherrlichung unbedeutender Gegenstände: das Lob der Pfirsiche, des Nachttopfs, der Bettwärme, die Erinnerung an eine üble Nacht im Hause eines Pfarrers. Was Sprache und Stil betrifft, so verflicht sie geschickt Umgangssprache und Hochsprache, Plauderton und danteske oder petrarkeske Begriffe und Verse, um augenzwinkernd ein komisches Gegengewicht zur Nichtigkeit oder Trivialität der besungenen Gegenstände zu schaffen.

Bernis Bedeutung liegt nicht zuletzt in dem Einfluß, den er mehr als zwei Jahrhunderte lang auf die neben der hohen Dichtung entstandene literarische Sphäre ausübte. Noch zu Beginn des 18. Jahrhunderts löste ein Neudruck seiner Werke (London 1721–24) eine neue Welle ›bernesker‹ Literatur aus.

Unter den Verfassern heiterer Dichtung in der ersten Hälfte des 16. Jahrhunderts muß noch jener Antonfrancesco Grazzini (›il Lasca‹) erwähnt werden, der weiter oben bereits als Autor von Novellen und Komödien angeführt wurde. Eine wenn nicht künstlerische, so doch historische Bedeutung besitzen schließlich die sogenannten *pasquinate*, satirische Kurzstrophen meist aus der Feder von Literaten (darunter Aretino), die dem Torso einer im Volksmund Pasquino genannten antiken Statue in Rom angeheftet wurden und in Form von Monologen Pasquinos oder Dialogen zwischen ihm und Marforio, einer anderen Statue, politische Ereignisse, Skandale und Zeitgenossen aufs Korn nahmen.

### 4. Die ›makkaronische‹ Dichtung

#### *a) Von Fidenzio bis Folengo*

Charakteristisch für die aristokratische Lyrik war eine im Sinne des Petrarkismus monochromatische und nivellierte Sprache. Charakteristisch für die ihr gegenläufige Dichtung waren hingegen Sprachexperimente und Sprachkreuzungen, die grenzenlose Ausweitung des Wortschatzes und die Vermischung der Sprachebenen und Sprachregister. Dabei kamen ganz verschiedene Techniken zum Einsatz: Der Rückgriff auf das Florentinische als lebendiger, gesprochener Sprache, auf die Witze und Sprüche, von denen, wie Varchi bemerkte, jeder toskanische Handwerker und Bauer Hunderte auf Vorrat hatte; oder die geschickte Beimischung umgangssprachlicher Ausdrücke und literarischer Reminiszenzen wie in jenen Versen von Berni: »Il prete grazioso, almo e gentile / le lenzuola fe' tòr dall'altro letto: / come fortuna va cangiando stile!« (Der hehre, gütige und edle Priester, ließ das Leintuch vom andern Bett abziehn, wie das Rad des Glücks die Richtung ändert), in denen die Komik aus dem Kontrast zwischen dem ersten, hochtönenden, dem zweiten, umgangssprachlichen, und dem dritten, Petrarca entlehnten Vers erwächst; oder die offene Karikatur einer bis zum äußersten getriebenen Gelehrtensprache; oder aber die Vermischung von Latein und Volkssprache, wie es bei den sogenannten ›fidenziani‹ und ›maccheronici‹ geschah, zwei im wesentlichen in ihrer sprachlichen Eigenart begründeten literarischen Strömungen, die mitunter die lexikalische Andersartigkeit zum Ausdruck eines satirischen, ja ernsten Blickes auf die Welt nutzten.

Die eine Strömung hieß ›fidenziana‹ nach einem Werk des Camillo Scroffa (um 1526–1565), eines Adligen aus Vicenza, der unter dem Titel *Cantici di Fidenzio Glottocrisio Ludimagistro* zwischen 1540 und 1545 die Liebesgedichte eines ›pedante‹ an einen Jüngling namens Camillo verfaßte. Sie sind in einer Sprache geschrieben, die durch und durch mit Latinismen versetzt ist, oder, besser gesagt, in einer Sprache, die die grammatikalische Struktur des Italienischen mit dem Wortschatz des Lateinischen füllt: »Le tumidule genule, i nigerrimi / occhi, il viso peramplo e candidissimo, / l'esigua bocca, il naso de centissimo, / il mento che mi dà dolori acerrimi« (Die sanften Wangen, die tiefschwarzen Augen, das schneeweiße Antlitz, der schmale Mund, die anmutige Nase, das Kinn, das mir bittersten Schmerz zufügt). Scroffa gelingt es, diesen Stil mit einer persönlichen Note zu versehen, – bei seinen zahlreichen Nachahmern wirkt er jedoch bald fade.

Den strukturellen Gegenpol zum ›Fidenzianischen‹ stellt das ›Makkaronische‹, das in Paduaner Studentenkreisen erdacht, von Michele Ordasi, genannt ›Tifi‹, dem Verfasser einer *Maccaronea*, vervollkommnet und von Teofilo Folengo, genannt ›Merlin Cocai‹, schließlich zur Vollendung geführt wurde. Das ›Makkaronische‹ ist eine Sprache, deren Struktur lateinisch, deren Wortschatz aber italienisch und dialektal ist. Folengo schrieb in ihr metrisch tadellose und syntaktisch perfekte, doch lexikalisch derart zügellos hybride und experimentelle Verse, daß sie von einem Hauch des Wahnsinns erfaßt scheinen.

Entscheidend ist aber vor allem, daß diese einzigartige sprachliche Mischung von Folengo nicht nur zu scherzhaften oder allgemein satirischen Zwecken benutzt, sondern von ihm als die einzige seiner Weltsicht angemessene Sprachform empfunden wird. Hier tritt klar zutage, daß die sprachliche Raffinesse des aristokratischen Klassizismus zwar einer bestimmten Lebensauffassung und einer bestimmten Gesellschaft entsprach, anderen Ansichten von der Welt und dem Leben, eben wegen ihrer aristokratischen Isoliertheit, jedoch nicht gerecht werden konnte. Wer also über andere Dinge reden mußte oder wollte, mußte sich eine andere Sprache erschaffen, sei es eine dialektale Sprache wie die Ruzzantes, sei es eine künstliche wie das Makkaronische. Diesem Phänomen werden wir in der italienischen Literatur noch mehrfach begegnen, und jedes Mal wird es Indiz einer bewußten oder unbewußten Auflehnung gegen die, wie Verga sagte, »solita nenia delle frasi lisciate« (gewohnte Leier der polierten Sätze) sein.

### *b) Teofilo Folengo*

Teofilo Folengo wurde 1491 in Mantua geboren, trat in jungen Jahren in den Orden der Benediktiner ein und 1525 nach Streitigkeiten mit dem Vorsteher der Gemeinschaft wieder aus, lebte einige Zeit in Venedig und Rom, trat dann erneut in den Orden ein und starb 1544. Er schrieb fast ausschließlich in makkaronischem Stil: die *Moschaea*, ein Epos, das in den Fußstapfen der Homerischen *Batracomiomachia* den Krieg zwischen den Fliegen und den Ameisen erzählt, die *Zanitonella*, die die Liebe zwischen zwei Landkindern, Zanina und Tonello schildert, den *Caos del Triperuno*, eine autobiographische Schrift, in der sich nicht nur Italienisch, Lateinisch und Makkaronisch, sondern auch Prosa und Verse mischen, und den *Baldus*, sein Meisterwerk. Auf Italienisch verfaßte er nur den *Orlandino*, ein Kurzepos über Orlandos Jugend und wenige andere Schriften.

Der *Baldus* ist ein Hexameter-Epos in fünfundzwanzig Büchern, das er unter dem Pseudonym Merlin Cocai (»cocai« ist ein venezianischer Ausdruck für ›Dummkopf‹) veröffentlichte und von dem von der ersten Fassung aus dem Jahre 1517 bis zur endgültigen und posthumen aus dem Jahr 1552 insgesamt vier Fassungen überliefert sind. Es schildert die Abenteuer des von Rinaldo Rinaldini abstammenden Baldus, der, in der Nähe von Mantua geboren und von Bauern aufgezogen, sich mit einigen Kumpanen dem Gaunerleben verschreibt, bis sie sich eines Tages alle zusammen einschiffen und nach vielen Abenteuern die in einem riesigen Kürbis verborgene Hölle erreichen, wo sich im Kreis der übrigen Dichter auch Folengo selbst befindet. Auch der *Baldus* knüpft an die Tradition des Karlsstoffes an, übernimmt aber vor allem die pikaresken, karikaturistischen und possenhaften Elemente, die schon für Pulci charakteristisch gewesen waren. Auch Folengo betrachtet den karolingischen und bretonischen Sagenkreis als eine formlose Materie, die sich nach eigenem Gutdünken ausgestalten läßt, und bedient sich ihrer um seinen Gefühlen Luft zu machen und seiner Auflehnung gegen zeitgenössische Institutionen und die literarischen und gesellschaftlichen Normen Ausdruck zu verleihen. Deshalb wird der realistischen Schilderung so viel Platz eingeräumt, besonders auf den zahlreichen Seiten, auf denen das ländliche und bäuerliche Leben lebendig beschrieben und die armen Leute in einer Fülle von Porträts und ›Innenaufnahmen‹ vorgestellt werden. Die herzliche Anteilnahme und die genaue Sachkenntnis, die hier, wie schon bei Ruzzante, an den Tag treten, lassen sich vielleicht damit erklären, daß Folengo lange Jahre in klösterlichen Gemeinschaften lebte, die in Ländereien verwalteten und dadurch in ständigem Kontakt zur Welt der Bauern standen.

Die besondere Würze des Epos liegt in der Annäherung dieser wirklichen Welt, der Welt des gemeinen Volks, ja des Gesindels, an die epische Welt der karolingischen Überlieferung, so daß die Komik aus dem Kontakt und Kontrast zwischen dem Epischen und dem Bäuerlichen, dem Kriegerischen und dem Plebejischen erwächst. Die makkaronische Sprache, die feierliche Satzstrukturen und epische Versformen mit einem derben Wortschatz zusammenstoßen läßt, erweist sich in dem Bemühen, eine Welt, die bis dahin nur karikaturistisch verzerrt in die Literatur Eingang gefunden hatte, zu literarischen Ehren zu bringen, als ein äußerst wirkungsvolles Instrument. Zu Beginn des *Baldus* ruft Folengo die »pancificae Musae« an und stellt sich ein Schlaraffenland vor, in dem jene dicken Musen des Bauches Gnocchi zubereiten. Dort hat er, wie er sagt, die Kunst des Küchenlateins, die »ars macaronea«, erlernt und ist selbst zu einem Dichter des Bauches geworden. Diese ›saftige‹ Einleitung in der Art eines Pulci oder, besser, eines Rabelais gibt dem Epos den Ton vor und läßt gleich zu Beginn keinen Zweifel an Folengos Vorstellungs- und Ausdruckskraft.

## 5. Die Außenseiter

### *a) Benvenuto Cellini*

Dem freien Spiel mit der Sprache wie dem aristokratischen Traditionalismus gleichermaßen fern standen einige ›bürgerliche‹

Schriftsteller, die einen Einblick in weniger offizielle und konventionelle Aspekte des zeitgenössischen Lebens gewähren.

Eine der interessantesten dieser bizarren Gestalten ist Benvenuto Cellini, der als Bildhauer die berühmte Statue des Perseus und als Goldschmied zahlreiche kostbare Werke geschaffen hat. Im Jahre 1500 in Florenz geboren, hatte er ein bewegtes Leben, das ihn, immer auf der Flucht, von einem Abenteuer zum nächsten führte. Schon im Alter von dreiundzwanzig Jahren mußte er im Anschluß an eine Rauferei aus Rom fliehen, um später unter dem Schutz Clemens VII. an der Verteidigung der Engelsburg teilzunehmen. In der Folgezeit entfernte er sich wiederholt aus Rom und kehrte wieder zurück, bis er schließlich verhaftet und unter der Anschuldigung, er habe dem Papst Juwelen geraubt, in der Engelsburg eingekerkert wurde. Er unternahm einen berühmten Fluchtversuch, brach sich jedoch beim Sturz von einer Mauer ein Bein. Im Jahr 1540 kam er durch Vermittlung von Franz I. frei und verbrachte fünf Jahre in Frankreich. Nach seiner Rückkehr lebte er in Florenz, wo er von Herzog Cosimo den Auftrag für die Perseus-Statue erhielt und seine beide Traktate über die Goldschmiedekunst und über die Bildhauerei verfaßte. Er starb 1571.

Einen Platz in der Geschichte der italienischen Literatur erwarb sich Cellini durch seine *Vita*, eine zwischen 1558 und 1566 verfaßte und bis ins Jahr 1562 geführte Autobiographie, die zu den charakteristischsten Werken des 16. Jahrhunderts gehört. Gedanklich und rhetorisch knüpft sie an die bereits in der Antike gepflegte und im Humanismus erneuerte Tradition der Biographie an, die sich aus der Wertschätzung der menschlichen Person, der Verehrung der Ausnahmepersönlichkeit, dem Bedürfnis, der Nachwelt das Andenken an große Männer und große Taten weiterzugeben, speiste. Vor diesem Hintergrund schrieb auch Giorgio Vasari in jenen Jahren seine Künstlerbiographien.

Cellinis *Vita* ist die Geschichte eines Mannes mit ausgeprägtem Sinn für die eigene Individualität, der nicht daran zweifelte, daß er groß sei und seine außerwöhnlichen Taten zur Unterweisung der Nachwelt aufgezeichnet werden müßten, und, mit Päpsten und Fürsten, davon überzeugt war, daß die Kunst jeder anderen Tätigkeit überlegen und der Künstler keiner Beschränkung unterworfen sei. Daher rührt der fast epische Ton des Werks, mit dem sich Cellini eine Art Denkmal schafft und sich als Menschen darstellt, der ständig gegen feindliche Kräfte ankämpft und kraft seiner physischen und moralischen Energie, seiner Intelligenz und seiner Größe über sie triumphiert. Dies bedeutet nicht, daß die Fakten bewußt verdreht würden, wohl aber, daß die wirklichen Geschehnisse unter dem Gesichtspunkt von Größe und Heldentum ausgewählt und erzählt werden. Wer die berühmten Seiten über den Guß des Perseus liest, erhält einen guten Einblick in Cellinis Fähigkeit zur dramatischen Gestaltung seiner Geschichte. Dieselbe Tendenz zur Selbstverherrlichung findet sich an anderen Höhepunkten, der Flucht aus der Engelsburg und der Verzauberung der Dämonen am Kolosseum, und zieht sich in abgeschwächter Form durch das ganze Buch, ob er von seinen Liebeshändeln erzählt oder völlig skrupellos seine Raufereien und Messerstechereien, darunter den berühmten Totschlag am Mörder seines Bruders, schildert.

Diese hinreißend lebendige Lebensgeschichte wird in der Sprache eines keineswegs ungebildeten, aber doch kulturell rückständigen Menschen erzählt, der sich um eine literarisch angemessene Form bemüht. Cellini verfügt, wie schon die schreibenden Künstler des 15. Jahrhunderts, über eine eher bescheidene Allgemeinbildung, – die neueren literarischen Konventionen sind ihm daher unbekannt. Bezeichnenderweise ließ er die *Vita* Varchi zukommen mit der Bitte, er möge seinen Stil korrigieren, was dieser zum Glück ablehnte. Denn gerade die Eigenheiten der *Vita* waren für ihren Nachruhm ausschlaggebend: Sie blieb nämlich bis ins Jahr 1728 unveröffentlicht und wurde einem breiteren Publikum erst durch einen Artikel vorgestellt, in dem Baretti das Werk gegen den engen Literaturbegriff der Rhetoriker zum Musterbeispiel einer Schreibweise erhob, der Seite für Seite der unverfälschte Geschmack menschlichen Lebens anhaftet.

### *b) Antonfrancesco Doni*

Männern und Schriftstellern wie Cellini lassen sich andere zur Seite stellen, die nicht selten ebenfalls ein abenteuerliches Leben führten, weder der sozialen Oberschicht angehörten noch in deren Umkreis oder Diensten lebten, keine hohen literarischen Ideale verfolgten, stattdessen eine vom gesunden Menschenverstand geprägte Moral, eine einfachere Weltsicht und eine weniger strenge Auffassung vom Schreiben hatten, wie sie in einem – vor allem in Florenz noch lebendigen – handwerklichen und kleinbürgerlichen Milieu verbreitet waren. Diese Schriftsteller waren mit den kulturellen Tendenzen und dominanten Strömungen ihrer Zeit vertraut, da sie aber einer anderen Welt angehörten, fügten sie ihre Anleihen in ein intellektuell und expressiv ganz eigenständiges Programm ein.

Ihr vielleicht typischster Vertreter war der 1513 geborene und 1574 in Monselice gestorbene Antonfrancesco Doni, der Mönch war, dann die Kutte wieder ablegte und in verschiedenen Städten lebte, bis er sich schließlich in Venedig niederließ, wo die Kunst des Buchdrucks florierte und mit Gewinn ausgeübt werden konnte. Mit seiner Neugier, seiner Interessenvielfalt, seinem Schreibtalent besaß er, wie vor ihm schon Aretino, das Zeug zum Journalisten. Unter seinen zahlreichen und ganz unterschiedlichen Werken verdienen einige besondere Beachtung: die beiden Bücher der *Libraria* (Buchladen) als erstes Beispiel einer Bibliographie der Drucke und Manuskripte, die *Zucca* (Kürbis), »tavola, ossia registro delle chiacchiere, filastrocche, frappe, chimere, castelli in aria, saviezze, aggiramenti e lambiccamenti di cervello, fanfaluche, sentenzie, bugie, girelle, ghiribizzi, pappolate, capricci, frascherie, anfanamenti, viluppi, girelli, novelli, cicalecci, parabole, baie, proverbi, motti, umori ed altre giravolte e storie« (Verzeichnis oder Register der Klatschereien, Tratschereien, Litaneien, Schimären, Luftschlösser, Weisheiten, Hirngespinste, Grübeleien, Flausen, Sprüche, Schrullen, Grillen, Schwatzereien, Quatschereien, Hohlheiten, Wirrheiten, Narrheiten, Neuigkeiten, Dummheiten, Gleichnisse, Späße, Sprichwörter, Witzwörter, Scherze und anderen Geistesblitze und Geschichten), die *Mondi celesti, terrestri e infernali* (Himmlische, irdische und höllische Welten), Dialoge, unter denen der zwischen einem Weisen und einem Narren hervorsticht, weil hier im Sog einer bereits im 16. Jahrhundert lebendigen utopischen Strömung (man denke an Thomas Mores *Utopia*) das Modell einer idealen Stadt entworfen wird, die *Marmi* (Die Marmorstufen) schließlich, Dialoge, in denen der Autor von seinem Flug als riesiger Vogel über Venedig, Rom, Neapel und Florenz berichtet und die Gespräche mitteilt, die an Sommerabenden auf den Marmorstufen des Florentiner Doms geführt werden. Doni wurde, wegen seines Hanges zur Utopie, wegen seines Interesses an sozialen Fragen, wegen der moralischen Ausrichtung seines Idealstaatsentwurfs, wiederholt als »Sozialist des 16. Jahrhunderts« bezeichnet. Das ist natürlich falsch, – doch ist richtig, daß er wie viele andere dieser Schriftsteller außerhalb der Konventionen seiner Zeit, und zwar nicht nur der kulturellen und gesellschaftlichen Konventionen des Klassizismus, stand und durch seine Herkunft und sein Leben einem anderen Milieu angehörte. Doni zeigt gewissermaßen an, wie vielgestaltig und vielschichtig, wie unruhig und aufgewühlt die Lage im Italien dieser letzten Jahre der Renaissance war, als hinter Platonismus und Klassizismus schon andere Kräfte hervordrängten, ohne allerdings schon zu neuen literarischen Strömungen zusammengeflossen zu sein.

### *c) Gelli und Lasca*

Interessant sind auch die Werke von Giovan Battista Gelli (1498–1563), eines Florentiner Handwerkers, der Dante bewunderte, studierte, öffentlich kommentierte und Mitglied zuerst der ›Accademia fiorentina‹, dann der ›Accademia della Crusca‹ war. Er verfaßte zwei stark von Machiavelli beeinflußte Komödien, einige volkssprachliche Übertragungen, Briefe, Gedichte und verschiedene weniger wichtige Schriften. Bekannt ist er vor allem wegen zweier moralischer Abhandlungen, *Circe* und *I capricci del bottaio* (Die Launen des Küfers), in denen er seine breite Bildung zum Nutzen und Frommen des Publikum launig und bildkräftig entfaltet. In *Circe* erzählt er, wie die Zauberin in einer Reihe von Gesprächen den in Tiere verwandelten Menschen anbietet, ihnen wieder ihre menschliche Gestalt zu verleihen, – doch nur der Elefant, der in seinem menschlichen Leben Philosoph gewesen war, nimmt an. In den *Capricci* führt der Küfer Giusto ein Gespräch mit der eigenen Seele über alle möglichen Gegenstände, wobei der gesunde Menschenverstand und die philosophische Vernunft ständig einander gegenübergestellt werden. Überaus lebendig sind bei Gelli vor allem die Anklänge an die antiken Moralisten Plutarch und Lukian.

Neben ihm ist erneut Anton Francesco Grazzini (1503–1584), genannt ›il Lasca‹, zu erwähnen, auch er geboren und ansässig in Florenz, der Stadt also, in der sich diese zweitrangige Literatur am besten zu entfalten vermochte. Lasca spielte als Gegner der von den Medici verfolgten Politik eine bedeutende Rolle im Florentinischen Kulturleben: er gehörte zu den Gründern der ›Accademia degli Umidi‹ (1540), die einige Jahre später den Namen ›Accademia fiorentina‹ erhielt und ihn 1547 ausschloß, weil er gegen ihre Umwandlung in eine den Interessen des Fürsten verpflichtete öffentliche Einrichtung opponierte. Er verfaßte Komödien, Novellen und ›berneske‹ Gedichte und betätigte sich als rühriger Herausgeber burlesker Werke, insbesondere der Werke seines Vorbildes Berni.

# Kapitel XI

# Das Bewußtsein der Krise

## 1. Publizistik und Geschichtsschreibung

### *a) Merkmale*

Die geistigen und kulturellen Wesenszüge der Renaissance prägen sich in den Strömungen und Werken lebendiger und eigenständiger aus, in denen durch Themenstellung und Autorpersönlichkeit die Beobachtung der Wirklichkeit, die Untersuchung der Dinge und eine Prosa, die, bei aller Literarität, nicht narzißtisch in sich selbst ruhte, sondern an den Inhalten festhielt, im Vordergrund stand.

Das Welt- und Menschenbild, das sich unter dem doppelten Einfluß des politischen und sozialen Wandels der italienischen Gesellschaft zwischen dem 13. und dem 16. Jahrhundert und des intellektuellen Reifeprozesses in der Auseinandersetzung mit der Kultur der Antike herausgebildet hatte, ist demnach in erster Linie bei politischen und historischen Schriftstellern, insbesondere bei Machiavelli und Guicciardini, zu suchen. Wer ihre Werke mit den Chroniken eines Compagni oder Villani vergleicht, wird sofort die grundlegenden Unterschiede erkennen: die völlige Verweltlichung des Lebens; den doppelten Versuch, die antiken Geschichtsschreiber sowohl philologisch als auch pragmatisch zu lesen, als Zeugen einer fernen und ganz anderen Zeit und zugleich als Lehrmeister für die Gegenwart und für die Zukunft; das pessimistische Menschenbild, das nicht mehr von einem mythischen Sündenfall, sondern von der vorurteilslosen Beobachtung der Wirklichkeit abgeleitet wird; die Fähigkeit, den Knäuel der tausend Gründe, die die gegenwärtige Situation hervorgebracht haben und weiterhin hervorbringen, zu entwirren; die Suche nach einer dem politischen Handeln selbst innewohnenden, nicht von außen übernommenen Moral; ein Stil, der in der Breite und Geschlossenheit der Konstruktion die klassische Bildung des Schriftstellers spiegelt und doch die reflexive, analytische Haltung eines Historikers, seine Gabe, das einzelne Faktum, die einzelne Person in ein feinmaschiges Netz von Elementen einzubetten, mitteilt; ein weit ausgreifendes Erzählen, das die lebendige Anteilnahme verrät, mit der der Historiker die Geschehnisse, die er berichtet, untersucht und nacherlebt.

Auch wenn diese Merkmale bei Machiavelli und Guicciardini offenkundiger und ausgeprägter als bei anderen Zeitgenossen zutage treten, waren sie doch seit langem in der humanistischen Kultur, die schon im 15. Jahrhundert den Begriff des ›autonomen‹ und ›autarken‹ Staates und eine neue Vorstellung von Politik und Historiographie entwickelt hatte, herangereift.

### *b) Probleme*

Aus dieser neuen Konzeption und dem Versuch, sie nicht nur zum Verständnis der Vergangenheit, sondern auch der Gegenwart zu nutzen, ergaben sich viele schwerwiegende Probleme. Wenn sich der Glaube an einen höheren Willen, der, Schicksal oder Gott, durch seine Vorsehung die Geschichte lenkt, auflöste, so stellte sich, gerade weil der Mensch nun zum ersten Mal sein Handeln allein von Leidenschaft und Eigennutz bestimmt sah, das Problem der Grenzen menschlicher Freiheit und der Existenz übergeordneter Mächte, die den Wirrwarr der Affekte und Handlungen einschränken und in gewissem Maße lenken. Aus diesem Grund war im 15. und 16. Jahrhundert der Glaube an Astrologie und Magie auch unter Gelehrten und Wissenschaftlern so lebendig, vielleicht als Versuch, jene übermenschlichen Kräfte durch eine natürliche Erklärung zu rationalisieren und der menschlichen Vernunft zu unterwerfen. Aus diesem Grund entspann sich in der Geschichtsschreibung die lebhafte Debatte um die Beziehung zwischen ›virtù‹ (Tüchtigkeit) und ›fortuna‹ (Glück) oder ›occasione‹ (Gelegenheit), zwischen den menschlichen Kräften und dem Unwägbaren außerhalb des Menschen. Und aus eben demselben Grund stellte sich erneut das alte Problem des Verhältnisses zwischen der Rückbesinnung auf eine vorbildhafte Vergangenheit und der Hinwendung zu einer von ihr grundverschiedenen Gegenwart. Das Problem wurde ganz unterschiedlich gelöst: Machiavelli, der davon überzeugt war, daß der Mensch sich immer selbst identisch bleibe, beharrte auf dem paradigmatischen Wert der Vergangenheit, Guicciardini betonte hingegen das Moment der Verschiedenheit und die Bedeutung der vielen unvorhersehbaren Umstände, die allein die Tugend der ›discrezione‹ (Unterscheidungsvermögen) zu verstehen erlaube.

Hier zeigt sich das lebhafte Bedürfnis der Renaissance, den Kult der Vergangenheit durch den Glauben an eine schöpferische Freiheit auszugleichen.

Es nimmt daher nicht wunder, daß sich in diesen Werken die allgemeine Krise im Italien der ersten Hälfte des 16. Jahrhunderts in sehr viel stärkerem Maße widerspiegelt als in der ›reinen‹ oder ›schönen‹ Literatur. In den politischen und historiographischen Texten stellte sie sich als ein Problem dar, das es zu untersuchen und zu lösen galt. Nicht zuletzt wegen dieser dramatischen Anteilnahme an der eigenen Zeit, wegen der scharfsinnigen Analyse der zeitgenössischen Gesellschaft, wegen des vorurteilslosen Realismus, der die Schleier von Scham und Heuchelei zerriß, sind diese von Politikern und Historikern geschriebenen Texte ein notwendiges Komplement zur anderen Literatur, ohne das die Vielschichtigkeit des italienischen Cinquecento nicht erfaßt werden könnte.

## 2. Niccolò Machiavelli

### *a) Leben*

Niccolò Machiavelli wurde 1469 in Florenz als Sproß einer alten Adelsfamilie geboren. Über seine Jugend und Kindheit ist wenig bekannt, er erwarb aber eine breite und vielfältige Bildung, ohne deshalb ein Humanist im üblichen Sinne des Wortes zu sein. Im Jahre 1498 trat er zum ersten Mal im öffentlichen Leben in Erscheinung, als er das Amt eines Sekretärs der Zweiten Kanzlei übernahm, die mit den inneren und militärischen Angelegenheiten betraut war: dieser Posten trug ihm in der Folgezeit den Übernamen ›Florentiner Sekretär‹ (Segretario fiorentino) ein.

Das Amt war nicht besonders wichtig, doch hatte die Möglichkeit, die sich ihm bot, in jenen bewegten Jahren vor dem Fall der Republik und der Rückkehr der Medici die diplomatischen Aktivitäten aus nächster Nähe zu betrachten, großen Einfluß auf die Entwicklung seines Denkens. Von besonderer Bedeutung waren die Missionen, die ihn zu verschiedenen Herrschern und Fürsten führten: Im Jahre 1500 war er auf dem Schlachtfeld von Pisa, das sich mit Florenz im Krieg befand; mehrere Male war er in Frankreich am Hofe Ludwigs XII.; zweimal wurde er mit einer Gesandtschaft zu Cesare Borgia betraut; 1503 war er in Rom, um das Konklave zu verfolgen, in dem Julius II. zum Papst gewählt wurde; 1507 wurde er zu Kaiser Maximilian nach Tirol geschickt. Von diesen Gesandtschaften ging die Anregung zu einer Reihe von Texten aus, in denen sein Denken immer schärfere Konturen annahm: *Del modo di trattare i popoli della Val di Chiana ribellati* (1502), *Descrizione del modo tenuto dal duca Valentino nell'ammazzare Vitellozzo Vitelli, Oliverotto da Fermo (...)* (1503), *Ritratto delle cose di Francia* (1510), *Ritratto delle cose della Magna* (1512) u.a.m.

Im Jahre 1512 nahm sein Leben eine entscheidende Wende, als die Niederlage der Franzosen den Zusammenbruch der mit ihnen verbündeten Florentinischen Stadtrepublik nach sich zog und die Medici wieder in ihre alten Rechte eingesetzt wurden. Machiavelli, der im Dienste der Republik gestanden hatte, wurde noch im gleichen Jahr seines Amtes enthoben, im Anschluß an eine Verschwörung gegen die Medici einige Tage eingekerkert und gefoltert und schließlich auf sein Landgut in der Nähe von San Casciano verbannt.

Es folgten traurige Jahre. Der zur Untätigkeit verurteilte Machiavelli ordnete seine Gedanken und brachte die Früchte seiner Erfahrung in breit angelegte Werke ein. So entstanden nahezu gleichzeitig die *Discorsi sulla prima »Deca« di Tito Livio* (Abhandlung über die erste Dekade des Titus Livius) und *Il principe* (Der Fürst), während seine Teilnahme an den Zusammenkünften in den Gärten der Familie Rucellai (Orti oricellari) die Thesen heranreifen ließ, die er später in den *Dialoghi dell'arte della guerra* (Gespräche über die Kriegskunst) ausführte. Während all dieser Jahre quälte ihn jedoch die Tatsache, daß es ihm nicht möglich war, sich mit Rat und Tat an den ganz Italien erschütternden Ereignissen zu beteiligen. Sein Ärger und seine Ungeduld gehen mit aller Deutlichkeit aus dem umfangreichen Briefwechsel mit seinem Freund Francesco Vettori (1474–1539), einem bedeutenden Politiker und Verfasser politischer und historischer Schriften, hervor. Zwischenzeitlich näherte er sich den Medici an, in der Hoffnung, in ihren Dienst treten zu können; der *Principe* wurde nicht zuletzt mit der Absicht verfaßt, den neuen Herrschern seinen Rat und seine Mitarbeit anzubieten. Er mußte aber lange warten, bis er einige wenige und ziemlich unbedeutende Aufgaben übertragen bekam: Im Jahre 1519 wurde seine Meinung über eine mögliche Reform der Florentinischen Verfassung eingeholt, und er verfaßte aus diesem Anlaß den *Discorso sopra il riformare lo Stato di Firenze*; im Jahre 1520 erhielt er vom Florentiner Studienkolleg den Auftrag, eine Geschichte der Stadt zu schreiben, und so verfaßte er die *Istorie fiorentine*; später erhielt er noch die eine oder andere unbedeutende Mission.

Im Jahre 1527, auf die Nachricht vom ›sacco di Roma‹ hin, wurden die Medici von neuem aus Florenz vertrieben und die Republik wiederhergestellt. Machiavelli ersuchte um seine Wiedereinsetzung auf dem alten Posten in der Zweiten Kanzlei, doch war er durch sein Verhalten während der Herrschaft der Medici den Vertretern der Republik suspekt geworden. Er starb im Juni desselben Jahres.

### *b) Merkmale und Grundsätze*

Machiavellis Hauptwerke sind *Il principe*, die *Discorsi sulla prima »Deca« di Tito Livio*, die *Dialoghi dell'arte della guerra*, die *Istorie fiorentine* und die Komödie *La Mandragola*. Hinzu kommen zahlreiche kleinere Schriften. In der geistigen Haltung und politischen Perspektive dieser zwischen 1500 und 1520 entstandenen Texte treten bisweilen deutliche Unterschiede zutage. Die substantielle Einheit von Machiavellis Denken und Schaffen bleibt davon jedoch unberührt.

Machiavellis Werk entstand aus dem Zusammenspiel zweier verschiedener Triebkräfte, einerseits war er ein Theoretiker und neigte dazu, konkrete Einzelfälle und unmittelbare Erfahrungen auf allgemeine Gesetze zurückzuführen, andererseits war er ein Mann der Tat, der für die Angelegenheiten seiner Heimatstadt und seines Vaterlandes engagiert eintrat und die Wirklichkeit zu beeinflussen suchte. Aus dem Zusammentreffen und bisweilen auch dem Widerstreit dieser beiden Tendenzen erklärt sich die zwischen unvoreingenommener Wissenschaftlichkeit und leidenschaftlicher Anteilnahme schwankende Haltung, die seinen Werken ihr eigenes Gepräge verleiht.

Seine langjährige Beteiligung am öffentlichen Leben seiner Zeit und das lebhafte Interesse, mit dem er es später verfolgte, verhinderten, daß er in ein abstraktes Theoretisieren verfiel, – seine Verallgemeinerungen entsprangen immer dem konkreten Kontakt mit der Wirklichkeit. Hinter Machiavellis Werk steht die schmerzliche Erkenntnis, daß sich Italien in einem Zustand des ›Verfalls‹

befand, daß es den großen Monarchien, die an seinen Grenzen entstanden waren, politisch und militärisch unterlegen war, daß es mit dem Schwund von Religion, Ehrgefühl, Vaterlandsliebe und Bürgersinn seinen moralischen Halt verloren hatte und daher zur Knechtschaft verdammt war, es sei denn es fände sich, wie bei anderen Völkern in kritischen Momenten ihrer Geschichte, ein genialer Fürst, der das Land durch die Schaffung eines einheitlichen, geschlossenen und starken Staates retten könnte.

Die These, wonach Machiavelli der Begründer der ›Wissenschaft‹ von der Politik sei, ist daher wohlbegründet, unter der Voraussetzung freilich, daß man sie als eine ›Theorie des politischen Handelns‹ versteht, die die Lage Italiens in einem bestimmten Moment seiner Geschichte erklären und die Krise bewältigen wollte, als die Theorie und Wissenschaft eines Mannes, der sein Haus in Flammen findet und auf Gegenmaßnahmen sinnt, die nicht nur heute, sondern immer wirksam sind.

Diese Synthese aus technisch-spekulativen und praktisch-leidenschaftlichen Momenten mag erklären, warum Machiavelli im *Principe* zu erforschen suchte, wie Fürstentümer »erworben, erhalten und wieder verloren werden« (Brief an Vettori vom 10. Dezember 1413), und zur gleichen Zeit in den *Discorsi* der Frage nachging, wie Republiken entstehen und vergehen. Ein Gegensatz, der sich aber leicht auflösen läßt, wenn man bedenkt, daß die *Discorsi* die Theorie jener Republik liefern, die Machiavelli für die höchste Form des Staates hält, und der *Principe* die Theorie jener Fürstenherrschaft enthält, die er als letzte Zuflucht in Krisensituationen, in denen nur der Ruf nach einem Ausnahmehelden bleibt, ansieht. Im einen wie im anderen Fall geht es ihm aber um die Grundlegung des Staates, da außerhalb einer staatlichen Organisation das soziale und moralische Chaos herrscht und der Mensch, wie später gesagt wurde, des Menschen Wolf ist.

Diese Staatstheorie beruht in ihren großen Linien, wie Machiavelli im Widmungsbrief des *Principe* an Lorenzo dei Medici, den Enkel von Lorenzo il Magnifico, schreibt, auf der »cognizione delle azioni degli uomini grandi, imparata (...) con una lunga esperienza delle cose moderne e una continua lezione delle antique« (der Kenntnis der Taten großer Männer, die ich durch lange Erfahrung in der Gegenwart und durch anhaltendes Studium des Altertums erworben habe), wobei sich die Begriffe ›antichi‹ und ›moderni‹ wechselseitig stützen und ergänzen: Die Erfahrungen der Moderne bestärken die Lehren der Antike und sichern ihre überzeitliche Gültigkeit; die Lehren der Alten wiederum erheben die in der Gegenwart gemachten Erfahrungen zur Wissenschaft.

Dieser Rückgriff auf die Antike ist charakteristisch für die gesamte Renaissance. Machiavellis Leistung bestand darin, seine Gültigkeit auch im Bereich des politischen Handelns zu erweisen. In der Einleitung zu den *Discorsi* beklagt er sich, daß die Rückwendung zur Antike in Recht und Medizin selbstverständlich sei, in der Politik aber aus Mangel an historischem Verständnis unterlassen werde. Und er führt weiter aus, daß der Nachahmungstrieb in der Natur des Menschen gründe und zum Wesen seines Handelns gehörte, daß also wie die Beschaffenheit so auch die Handlungsweise des Menschen unveränderlich sei. Im Geist der Renaissance heißt dies nichts anderes als den Menschen auf sein Wesen zurückführen und seine individuellen Handlungen auf allgemeine Gesetze, die der Theoretiker der Politik aufzustellen und auszuformulieren hat. Es geht, mit anderen Worten, um eine rationale Erklärung politischen Handelns, und das heißt um den Anspruch, den Lauf der Dinge, sei es auch nur in groben Zügen, voraussehen und, in einem gewissen Maß, beeinflussen zu können.

### *c) Die ›verità effettuale‹*

Sein im Grunde unsystematisches Denken hinderte Machiavelli daran, diese allgemeinen Gesetze in zusammenhängender Form auszuformulieren. Sie lassen sich aber, ohne seinem Denken Zwang anzutun, aus seinen Werken erschließen und systematisch darstellen.

Machiavelli geht von der Überzeugung aus, daß politisches Handeln nur dem verstehbar wird, der den Mut hat, den Dingen ins Gesicht zu sehen. Der Originalität dieses Ansatzes war er sich voll bewußt: »Molti si sono immaginati repubbliche e principati che non si sono mai visti né conosciuti essere in vero« (Viele haben sich Republiken und Fürstentümer ausgemalt, von deren Existenz man nie etwas gesehen noch vernommen hat), er jedoch werde abweichen »dagli ordini degli altri« (von dem Verfahren der anderen). Er stellte sich hiermit in Gegensatz nicht nur zu den vielen Verfassern politischer Utopien (Platon, Cicero u.a.m.), sondern auch zu zeitgenössischen Theoretikern, die, wie beispielsweise Pontano, in ihren Abhandlungen den Fürsten als einen Inbegriff der Tugend gezeichnet und das aufkommende Prinzipat mit Lorbeer umkränzt hatten.

Machiavelli meint hingegen, »essendo l'intento suo scrivere cosa utile a chi la intende« (da er die Absicht habe, zum Nutzen derer zu schreiben, die ihn verstehen), scheine es ihm richtiger, »andare dietro alla verità effetuale della cosa, che alla immaginazione di essa« (sich an die tatsächliche Gestalt der Dinge zu halten als an ein Phantasiebild). Es war dies eine so gewaltige geistige Revolution, daß jeder, der sich nach Machiavelli mit politischer Theorie beschäftigte, ihn verherrlichen oder verabscheuen, nicht aber ihn oder seine Bücher übergehen konnte.

Als zweites Moment kommt bei Machiavelli ein gleichsam instinktiver und doch radikal durchdachter Pessimismus zum Ausdruck: Die Menschen sind schlecht. Aus seinen Werken, vor allem dem *Principe*, könnte man mühelos eine Anthologie dieses Pessimismus zusammenstellen, – »degli uomini«, schreibt er im siebzehnten Kapitel, »si può dire questo generalmente: che sieno ingrati, volubili, simulatori e dissimulatori, fuggitori de' pericoli, cupidi di guadagno« (von den Menschen läßt sich im allgemeinen so viel sagen, daß sie undankbar, wankelmütig und heuchlerisch sind, voll Angst vor Gefahr, voll Gier nach Gewinn). Und an einer anderen Stelle dieses Kapitels meint er, daß die Menschen leichter den Tod ihres Vaters als den Verlust des väterlichen Erbes vergäßen.

### *d) Die Theorie des Staates*

Aus eben diesem Pessimismus ergibt sich die Notwendigkeit des Staates, der eine Masse von Menschen in einer ›Republik‹, d.h. in einer auf gleiche Ziele ausgerichteten Einheit, organisieren muß. Die Idee, die Machiavelli in den zentralen Kapiteln des *Principe* – denjenigen, die am meisten Anstoß erregten – mit allem Nachdruck vertritt, um die skrupellosen Ratschläge, die er seinem Fürsten gibt, zu rechtfertigen, lautet, daß nur ein hartes Vorgehen gegen alle, die den Staat bedrohen, den Staat und damit die Möglichkeit eines geordneten bürgerlichen Lebens zu retten vermag.

Um den Fortbestand des Staates zu sichern, bedarf es der bürgerlichen Tugenden und einiger Institutionen, inbesondere Religion, Gesetz und Heer, ohne die »estrema miseria, infamia e vituperio« (tiefstes Elend, Schande und Schmach) unausweichlich sind. Aus diesem Grund kommt Machiavelli immer wieder auf Fragen der Religion, der Gesetzgebung und des Militärwesens zurück. Mit ›Religion‹ ist in diesem Zusammenhang natürlich kein individuelles Gefühl gemeint, sondern ein gesellschaftliches Faktum, ein gemeinsamer Glaube, der auf das gegebene Wort verpflichtet, eine Reihe von Tugenden wachhält und Bindungen an den Staat schafft. Sie ist zwar kein innerliches Gefühl, doch andererseits auch keine bloße Konvention, insofern es diese Moral hochzuhalten gilt, weil ohne sie der Verfall (»corruttela«) beginnt und das Ende des Staates besiegelt ist. Machiavelli geht daher auch streng mit der katholischen Kirche ins Gericht, die er offen beschuldigt, den Niedergang Italiens verschuldet zu haben, weil sie nie stark genug gewesen sei, »da poter essa unificare l'Italia, ma le è stato sempre tanto da poterne impedire l'unificazione« (Italien kraft ihrer Macht zu vereinigen, sondern immer nur so stark, die Vereinigung zu verhindern). Bisweilen weitet er die Anklage auf das Christentum überhaupt aus, das viel zu verweichlicht, zu sehr darauf bedacht sei, den Blick der Menschen von der Erde auf den Himmel zu richten. Für Machiavelli hat der Mensch, insbesondere der Staatsmann, die Pflicht, alles dem Vaterland zu opfern. In einem Brief aus seinen letzten Jahren ging er soweit zu schreiben, er sei bereit, seine Seele und das ewige Heil für das Heil Italiens hinzugeben. Der Staat faßt das gesamte bürgerliche Leben und selbst das Innenleben der Menschen in sich, so daß in Machiavellis Denken für andere, eigenständige, der Sphäre des Staates entzogene Werte kein Platz mehr zu sein scheint.

Mit der Aussonderung und Unterordnung dieser Werte bleibt nur der Staat, und mit ihm der ›Staatsbürger‹, der Mensch als ›politisches Wesen‹, das nach seinem sozialen Verhalten und seinen bürgerlichen Tugenden bewertet wird. Daher rührt der Nachdruck, den Machiavelli auf den Begriff der ›virtù‹ legt, ein Wort, das, abgeleitet von lat. ›vir‹ (der Mensch in seiner Männlichkeit, im Gegensatz zu ›homo‹: das menschliche Wesen im allgemeinen), eine breite semantische Entwicklung erfahren und bereits im Mittelalter eine besondere ›Gabe‹ oder ›Kraft‹ – die ›virtù‹ der Pflanzen, der Edelsteine usw. – bezeichnet hatte. Bei Machiavelli wird der Begriff moralisch und affektisch angereichert und zu der Eigenschaft ›par excellence‹ erklärt, die den wahren Menschen und folglich den Staatsbürger, den Staatsmann, den Fürsten auszeichnet. Im Rahmen eines Weltbildes wie dem der Renaissance, das die Vorsehung verbannt und den Menschen zum Lenker der Geschichte gemacht hat, wird der Staatsgründer und Staatsretter zu einer Heldenfigur. Machiavellis Werk ist voller solcher Helden: Wie die Literaten

Petrarca, Vergil, Boccaccio und Cicero als höhere Wesen, die die Kunst des Schreibens zur Vollendung gebracht hatten, ansahen, wie die Künstler den Großen der Antike und, unter den Lebenden, Michelangelo eine übermenschliche Geistesgröße zusprachen, so erschienen Machiavelli Moses, Kyros, Theseus, Romulus und andere mehr durch Wort und Tat als Beispiele überragender ›virtù‹.

### *e) ›Occasione‹ und ›Fortuna‹*

Die Berufung auf diese Helden der Politik ist mehr als der übliche Rückgriff auf die ›Lehre der Alten‹, – sie ist Verherrlichung der ›virtù‹ in ihrer höchsten Vollendung, und jene großen Männer sind für Machiavelli die weltlichen Heiligen einer Art politischer Hagiographie, die er in seinen Werken schreibt. Auf der anderen Seite ist er sich durchaus der Grenzen des menschlichen Handelns bewußt, das sich ja in einem bestimmten historischen Kontext und unter bestimmten Bedingungen abspielt. Machiavelli verwendet hierfür den Begriff der ›occasione‹, der Gelegenheit, oder, wie man heute sagen würde, des Bedingungsrahmens. Auch der ›tüchtigste‹ Mensch muß, um seine ›virtù‹ voll entfalten zu können, die Bedingungen vorfinden, die es ihm erlauben, seine potentiellen Fähigkeiten in die Tat umzusetzen: Zur Entfaltung von Moses' Genie war es notwendig, meint Machiavelli, daß die Juden von den Ägyptern versklavt wurden und in der Wüste irregingen. Die politische Tat ist eine Synthese aus zwei Momenten, der geschichtlichen Situation (occasione) und der persönlichen Tüchtigkeit (virtù), und nur ihr Zusammenspiel bewirkt, daß sich die Größe eines Menschen offenbart. Daraus folgt, daß die leichtfertige Mythisierung großer Menschen vermieden und Größe historisch und ›in concreto‹ betrachtet werden muß.

Erklärt der Begriff der ›occasione‹ das politische Handeln in seinem geschichtlichen Zusammenhang, so gibt es außerhalb der Vernunft und der Macht des Menschen eine sein Handeln begrenzende Macht, die Machiavelli ›Fortuna‹ nennt. ›Fortuna‹ ist für ihn, wie schon für die Humanisten, ein Begriff, der alles umfaßt, was sich dem Willen und der Vorausschau des Menschen entzieht, das zufällige Geschehen, das den Helden ungeachtet seiner ›virtù‹ vernichten kann. Dem Walten der ›Fortuna‹ war es beispielsweise zuzuschreiben, daß Cesare Borgia, auf dem Gipfel seines Wirkens, zum Zeitpunkt des Todes seines Vaters, Papst Alexander VI., erkrankte, so daß er nicht die Wahl eines ihm freundlich gesonnenen Papstes sicherstellen konnte.

Das Thema der ›Fortuna‹ stellte sich notwendigerweise in einem kulturellen Kontext, in dem das Eingreifen der göttlichen Vorsehung in die Geschichte ausgeschlossen und zugleich die Begrenztheit menschlichen Handelns deutlich wurde. Machiavelli erkannte die Existenz und die Macht der ›Fortuna‹ an, gab sich aber alle Mühe, ihren Aktionsradius auf jede erdenkliche Art einzugrenzen. So suchte er auf der einen Seite nach einer Theorie vom Wirken der ›Fortuna‹ und unserem Umgang mit ihr (sich an die Umstände anpassen, das eigene Verhalten im Lauf der Zeit ändern), auf der anderen befreite er sich von der Versuchung, ihr allzuviel Gewicht beizumessen und teilte das Terrain zwischen ›Fortuna‹ und ›virtù‹ zu gleichen Teilen auf.

### *f) Moral*

Der Ausschluß der religiösen Transzendenz aus dem menschlichen Leben, die Verabsolutierung des Staates zum alleinigen Garanten der ›zivilen‹ Gesellschaft, die Unterbewertung aller privaten Aspekte des Lebens mußten letztlich zu einer rein politischen Beurteilung des menschlichen Handelns führen. Diese von Machiavelli mutig bis an die äußersten Grenzen getriebene Konsequenz war von großer historischer Bedeutung, da sie die gängige Moral unterhöhlte und ein neues, allein auf der ›verità effettuale‹, der wirklichen Wahrheit, gegründetes Urteilskriterium aufstellte. Und dies war die Voraussetzung dafür, daß die Politik ihre Autonomie erlangen konnte: Der Staatsmann, ja überhaupt der Mensch als politisches Wesen, muß gänzlich vorurteilsfrei nach der Übereinstimmung seiner Handlungen mit seinen Zielen beurteilt, verdammt oder gepriesen werden.

Die zum Verständnis dieses Aspekts seines Denkens wesentlichen Seiten finden sich in den zentralen Kapiteln des *Principe*, in denen Machiavelli von den für einen Fürsten unabdingbaren Tugenden handelt. Er gibt keine unmoralischen Ratschläge, wie oft behauptet wurde, sondern sucht aufzuzeigen, daß bestimmte im Rahmen der Moral eines Privatmannes ›gute‹ Handlungen in der Politik ›schlecht‹ sind, insofern sie dem Staat Schaden zufügen, und andere im Privatleben ›schlechte‹ Handlungen in der Politik ›gut‹ sind, insofern sie zur Erhaltung des Staates beitragen. Er unterscheidet also zwischen einer privaten und einer politischen Moral, und der Ratschlag, mitunter gegen gängige Moralvorstellungen zu verstoßen, gilt nur für den Politiker. Im übrigen unterscheidet Machiavelli an anderer Stelle ausdrücklich zwischen Fürsten (principi) und Tyrannen (tiranni), wobei letztere zu ihrem eigenen Vorteil regierten und erstere das Interesse des Staates, d.h. der Gemeinschaft im Auge behielten. Daraus folgt, daß das Zentaurenbild, das Machiavelli vom Fürsten zeichnet – zur Hälfte Mensch, zur Hälfte Tier und als Tier halb Wolf, halb Löwe –, sich als traurige Konsequenz aus der bösen Natur des Menschen ergibt. Der Fürst, bemerkt er im fünfzehnten Kapitel, könne nicht alle Tugenden besitzen, »per le condizioni umane che non lo consentono« (da die Natur des Menschen es nun einmal nicht zuläßt), und deshalb dürfe er den schlechten Ruf der Eigenschaften, die bei einem Privatmann als Laster gälten, nicht scheuen, – »perché, se si considerà bene tutto, si troverà qualche cosa che parrà virtú, e, seguendola, sarebbe la ruina sua; e qualcun'altra che parrà vizio e, seguendola, ne riesce la sicurtà e il bene essere suo« (denn alles wohl erwogen, gibt es Eigenschaften, die für Tugenden gelten und die seinen Untergang herbeiführen würden, und andere, die für Laster gelten und auf denen seine Sicherheit und Wohlfahrt beruht). Stellt man diese Passagen in einen Zusammenhang mit anderen, in denen er, wo es notwendig und nur in dem Maße, in dem es notwendig ist, Gewalt, Grausamkeit, Wortbruch empfiehlt, möchte man fast meinen, daß Machiavelli den Fürsten als ein Opfer seiner Position begreift, als einen Menschen, der von der Niedertracht der anderen und der ›conditio humana‹ dazu gezwungen wird, Bestie zu werden, die eigene Seele aufs Spiel zu setzen, um seine Pflicht zu tun und den Staat zu erhalten. Auf der anderen Seite wendet sich Machiavelli auch dem ›Volk‹ zu, das noch nicht Subjekt der Geschichte, doch Objekt einer Sorge ist, der alles, vom guten Namen bis zur Seele, geopfert werden muß. Wenn er im siebzehnten Kapitel diskutiert, ob Grausamkeit besser ist als Milde, rät er zur Grausamkeit, weil eine falsche Milde gegenüber den Gegnern des Fürsten und des Staates Mißstände, Mord und Raub aufkommen ließen, die die Allgemeinheit in Mitleidenschaft zögen, während die Todesurteile des Fürsten nur einzelne träfen. Dies heißt letztendlich nichts anderes, als daß Machiavelli seinen Fürsten als einen Diener seines Volkes versteht, daß also die grausame Moral, für die er, falls es nötig sein sollte, entschieden eintritt, immer auf das Wohlergehen der Untertanen gerichtet ist, das nur in einem starken und stabilen, vor äußeren Feinden und inneren Unruhen geschützten Staat gewährleistet werden kann.

### g) Heer

Gegen die inneren Feinde schafft die überlegte Strenge des Fürsten Abhilfe, gegen die äußeren das Heer, – eines der Probleme, mit denen sich Machiavelli am meisten beschäftigte.

In den ersten Jahren seines öffentlichen Lebens hatte er als Feldkommissar im Krieg mit Pisa Gelegenheit, die im Florentiner Söldnerheer herrschende Unordnung zu beobachten. Dies brachte ihn dazu, die Aufstellung eines Bürgerheeres zu fordern, das aus Einwohnern der Stadt bestehen sollte, d.h. aus Männern, die den Krieg, den sie führten, zu ihrer eigenen Sache machten und keine der mit Söldnerheeren gemeinhin verbundenen Unannehmlichkeiten bereiteten. Die städtischen Milizen waren im Zuge der Entwicklung der italienischen Gesellschaft von der ›Kommune‹ zur ›Signorie‹ fast überall durch Söldnerheere ersetzt worden. Deshalb wurde oft behauptet, Machiavelli habe mit seiner Lösung gegen das eigene Gesetz der ›verità effettuale‹ verstoßen, insofern er ein nationales Heer aufstellen wollte, das einen zu dieser Zeit noch nicht vorhandenen ›bürgerlichen‹ Staat zur Voraussetzung hatte. In Wirklichkeit schwebte Machiavelli ein Staat vor, der zwar in der Hand eines Fürsten zentralisiert, gleichzeitig aber ›national‹ sein sollte, insofern er das Wohl und die Ruhe der Untertanen garantierte, die folglich an der Verteidigung dieses Staates, des einzigen politischen Organismus, in dem sie – und sei es durch die Vermittlung des Fürsten – ihre Rechte wahrnehmen konnten, interessiert sein mußten. Unter diesem Gesichtspunkt war der Gedanke eines nationalen Heeres nicht utopischer als die Vorstellung eines Staates, der in diesem Moment der italienischen Geschichte den Egoismus des Fürsten und die Schwächen der Untertanen so weit überwunden hätte, daß er zu einem Nationalstaat würde, in dem der Souverän von der Zustimmung des Volkes getragen und die Bürger bereit wären, für ihr Vaterland zu kämpfen und zu sterben.

Im Rahmen einer solchen Utopie ist Machiavellis Argumentation nur folgerichtig, und so nimmt es nicht wunder, daß er in seiner Polemik gegen die Söldnerheere nicht lockerließ, auf der Notwendigkeit von Bürgerheeren beharrte und immer wieder betonte, wie wichtig Armee und Krieg in einer Welt seien, in der die Politik von den Machtverhältnissen diktiert wurde. Wenn der Erhalt des Staates das oberste Ziel politischen Handelns ist, dann versteht sich von selbst, daß die Politik im Krieg, von dem Auflösung oder Fortbestand des Staates abhängen, ihren Höhepunkt erreicht und der Fürst dem Heer und der Kriegskunst besondere Sorgfalt widmen muß. Daher wird dieses Thema in den *Dialoghi dell'arte della guerra* ausführlich erörtert und in den *Discorsi* und im *Principe* immer wieder aufgegriffen.

### *h) Utopie und ›verità effettuale‹*

Machiavellis Thesen lassen sich zu einem logisch geschlossenen Ganzen ordnen, das das politische Handeln des Menschen ›wissenschaftlich‹ zu erklären sucht. Die Besonderheit dieses Ansatzes besteht in der Synthese zwischen spekulativen und praktischen Interessen, zwischen der Neigung zur Politikwissenschaft und der Neigung zu einer Handlungstheorie, die auf die Gegenwart einwirkt.

Parallel dazu gibt es die andere Synthese zwischen wissenschaftlicher Methode und subjektivem Engagement. Gerade weil sich Machiavelli von lebhaften politischen Interessen leiten läßt, begnügt er sich nicht mit Analyse und Beschreibung, sondern überlagert den Ergebnissen seiner Untersuchung die Bedürfnisse seiner leidenschaftlichen Anteilnahme, so daß er auch dort, wo ihn die Analyse zur Negation führen müßte, bejaht und antreibt. Dieser Zwiespalt tritt im *Principe*, der Zug um Zug seine eigenen Prämissen überholt, offen zutage. Der Traktat war aus dem Bewußtsein der tiefen Krise der italienischen Gesellschaft entstanden, einer strukturellen Krise, die die Grundlagen des bürgerlichen Lebens erschütterte. Machiavelli unterbricht die Niederschrift der *Discorsi*, die die römische Republik erforschten und verherrlichten, und schreibt den *Principe*, in dem er von der wunderwirkenden ›virtù‹ eines Helden handelt, der erreichen kann, was andere nicht vermögen, in dem er das Bild des Fürsten halb als Mensch und halb als Tier zeichnet, in dem er sich an der Person des Cesare Borgia berauscht, der den erträumten Helden vorwegzunehmen scheint. Doch werden überraschenderweise im letzten Kapitel die Schwierigkeiten zu ›occasioni‹ und die korrumpierten Italiener zu einem auserwählten Volk, das opferbereit seinen Moses erwartet. Und so könnten die Fürsten aus dem Haus der Medici, in Erinnerung an die Taten und Tugenden ihrer antiken Vorbilder, zu Gründungsvätern einer selbstbewußten italienischen ›Provinz‹ werden. Der Gegensatz zwischen Analyse und Messianismus, zwischen wissenschaftlicher Strenge und prophetischer Leidenschaft zieht sich durch den ganzen Traktat, ja durch Machiavellis gesamtes Werk.

### *i) Die historischen Werke*

Die historischen Schriften, die eine in früheren Werken dieser Art unbekannte gedankliche Reife auszeichnet, ergänzen die politischen Schriften in dem Sinne, daß auch sie pragmatische Texte sind, in denen Machiavelli im Rückgriff auf die Antike die Gültigkeit seiner politischen Thesen beweisen wollte.

Sein bedeutendstes historisches Werk sind die *Istorie fiorentine* in acht Büchern. In den ersten vier Büchern stellte Machiavelli die Geschichte der Stadt Florenz und die Geschichte Italiens im allgemeinen bis ins Jahr 1434 dar, in den übrigen vier Büchern die Geschichte der Stadt von 1434 bis 1492, dem Todesjahr von Lorenzo il Magnifico. Die sachliche Zielsetzung wird im »Proemio« klar formuliert, wenn Machiavelli den humanistischen Historikern vorwirft, sie hätten sich darauf beschränkt, die außenpolitischen Ereignisse darzustellen, während er größeren Nachdruck auf die innere Geschichte der Stadt legen wolle, die viel aufschlußreicher sei, weil sie den Zeitgenossen zur Unterweisung dienen und zeigen könne, welche Tugenden und welche Laster die gegenwärtige Situation heraufbeschworen hätten.

Diese Einstellung hat zur Folge, daß Machiavelli die großen Linien seines Werks mit der sicheren Hand eines großen Historikers zeichnet, die Einzelheiten aber ungenau ausführt. Er neigt dazu, am Beispiel einer einzelnen, ihm besonders am Herzen liegenden Geschichte die großen Linien des Geschichtsverlaufs entwickeln und die ewigen Gesetze des politischen Handelns aufzeigen zu wollen. Die Ereignisse werden nicht bewußt verzerrt, aber auch nicht philologisch gesichert; er glaubt seinen Quellen oft aufs Wort, ohne die Angaben zu überprüfen. Was ihn eigentlich interessiert, ist die aus den Ereignissen, ob sie gesichert sind oder nicht, ableitbare überzeitliche Lehre, die ihrerseits der Erklärung und Beeinflussung der Gegenwart nutzen soll.

In den genannten Grenzen ist Machiavelli jedoch zweifellos ein großer Historiker, und so findet auf diesen Seiten, die die Ereignisse nicht voneinander getrennt, sondern in übergreifende, bedeutungsvolle Zusammenhänge eingebunden darstellen, die Hochrenaissance zu ihrem gültigen Ausdruck. Die leidenschaftliche Anteilnahme des Erzählers und Patrioten belebt den Stoff, beseelt die Darstellung und läßt unvergeßliche Porträts großer Männer entstehen. Ganz ähnliche Merkmale weist die *Vita di Castruccio Castracani* auf, die Lebensbeschreibung eines Stadtherren aus der ersten Hälfte des 14. Jahrhunderts, die Machiavelli zum Vorwand nimmt, das Idealbild des ›Fürsten‹ zu zeichnen. So wird Castruccio zu einer Art Cesare Borgia des vorausgegangenen Jahrhunderts und sein Leben zu einem Beispiel für das richtige Verhalten eines Fürsten in günstigen und widrigen Umständen.

### *k) Die literarischen Texte*

Machiavelli verfaßte zahlreiche literarische Texte, auch wenn es sich dabei meistenteils um Gelegenheitsarbeiten handelt: eher unbedeutende Gedichte, einige lustige und doppeldeutige Karnevalslieder, einige interessante *capitoli*, deren illusionslose Bitterkeit die Frustration aufdeckt, die hinter seinen großen Werken steht, zwei *Decennali*, in denen er in Terzinenform die Ereignisse von 1494 bis 1504 und, in Teilen, des darauffolgenden Jahrzehnts darstellt, eine Versbearbeitung des *Goldenen Esels*, eine Novelle, *Il demonio che prese moglie* (Der Teufel, der sich ein Weib nahm), auch *Belfagòr arcidiavolo* (Belfagor) genannt, die die beiden traditionellen Themen der Frau, die sogar den Teufel zur Verzweiflung treibt, und des Teufels, den ein schlauer Bauer überlistet, geistreich miteinander verknüpft, und schließlich einige Komödien, deren eine, *La Mandragola*, zu den besten und interessantesten Stücken des italienischen Theaters gehört.

*La Mandragola* greift das in Antike und Renaissance geläufige Muster der Liebesposse auf und erzählt die Geschichte eines einfältigen Ehemannes, der von einem in seine Frau verliebten falschen Arzt hinters Licht geführt wird und die beiden, ohne es zu wissen, in einem Bett zusammenbringt. Dieses alte Thema kommt in Machiavellis Komödie zu neuer Aktualität, weil es auf typische Situationen und Personen der Renaissance übertragen wird. Die überaus bissige Ausarbeitung der Figur des Ordensbruders Timoteo verrät Machiavellis tiefe Abneigung gegen die Kirche, während sich in der psychologischen Vertiefung der Lucrezia nicht nur der große Porträtist der historischen und politischen Werke, sondern auch der Gelehrte zeigt, der den inneren Antrieben der menschlichen Handlungen nachspürt. Im übrigen geht auch der Komödie ein engagierter Prolog voraus, in dem Machiavelli auf seine traurige Lage hinweist (die Komödie ist aus dem Jahr 1518) und einmal mehr auf die Entartung der antiken ›virtù‹ in der Gegenwart zurückkommt. So verbindet er die Komödie mit der Thematik seines Gesamtwerks und rechtfertigt den schwarzen Humor, der sie durchzieht und weit über ein bloßes Vergnügungsstück hinausführt.

### *l) Der Schriftsteller*

Als typischer Mensch der Renaissance legte Machiavelli auch seine politischen und historischen Schriften als literarische Werke an. Die Geschichtsschreibung gehörte für ihn wie für seine Zeitgenossen in den Bereich der Literatur und hatte rhetorischen Gesetzen und formalen Regeln zu gehorchen, die eine tausendjährige Tradition herausgebildet hatte. Deshalb treten die Fakten völlig hinter die Erzählung zurück: Staatsmänner und Feldherren haben das Profil von Opernfiguren, ihre Gespräche und Reden geben keine historisch gesicherten Worte wieder, sondern das, was *diese* Männer unter *diesen* Bedingungen hätten sagen müssen. Literarität ist Voraussetzung, nicht Folge oder Ergebnis dieser Werke, denn Machiavelli ist noch nicht der philologisch genaue Historiker oder der soziologisch geschulte Politiker unserer Tage, sondern als Historiker wie als Politiker ein Renaissance-Künstler, der sein historisches und politisches Schreiben als Teil des literarischen Schaffens sieht. Symptomatisch für diese Haltung ist der Brief, in dem er sich darüber beklagt, daß ihn Ariost im letzten Gesang, wo er schildert, wie ihn die größten Literaten seiner Zeit am Ufer erwarten, nicht erwähnt habe: Machiavelli fühlte sich als Literat.

Von der Hauptströmung der Literatur trennten ihn freilich sein Temperament, das ihn weder zum Hof noch zur Aristokratie hinzog, seine Neigung, die Wirklichkeit aller barmherzigen Masken zu berauben, seine Ästhetik, die in einer markanten, energischen, dichten Sprache Ausdruck fand. Er war sich dieser Eigenarten voll bewußt und setzte sie dem beredten musikalischen Stil der Cicero- und Boccaccio-Jünger gegenüber: »La quale opera«, schrieb er im Widmungsbrief des *Principe*, »io non ho ornata né ripiena di clausole ample, o di parole ampullose e magnifiche, o di qualunque altro lenocino o ornamento estrinseco, con li quali molti sogliono le loro cose descrivere e ornare« (Ich habe dies Werk nicht ausgeschmückt und überladen mit wohlgebauten Perioden, hochtrabenden und großartigen Worten oder anderem äußerlichem Zierat, womit viele ihre Schriften aufzuputzen pflegen). Machiavelli möchte die ›verità effettuale‹, die wirkliche Wahrheit der Dinge ergründen, – einem Vorgehen aber, das alle idealisierenden Mystifizierungen ablehnte, mußte ein Stil entsprechen, der auf jeglichen schmükkenden Zierat Verzicht leistete.

Machiavellis weitgespannte, durchgegliederte Satzperioden sind in der Fülle und Komplexität der Gegenstände, über die er schreibt, gegründet und drücken ein Denken aus, das die Voraussetzungen, die Entwicklungen und die Folgen eines Geschehens in einer syntaktischen Struktur organisiert, die die Kraft der Gedanken spiegeln soll. Eben deshalb kann die Satzperiode von höchster Komplexität zu äußerster Einfachheit, wie sie einer wissenschaftlichen Darstellung angemessen ist, umschlagen: »Tutti gli stati, tutte e domini che hanno avuto e hanno imperio sopra gli uomini, sono stati e sono o repubbliche o principati« (Alle Staaten, alle Herrschaften, die Gewalt über die Menschen besessen haben und besitzen, waren und sind Republiken oder Fürstentümer), – ein Satz, der, ohne Adjektiv, ohne Adverb, nur aus unentbehrlichen Substantiven und Verben besteht, ein wahres Wunder in einer Zeit, die zum Zierat, zur Eloquenz, zur wohlklingenden Klausel neigt. Daneben gibt es andere, gebrochene, nervöse, anakoluthische Perioden, deren Konstruktion und Rhythmus dem Gedankengang folgen und mit ihm eine Einheit bilden. Diese Prosa weist zweifellos auf die Klassiker zurück, doch hat Machiavelli sich diese mit großer Freiheit, ohne je zum Sklaven eines Vorbildes zu werden, angeeignet.

Dieselbe Vielfalt und Freizügigkeit findet sich in seiner Sprache. Machiavelli verwendet Latinismen aus der Kanzleisprache, erfindet kühn neue Latinismen, fügt, um den Ton zu heben, veraltete Wörter ein. Er bedient sich aber auch kräftiger, ja grober Begriffe aus der Alltagssprache, um mit dantesker Energie seine Leidenschaften und Affekte zum Ausdruck zu bringen. Ein Beispiel möge genügen: Im Schlußkapitel des *Principe*, auf einer Seite voller rhetorischer Fragen, eindringlicher Anaphern und den Petrarca-Versen der Klausel, kann er ausrufen, »a ognuno puzza questo barbaro dominio« (einem jeden ekelt die Herrschaft der Barbaren), ohne daß die plebejische Wortgewalt mißtönend erschiene. Wie die Sprache Dantes ist auch die Sprache Machiavellis in der Lage, die ganze Vielfalt des Wortmaterials in sich aufzunehmen.

Trotz seiner substantiellen Einheit variiert dieser Stil von Buch zu Buch: origineller und schärfer im *Principe*, in den *Discorsi* und, anders abgetönt, in der *Mandragola*, wirkt er in den *Istorie* und den *Dialoghi*, als einem weniger engagierten Werk, breiter und behäbiger. Insgesamt sind diese Texte das herausragende Beispiel einer ›modernen‹ Prosa, die wissenschaftlichen Forschergeist mit literarischem Bewußtsein verbindet, und zugleich der beste Beweis einer Literatur, die vom aristokratischen Klassizismus völlig unberührt geblieben ist.

### *m) Ruhm und Nachruhm*

Unmittelbar nach dem Tode Machiavellis begann das Zeitalter der Gegenreformation, in dem sich der wiedererstarkte Katholizismus gegen die lutherische Reformation zur Wehr setzte und die Momente der Renaissance, die der eigenen Weltanschauung widerstrebten, vehement bekämpfte.

Die neue Generation mußte die Vorwürfe an die katholische Kirche, die schwerer wiegenden Anschuldigungen gegen das Christentum, die klare Trennung von politischem und moralischem Handeln, die Entwicklung einer selbstbestimmten und selbstbegründeten politischen Moral, die Verherrlichung des politischen Helden und die Überbewertung des Staates als der einzigen Quelle des ›zivilen‹ Lebens entschieden zurückweisen. Aus all diesen Gründen wurde Machiavelli zur wichtigsten Zielscheibe der Theoretiker der Gegenreformation: der Begriff des Machiavellismus wurde zum Inbegriff einer ketzerischen und unmoralischen Doktrin, und es wurden weitere Substantive und Adjektive abgeleitet, die ›Täuschung‹, ›Schurkerei‹ u.ä.m. bedeuteten und bis in die Dialekte eindrangen.

Gleichzeitig kam das politische Denken aber nicht umhin, die Nähe der verurteilten Thesen zur tatsächlichen Wirklichkeit des menschlichen Handelns anzuerkennen. Die Theoretiker der Gegenreformation begannen denn auch, auf den Spuren Machiavellis die Verletzung moralischer Normen zu rechtfertigen, unter der Bedingung allerdings, daß sie im Interesse eines voll und ganz mit den Zielen des Glaubens und der Kirche übereinstimmenden Staates begangen würden, und so sollte Machiavelli auch in den politischen Schriftstellern, die ihn verabscheuten, weiterleben.

Zur Verteidigung Machiavellis wurde schon im ausgehenden 16. Jahrhundert von einigen Schriftstellern die These vertreten – die von Boccalini an Rousseau und später an Foscolo weitergegeben wurde –, Machiavelli habe nur so getan, als gäbe er dem Fürsten gute Ratschläge, um in Wirklichkeit seine Missetaten aufzudecken und ihn vor dem Volk anzuklagen, er sei also insgeheim ein republikanischer Schriftsteller. Diese positive Bewertung, ja der Versuch, Machiavelli als Vorkämpfer des laizistischen Denkens und Propheten des vereinten Italien zu verherrlichen, kulminierten im Risorgimento in De Sanctis' *Storia della letteratura italiana*, von der die moderne literarische Wertung des Autors ihren Ausgang nahm. Die Literaturkritik bemühte sich allerdings nur selten darum, Machiavelli in seiner historischen Besonderheit zu verstehen, sondern benutzte sein Werk fast immer als Mittel zum Zweck, als polemische Zielscheibe oder als Plattform eigener politischer Thesen oder Scharmützel.

## 3. Francesco Guicciardini

### *a) Leben und Werk*

Der andere große historische und politische Schriftsteller des 16. Jahrhunderts war der 1483 in Florenz geborene Francesco Guicciardini. Nach dem Studium der Rechte in Florenz, Ferrara und Padua schlug er 1508 die politische und diplomatische Laufbahn ein, die ihn bis in die höchsten Ämter führten: 1511 wurde er Botschafter in Spanien bei Ferdinand dem Katholischen, 1516 Gouverneur von Modena, 1517 Gouverneur von Reggio Emilia, 1523 Gouverneur der Romagna. Im Jahr 1526 und im folgenden Jahr widmete er sich der Vorbereitung der Liga von Cognac gegen Karl V., doch die Niederlage der Liga, der ›sacco di Roma‹ und der Fall der Medici in Florenz zwangen ihn zum Rückzug aus dem politischen Leben. Mit der Rückkehr der Medici wurde er wieder in Gnaden aufgenommen, erhielt neue Ämter und verteidigte Herzog Alessandro vor Karl V.; als der Herzog 1537 von seinem Vetter Lorenzino ermordet wurde, trat Guicciardini, in der Hoffnung auf das Amt eines Beraters, für die Thronbesteigung Cosimos ein. Doch dieser entfernte ihn bald aus seiner Nähe, und Guicciardini zog sich enttäuscht auf sein Landgut in Arcetri zurück, wo er die *Storia d'Italia* schrieb, andere Werke überarbeitete und 1540 starb.

Aus dem knappen Lebensabriß geht hervor, daß Guicciardini ein großer Herr war, mit adligen Familien verwandt und mit wichtigen diplomatischen und politischen Ämtern betraut. Seine gesellschaftliche Stellung und die Wechselfälle seines Lebens spiegeln sich in seinen Werken, die mit am besten über das Denken der italienischen Hochrenaissance Aufschluß geben. Gleichzeitig decken sie aber auch die Grenzen auf, die diesem Denken durch die politische Krise und das mit ihr verbundene pessimistische Lebensgefühl, das Bewußtsein der Vergänglichkeit allen Enthusiasmus', auferlegt waren.

Es hat keinen Sinn, Guicciardini, wie es häufig geschah, vornehmlich mit Bezug auf Machiavelli beurteilen zu wollen, da die beiden Männer nach Temperament, Geist und Bildung doch zu verschieden waren, andererseits ist aber der Vergleich auch wieder berechtigt, da Guicciardini selbst mehrmals auf Machiavelli verwies und gegen ihn polemisierte. Guicciardini lehnte vor allem die ständige Berufung seines Freundes und Widersachers auf die Antike und den Versuch ab, aus Vergangenheit und Gegenwart ewige Gesetze abzuleiten. Dies hieß, Machiavellis Bemühungen um die Grundlegung einer Wissenschaft von der Politik eine auf die – ebenfalls ›wissenschaftliche‹ – Bewertung des Einzelfalles gegründete, möglichst objektive Theorie entgegensetzen. Die wichtigste Tugend des Politikers oder Historikers ist laut Guicciardini die ›discrezione‹, das Unterscheidungsvermögen, d.h. ein »buono e perspicace occhio« (ein gutes und scharfes Auge), das »ogni minima varietà nel caso« (auch dic geringste Verschiedenheit im Einzelfall) erfaßt, – die Fähigkeit also, aus jeder Situation das ihr eigene und unwiederholbare Moment herauszulesen. Seine Aufgabe ist es nicht, vom Besonderen zum Allgemeinen zu schreiten, sondern beim Einzelfall zu verharren und, wenn überhaupt, eine Theorie zu bilden, die lehrt, wie sich der Mensch von Fall zu Fall zu verhalten hat.

Eine solche Position ist nicht nur eine Frage von Theorie und Intellekt, sondern auch von Gefühl und Moral. Guicciardini fehlte Machiavellis Fähigkeit, seinen Pessimismus durch Gefühlsüberschwang und Willenskraft zu überwinden. Er war ein scharfer Beobachter, der aber stets den Fakten verhaftet blieb, so daß sein Pessimismus viel trostloser war als der seines Freundes. Guicciardini vermochte auf dem Grund jeder menschlichen Handlung nur Egoismus und Eigennutz zu sehen: Die Prediger der Freiheit lügen, da ihr Auge nur auf die eigenen Interessen gerichtet ist; das Volk verdient kein Vertrauen, weil es unzuverlässig und unberechenbar ist; usw. Dieser Pessimismus speist sich letztlich aus einem tiefen Gefühl für die Vergänglichkeit des Lebens, einem bitteren Aschegeschmack, den er auch in Momenten befriedigten Stolzes im Munde behielt: »Io ho desiderato come fanno tutti gli uomini, onore e utile, e n'ho conseguito molte volte sopra quello che ho desiderato o sperato, e nondimeno non v'ho mai trovato dentro quella satisfazione che io mi ero imaginato; ragione, chi bene la considerassi, potentissima a tagliare assai delle vane cupidità degli uomini« (Ich strebte, wie alle Menschen, nach Ruhm und Nutzen, und häufig bekam ich mehr als ich gewünscht oder gehofft hatte, und trotzdem fühlte ich innerlich nicht die Befriedigung, die ich mir vorgestellt hatte; ein triftiger Grund für den, der darüber nachdenkt, die eitlen Begierden der Menschen kräftig zurückzustutzen).

*b) Das ›particulare‹*

Aus diesem Pessimismus und der Unfähigkeit, ihn – wie Machiavelli – zu überwinden, erwächst eine Moral, die Guicciardini in dem fast technisch gebrauchten Begriff des ›particulare‹, des Eigeninteresses oder Eigennutzes, zusammenfaßt. Wenn jegliche Begeisterungsfähigkeit geschwunden, jeglicher Glauben an die Veränderbarkeit der Dinge verloren, wenn die Politik auf die Betrachtung des Einzelfalles verkürzt und die Geschichte als Geflecht egoistischer Interessen erkannt ist, dann bleibt nur die Verfolgung des ›particulare‹, des eigenen Vorteils, der auch auf nicht-materielle, nicht-triviale Güter, wie beispielsweise das Wohl des Staates und das »mantenersi la reputazione e il buono nome« (die Bewahrung des eigenen Ansehen und guten Namens), gerichtet sein kann. Das Ehrgefühl löst den Kult des ›particulare‹ aus seiner egoistischen Beschränktheit, doch an anderer Stelle gebraucht Guicciardini den Begriff im Sinne von bloßem Ehrgeiz und völligem Konformismus. So schrieb er einmal, die Betrachtung der Mißstände in Kirche und Klerus habe ihn beinahe zum Übertritt zum Protestantismus getrieben, wegen seines ›particulare‹ sei er aber der überlieferten Religion treu geblieben. Und ein andermal bekannte er, der Priester- und Fremdherrschaft in Italien gelte sein grimmiger Haß, wegen seines ›particulare‹ habe er sich jedoch in den Dienst der Priester und der Fremden gefügt. Sein Konformismus wird an dieser Stelle von der bitteren Erkenntnis seiner Schwäche und der erbarmungslosen Selbsteinschätzung freilich fast wieder aufgehoben.

So ist Guicciardini gewissermaßen ein Machiavelli, dem sein messianischer Enthusiasmus abhanden gekommen ist. Bei aller Verschiedenheit sind sie aber beide Männer der Renaissance, die denselben illusionslosen Blick auf die Wirklichkeit, dieselbe realistische Lebens- und Geschichtsauffassung und dieselbe Fähigkeit, den Menschen in Herz und Geist zu schauen, besitzen.

Die hier vorgestellten Thesen entwickelte und systematisierte Guicciardini in seinen *Ricordi politici e civili.* Diese Sammlung von ungefähr dreihundert Reflexionen wurde vor 1525 begonnen, 1528 und 1530 teilweise überarbeitet und schließlich in der Zurückgezogenheit von Arcetri nochmals durchgesehen. Die *Ricordi* darf man als sein Lebenswerk betrachten, und die verwickelte Geschichte ihrer Niederschrift entspricht der Geschichte seines Denkens, das aus vereinzelten Beobachtungen zu immer größerer Komplexität findet.

### *c) Die »Storia d'Italia«*

Sein zweites großes Werk ist die *Storia d'Italia*, die er zwischen 1537 und 1540 auf insgesamt zwanzig Bände vervollständigte. Guicciardini hatte seine literarische Laufbahn 1509 mit einer *Storia fiorentina* (Geschichte von Florenz) begonnen, in der er Ereignisse zwischen dem Aufstand der ›ciompi‹ und der Schlacht an der Ghiaradadda schilderte; später, in reiferem Alter, wandte er sich erneut der Geschichte von Florenz zu, nahm sie dort, wo Machiavelli abgebrochen hatte, wieder auf, führte sie bis zum Tod von Clemens VII. im Jahre 1534 fort und erweiterte den Titel und den Blickwinkel auf ganz Italien. In einem solchen Werk konnte Guicciardini seine Qualitäten voll entfalten: seine Analysefähigkeit, seine Synthesefähigkeit, sein Interesse am Menschen, seine Neigung, die neue wissenschaftliche Ausrichtung der Geschichte mit ihrem traditionellen Kunstcharakter zu verbinden. In der *Storia d'Italia* spiegelt sich der hohe Stand der politischen Geschichtsschreibung in Italien, – davon zeugen die Porträts großer Männer, die Analysen komplizierter Beziehungsgeflechte und manche Gesamtdarstellungen wie beispielsweise das einleitende Bild der politischen Lage in Italien nach dem Tod von Lorenzo dei Medici.

Die *Ricordi* zeichnen sich durch ihren, dem Stoff angemessenen, knappen und luziden Stil aus, der mit seinem energischen Satzbau und der bildkräftigen Wortwahl dem Stil Machiavellis nahekommt. In der *Storia* hingegen herrscht der Wille vor, die Würde des Gegenstands durch einen feierlichen Stil zu unterstreichen und die Vielschichtigkeit des Geschichtsbildes in eine Prosa zu gießen, die Ursachen und Folgen zu vielgliedrigen Satzperioden organisiert.

Den beiden Hauptwerken Guicciardinis gilt es die schon erwähnten *Considerazioni sui »Discorsi« di Machiavelli*, das *Diario del viaggio in Spagna* (1512), die *Relazione di Spagna* (1514) und, nicht zu vergessen, die *Relazione della difesa di Parma* (1526) hinzuzufügen, einen Dialogtraktat, der in seiner analytischen Klarheit und bitteren Weisheit der *Storia* und den *Ricordi* fast gleichkommt.

## 4. Andere Geschichtsschreiber

Neben Machiavelli und Guicciardini wirkten noch zahlreiche andere Geschichtsschreiber, zumeist in Florenz: Donato Giannotti (1492–1573), ein Republikaner und Anhänger Savonarolas, der einen Dialog *Della repubblica de' Viniziani* (1526–33), vier Bücher *Della repubblica fiorentina* (1531) sowie einen an Papst Paul III. gerichteten *Discorso delle cose d'Italia* (1535) schrieb; Iacopo Nardi (1476–1563), auch er ein Anhänger der Republik und Savonarolas, der die *Istorie della città di Firenze* zwischen 1494 und 1538 verfaßte; Benedetto Varchi (1502–1565), der eine sechzehn Bücher umfassende *Storia* der Stadt zwischen 1527 und 1538 schrieb, die allerdings von übertriebener Unterwürfigkeit gegenüber der neuen Dynastie geprägt war; Pier Francesco Giambullari (1495–1555), Autor einer stilistisch und rhetorisch ausgesprochen ambitionierten *Storia d'Europa* von 877 bis 947. In all diesen Werken treten die wissenschaftliche und die rhetorische Auffassung von Geschichtsschreibung in ganz verschiedener Weise zusammen. Inhaltlich sind sie bald der in Gang befindlichen Neuordnung Italiens verbunden, bald der Vergangenheit und ihren politischen Institutionen zugewandt, bald von einer »Mischform«, einem Staat, der wie Venedig die monarchischen durch repräsentative Institutionen abzumildern sucht, angezogen. Im übrigen läßt sich bei all diesen Geschichtsschreibern ein merklicher Einfluß des Tacitus feststellen, der den von Machiavelli und den frühen Renaissancehistorikern reichlich strapazierten Livius ersetzt hatte.

## 5. Giorgio Vasari

Eine Sonderstellung kommt Giorgio Vasari zu, dem bedeutendsten Vertreter der Gattung der Biographie, die schon im Humanismus des 15. Jahrhunderts und später zahlreiche Werke hervorgebracht hatte.

Vasari, ein berühmter Maler und bedeutender Architekt, dem unter anderem die Loggien der Uffizien zu verdanken sind, wurde 1511 in Arezzo geboren, lebte in Florenz und in Rom und starb 1574. Wie er selbst erzählte, bekam er den Anstoß zu seinen *Vite de' più eccellenti pittori scultori e architetti* (Leben der hervorragendsten Maler, Bildhauer und Architekten) von einer Unterhaltung, die in Rom im Haus des Kardinals Farnese stattgefunden hatte. Die erste Auflage wurde im Jahr 1550, die zweite, überarbeitete Auflage, die mehr als zweihundert Künstlerbiographien von Cimabue bis zu Vasari selbst umfaßt, im Jahr 1568 veröffentlicht.

Der chronologischen und zugleich systematischen Anordnung der Lebensbeschreibungen liegt das Konzept einer progressiven und parallelen Vervollkommnung der drei darstellenden Künste zugrunde. Auf die Zeit der ›Gotik‹, d.h. des Mittelalters, das Vasari schlecht oder gar nicht kennt, folgt die ›rinascita‹, die Wiedergeburt der Künste, die in ihrer ersten Phase mit Giotto und in ihrer zweiten mit Michelangelo den Höhepunkt erreicht. Vasari betrachtet die historische Entwicklung als einen Prozeß stetiger Vervollkommnung, würdigt dabei aber die Verdienste, die sich jeder Künstler »avuto rispetto ai luoghi, tempi ed altre somiglianti circostanze« (unter Berücksichtigung des Ortes, der Zeit und anderer Umstände) erworben hat. Urteilskriterium ist der für die Ästhetik der Renaissance zentrale Begriff der Naturnachahmung, der »imitazione della natura«. Weitere renaissancehafte Züge sind die Vorstellung vom Fortschritt der Künste, ja überhaupt die Verherrlichung der Kunst, die Betonung der Individualität, der Kult der Antike: Die Künste kamen zu neuer Blüte, schrieb Vasari im *Proemio alle Vite*, als die großen Künstler »abbandonando le maniere vecche, ritornarono ad imitare le antiche con tutta l'industria ed ingegno loro« (die alten

Ausdrucksformen aufgaben und mit all ihrem Fleiß und Talent zur Nachahmung der Antike zurückkehrten).

Vasari wurde bei der Abfassung seines umfangreichen Werkes von befreundeten Gelehrten und Literaten unterstützt – Giovio, Annibal Caro, Benedetto Varchi und vor allem Vincenzio Borghini –, die vermutlich auch an der literarischen Überarbeitung des Werkes mitwirkten. Unter diesem Gesichtspunkt erklärte Vasari selbst, er habe geschrieben, »come un pittore (...) e quanto alla lingua, in quella ch'io parlo, o fiorentina o toscana ch'ella sia, ed in quel modo che ho saputo piú facile ed agevole« (wie ein Maler (...), ohne mich darum zu kümmern, ob die Sprache, die ich spreche, Florentinisch oder Toskanisch ist, und in der Art, die ich als die einfachste und angenehmste erfahren habe), und entschuldigt sich für die große Zahl der Fachbegriffe aus dem Bereich der darstellenden Künste. Wenn Vasari auch keine literarischen Absichten hatte und häufig nachlässig formulierte, so muß doch die ausgeprägte Sensibilität hervorgehoben werden, mit der er lebendige Künstlerporträts zeichnet und, bei der Beschreibung zahlloser Statuen und Bilder, seine Eindrücke und Gefühle festhält.

# Kapitel XII
# Das literarische System

Die Rekonstruktion des literarischen Systems im Italien des frühen 16. Jahrhunderts führt zu interessanten Schlußfolgerungen, die auch im Hinblick auf Gesellschaft und Kultur der Renaissance aufschlußreich sind.

Die erste wichtige Erkenntnis ist, daß Italien in dieser Phase seiner Geschichte Kultur und Kunst sowohl produzierte als auch exportierte. Die Literatur zur Zeit der ›Kommune‹ hatte die mittellateinische Kultur und die französische Literatur in ›langue d'oc‹ wie in ›langue d'oïl‹ im Rücken; der Humanismus des 15. Jahrhunderts war eine internationale Bewegung, auch wenn diese von Italien ausgegangen war; die Kultur der Renaissance aber ist in Italien entstanden und hat sich von dort über ganz Europa verbreitet. Sie ist ein eigenständiges Phänomen, auch wenn sie sich vor dem Hintergrund der klassischen Literaturen (insbesondere der ›goldenen‹ Latinität) und eines drei Jahrhunderte währenden literarischen Schaffens in italienischer Sprache, das ebenfalls als Tradition empfunden wurde, entwickelt: die ›tre corone fiorentine‹, die drei Florentiner Kronen erscheinen als die Tragpfeiler einer künftigen ›klassischen‹ Literatur im Sinne der Definition eines Sainte-Beuve, wonach die Idee des Klassischen etwas umschließt, das Gehalt und Folgen hat, das ein Ganzes bildet und eine Tradition begründet. Ein zweites wesentliches Moment ist die Herausbildung einer, wenigstens in den obersten Schichten, nationalen Gesellschaft. Man vergleiche den Anfang des *Orlando innamorato* mit dem Ende des *Orlando furioso:* Boiardo wendet sich an »segnor e cavallier«, an den Hof der Este in Ferrara, Ariost schildert, wie ihn bei der Rückkehr von seiner langen Seefahrt, die den dichterischen Schaffensprozeß versinnbildlicht, eine große Menschenmenge – Vertreter aller großen italienischen Familien, Politiker, Literaten, Künstler, Gelehrte und viele viele Damen – am Ufer empfängt.

Es gab also eine ›höfische Gesellschaft‹, edle Damen und Herren, die sich kannten, sich häufig begegneten, sich gepflegt unterhielten und ihre Gedanken und Meinungen austauschten. Der Venezianer Pietro Bembo nahm an den Gesprächen in Urbino genauso teil wie der Lombarde Gasparo Pallavicini, die Brüder Fregoso aus Genua, Cesare Gonzaga aus Mantua und der Toskaner Bernardo Accolti. Bei anderer Gelegenheit trägt Bembo ebenfalls in Urbino seine *Stanze* vor, verspricht in Ferrara Lucrezia Borgia, ihr umgehend seine *Asolani* zukommen zu lassen, und wieder andere Leute trifft er in Padua, Rom, Venedig. Es ist daher kein Zufall, wenn viele der bedeutendsten Werke in Dialogform geschrieben sind: die *Asolani*, die *Prose della volgar lingua*, der *Cortegiano*, die *Discorsi dell'arte della guerra* und viele andere Texte über Liebe, Frauen, Rhetorik und Politik schildern Begegnungen und Unterhaltungen und geben den Blick auf eine exklusive, aber überregionale, ja nationale, ›italienische‹ Gesellschaft frei.

Diese mondäne und zugleich kulturbeflissene Gesellschaft war die Voraussetzung für die Entstehung einer ihrerseits nationalen Literatur. Florenz, Rom, Venedig, Ferrara, Mantua, Neapel und viele andere Städte sind, jede für sich, kulturelle Zentren mit einer eigenen Tradition, doch der rege Austausch von Gedanken und Menschen, von Hof zu Hof, von Stadt zu Stadt, bringt eine Literatur hervor, die überall ähnliche Züge aufweist. Die Verbreitung des Petrarkismus und Platonismus, die Wiederkehr immergleicher Themen, die allseitige Verwendung derselben Gattungen und der Triumph von Bembos Sprachreform sind Konsequenz und Zeugnis dieser Entwicklung. Die Abhandlungen und Gedichte des Venezianers Bembo, das Epos des Ferraresen Ariost, der Schäferroman des Neapolitaners Sannazaro sind alle in derselben Sprache geschrieben, und dies war für die Gegenwart und die Zukunft von kapitaler Bedeutung.

Diese, in ihrer räumlichen Ausdehnung nationale, im Geist aristokratische, in der Form klassizistische Literatur deckt jedoch nicht das ganze literarische Schaffen in Italien ab. Die Gesellschaft des 16. Jahrhunderts war in sich reich gegliedert: Breite Schichten, ja die Mehrheit der Bevölkerung beteiligen sich weder als Produzenten noch Konsumenten am literarischen Schaffen, sieht man von rein ›volkstümlichen‹ Werken ab. Es gibt also eine ländliche Welt und ein städtisches Subproletariat, die in die Literatur nur als Objekt Eingang finden (mit der nur eingeschränkt gültigen Ausnahme von Ruzzante und Folengo) und bestenfalls mit augenzwinkernder Sympathie vorgestellt werden. Hierzu gehören die vielen ›villani‹, die Bauerntölpel, der Komödien und Novellen, die Diener, die Kuppler und Kupplerinnen, die Prostituierten, die Schmarotzer, die sich in den zeitgenössischen Theaterstücken, vor allem bei Aretino, finden lassen.

Es sind aber auch breite bürgerliche Schichten vorhanden: nachrangige Höflinge, Angehörige freier Berufe, Handwerker, Beamte, die alle über eine ordentliche Bildung verfügen und lesen, umso mehr als die Ausweitung des Verlagswesens den Preis der Bücher drückt. Und daher gibt es auch eine Literatur, die ›bürgerlich‹ genannt werden kann und die Mentalität, die Interessen, den Geschmack dieser Schichten zum Ausdruck bringt. Bezeichnenderweise besitzt sie aber keine wirkliche Autonomie: Firenzuola, Gelli, Doni, Berni, Lasca sind alle einer bürgerlichen Schicht zuzurechnen, ihre Bildung, ihre Themen, ihre technischen Lösungen unterscheiden sich aber kaum von denen der anderen, der höfischen Literatur, die in ihrer Hegemonie unangetastet bleibt.

Die Komplexität jener Literatur zeigt sich weiter in einigen Männern und Strömungen, die einen ganz anderen Blick auf die Dinge werfen als die Angehörigen der oberen Klassen: Folengo oder Aretino oder Benvenuto Cellini, der aber kein Literat, sondern ein bildender Künstler ist und als solcher, bei allem Ansehen, das die Künstler genießen, auf einer ganz anderen Stufe steht. Und dann gibt es natürlich Machiavelli, der sich ins System zu integrieren sucht – der *Principe* ist in *seiner* Sprache geschrieben, der Widmungsbrief an einen Medici aber mit allerlei literarischen und höfischen Schnörkeln versehen – und den es schmerzt, daß ihn Ariost aus der Menge, die am Ufer wartet, ausschließt.

Gewiß, dies ist ein vielleicht nützlicher, aber gänzlich unzureichender, viel zu schematischer Überblick. Die Dinge sind, in Einklang mit der Entwicklung des politischen und gesellschaftlichen Lebens, immer in Bewegung. Ariost verändert im Zuge seiner Überarbeitung die Sprache seines Epos von Grund auf; Machiavelli nimmt gegenüber Florenz, gegenüber den Medici, gegenüber der italienischen Wirklichkeit eine von Mal zu Mal wechselnde Haltung ein; Castiglione paßt den *Cortegiano* von Fassung zu Fassung seiner veränderten Lebenssituation an; Guicciardini fängt in seinem Werk, insbesondere den *Ricordi*, die Sorgen jener Jahre wie in einem Spiegel auf. Ein Werk wie das Aretinos, das eine ganz praktische, immer auf Vorteile und Gunstbeweise bedachte Zielsetzung hat, stellt sich im Fluß der Zeit von Text zu Text ganz anders dar. Und selbst die literarischen Gattungen mit ihren festen Regeln – Komödie, Tragödie, Epos, Novelle – haben einen bewegte innere Geschichte.

So läßt sich als abschließender Eindruck festhalten, daß das ›literarische System‹ der Renaissance doch komplexer ist, als es auf den ersten Blick schien, und eine Vielfalt von Interessen, Triebkräften und Tendenzen in sich schließt, die nicht unterschätzt werden sollte. Die Frustrationen, Rebellionen, Evasionen, die die Geschlossenheit des Systems erschüttern, können aber nichts daran ändern, daß diese Literatur einen Hang zur ›Klassizität‹ hat und die Widersprüche und Widerhaken der Wirklichkeit harmonisch aufzulösen sucht. Die feierlichen, bewegten Worte, die Castiglione auf den letzten Seiten des *Cortegiano* Bembo in den Mund legt, als er ihn Gott darum bitten läßt, daß die Menschen »conoscano che le cose che prima veder loro parea non sono, e quelle che non vedeano veramente sono« (erkennen mögen, daß die Dinge, die sie zuvor zu sehen meinten, nicht sind, und die, die sie nicht sahen, in Wirklichkeit sind), der Rat, den Bembo den Schriftstellern gibt, sie sollten nicht nur den Menschen zu gefallen suchen, »che sono in vita quando essi scrivono« (die am Leben sind, während sie schreiben), sondern auch jenen, »che sono a vivere dopo loro« (die nach ihnen leben werden), das Lächeln, das Ariost in seine Fiktionen, die das Wirkliche ins Phantastische wenden, legt, – all dies ist nicht rhetorisch gemeint, sondern Wesenszug einer ganzen Literatur. Sicher, es handelt sich um eine Literatur, die den obersten Schichten der Gesellschaft vorbehalten war, doch diese waren damals leider die einzigen, die Kunst und Kultur in höchster Vollendung hervorzubringen vermochten.

# Autoren- und Werkregister

## Inhaltsübersicht Band 2: Vom Barock bis zur Romantik

**Inhaltsübersicht Band 3: Vom Verismus bis zur Gegenwart**